国家文化产业资金支持媒体融合重大项目
大数据与会计专业岗位实操系列教材

基础会计学

附习题在线练习

Fundamental Accounting

李占国　仲旦彦　主　编
刘　姝　侯　瑶　副主编

东北财经大学出版社 Dongbei University of Finance & Economics Press　大连

图书在版编目（CIP）数据

基础会计学 / 李占国，仲旦彦主编. —大连 ：东北财经大学出版社，2023.9（2024.2 重印）
（大数据与会计专业岗位实操系列教材）
ISBN 978-7-5654-4923-9

Ⅰ. 基… Ⅱ. ①李… ②仲… Ⅲ. 会计学-岗位培训-教材 Ⅳ. F230

中国国家版本馆 CIP 数据核字（2023）第 146751 号

东北财经大学出版社出版
（大连市黑石礁尖山街 217 号　邮政编码　116025）
网　　址：http://www.dufep.cn
读者信箱：dufep@dufe.edu.cn
大连图腾彩色印刷有限公司印刷　东北财经大学出版社发行

幅面尺寸：185mm×260mm　字数：440 千字　印张：18.5　插页：1
2023 年 9 月第 1 版　2024 年 2 月第 2 次印刷

责任编辑：包利华　刘晓彤　责任校对：何　群
封面设计：原　皓　版式设计：原　皓

定价：49.00 元

教学支持　售后服务　联系电话：（0411）84710309

举报电话：（0411）84710523
如有印装质量问题，请联系营销部：（0411）84710711

前言

习近平总书记在党的二十大报告中明确指出："教育是国之大计、党之大计。培养什么人、怎样培养人、为谁培养人是教育的根本问题。育人的根本在于立德。全面贯彻党的教育方针，落实立德树人根本任务，培养德智体美劳全面发展的社会主义建设者和接班人。"这为广大的教育工作者指明了前行的方向，我们要将此精神贯穿在教材编写过程中。开展本科职业教育是我国职业教育改革和现代职教体系建设的重要举措。教育教学改革**改到深处是课程，改到痛处是教师，改到实处是教材**。教材是教学的直接依据，是解决**"培养什么人""怎样培养人""为谁培养人"**这些根本问题的重要载体，所以，加强教材建设是应用性本科教育顺利实施的关键。

应用性本科教育从根本上来讲是一种职业教育，所以，应用性本科教育的教材建设：**首先**，要体现职业教育的"层次"属性——**本科层次**，是比高职专科教育高一个层次的教育。**其次**，要体现应用性教育的"本质"属性——**职业性**，是直接为生产、建设、管理和服务一线培养职业人才的教育类型。**最后**，要根据"本科层次"和"职业性"的特性构建教材内容体系：❶在职业技术的理论要求上，必须具有宽厚的、扎实的技术理论基础；❷在职业技术的应用要求上，必须具有较强的实践技能，不但要求解决**"怎么做"**的问题，还要求解决**"该做什么"**的问题。

根据以上对应用性本科教育教材建设的认识，结合编写并出版"十二五"和"十三五"职业教育国家规划教材《基础会计》和"十二五"普通高等教育本科国家级规划教材《基础会计学》的丰富经验，应东北财经大学出版社的要求，我们编写了该本体现应用性本科教育特点的教材《基础会计学》，并在以下几个方面进行了有益尝试：

1.培根铸魂、立德树人，加强思政建设。结合专业特点与教学内容，本教材设计了"会计论道与素质教育"栏目：❶穿插有"贪婪的猴子""价值的转换""自己建造的房子""天堂和地狱"等10个趣味性小故事，通过**"教授寄语"**的方式融入党的二十大报告有关精神，**画龙点睛并传递正能量**；❷以**"新闻速递"**二维码的形式，搜集整理新闻报道上市公司财务造假等10个反面案例视频，潜移默化地培养学生的专业诚信意识、职业精神和工匠精神，以及法治意识与风险防范意识。

2.按照"项目导向、任务驱动"的教学模式，构建教材结构体系。本教材按照"理实一体"的教学模式：❶在编写体例上，采用项目任务制构建教材架构，任务的名称采用动宾结构，有动词、有名词且有目的或要求，符合作为"任务"应有之本意；❷在教材内容组织上，按照会计核算方法及其关联内容设置项目，按照会计核算工作过程及为实现项目目标确定具体任务，从而使"会计核算工作过程"浑然一体并使"会计职业学习过程"水到渠成。

3.结合有关项目任务内容，将有关会计理论进行分散阐述。"基础会计"类课程作为财经类专业的专业基础课程具有较强的理论性，作为会计初学者的入门课程具有门槛陌生、入门较难的**"会计恐惧症"**特征，为使会计初学者破除这一"魔咒"，本教材对

“会计基本假设”“会计信息质量要求”“会计核算基础”“会计要素确认与计量”等会计理论，结合有关项目任务的内容，以“会计基本原理”栏目分散穿插到有关项目任务的阐述之中，避免了学生初学会计的畏难情绪，提高了学生的学习兴趣。

4.各项目任务大体平衡，有利于组织教学活动。本教材将众多教材中为熟练掌握和运用账户与复式记账的“制造业主要经济业务的核算”项目和“账户的分类”项目进行分拆与合并：❶将其分拆为“制造业主要经济业务的核算（上）”和“制造业主要经济业务的核算（下）”两个项目；❷将与该项目关联度极高的“账户的分类”项目合并到“制造业主要经济业务的核算（下）”项目中。以上分拆与合并，有利于组织教学活动，并有效消除学生学习内容时的章节厌倦情绪。

5.经济业务文字描述对应原始凭证的真实格式，培养学生的会计职业判断能力。本教材经济业务的实操性主要体现为：❶将“填制与审核会计凭证”项目置于“制造业主要经济业务的核算”项目之前，结合具体经济业务对各类原始凭证从格式、内容、用途、使用方法进行高度仿真，从而使“制造业主要经济业务的核算”项目能够结合记账凭证进行阐述；❷指出该经济业务应编制记账凭证的种类、编号、附件张数，可以加强对“填制与审核会计凭证”这一会计核算方法的理解与运用，并培养学生的会计职业判断能力。

6.案例内容完整，具有全局关联性，便于整体把握会计核算流程。本教材以一个完整的案例：❶将“基础理论的吸收”和“基本技能的培养”放在同等重要的位置，经济业务内容从项目五开始到项目十结束，以一个完整的案例贯穿其中，业务关联数据前后一致；❷无论是经济业务的内容还是账证表的格式，均源自会计实践并得到一定的升华，对学生理解会计核算有一个较为整体的概念，为学生尽快进入会计角色并适应未来的会计工作奠定了基础。

7.加强数字化教学资源建设，内容丰富便教利学。为深入贯彻党的二十大关于“加快建设数字中国，加快发展数字经济”和“推动经济社会发展绿色化、低碳化”的有关精神，保证教学活动的顺利开展，本教材依托东北财经大学出版社“财济书院”平台配套了丰富的数字化教学资源，包括：❶每一个项目后附有：客观题（单项选择题、多项选择题、判断题）的“**在线练习**”（提交后可核对正确答案并提供答案解析），可供学生进行反复练习；主观题（业务处理题、填表登账题、计算题），并设置答题用纸二维码，通过扫描并下载到计算机上进行答题，然后通过平台进行提交，供教师进行批阅。❷开发了便于教师讲授和有利于学生自主学习的“业务提示”“微课视频”“动画演示”等多种形式的数字化教学资源。❸提供了教学大纲、授课计划、授课教案等教学文件，以及主观题的参考答案和 PPT 教学课件等传统的教学资源。

本教材可作为应用型本科院校、本科职业教育院校财经类专业“基础会计”课程的教材。本教材由上海建桥学院李占国、常州大学怀德学院仲旦彦任主编，上海建桥学院刘姝、常州大学怀德学院侯瑶任副主编，会计师文峰对本书的编写提出了许多宝贵意见和建议，在此表示感谢。尽管我们花费了大量的时间并进行了艰辛的探索，但不妥之处在所难免，祈请读者和同行专家不吝赐教，以便再版时修订，此实乃万幸之至。

李占国

2023年9月

目 录

二维码资源导航

项目	二维码资料	页码
项目一 会计本质及 会计职业	动画：学习会计的十个理由	1
	视频：道与术：曹德旺论会计与企业家素质	1
	课件：企业寓言：会计情商培养	2
	视频：如何理解会计是一种“商业语言”？	8
	视频：如何理解会计目标的“决策有用观”和“受托责任观”？	10
	动画：秒懂什么是会计？	14
	课件：会计将成为你生命中的一部分	22
	视频：如何理解会计核算方法是一个完整的方法体系？	22
	视频：零容忍全覆盖　严惩资本大鳄	23
	在线：客观题在线练习1-1至练习1-3（单项选择、多项选择、判断）	23~24
项目二 会计要素与 会计等式	视频：如何理解“会计主体假设”？	27
	视频：如何理解“资产要素”？	27
	视频：如何理解“实质重于形式”？	28
	视频：如何理解“负债要素”？	29
	视频：如何理解“所有者权益要素”？	30
	视频：如何理解“持续经营假设”？	30
	视频：如何理解“会计分期假设”？	33
	视频：如何理解“收入要素”？	33
	视频：如何理解“费用要素”？	34
	课件：理解费用要素的一些准备	34
	课件：理解费用要素的几个名词的含义	35
	视频：如何理解“利润要素”？	35
	课件：日常生活名词理解会计专业术语	35
	视频：如何理解“现金制”与“应计制”？	37
	课件：恋爱与过日子：应计制与现金制	37
	视频：如何理解“货币计量假设”？	39
	视频：如何理解“静态会计等式”？	40
	视频：如何理解“动态会计等式”？	41
	视频：与华尔街狼共舞　小米上市艰难历程	52
	在线：客观题在线练习2-1至练习2-3（单项选择、多项选择、判断）	53
	在线：业务计算题在线练习2-4至练习2-7答题用纸	53~55

续表

项目	二维码资料	页码
项目三 账户设置与 复式记账法	视频：会计科目与会计账户	63
	文档：对单式记账法及其特点的进一步理解	64
	文档：龙门账及其创始人：傅山	66
	视频：借贷记账法的另一种理解	73
	课件：伟大的会计：一个老会计人的回答	77
	视频：财务造假欺诈　导致美国安然、安达信破产清算	78
	在线：客观题在线练习3-1至练习3-3（单项选择、多项选择、判断）	79
	在线：业务计算题在线练习3-4至练习3-8答题用纸	79~80
项目四 填制与审核 会计凭证	视频：转账支票的“倒送”与“正送”	83
	视频：企业网银结算方式	87
	动画：“数电”电子增值税发票改革	88
	动画：会计记账小写金额书写规范	98
	课件：分类汇总记账凭证的编制方法	110
	视频：记账凭证手工穿线装订方法	111
	视频：入账市值万亿　贵州茅台已“封神”	112
	在线：客观题在线练习4-1至练习4-3（单项选择、多项选择、判断）	112~113
	在线：业务计算题在线练习4-4至练习4-5答题用纸	113
项目五 制造业主要 经济业务的 核算（上）	课件：实收资本与资本公积的区别和联系	115
	文档：感恩与良心：压岁钱应贷记什么账户？	118
	视频：固定资产的含义及其特点	120
	动画：全面深化增值税改革	122
	视频：如何理解“在途物资”账户？	127
	视频：商业汇票的种类及其运用	128
	视频：对“制造成本法”与“完全成本法”的理解	133
	视频：如何理解“谨慎性”？	133
	视频：如何理解“生产费用”与“生产成本”？	134
	文档：存货计价方法的比较与选择	135
	文档：职工薪酬的构成内容	136
	文档：短期薪酬的构成内容	136
	文档：制造费用包括的具体项目	140
	文档：固定资产折旧的四种方法	141

续表

项目	二维码资料	页码
项目五 制造业主要经济业务的核算（上）	视频：固定资产折旧方法运用	142
	课件：生产费用在完工产品与在产品之间的分配方法	147
	视频：东芝公司亏损造假　昔日500强跌落神坛	157
	在线：客观题在线练习5-1至练习5-3（单项选择、多项选择、判断）	158
	在线：业务计算题在线练习5-4至练习5-9答题用纸	159~164
项目六 制造业主要经济业务的核算（下）	动画：企业所得税优惠政策解读	166
	视频：费用的“期间配比”与“因果配比”	166
	视频：坏账准备的计提方法	176
	视频：“账结法”与“表结法”的比较	184
	课件：男人婚后一生的会计分录	188
	视频：如何理解“债权债务结算账户”？	191
	视频：如何理解“备抵附加账户”？	197
	视频：左右倒手关联交易　青鸟华光被处罚	199
	在线：客观题在线练习6-1至练习6-3（单项选择、多项选择、判断）	200
	在线：业务计算题在线练习6-4至练习6-9答题用纸	201~205
项目七 会计账簿	课件：错账更正的“划线更正法”	230
	课件：错账更正的“红字更正法1”	231
	课件：错账更正的“红字更正法2”	231
	课件：错账更正的“补充登记法”	232
	视频：谎言连环套中套　物流账单露出马脚	237
	在线：客观题在线练习7-1至练习7-3（单项选择、多项选择、判断）	238
	在线：业务计算题在线练习7-4至练习7-7答题用纸	239~243
项目八 财产清查	动画：幽默会计给女友的情书	244
	视频：存货盘存制度的进一步理解	245
	课件：诡辩——理解会计职业判断	247
	课件：一个会计女神的恋爱笔记	252
	视频：会计内部控制缺失　蚂蚁搬家挪走公款600万元	255
	在线：客观题在线练习8-1至练习8-3（单项选择、多项选择、判断）	255~256
	在线：业务计算题在线练习8-4至练习8-6答题用纸	256~258

续表

项目	二维码资料	页码
项目九 财务报告	视频：如何理解会计信息的质量要求？	260
	文档：资产负债表现行格式	263
	视频：资产负债表的初步解读	270
	文档：利润表现行格式	270
	视频：利润表的初步解读	274
	课件：三张报表的亲戚关系与会计造假	274
	视频：躲在20㎡房间　疯狂造假5.8亿元	275
	在线：客观题在线练习9-1至练习9-3（单项选择、多项选择、判断）	275~276
	在线：业务计算题在线练习9-4至练习9-6答题用纸	276~278
项目十 会计核算形式	课件：会计达人生活工作学习的诗词对答	279
	视频：如何理解会计循环？	279
	视频：中联重科收购迷局　关联交易业绩诡异	285
	在线：客观题在线练习10-1至练习10-3（单项选择、多项选择、判断）	286

1 项目一 会计本质及会计职业

学习会计的十个理由

【内容导读】

小张、小王、小李、小赵和小刘是就读于某财经大学会计学专业的大一新生并同住一个宿舍，开学当天举行了开学典礼，大家聚在一起聊天，各自介绍了自己家乡的风土人情，随后，大家把话题转移到了所学专业，各抒己见，争论热烈。

小张先说道："什么是会计？其实特别简单，会计就是一个人。例如，我爸爸所在企业的吴叔叔，人们都叫他吴会计，这里的'会计'不就是一个人嘛。"

话音刚落，小王就大声说道："不对，会计不是指人，而是一项工作。例如，前天我碰到一个今年刚毕业的老乡校友，我问他你在企业做什么，他说'我在企业做会计'，这里的'会计'当然是指工作了。"

小李也有自己的看法，他慢条斯理地说："会计才不是一个人，也不是指一项工作，会计是企业的一个部门、一个机构，我们经常在影视作品里看到的企业办公室墙上挂的'会计科''财务部'等，这里的'会计'是指会计部门，显然是一个机构嘛。"

不善言辞的小赵终于忍不住了，他说道："你们都错了，我们在报志愿时填的不就是会计嘛，会计是一个专业呀，你们说不是吗？"

"不对不对，都不对，你们把会计理解得太狭隘了！"小刘站起身来说道："我在报志愿选专业时，征求了在全球四大会计师事务所之一的毕马威会计师事务所工作的大舅的意见，他建议我学会计并告诉我说，**'会计是一种国际通用的商业语言'**，还给我讲了会计在企业管理中的重要性，虽然我似懂非懂，但还是采纳了大舅的建议。"

听了小刘的话后，大家都陷入了深思。因为大家都有着同样的经历，听从了师长、家长或朋友的建议，认为会计在企业管理中具有非常重要的作用，认为该职业前途无量，才选择了学习会计。**但会计究竟是什么？以上大家的说法是否正确？是否有"盲人摸象"之嫌？**

其实，以上大家对会计的认识都没有错，但只是就会计某一个方面的认识。本项目将通过对会计本质与会计职业两个方面的论述，使大家对会计有一个较为全面的认识，包括：❶了解企业的经营活动内容，认识企业与会计的关系；❷围绕会计目标，通过会计职能与会计对象，认识会计本质；❸通过会计职业，了解会计机构、会计人员、会计职业教育课程体系；❹通过对会计核算方法的了解，初步理解**"商业语言"**的加工方法与表达方式。

任务一 了解企业，初步认识会计

道与术：曹德旺论会计与企业家素质

会计是什么？它是如何产生又是如何发展的？要回答诸如此类的问题，我们就必须先考察一个与会计密切相关的概念——企业。会计发展的历史告诉我们，会计与企业的形成和发展是密切联系的。无论是会计目标的确立还是会计研究的对象，都主要围绕企业这一主体而产生，因此，要认识并了解会计，就首先要对企业有一个基本的认识和了解。

一、企业及其类型

企业是指从事生产、服务、流通等经济活动，以生产或服务满足社会需要，进行自主经营，实行独立核算并依法设立的一种营利性的经济组织。

（一）按照业务活动的内容划分

企业因业务活动内容的不同，可分为以下三类：**“服务业”“商业”“制造业”**。❶服务业，是指提供劳务赚取收入的行业，如会计师事务所、律师事务所、银行、咨询公司、运输业、广告业、干洗店等；❷商业，是指买进商品并准备再销售给客户，借以赚取价差的行业，如百货商店、超市、电器经销商等；❸制造业，是指买进材料并进行制造或加工，待产品完成后予以出售的行业，如水泥业、钢铁业、汽车业、电子业、纺织业等。

（二）按照财产的组织形式和所承担的法律责任划分

企业寓言：会计情商培养

通常，我们按照企业财产的组织形式和所承担的法律责任，将企业划分为**独资企业**、**合伙企业**和**公司制企业**。其中，公司制企业按照是否通过发行股票筹资，又分为**有限责任公司**和**股份有限责任公司**。

1.独资企业及其特征

独资企业，是指由个人投资经营并承担全部盈亏责任的一种企业组织形式。其具有以下特点：**（1）规模小、人员少**。独资企业往往由企业主（拥有者）负责所有的监督、控制与管理工作，并承担全部盈亏，如私人诊所、饭店等。**（2）在法律上，作为自然人不具备法人资格**。其具体表现在：**无限责任**，独资企业的业主对企业债务负连带无限清偿责任，其盈亏和资产负债完全由业主承担，一旦企业破产，则所有者不仅可能血本无归，还必须承担企业无法偿还的债务；**无单独的企业所得税**，独资企业的所得归业主所有，由业主在计算个人所得税时统一计税。**（3）短暂的生命期限**。独资企业的寿命受限于其所有者，一旦所有者无法继续经营或死亡，则独资企业将清算或变更登记，这在很大程度上影响了独资企业与其他企业的长期战略合作。**（4）难以在资本市场上筹集资金**。由于独资企业短暂的生命期限，加之其规模一般比较小，市场投资者一般认为投资独资企业的风险较大，因而独资企业在资本市场上筹集资金比较困难。**（5）所有权难以转让**。由于独资企业的所有权不以股票的形式表现，无法实现自由转让，因而当企业发生经营困难时无法轻易转让企业的所有权来降低风险。

2.合伙企业及其特征

合伙企业，是指由两人以上企业主所组成，依照合伙契约共同约定参加者的责任、义务、损益分配等的一种企业组织形式。（1）合伙企业具备独资企业的一些主要特点：组建成本低，无所得税负担，承担无限责任，生命期限短，难以在资本市场上筹集资金，所有权难以转移。（2）与独资企业相比，合伙企业的不同之处表现为：由于合伙人的增加，企业的经营管理能力有所增强，较独资企业而言能够募集到更多的资金，信用水平也有所提高。（3）合伙企业的缺点是合伙人之间的连带责任（各合伙人对合伙企业的债务负连带无限清偿责任，**即各合伙人之间互为代理**），这可能会使无过失的合伙人受到其他有过失合伙人的牵连，同时也可能因为各合伙人之间的经营权之争而使企业效率降低。

3.有限责任公司及其特征

有限责任公司，是指由每个股东以其认缴的出资额对公司承担有限责任，公司以其全部资产对其债务承担责任的企业法人。有限责任公司的特点如下：❶**独立的法律主体**，具有独立的法人资格并具有与自然人相同的享有权利和承担义务的能力；❷**有限的债务清偿责任**，属于资合公司，实行资本金制度，投资者按出资比例对公司负责，即公司在清算时，如果公司的全部资产不足以清偿债务，则股东不必以个人的财产予以清偿；❸**独立的纳税主体**，公司是纳税主体，取得的收益按照企业所得税法计算缴纳企业所得税；❹**筹资方式采用认缴制**，不能公开募股，不能发行股票，而应由出资者认缴股份，公司应向投资者签发出资证明；❺**撤资与增资**，投资者之间可以相互转让出资，新加入投资者缴纳的出资额大于其在资本总额中所占份额的部分，应作为资本公积处理；❻**公司的财务不必公开**，但编制的会计报表须按期报送给各投资者。**特别提示**：我国公司法规定，由国家授权投资的机构或国家授权部门投资设立的公司，属于投资主体单一的特殊的有限责任公司。国有独资公司除具有投资主体单一、不存在资本或股本溢价、资本无论如何计价都不会改变资本结构等特点外，其余与有限责任公司相同。

4.股份有限责任公司及其特征

股份有限责任公司，简称股份有限公司，是指全部资本由等额股份构成，并通过发行股票筹集资金，股东以其所持股份对公司承担有限责任，公司以其全部资产对公司债务承担责任的企业法人。股份有限责任公司与有限责任公司比较，除具有上述有限责任公司的**独立的法律主体、有限的债务清偿责任、独立的纳税主体**三个特点外，还具有以下主要特征：❶应当有2人以上、200人以下为发起人，注册资本的最低限额为人民币500万元；❷通过发行股票来筹集资本，将资本划分为等额股份，每股金额与股份数额的乘积即为股本总额，股票可以交易或转让；❸股票可以按面值发行，也可以溢价发行，但不可以折价发行；❹财务必须公开，以供股东查阅。

（三）公司制企业与非公司制企业在财税处理上的区别

不同性质的企业，其未来的发展空间不同，所承担的义务和享受的税收政策也不同，所以在企业设立之前，就要做好筹划工作。公司制企业与非公司制企业在财税处理上的区别见表1-1。

表1-1 公司制企业与非公司制企业在财税处理上的区别

项目或内容	公司制企业	非公司制企业
责任承担	有限责任，即股东对企业最大责任的承担仅以其出资额为限	无限责任，即股东对企业责任的承担除其出资额外，还要以民事责任（私有财产）与刑事责任来担保
所得税的处理	作为法人，需要缴纳企业（法人）所得税；在分配股利时，股东需要缴纳个人所得税	不是法人，不需要缴纳企业（法人）所得税，只需要缴纳个人所得税
企业的发展前景	作为法人，可以独立存在；实现了风险隔离；企业容易做大、做强	不是法人，需要以自然人的形式存在；未实现风险隔离；企业不易做大、做强

（四）企业的组织架构

企业的组织架构就是一种决策权的划分体系以及各部门的分工协作体系。组织架构需要根据企业总目标，将企业管理要素配置在一定的方位上，确定其活动条件，规定其活动范围，形成相对稳定的科学的管理体系。不同的企业，由于其性质不同、规模大小不同，组织结构也不完全一样。常见的组织结构形式包括中央集权、分权、直线以及矩阵式等。某制造业企业的组织结构，如图1-1所示。

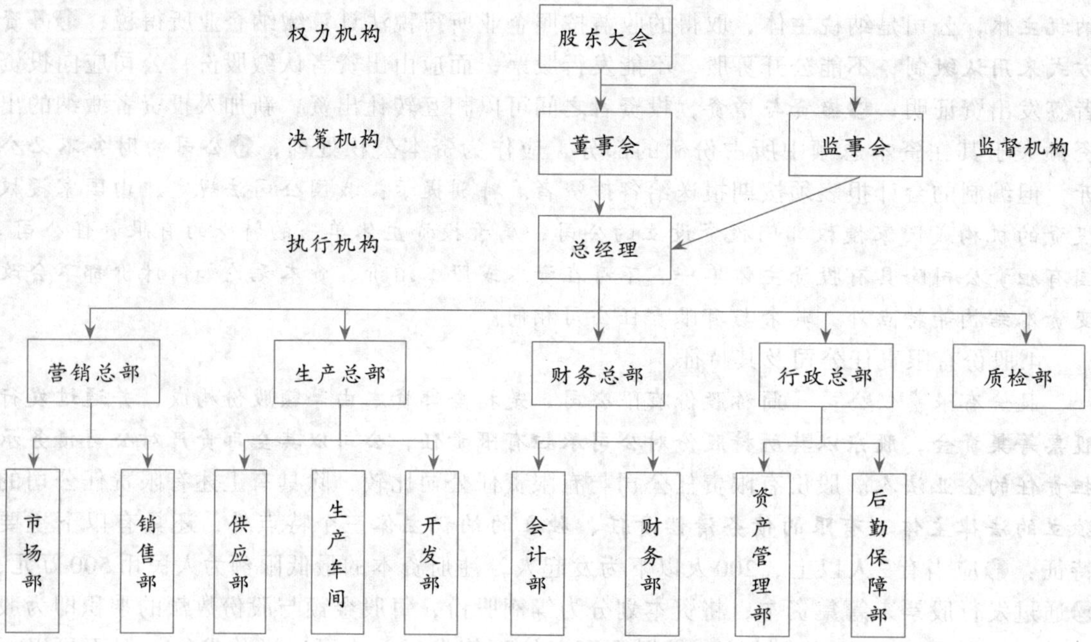

图1-1　某制造业企业的组织结构

二、企业经营活动的主要内容

企业经营活动，是指企业经营对象的内容，其主要内容按照经营环节可以分为以下四个方面：

（一）融资活动——钱从哪里来

融资活动，亦称筹资活动，是指企业资金的筹措或取得的交易。钱从哪里来？“巧妇难为无米之炊”，开门柴、米、油、盐、酱、醋、茶，家庭如此，企业更是如此，没有钱（资金）将寸步难行。

企业资金的提供者主要有二：一为业主，一为债主。❶业主所提供的资金，属于自有资金，其对企业所拥有的权益（请求权），称为业主权益（或股本）；❷债主（债权人）所提供的资金，为外来资金，其对企业所拥有的权益（求偿权），称为负债。因此，如何筹措足够的资金，供日后投资及营运活动之用，是企业经营的首要任务。不同的筹融资方式对企业的影响是不同的，企业应当选择适合自身条件的方式筹措资金，以降低筹资风险和资金成本，以求得企业利润的最大化。当前金融体系发达、资本市场机制健全的时代，为资金的筹措提供了便利条件。

（二）投资活动——钱到哪里去

投资活动，是指企业将所筹措的资金，转换成企业营运上所必要的资产交易。企业可以通过发行股票、公司债券、银行贷款等筹措到足够的资金。

投资活动泛指资源形态的转换或资金配置，主要包括：❶实物资产投资，通常企业在进行营业活动之前，必须先投资或取得某些供营业活动使用的资产，如厂房、仓库、机器设备、办公场所等。例如，经营一家百货公司，至少要先购建或租用一栋大型建筑（包括停车场），并安装电梯、空调等设备，之后才能开张营业。❷非实物资产投资，如无形资产购买及其研发活动等。现代社会资金筹措及厂房设备等实物资产投资相对容易的情况下，无形资产投资、人力资源投资、专利技术研发投资等，将成为企业未来竞争力的重要源泉。

（三）营业活动——赚钱过程及钱如何收回并获利

获利是企业设立的主要目标之一，融资与投资只是手段而已，唯有通过营业活动而将投资资金收回并获利，才是企业营运的真正目标。**营业活动，是指企业运用资产，从事生产、制造、销售等一系列的活动，通过产品（商品）或劳务的提供，以实现创造利润的目标。**企业的营业活动包括新产品的研发活动、产品的生产活动、原料采购与产品销售的物流活动、推销与售后服务的营销活动、收入与费用的结算活动等，并各有其特点。但就制造业企业而言，按照营业活动的不同内容、所处环节和特定目的，可以将其大体分为以下三个方面：

（1）**供应活动**。供应活动是企业经营活动的起点，是指用货币向供应单位购买企业经营所需的物质资料的活动。

（2）**生产活动**。生产活动是把投入变为产出的活动，是企业的一项最基本的经营活动。生产活动的目的是满足人们的物质和精神需要。

（3）**销售活动（或称营销活动）**。营销活动是指借助一定的物质技术设备，运用“商品—货币”的关系，通过多种方式和途径，引导产品从生产者到达消费者或者使用者，从而实现产品由实物形态向货币形态转化的活动。

（四）盈余形成与分配活动——钱如何多出的计算及为谁而赚

公司应使股东权益最大化。通过企业的营业活动和对外投资活动的组织，将付出去很多钱，同时也会收回来很多钱，简单来说，收回来的钱扣除付出去的钱，就是盈余（或称经营成果），前者大于后者的差额为利润，后者大于前者的差额为亏损。关于钱如何多出的计算，在会计上称为损益计算。损益计算是有一定技巧的。

虽然公司是为股东创造盈余而存在的，但企业创造的盈余不一定全部分配给股东。按照《中华人民共和国公司法》（以下简称《公司法》）的规定，企业之盈余：*首先*，要用来弥补以前年度的亏损；*其次*，应提取10%的法定盈余公积；*最后*，应用来向股东分派股息或红利，股息或红利的发放，是企业盈余最主要的用途，也是股东投资的主要目的之一。

三、企业利益相关者及其关注点

在经济学中，企业利益相关者一般是指对一个企业的经营行为与最终业绩有直接或间接影响的任何组织和个人。企业利益相关者主要包括：所有者和股东、银行和其他债权人、职业经理人、供应商和分销商、政府有关部门等。这些利益相关者与组织之间存在着直接或间接的关系，并且能够影响组织的经营行为和最终业绩，由于其所处的地位及要求的回报不同，所以其关注点也不尽相同。

（一）投资人（股东）及其关注点

投资人，**是指企业的权益投资人，即普通股股东**。与企业最直接的利益相关者当属业主，作为投入物力或财力最大的股东，其当然要求有所回报。企业作为社会经济生活的一部分，企业的利益相关者除股东之外，还有债权人、经理人、供应商、销售商、政府等，这些利益相关者也要求得到回报。❶因为股东作为企业的主体，其回报要求是基于上述利益相关者应得的回报计算完毕后，若有剩余，再将剩余的利益分配给股东，因此，股东是企业剩余利益的请求者。❷由于企业通常通过股利分配的形式回报股东，因此，股东主要关心的是企业的盈利能力，现代社会企业的抗风险能力也是股东十分关心的问题。

（二）债权人及其关注点

债权人，**是指借款给企业并得到企业还款承诺的人**。企业除了长期发展需要资金外，为应付短期周转，也需要大量的资金支持。资金筹措来源除前面提及的投资人（股东）外，也可以通过向银行贷款来获取资金，此时，银行便成为该公司的债权人。债权人提供资金以满足企业经营与周转之需，他们的预期是什么呢？他们要求企业定期缴付利息作为回报，并如期归还本金。为了保证收回本金与利息，债权人自然要关心企业是否有偿还债务的能力。

（三）经理人及其关注点

经理人，**是指被股东聘用的、对企业的经济资源进行统筹配置的人**。经理人利用股东与债权人提供的资金，统筹配置资金、人力与物力等资源，将之转换为商品（或劳务），出售给顾客并满足顾客的需要。❶经理人为企业的业主（股东）经营，付出时间与精力，除了追求成就感外，还期待收到薪资与获得奖励报酬。薪酬的高低往往视经理人是否达到预期目标而定，且形式不一，有的企业除了给现金外，还给股票或**股票期权**。❷基于追求利益的动机，能够有效地把企业高级人才与其自身利益很好地结合起来，经理人会努力拼业绩，期望在期限届满之后其所持股票价值较约定价格有很大的提升。❸企业的业绩，与经理人的续聘或被解雇以及公司被收购的威胁息息相关，因此，经理人不得不从债权人和权益投资人的角度关心公司的财务状况、盈利能力和持续发展能力，以履行其受托责任。

（四）供应商与销售商及其关注点

供应商与销售商，**是指企业劳动对象的供应者和劳动产品的购买者**。供应商提供原（物）料、商品、机械设备、消耗用品或服务，他们期待的是收到账款。顾客支付账款给企业，期待企业提供商品或劳务，有些企业除了提供商品外，还承担潜在的责任，如家电业者提供给顾客的产品质量保证服务。绝大多数企业的生产经营活动，总是处于“社会再生产过程链条”上的一个中间环节，其前一个环节是材料供应商，后一个环节是产品销售商。所以，“链条”上的任何一个环节都与自身的生产经营活动相关。

（五）政府及其关注点

政府，**是指对社会再生产过程进行服务和监管的部门**。❶由于企业在经营过程中，享用了政府提供的服务，包括国防、教育、卫生、交通与安全设施及保护，使企业可以顺利经营，因此，政府的税务部门向企业征收所得税等有关赋税是合理的；❷作为国有企业监管部门的国务院国有资产监督管理委员会，要履行出资人职责，加强国有资产的管理工作，完善公司治理结构并对所监管企业国有资产的保值增值进行监督；❸证券监督管理机构要评价上市公司遵守政府法规和市场秩序的情况；❹会计监管机构（主要是财政部门）要审查企业遵守会计法规和编制财务报表的规范性；❺社会保障部门要评价职工的收入和就业状况。

四、会计可以满足企业利益相关者的要求

（一）通过编制财务报表提供有关会计信息

大家也许会感到好奇，以上我们讨论的企业利益相关者有许多不同的关注点或诉求，如投资人和债权人，本身不亲自经营企业，为什么会放心将企业交给经营者？他们当初是如何决定提供资金给企业的？决定提供资金后又是如何获知企业的经营状况并决定后续经营决策的？这是因为企业会定期提供一定期间内的经营成果和某一时点的财务状况，即借助会计将企业的现状与前景通过财务报表的形式告知投资人和债权人。

所谓**经营成果，是指某经济个体在某个期间是赚还是赔**，包括某个期间实现的收入、发生的费用以及实现的利润或发生的亏损。企业的经营结果，如果是赔钱，会计学上将其称为“**损**”；如果是赚钱，会计学上将其称为“**益**”。所谓**财务状况，是指企业的财务是否健全**，包括企业经营资金的来源渠道、资金在企业的存在形态，以及企业在一定期间的现金流入量和现金流出量。例如，2×23年12月31日，公司明年将要到期的欠款有足够的能力偿还吗？员工每月的薪水是否能够按时发放？若公司财务健全，就有能力发薪及还债，并能把握适当时机，将公司多余的现金从事投资，为公司的股东赚取更多的利润。

（二）企业利益相关者的保驾护航——外部审计

虽然，企业提供财务报告对企业利益相关者的事前决策或事后控制起着极为重要的作用，但企业利益相关者尤其是投资人和债权人可能还是会不放心，因为编制财务报表的人不是他们，而是经理人（包括经理人控制下的会计人员），经理人是否会忠实地将经营成果及财务状况列示在财务报表上？降低这一层疑虑的方式之一，就是聘请独立而称职的第三方——外部审计人员，针对经理人编制的财务报表加以查核。**外部审计人员，是指独立于企业的第三方针对经理人编制的财务报表加以查核，并出具审计报告表示专业意见的人**。外部审计人员对企业经过一定程序的查核后，出具审计报告表示专业意见，如果出具的意见被投资人和债权人所接受，上述疑虑将会降低。

任务二　理解会计内涵，进一步认识会计

所谓会计的内涵，是指以会计对象为内容并围绕会计目标，以会计职能为方法认识会计的本质。

一、对会计本质的形象认识

（一）企业语言与会计交易或事项

1.对会计本质的初步认识——企业语言

由于企业经济活动内容的复杂性以及利益相关者的广泛性，为表达企业的财务状况与

经营成果并达到有效经营管理之目的，企业必须借助会计对企业经济活动，包括企业拥有多少资产、欠了多少债务、拥有多少权益、获得多少收入、用去多少费用、赚取多少利润等，进行辨识、衡量、分类、记录、分析和汇总，最后通过财务报告的编制与发布，将企业的财务状况和经营成果如实地向企业利益相关者进行表达。正是从“表达”的角度出发，会计也被称为**“企业语言”或“商业语言”**。这一语言在企业内部各部门之间是通用的，在一个国家也是通用的，甚至是国际通用的语言。

如何理解会计是一种“商业语言”?

著名语言学家胡明扬认为，“语言是一种作为社会交际工具的符号系统”，其基本功能是沟通交流，通过沟通交流，双方得以互相了解并达到一定的目的，包括语言的组织加工、表达方式和表达目的三个方面的内容。会计既然作为一种“企业语言”，也应包括以上三个方面的内容。❶所谓**“组织加工”，就是将企业活动如何按照会计的程序和方法组织并加工成利益相关者能够听懂、有用的“言语”，即会计信息**；❷所谓**“表达方式”，就是将会计信息如何经由特定的格式——“财务报表”提供给利益相关者**；❸所谓**“表达目的”，就是让利益相关者通过会计信息，据以评价企业经营绩效并最终协助其做出合理的经济决策**。其中，**“组织加工”**和**“表达方式”**属于会计功能，**“表达目的”**属于会计目标。

2. 会计交易或事项

如果把会计当成一种语言来看待，这种语言到底要描述什么呢？在纷繁复杂的企业经营活动中：❶有些活动可以用货币来衡量，如资金筹集、原材料采购、产品销售等；❷有些活动则不能用货币来衡量，如企业与其他单位签订的战略合作协议、引进的几位从事产品研发与设计的科学家等；❸还有一些活动虽然能够通过货币来衡量，但是在未来才会发生或具有极大的不确定性，如签订的购销合同、法律纠纷与诉讼等。所以，会计所描述的内容，则是能够用货币来衡量且是已经发生或完成的，并引起企业资产、负债、所有者权益增减变动的企业经营活动，即会计交易或事项。

会计交易或事项，也称交易事项，是指会计主体与信息用户相关，并且导致经营实体的各项资产和权益发生变化的经济事项。❶所谓**“交易”**，是指企业与外部主体之间发生的价值交换行为，如收到投资者的投资、购进材料物资并支付款项、销售产品并收到款项等；❷所谓**“事项”**，是指企业内部发生的价值转移行为和一些外部因素对企业生产经营活动的直接影响，如生产产品领用材料、产品完工入库、自然灾害等不可抗力因素给企业造成的损失等。特别说明：在会计实务工作中，习惯性地将**“会计交易或事项”**称为**“经济业务”**。

（二）会计的“产品”制造及“生产工艺流程”

如果将提供给利益相关者的财务报告理解为**“产品”**，那么，经济业务就是**“原材料”**，会计的程序和方法就是产品的**“生产工艺流程”**。按照信息论的**“输入—转换—输出”**系统论的观点，以上的**“原材料”属于输入、“生产工艺流程”属于转换、“产品”属于输出**。因而，我们可以将会计形象地描述为：**会计就是将经济业务这一“原材料”，按照会计的程序和方法这一“生产工艺流程”，加工成财务报告这一“产品”的会计信息加工与输出，并协助利益相关者进行决策的系统，或称“会计信息系统”**。

上述对会计信息系统的理解及会计信息加工处理的过程，如图1-2所示。

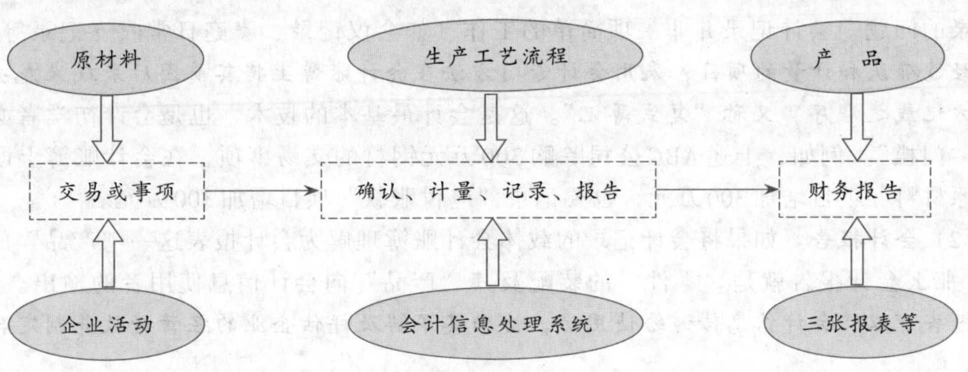

图1-2 会计信息系统及其加工处理过程

（三）会计信息加工处理的过程

在会计实务中，经济业务发生和完成之后，经过确认、计量、记录和报告等会计信息加工处理过程，形成供信息使用者决策所需的会计信息。在会计信息加工处理过程的四个环节中，会计确认与计量是形成客观会计信息的前提。

1.会计确认与计量

通俗地说，会计确认与计量是指经济业务发生，账务处理必须判断和反映该经济业务是哪些类别资金的增加或减少，以及各类别资金金额应分别确认为多少。前一个问题属于会计确认，后一个问题属于会计计量。

（1）**会计确认**。❶并非企业经营活动的所有内容都能进入会计信息处理系统，只有被认定为经济业务的企业经济活动才能进入会计信息处理系统；❷被认定的经济业务，以何种项目名称和多少金额来进行描述。例如，ABC公司2×23年3月10日赊购钢材，收到供货方开具的发票、运单等有关凭证，数量为30吨，单价为10 000元/吨，金额为300万元，钢材已经验收入库，货款下月支付。这一材料采购活动能够通过货币来计量，经过辨识后被认定为经济业务；这一交易事项，一方面使企业的资产类资金项目“原材料”增加300万元，另一方面使企业的负债类资金项目“应付账款”增加300万元。所以，**会计确认就是对企业经营活动中经济业务的辨识以及名目和金额的认定**。

（2）**会计计量**。会计确认解决了何为“经济业务”以及名目和金额的问题，下一步要解决的问题便是如何对各名目的金额进行计量。对事物进行衡量必须具备的两个基本要件是“单位”与“工具”。例如，衡量某一物品的“重量”，其工具是“秤”，单位是“千克、吨”等；衡量某一物品的“体积”，其工具是“尺”，单位是“米、厘米”等。会计交易或事项衡量的“单位”是货币，衡量的“工具”是会计准则中的计量属性。例如，企业的一栋办公大楼，3年前购买时花费了500万元，目前市场上的价格为1 200万元，会计人员在登记时是按照500万元来记账，还是按照1 200万元来记账呢？这两个金额分别是会计准则计量属性中的“历史成本”和“现行成本”。计量属性的选择对会计信息的质量至关重要。所以，**会计计量就是在会计确认的基础上，选择合理的计量属性，确定各类别资金项目的金额**。

2.会计记录与报告

经过确认和计量的经济业务，应通过一定的方式进行记录并报送给会计信息使用者。

（1）**会计记录**。登记名目和金额及其衡量标准的问题解决了，接下来的工作就是要解决记录的问题。会计记录并非一项简单的工作（如会议记录、家庭日常收支记录等），其**是将经过确认和计量的项目，采用会计专门方法在会计账簿上将其前因后果或来龙去脉予以双方记载之程序，又称“复式簿记”**。这是会计最基本的技术，也是会计初学者必须跨越的“门槛”。例如，上述ABC公司赊购300万元钢材的交易事项，在会计账簿上既要记录“原材料”项目增加300万元，也要记录“应付账款”项目增加300万元。

（2）**会计报告**。如果将会计记录的载体会计账簿理解为会计报表这一“产品”的“零件”，那么会计报告就是“零件”的装配及其“产品”向会计信息使用者的输出。所以，**会计报告可以将会计信息传递给使用者，协助其了解及评估企业的经营绩效并制定合理的决策**。

以上对会计记录与报告的加工、组成及作用的表述可通过图1-3来加以理解。

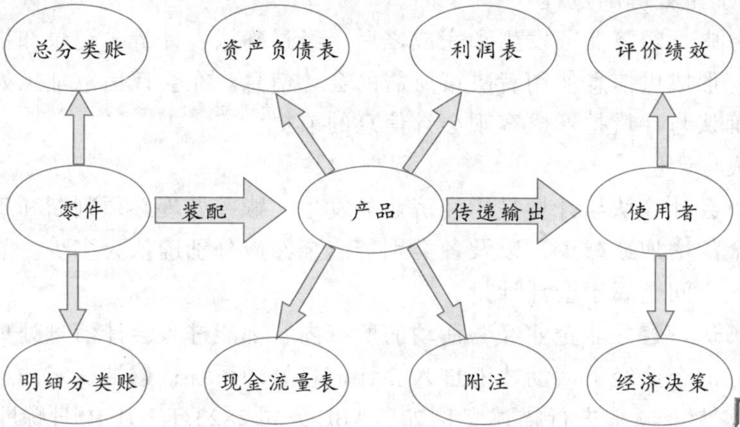

图1-3　会计记录与报告的加工、组成及作用

二、会计目标

如何理解会计目标的“决策有用观”和“受托责任观”？

会计目标，是指在一定的会计环境中（主要为企业组织形式），人们期望通过会计活动达到的结果。会计目标源于会计信息使用者的需求，要解决两个方面的问题：第一，向谁提供会计信息；第二，提供什么样的会计信息。虽然会计发展史中所划分的古代会计、近代会计都有其目标，但严格意义上说，本书所提及的会计目标主要是指现代财务会计目标。

在现代企业组织中，企业的经营管理者既要利用会计为企业的经营管理服务，又要通过会计向投资者和债权人等提供与其进行投资或贷款等经济决策相关的信息。在现代会计阶段，国内外关于会计目标的表述主要有以下两种颇具代表性的观点：

（一）决策有用观

决策有用观认为，**企业财务会计的目标就是向会计信息的使用者提供与其做出经济决策相关的信息，主要包括企业财务状况、现金流量等方面的财务信息**。其目的是帮助投资者和债权人等做出投资或贷款等经济决策。投资决策是投资者权衡利弊，并最终决定将手中持有的资金具体投向哪一家企业的过程。在这一过程中，企业提供给投资者的财务状况和经营成果等信息是投资者做出投资决策的重要参考依据。同理，企业提供给债权人的相关信息也是债权人做出贷款决策的重要参考依据。

（二）受托责任观

受托责任观认为，**企业的管理层既应承担通过有效管理促使受托资源保值增值的责任，也应承担如实向委托方报告受托责任的履行过程及其结果的义务，以便于投资者和债权人等对企业管理层的经营业绩进行考核**。因为，作为委托方的投资者和债权人等是企业资源的提供者，企业的经营管理层作为资源管理的受托方接受投资者和债权人等的委托，负有以上不可推卸的责任与义务。此外，资源受托方的企业管理者也负有重要的社会责任，如保持企业社区的良好环境、培养人力资源等。

以上关于会计目标的学术观点为世界各国的会计准则制定机构所认同，并作为建立本国会计目标的主要理论依据，但对两种观点的采纳程度有所不同。有些国家只采纳了其中某一种观点，有些国家则兼蓄并用。在后一种表述中，对以上两种观点的排列顺序又有一定的差异，或决策有用观在先、受托责任观居后，或排列顺序相反。

（三）我国企业会计准则对会计目标的规定

我国现行的企业会计准则中关于会计目标的规定，全面体现了以上两种会计目标的学术研究观点，并且采取了将受托责任观排列在先、决策有用观排列在后的做法。例如，我国《企业会计准则——基本准则》第四条规定：“**企业应当编制财务会计报告。财务会计报告的目标是向财务会计报告使用者提供与企业财务状况、经营成果和现金流量等有关的会计信息，反映企业管理层受托责任履行情况，有助于财务会计报告使用者做出经济决策。财务会计报告使用者包括投资者、债权人、政府及其有关部门和社会公众等。**”

三、会计职能

会计目标指明了会计实践活动的目的和方向，同时也指明了会计在经济管理活动中的使命。这一使命的完成则要依赖于会计本身所具有的功能，即会计职能。**会计职能，是指会计在经济管理过程中所具有的内在功能。**会计职能是会计的本质属性之一，是客观存在的。《中华人民共和国会计法》（以下简称《会计法》）第五条规定：“会计机构、会计人员依照本法规定进行会计核算，实行会计监督。”可见，会计的基本职能包括核算与监督。

（一）会计核算职能及其特点

会计核算职能，是指会计通过确认、计量、记录和报告，从金额数量上反映各单位经济业务的发生和完成情况，为各利益相关者提供会计信息的功能。会计核算职能具有如下主要特点：

（1）**会计核算以货币作为主要计量单位，从数量方面反映各单位经济活动。**会计从数量上反映经济活动时，要用到实物量度、劳动量度和货币量度，但以货币量度为主。因为：❶**实物量度**，是为了核算不同物资的实物数量而采用的计量单位并具有直观性，但不能用来总计不同种类的财产物资；❷**劳动量度**，是为了核算经济活动中消耗的劳动量而采用的计量单位并有助于确定某一具体工作过程中的劳动耗费数量，但不能对各类人员的劳动进行综合；❸**货币量度**，具有质的同一性和量的可汇总性，能够对各种财产物资和劳动量的价值统一量化。**为了克服实物计量单位的差异性和劳动计量单位的复杂性，会计核算应以货币量度为主，来综合反映各单位经济活动的过程和结果，为管理活动提供所需的价值指标。**

（2）**会计核算必须以真实、合法的凭证为依据。**会计是核算已经发生或完成的经济业务，真实、合法的凭证是经济业务发生或完成后的书面证明，这种凭证具有可验证性。各单位发生的任何经济业务，要想纳入会计核算系统，必须通过合法渠道取得，这是保证会计核算资料客观可靠的基础。

（3）**会计核算具有完整性、连续性和系统性。**❶**所谓完整性**，是指会计在反映经济业务时，不能遗漏和任意取舍；❷**所谓连续性**，是指会计在反映经济业务时，应按其发生时间的先后顺序逐日、逐笔不间断地记录；❸**所谓系统性**，是指会计在反映经济业务时，既要全面、相互联系地记录，还必须进行科学的分类，使之成为系统化的会计信息，便于信息使用者有效利用。

（二）会计监督职能及其特点

会计监督职能，**是指会计要按照一定的目的和要求，利用会计核算形成的会计信息，对各单位的经济活动进行全过程的督查和控制，使之达到预期目标的功能。**会计监督职能具有如下主要特点：

（1）**会计监督具有强制性。**❶我国《会计法》不仅赋予会计机构和会计人员实行会计监督的权利，而且规定了监督者的法律责任；❷会计对经济业务活动进行监督时，要以国家颁布的财经法规、财经纪律为标准。以上法律法规是会计监督的依据，具有强制性与严肃性。

（2）**会计监督具有完整性。**会计监督贯穿于企业经济活动的全过程，包括事前、事中和事后监督。❶**所谓事前监督**，是指为加强经营管理的预见性，会计人员在参与各种决策、制订各项计划、编制各种费用预算时，对各项经济活动的可行性、合理性、合法性和有效性进行审查；❷**所谓事中监督**，是指在日常会计工作中，随时审查所发生的经济业务，及时发现问题并予以纠正，使其按照预定的目标和要求进行；❸**所谓事后监督**，是指以会计监督的标准和要求为依据，利用会计核算取得的资料，对已经完成的经济活动进行考核与评价。

（3）**会计监督具有连续性。**❶会计对各单位发生的每一笔经济业务，都要进行合法性和合理性的监督，经过审核后才能进入会计核算形态；❷在对经济业务进行核算的同时，始终离不开会计监督。由于会计核算具有连续性，会计监督也就具有连续性。

例如，某公司的采购人员朱铁群到外地签订一份采购合同，回来后报销差旅费，带回来的是一些住宿、交通的发票、单据，还有在朋友或亲戚家住宿两晚的证明等。会计人员在对这一经济业务进行会计处理时：**首先**，要对这些发票、单据和证明，按照能否进行货币量化来进行筛选和辨认，其中在朋友或亲戚家住宿两晚的证明，因不能进行货币量化，所以不属于经济业务；**其次**，要对这些能够进行货币量化的发票、单据的合法性进行判断，如有一张绕道的车票不能予以报销，也不属于经济业务；**再次**，同意报销的金额与朱铁群提交的发票金额可能不一致，如住宿费发票的金额超过住宿费金额标准，这一超标准金额同样也不属于经济业务；**最后**，定期根据记录的结果对费用进行加工处理并编制报告。上述对差旅费报销的交易或事项的确认、计量、记录与报告都需要进行审核，包括会计人员通过对原始单据和凭证的审核来判断该项活动是否存在、是否真实，并且是否符合报销标准和预算要求。

（三）核算与监督的关系

会计的核算职能和监督职能相互依赖、不可分割。首先，如实核算是实施会计监督的基础，认真履行监督职能则是如实核算的保证；其次，没有核算，会计监督就失去了存在的基础或前提；最后，没有监督，会计核算就失去了保障，会计信息的价值就会降低。

四、会计对象

会计通过核算和监督的职能实现“提供决策有用的会计信息”和“反映受托责任”的目标。那么，会计对哪些内容进行核算与监督？即会计职能作用的领域或范围。所以，会计对象就是会计所要核算与监督的内容。

（一）资金的概念

具有一定的物质基础是任何一家企业从事经营活动的前提，制造业企业要生产产品就必须有厂房、机器设备、材料物资等劳动资料，将这些劳动资料和劳动者相结合，才能生产出劳动产品。在市场经济条件下，这些劳动资料又属于商品，是商品就有衡量商品价值的尺度，即商品价值的一般等价物——货币。当人们用货币来计量各项财产物资的价值时，便产生了一个会计概念——资金。资金是社会再生产过程中各项财产物资的货币表现以及货币本身。

（二）企业会计对象的内容

资金在企业经营活动的融资活动、投资活动、营业活动、分配活动四个环节中，相应地会发生价值形态及数量的变化，随着融资活动、投资活动、营业活动和分配活动四个环节的循环往复，资金总是处于不断的运动和变化之中。**会计上一般将经济业务发生后所引起的资金价值形态的改变和数量上的增减变化，称为资金运动。**

在制造业企业的生产经营过程中，企业取得资金后，首先要用货币资金去购置固定资产并购买原材料；生产产品时，再到仓库领取原材料；产品生产完成后，进行销售并取得收入。这样，产品生产企业的资金就依次经过供应过程、生产过程和销售过程三个具体阶段并在形态上发生变化。❶在供应过程中，用货币购买材料物资后，货币资金转化为储备资金——材料物资等所占用的资金。❷在生产过程中，领用原材料后，储备资金转化为生产资金——占用在在产品上的资金；当产品完工验收入库后，生产资金就转化为成品资金——待售产品所占用的资金。❸在销售过程中，将产品销售出去取得销售收入，成品资金又转化为货币资金。在企业的供应过程、生产过程和销售过程中，资金从货币形态开始，依次经过储备资金、生产资金、成品资金，最后又回到货币资金的这一运动过程称为资金循环，周而复始的资金循环称为资金周转。

除了上述资金在企业内部的循环周转外，还包括资金的投入和资金的退出。投入的资金除了购买材料物资外，还会用于支付职工工资、购买机器设备形成企业的固定资产，以及对外投资等；资金的退出包括按照法定程序返还投资者的投资、偿还各项债务和向所有者分配利润等。

制造业企业因资金的投入、循环周转和资金的退出等经济活动而引起资金在形态上的变化以及数量上的增减变化，共同构成了会计对象的内容。制造业企业的资金运动循环周转，如图1-4所示。

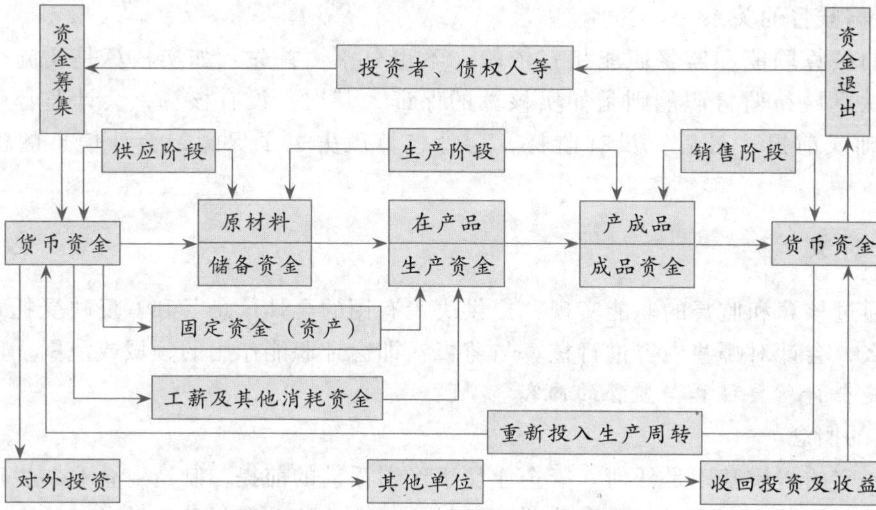

图1-4　资金运动循环周转示意图

商品流通企业与制造业企业一样也有着资金的投入与资金的退出。除此之外，商品流通企业的经营过程分为商品购进和商品销售两个过程。在商品购进过程中，主要是采购商品，由货币资金转化为商品资金；在商品销售过程中，主要是销售商品，由商品资金转化为货币资金。在商品流通企业的商品购销过程中，也要消耗一定的人力、物力和财力，它们表现为商品流通费用；也会获得销售收入和实现经营成果。因此，商品流通企业的资金是沿着"货币资金—商品资金—货币资金"的方式运动的。

（三）行政事业单位会计对象的内容

行政事业单位为完成国家赋予的任务，同样需要一定数量的资金，但其资金来源主要是国家财政拨款。行政事业单位要按照预算向国家财政取得拨入资金，形成预算收入，其业务活动过程中所消耗的人力、物力和财力的回报表现，即为行政费用或业务费用，其资金运动的形式是：资金拨入—资金付出。因此，行政事业单位会计对象的内容就是预算资金及其收支。

秒懂会计是什么

综上所述，不论是制造业企业、商品流通企业，还是行政事业单位，都是社会再生产过程中的一个环节，会计核算和监督的对象都是资金及其运动过程。所以，我们可以将会计对象概括为**社会再生产过程中的资金运动**。

五、对会计本质的进一步认识

（一）有关会计的代表性观点

关于会计的基本含义（会计的定义，或什么叫会计），在各国的会计理论界和实务界曾经历了一个长期的争论和探索过程。由于研究者对会计认识的角度不同，因此所给出的定义也不完全相同，存在着诸多观点，例如，**"工具论""信息系统论""管理活动论"**等。目前，关于会计的定义在我国也没有形成共识，主要有以下两种具有代表性的观点：

1.会计信息系统论

1966年，美国会计学会在其发表的《基本会计理论说明书》中明确指出："从本质上讲，会计是一个信息系统"。20世纪80年代初，正值我国经济体制改革的初期，这种观点于1983年被引入我国，一些会计学者（如葛家澍教授、唐予华教授）将其表述为：“**会计是旨在提高企业和各单位的经济效益，加强经济管理而建立的一个以提供财务信息为主的经济信息系统**”。该观点将会计视为一种方法来加以论证，将会计信息系统作为企业管理信息系统的子系统，其本质是向预定的会计信息使用者提供其进行经济决策所需的信息。同时，根据会计信息使用者的不同，又将会计信息系统划分为功能各异的两个部分：❶财务会计信息系统——为企业外部的会计信息使用者提供财务信息的系统；❷管理会计信息系统——为企业内部的经营管理层提供信息的系统。

2.会计管理活动论

会计管理活动论认为，会计的本质是一种经济管理活动，它强调了会计的管理功能以及会计人员这一重要因素。正如1982年杨纪琬教授、阎达五教授所指出的：“**会计这一社会现象属于管理活动范畴，是人的一种管理活动。会计的功能总是通过会计工作者从事的多种形式的管理活动实现的。**”该观点将会计视为一种工作和一种人的管理活动。有的教科书将会计表述为：“会计是经济管理的重要组成部分，是以提高经济效益为目的的一种管理活动”；有的教科书将会计表述为：“会计是以货币为主要计量单位，采用一系列专门的程序和方法，对社会再生产过程中的资金运动进行核算和监督”。

对会计管理活动论的理解可以从以下四个方面来把握：❶**从管理形式来看**，会计是以货币为主要计量单位的价值管理；❷**从管理方法来看**，会计是通过会计确认、计量、记录和报告的程序并采用一系列专门的方法来进行的管理活动；❸**从管理内容来看**，会计研究的是社会再生产过程中的资金运动；❹**从管理职能来看**，会计在经济管理中所具有的基本职能是核算和监督。

（二）“信息系统论”与“管理活动论”的融合

通过以上对企业活动的描述、对会计信息系统的“产品”结构及功能的解读、对会计信息加工处理过程的了解，并清楚会计目标之后，我们认为“信息系统论”和“管理活动论”两种观点，其实并没有矛盾与冲突，只是强调的侧重点有所不同。❶“信息系统论”侧重于会计信息的加工与输出，强调以“核算”为基本职能的方法本身；❷“管理活动论”侧重于会计是一项以会计人员为主体的管理工作，强调以“监督”为基本职能的会计目标。事实上，企业获取信息的目的是管理，管理离不开信息，会计在提供会计信息的过程中，始终贯穿着管理的内容，即会计是以会计信息系统为基础的管理活动。

基于以上认识，我们可以对会计做出如下归纳：**会计是以货币为主要计量单位，对企业活动经由会计确认、计量、记录和报告之程序，进行连续、系统、全面的核算和监督，加工生成会计信息并提供给信息使用者，据以进行绩效评价并协助其做出合理经济决策的一种管理活动。**

任务三　认识会计职业，了解会计职业教育课程体系

一、会计职业

职业即个人所从事的服务于社会并作为主要生活来源的工作。根据中国职业规划师协会的定义：职业=职能×行业。会计职业广义是指整个会计行业，狭义是指具备职业资格

的会计师群体。中华人民共和国人力资源和社会保障部将会计职业定义为："从事国家机关、社会团体、企事业单位和其他经济组织会计核算和会计监督的专业人员"。

（一）会计机构设置

会计机构是指单位内部设置的组织领导会计工作和办理会计事务的职能部门。按照《中华人民共和国会计法》第三十六条的规定，各单位可以根据自身情况决定是否设置会计机构。具体来讲，包括：❶具备设置条件的，应当单独设置会计机构，配备会计机构负责人，并应该至少设置两个会计工作岗位（会计主管和出纳）；❷不具备设置条件的，应当在有关机构中配备相关会计人员，并指定会计主管人员；❸既不单独设置会计机构，也不在有关机构中配备会计人员的，应当根据我国《代理记账管理办法》的规定，委托会计师事务所或者持有代理记账许可证的其他代理记账机构进行记账，但应在单位内部相关机构中设置一名出纳人员。

（二）会计工作岗位

会计机构内部要合理地配备会计人员，建立健全岗位责任制度。❶按照会计工作的内容分工，一般可分为以下工作岗位：会计主管、出纳、资金管理、预算管理、固定资产核算、存货核算、成本核算、工资核算、往来结算、收入利润核算、税务会计、总账报表、稽核、档案管理、管理会计和会计信息化管理岗位等。❷以上这些岗位可以是一人一岗、一人多岗或一岗多人，各单位可以根据本单位的会计业务量和会计人员配备的实际情况具体确定。❸为防止出纳人员利用抽换单据、涂改记录、不入账或少入账等手段进行舞弊的行为，应贯彻内部会计控制中的"钱、账、物分管"原则。《中华人民共和国会计法》专门规定，出纳人员不得兼管稽核、会计档案保管和收入、费用、债权债务账目的登记工作。❹对于企业的会计人员，应有计划地进行岗位轮换，既有利于会计人员比较全面地了解和熟悉各项会计工作，并提高业务水平，又起到互相监督的作用。❺我国《会计基础工作规范》规定：国家机关、国有企业、事业单位任用会计人员应当实行回避制度；会计机构负责人、会计主管人员的直系亲属不得在本单位会计机构中担任出纳工作。

（三）会计人员

作为社会组成部分的各类组织，按照营利性这一标准可以分为**营利组织或企业**以及**政府与非营利组织**。会计主要是为这些组织服务的。将服务于前者的会计称为企业会计，将服务于后者的会计称为政府与非营利组织会计，另外，将会计师事务所这一行业称为公共会计。会计人员所从事的职业大体可分为以下三种：

1.企业会计人员

企业会计人员是指在企业机构从事财务会计、成本会计、管理会计、税务、预算及会计信息系统等工作的人员。**由于现代会计主要是针对企业的经济活动来展开研究的，所以，本书以企业会计为重点。**企业会计主要包括以下内容：

（1）**财务会计**。财务会计的主要功能，在于将企业经营活动按照财务会计的基本处理程序和一般公认会计原则，加工成能够公正表达企业的财务状况、经营成果及现金流量情形的财务报告，并使不同企业间及同一企业不同时期的报表得以比较，以协助信息使用者做出决策。另外，税务会计也是企业财务会计的重要部分，即根据税法的要求，计算企业应缴纳的各项税费，以及在不违反税法规定的情形下进行税务筹划，以合理降低企业的税收负担。

(2) **成本会计**。成本会计的重点，在于记录企业生产产品所耗用的资源（或称"成本"）。成本会计介于财务会计和管理会计之间，负有双重任务：❶**对财务会计而言**，成本会计负责计算各种产品或作业的成本，并将出售的产品及库存商品，表达在企业的经营成果与财务报表上；❷**就管理会计而言**，成本会计产生的详细成本数据，用于解决相关的管理问题，以协助管理者达成计划性的目标，并建立管理数据的整体系统。

(3) **管理会计**。管理会计可以视为成本会计的延伸。管理会计与财务会计最大的不同点，在于其所提供的信息主要是供企业内部管理人员应用的，其数据的收集不限于账簿上所记载的项目，且信息的产生亦无一定的规则，其重点在于各项信息只要对管理决策有帮助即可提供，故报表的编制亦不必严格遵守一般公认会计原则。

2.政府会计人员

政府会计人员是指在政府机关从事会计或审计工作的人员。其他非营利组织，如慈善机构、医院、学校等，与政府机构相类似，皆非以营利为主要目标，故亦仿效政府会计，建立一套非营利组织的会计制度。

3.注册会计师

注册会计师是指通过注册会计师执业资格考试并取得注册会计师证书在会计师事务所执业的人员。它是一项独立的专门职业，向企业提供审计、税务服务以及管理咨询服务等业务并收取费用。一般而言，注册会计师提供以下服务：

(1) **审计**。审计俗称查账，是注册会计师的主要业务之一。凡具备一定规模的企业，如上市公司，必须聘请注册会计师，对企业的财务报表加以查核、验证，并提出专业意见说明报表的编制是否符合一般公认会计原则，是否公允地显示企业的财务状况、经营结果与现金流量变动情况。企业的财务报表经注册会计师查核、验证后，更能获得外部人员的信赖。

(2) **税务服务**。税务服务，即注册会计师向企业提供税负的计算、申报及税务规划服务。一般企业有关税务性的工作，都会聘请注册会计师加以协助，以达到合理节税的目的。

(3) **管理咨询服务**。管理咨询服务，即注册会计师向企业提供会计信息系统的构建、存货控制、财务规划等服务。近年来，注册会计师的管理咨询工作与日俱增，因许多企业缺乏专业管理人才，致使其寻求注册会计师提供管理咨询服务，许多会计师事务所会单独设立管理咨询服务部门。

（四）会计职称系列证书

会计是每一个组织中最重要的岗位之一，初学者应该对自己的职业生涯有一个预期和计划，在会计职业道路上，有些岗位是必须取得一定的资格或证书才可以担任的。

会计职称一般在单位评薪和评级时使用。❶在我国，会计职称分为高、中、初三个级别：高级会计师、中级会计师、初级会计师；❷其对应的职称资格考试为高级会计师职称考试、中级会计师职称考试和初级会计师职称考试，并由财政部颁发全国统一的职称资格证书；❸此外，根据《会计专业技术资格考试暂行规定》的要求，凡参加职称考试还有一定的学历和工作年限限制。

(1) **初级会计师职称考试**，应具备国家教育部门认可的高中毕业及以上学历。

(2) **中级会计师职称考试**，应具备下列条件之一：❶取得大学专科学历，从事会计工作满5年；❷取得大学本科学历，从事会计工作满4年；❸取得双学士学位或研究生班毕业，从事会计工作满2年：❹取得硕士学位，从事会计工作满1年；❺取得博士学位。

（3）**高级会计师职称考试（考聘结合）**，应具备下列条件之一：❶取得博士学位，并担任会计师职务2~3年；❷取得硕士学位、第二学士学位或研究生班结业证书，或大学本科毕业并担任会计师职务5年以上。

（4）**正高级会计师职称考试（考聘结合）**，应具备下列条件：❶较系统地掌握经济、财务会计理论和相关专业知识；❷具有较高的政策水平和丰富的财务会计工作经验，能担负一个地区、一个部门或一个系统的财务会计管理工作；❸取得博士学位，并担任会计师职务2~3年；❹或取得硕士学位、第二学士学位或研究生班结业证书，或大学本科毕业并担任会计师职务5年以上；❺或具备大学专科学历，从事与会计师工作职责相关工作满10年。

（五）会计执业资格系列证书

执业资格是政府对某些责任较大、社会通用性强、关系公共利益的专业技术工作实行的准入控制，获取资质的人员可以依法独立开业或独立从事某种专业技术服务。

（1）**注册会计师**（CPA）。❶资质即申报人员经考试合格后可以获得《注册会计师证书》，可以从事审计、统计、经济等专业工作；❷具有高等教育专科以上学历，或者具有会计或者相关专业中级以上技术职称的，都可以参加注册会计师全国统一考试。

（2）**特许公认会计师公会**（The Association of Chartered Certified Accountants，ACCA）。❶ACCA成立于1904年，在国内被称为**“国际注册会计师”**；❷英国已经立法许可ACCA会员从事审计、投资顾问和破产执行的工作；❸ACCA会员资格得到欧盟以及许多国家的承认，ACCA是国际会计准则委员会（IASC）的创始成员之一，也是国际会计师联合会（IFAC）的重要成员之一；❹1999年2月联合国通过了以ACCA课程大纲为蓝本的《职业会计师专业教育国际大纲》，该大纲已经作为世界各地职业会计师考试课程设置的一个衡量基准；❺ACCA资格被认为是**“国际财会界的通行证”**。

（3）**英国特许管理会计师公会**（The Chartered Institute of Management Accountants，CIMA）。❶CIMA成立于1919年，是英国管理会计师的考试、管理与认证机构，总部设在英国伦敦，在中国香港和中国内地均设有分支机构或联络处；❷CIMA是全球最大的国际性管理会计师组织，同时，它也是国际会计师联合会（IFAC）的创始成员之一；❸CIMA资格不局限于会计内容，而是涵盖了管理、战略、市场、人力资源、信息系统等方方面面的商业知识和技能，世界知名跨国企业都对其十分认可；❹CIMA于2005年5月在全球范围内采用全新的管理会计师职业资格认证体系，不仅受到企业界和学术界的广泛好评，而且成为第一个也是目前唯一一个达到国际会计师联合会（IFAC）国际教育标准的会计职业资格体系；❺根据著名财经猎头机构Robert Half的调查，CIMA已经成为世界上最受欢迎的会计职业资格。

以上会计执业资格系列考试，考试难度大、就业前景好，考生考试合格后便于进入大型跨国企业、会计师事务所、审计师事务所等工作。

二、会计职业教育的课程体系

当我们选择会计作为终生相伴的职业时，从事会计职业应具备的技能与知识体系如何得到？本书仅从会计职业教育的课程体系方面来阐述其如何得到。在我国，大多数财经类院校对会计职业教育的课程设置主要包括：

（1）**会计学基础（亦称会计学原理）**。该课程主要阐述会计的基本理论、基本方法和基本技能。它主要研究会计的基本概念、记账原理、账务处理程序和方法、会计凭证、账簿和报表，介绍会计要素的确认、计量、记录和报告的基本知识等。它是进一步学习会计学科体系其他部分的基础和指南。

（2）**中级财务会计学**。该课程主要阐述处理各项会计要素的基本理论和方法，以及财务报表的编制。它主要研究如何根据企业已经发生的经济业务，通过对会计要素的确认、计量、记录和报告，提供其财务状况、经营成果和现金流量等信息，以满足外部会计信息使用者的需要。

（3）**成本会计学**。该课程主要阐述企业的成本核算和成本管理的理论和方法，研究成本管理及降低成本的途径，为企业经营管理决策提供所需的各种成本信息。该课程主要包括成本预测方法、成本计划的编制、实际成本的计算、成本分析、成本控制及成本决策方法等。

（4）**管理会计学**。该课程主要阐述企业如何利用会计信息和其他有关信息对其进行经营管理，使企业进行最优决策的基本理论和方法。该课程主要包括预测决策会计、控制会计、责任会计等。管理会计以现代管理科学为基础，以改善企业管理为目的，所提供的信息主要面对企业内部管理人员，因此也称为对内报告会计。

（5）**审计学**。该课程主要阐述对经济活动的合法性、合理性、效益性进行监督检查的基本理论和方法。审计的监督和检查，主要是通过检查会计凭证、账簿和会计报表来进行的。该课程主要包括审计的基本理论与方法、财务审计、财经法纪审计、经济效益审计等。

（6）**财务管理学**。该课程主要阐述企业如何筹集资金和运用资金的理论和方法。该课程主要包括投资、融资、财务分析、财务预测、企业兼并重组、企业清算等。

（7）**会计信息系统**。该课程主要阐述利用电子计算机来处理会计数据资料的理论、方法和技术。该课程主要包括电算化会计处理系统的分析、设计和电算化软件的具体运用。

（8）**高级会计学**。该课程主要阐述外币业务、借款费用、或有事项、租赁业务、债务重组、非货币性交易、关联方交易、合并会计报表等特殊业务及特殊情况下的会计处理。

任务四　了解会计方法体系，初步认识会计核算方法

一、会计方法的组成及其关系

会计方法，是指用来核算和监督会计对象并实现会计目标的手段或工具。其包括会计核算方法、会计分析方法和会计检查方法。（1）**会计核算方法**，是对会计主体的经济业务进行连续、系统、完整的核算和监督所运用的一系列手段或工具；（2）**会计分析方法**，是利用会计核算资料，对会计主体经济活动的效果进行分析和评价的方法；（3）**会计检查方法**，又称审计，是根据会计核算，检查经济活动是否合理合法，以及会计核算资料是否真实准确的方法。这三种方法紧密联系、相互依存、相辅相成，构成了一个完整的会计方法

体系。其中，会计核算方法是基础，会计分析方法是会计核算方法的继续和发展，会计检查方法是会计核算方法与会计分析方法的保证或必要的补充。作为会计职业教育课程体系的基础，本书主要介绍的重点是会计核算方法。

二、会计核算方法及其构成

前述在对会计要素进行确认与计量的基础上并通过会计等式，深刻地揭示了六个会计要素之间的内在联系，清晰地描述了各会计要素之间存在的平衡相等关系，为会计核算方法的建立提供了科学依据。

会计核算方法，是对会计要素进行确认、计量、记录和报告所应用的方法，或者是对会计对象进行连续、系统、全面的反映和监督所采用的一整套专门方法。进行会计确认和计量是会计记录和报告的基础环节，会计记录和报告是会计确认和计量的延伸和深入。作为对会计要素进行确认、计量、记录和报告的四个环节，在会计实务中表现为七种方法，具体包括设置账户、复式记账、填制与审核会计凭证、登记账簿、成本计算、财产清查和编制会计报表。

（一）设置账户

设置账户是按照会计科目开设具有一定格式与结构的账户，分类记录经济业务引起会计要素增减变化及结果的专门方法。❶对企业发生的经济业务，首先要进行会计要素确认与金额计量。❷由于会计对象内容的复杂性，还需要对会计要素进行细化分类，对会计要素细化并进一步分类的项目，称为“会计科目”。❸按照会计科目开设具有一定格式与结构的账户，用于计量会计科目金额的增减变化及结果。所以，账户是用以具体记录经济业务发生后所引起的会计要素增减变化及结果的工具。

【例 1-1】 盛华公司本月赊购钢材一批并已入库，货款90 000元承诺3个月后支付。

该经济业务：❶应确认为资产要素的“原材料”科目和负债要素的“应付账款”科目；❷按照实际成本计量，“原材料”科目增加90 000元，“应付账款”科目增加90 000元；❸应分别在“原材料”账户和“应付账款”账户中登记90 000元；❹账户就好比会计信息的存储器，有流入也有流出。

（二）复式记账

复式记账是对发生的每一项经济业务都要通过两个或两个以上账户进行双重记录的一种专门方法。❶复式记账相对于单式记账而言，笼统地讲就是对每一项经济业务的来龙去脉所涉及的会计科目，在账户中进行双方面记录的方法。❷一般在记录自己的资产时，通常只是就事论事地单方面记录，例如，小高同学花了200元为女朋友小白买了一把遮阳伞，通常只记录自己的现金减少了200元，这就叫作“单式记账”。❸然而，单式记账并不能把一笔交易完整地记录下来，如果时间久了，小高同学看到自己的记录，大概只能知道哪一天花了200元，却想不起来这200元买了什么，所以说如果要完整地记录一笔交易，小高同学需要在记录现金减少了200元的同时增加了一把200元的遮阳伞，这就是“复式记账”的概念。❹复式记账意味着企业进行的每一笔交易至少会影响到两个或两个以上的会计科目金额，同时会计记账时必须将交易影响所涉及的会计科目分为两个方面按照来龙去脉在账户中加以记载。如在【例 1-1】中，既要在“原材料”账户中记录增加90 000元，也要在“应付账款”账户中记录增加90 000元。

（三）填制与审核会计凭证

填制与审核会计凭证是保证经济业务合法合理以及账户记录准确可靠的一种专门方法。❶会计记录必须做到有凭有据，记录和证明经济业务发生及具体内容的书面证明或原始载体，即为原始凭证。❷在某项经济业务发生以后，要根据原始凭证进行会计确认与计量，即确定所涉及的会计科目与金额，然后按照复式记账的要求进行账户登记。❸但在登记账户之前为保证账户记录的准确可靠，应先填制记账凭证，即对原始凭证按照会计语言进行整理并作为会计账户记录的依据，包括指明该经济业务应确认的会计科目及其增加或减少金额。❹原始凭证和记账凭证载明了经济活动的内容、时间、数额以及应作为何种要素而记入什么账户，是会计确认与计量的结果，是以上设置账户与复式记账专门方法的具体运用。❺审核会计凭证的合法性、合理性、真实性和完整性，是会计人员履行会计监督职能的一项重要职责。

（四）登记账簿

登记账簿是根据审核无误的会计凭证在账簿中系统、连续、全面地记录经济业务内容的一种专门方法。❶会计对象可以概括为资金运动，对资金运动按照经济特征进行分类是会计要素，对会计要素进行细化的进一步分类是会计科目，根据会计科目开设具有一定格式与结构的工具是账户。❷账户要依附具有一定格式与结构的账页而存在，将若干张账页装订在一起的账本是会计账簿，可以说，账户就是设立在会计账簿中的账页。❸在一个账簿中可以设立一个账户，也可以设立多个账户，因而，登记账簿从一定意义上说就是登记账户。❹通过登记账簿就能将一定时期内分散在记账凭证中的经济业务进行连续的分类与汇总，为会计报表的编制提供某一类或全部经济活动完整的会计信息资料。

（五）成本计算

成本计算是归集一定计算对象所发生的全部费用，进而确定其总成本和单位成本的一种专门方法。成本计算属于会计计量，是对企业的特定经济活动确认为资产要素的某一项目进行金额计算。例如，对企业材料采购活动中采购的材料已经确认为资产要素的“原材料”项目、生产活动中生产的产品已经确认为资产要素的“产成品”项目等，都要按照一定的对象（采购的材料、生产的产品）进行金额计算，包括总成本和单位成本。

【例 1-2】 盛华公司本月购入生产用A型钢材20吨，发生买价80 000元、运费9 000元、装卸费600元。

该经济业务：A型钢材就是成本计算对象，应确认为资产要素的“原材料”项目，其全部费用89 600元都是为A型钢材这一成本计算对象而发生的，并构成该成本计算对象的总成本，总成本89 600元除以数量20吨，则单位成本为4 480元。

（六）财产清查

财产清查是通过盘点实物、核对账目，以查明财产物资的实际结存数与账面结存数是否相符的一种专门方法。❶企业必须定期或者不定期地对各项财产物资和往来款项进行清查、盘点和核对。❷对其账实不符的情况，应查明原因，明确经济责任，并调整账存数，使账存数与实存数相等，以保证会计核算资料的真实性。

（七）编制会计报表

编制会计报表就是定期总括反映企业的财务状况和经营成果的一种专门方法。❶编制会计报表就是在账簿记录的基础上对会计核算资料的进一步加工和整理。❷会计报表是会计主体对外报告会计信息的主要形式。

三、会计核算方法的联系

会计将成为您生命中的一部分

以上会计核算方法反映了会计核算的过程，当会计主体（企业）的经济业务发生后：首先，要填制（或取得）并审核原始凭证，按照设置的会计科目和账户，运用复式记账法，编制记账凭证。**其次**，要根据会计凭证登记会计账簿，然后根据会计账簿资料和有关资料，对生产经营过程中发生的各项费用进行成本计算，并依据财产清查的方法对账簿的记录加以核实。**最后**，在账实相符的基础上，根据会计账簿资料编制会计报表。

如何理解会计核算方法是一个完整的方法体系?

在会计核算过程中，**填制与审核会计凭证是开始环节，登记账簿是中间环节，编制会计报表是终结环节**。在一个会计期间，会计主体（企业）所发生的经济业务，都要通过这三个环节将大量的经济业务转换为系统的会计信息，即从填制与审核会计凭证开始，经过登记账簿，直到编制会计报表这一周而复始的变化过程，一般被称为**会计循环**。在这个循环过程中，以三个环节为联结点，联结其他的核算方法，从而构成了一个完整的会计核算方法体系。对会计核算方法内在联系的理解，如图 1-5 所示。

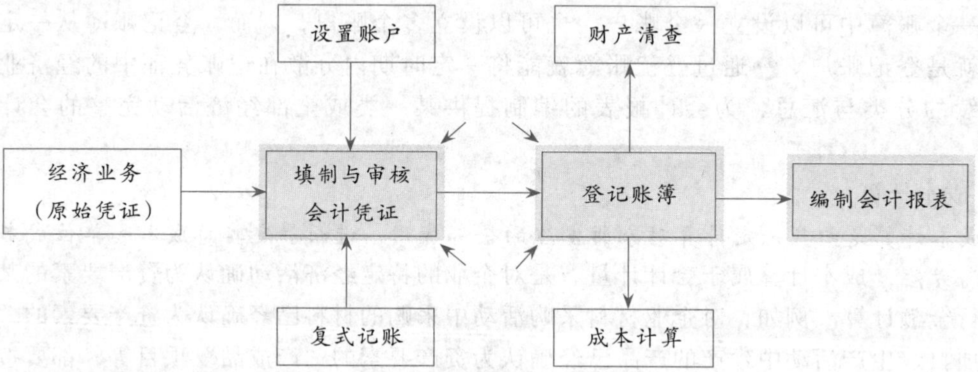

图1-5　会计核算方法的内在联系

【会计论道与素质教育】

遵纪守法——会计职业的明天更美好

党的十八大以来，以习近平同志为核心的党中央着眼于国家长治久安、人民安居乐业，建设更高水平的平安中国，完善社会治理体系，推动社会治理现代化取得重大成就，续写了社会长期稳定奇迹。2021年，人民群众对平安建设的满意度达98.6%。国际社会普遍认为，中国是世界上最安全的国家之一。

党的二十大报告中强调，“在法治轨道上全面建设社会主义现代化国家”，既凸显了法治建设事关根本的战略地位，又明确了法治建设服务保障党和国家工作大局的战略任务。落实这一要求，要坚持以习近平新时代中国特色社会主义思想为指导，深入贯彻习近平法治思想，坚持党的领导、人民当家作主、依法治国有机统一，更好发挥法治固根本、稳预期、利长远的保障作用，为全面建设社会主义现代化国家保驾护航。

两个犯罪嫌疑人被警察拘捕了。警察告诉被分别关押、分别提审的犯罪嫌疑人有三种可能：第一种可能，死不认罪，最后也确实找不到犯罪的证据，这样将被无罪释放；第二种可能，主动认罪并检举揭发同伙，检举者只被判3年刑期；第三种可能，自己死不认罪，但被同伙揭发并证明有罪，这样就会被判10年刑期。被分开关押、分别提审的犯罪嫌疑人会选择哪一条路呢？绝大多数的犯罪嫌疑人会选择第二条路。这是社会学、心理学的一个著名论例：囚徒困境。

教授寄语：**谁都不敢把自己的明天放在别人的手中，做好大学四年的学业生涯规划，把握好自己的命运，努力吧，同学们！**

零容忍全覆盖
严惩资本大鳄

【重要概念】

企业；会计对象；会计交易或事项；会计；会计目标；会计职能；会计核算方法。

【复习思考题】

1. 简述近代会计阶段和现代会计阶段的标志性事件。
2. 企业利益相关者有哪些？并简述各利益相关者的会计信息关注点。
3. 简述会计的基本职能及其特点。
4. 简述制造业企业会计对象的具体内容。
5. 简述会计核算方法之间的内在联系。
6. 简述会计目标的两种观点，以及我国企业会计准则对此的规定。

练习题在线

练习1-1　单项选择题在线

单项选择题每小题给出的4个备选项中，只有1个符合题意。

要求：扫描“单项选择题”二维码进行在线回答，回答完毕并提交后可参看正确答案与答案解析。

单项选择题1~9　　单项选择题10~18

练习1-2　多项选择题在线

多项选择题每小题给出的5个备选项中，至少有2个符合题意。

要求：扫描“多项选择题”二维码进行在线回答，回答完毕并提交后可参看正确答案与答案解析。

多项选择题1~6　　多项选择题7~12

练习1-3　判断题在线

请判断各判断题每小题的正误，正确的用“√”表示，错误的用“×”表示。

要求：扫描“判断题”二维码进行在线回答，回答完毕并提交后可参看正确答案与答案解析。

判断题 1~6

判断题 7~12

2 项目二 会计要素与会计等式

【内容导读】

本项目内容是项目一中会计对象相关内容的延续与拓展。会计要素是会计对象具体构成内容的别称，是会计确认和计量的结果，更是会计记录和报告的基础。为此，本项目将针对会计确认与计量重点阐述：❶会计要素的概念及分类；❷各会计要素的定义及特征；❸各会计要素确认的条件与基础；❹会计计量属性的选择；❺各会计要素在数量上恒等关系的会计等式；❻不同经济业务对会计等式的影响。在此基础上理解会计要素是设置会计科目和会计账户的基本依据，是构成会计报表的基本框架。

任务一 划分会计要素，分类认识会计对象

项目一中，我们初步认识了会计对象是社会再生产过程中的资金运动，但这一概念比较抽象概括，不便于理解和把握。由于资金运动所包含内容的广泛性和特殊性，即资金运动涉及企业经营活动的方方面面，以及用途目的不同、内容特征不同，使之无法进入会计信息系统，因而有必要对其进行分类确认和记录，这样才能形成有用的会计信息。这一对资金运动进行分类确认和记录形成的项目，便是会计要素。

一、会计要素的概念及分类

会计要素即会计对象要素，是指对会计对象按经济内容的特征所划分的基本类别。会计要素是会计对象的具体化，是反映会计主体的财务状况和经营成果的基本单位。

由于政治、经济、法律和文化等因素的差异，世界各国和地区的会计准则对会计要素构成内容的规定不尽相同。我国《企业会计准则——基本准则》规定："企业应当按照交易或事项的经济特征确定会计要素。会计要素包括资产、负债、所有者权益、收入、费用和利润。"以上六大会计要素按照其作用可归纳为以下两大类：

（1）**资产负债表要素**，是反映**企业财务状况的会计要素**，是企业在一定时点上（月末、季末、半年末、年末）资金运动的静态表现，包括：**资产、负债和所有者权益**三个要素。

（2）**利润表要素**，是反映**企业经营成果的会计要素**，是企业在一定期间（月度、季度、半年度、年度）资金运动的动态表现，包括：**收入、费用和利润**三个要素。

以上对会计要素的分类，如图2-1所示。

二、资产负债表要素

企业的财务状况是以资产负债表的形式来对外报告的。**资产负债表**，是反映企业在某一特定日期财务状况的报表。永春机械公司资产负债表（简表）见表2-1。

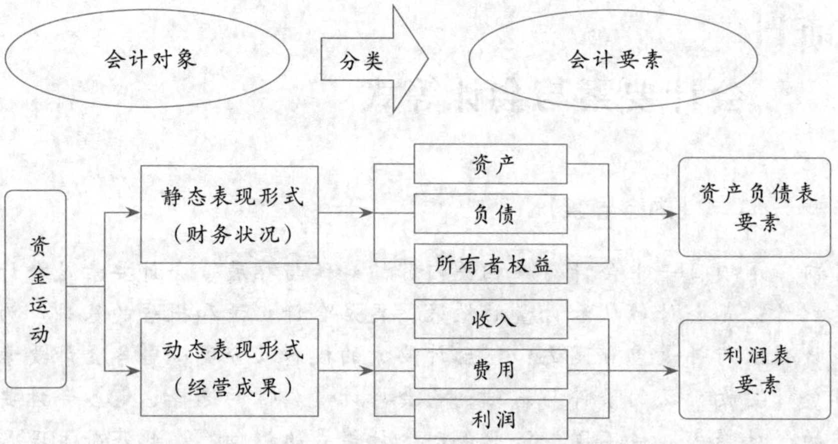

图2-1　会计要素的分类

表 2-1　**永春机械公司 2×23 年 12 月 31 日资产负债表（简表）**　单位：元

资　产	金　额	负债及所有者权益	金　额
流动资产：		流动负债：	
货币资金	1 360 000.00	短期借款	3 600 000.00
交易性金融资产	2 980 000.00	应付及预收款项	5 940 000.00
应收及预付款项	6 750 000.00	应付职工薪酬	1 240 000.00
存货	2 130 000.00	应交税费	690 000.00
非流动资产：		非流动负债：	
长期股权投资	6 200 000.00	长期借款	3 900 000.00
固定资产	18 500 00.000	应付债券	1 130 000.00
无形资产	3 600 000.00	所有者权益：	
长期待摊费用	980 000.00	所有者投入资本	22 600 000.00
		其他综合收益	280 000.00
		留存收益	3 120 000.00
资产总计	42 500 000.00	负债及所有者权益总计	42 500 000.00

以上资产负债表是由资产、负债、所有者权益三个要素构成的，每个要素下面又分若干个项目，由三个要素及其包含的项目来反映永春机械公司 2×23 年 12 月 31 日的财务状况。

【会计基本原理】

会计主体假设

上述永春机械公司是一家加工机械产品的企业，其所有者李永春可能还拥有汽车、个人银行存款、两套住宅房产，甚至另一家企业，但这些项目并未参与该公司的经营，因此不能出现在永春机械公司的财务报表中。如果把所有者个人活动与企业交易活动混淆到一起，那么这样编制的财务报表将无法清楚地描述企业的财务活动。这里蕴含了一个基本的会计假设，即会计服务的特定单位只是“永春机械公司”这个公司法人，而不是所有者个人的其他活动，会计上将这一假设称为**“会计主体假设”**。

会计主体假设：❶界定了企业会计确认、计量和报告的空间范围，如表2-1的表头信息，就明确了此表只针对“永春机械公司”这个主体。❷把握会计处理的立场，如甲公司与乙公司发生一笔赊购（销）业务，甲公司作为采购业务，应确认为材料增加、债务增加；乙公司作为销售业务，应确认为收入增加、债权增加。❸法律主体必然是一个会计主体，但会计主体不一定是法律主体。例如，在企业集团的情况下，一家母公司拥有若干个子公司，母子公司虽然是不同的法律主体，但是母公司对子公司拥有控制权，为了全面反映企业集团的财务状况、经营成果和现金流量，就有必要将企业集团作为一个会计主体。

如何理解“会计主体假设”？

（一）资产要素

1.资产要素的定义及其特征

如何理解“资产要素”？

资产，是指企业过去的交易或者事项形成的、由企业拥有或者控制的、预期会给企业带来经济利益的资源。根据资产的定义，资产具有以下基本特征：

（1）资产由过去的交易或者事项形成。企业过去的交易或者事项包括购买、生产、建造行为以及其他交易或者事项。预期在未来发生的交易或者事项不形成资产。

【例2-1】ABC公司计划于2×23年底购买一批机器设备，其于2×23年8月份与销售方签订了购买合同，但实际购买行为发生在当年12月份，则ABC公司不能在8月份将该批机器设备确认为资产。再如，该公司正在与某大客户进行买卖合同的谈判，如果谈判成功，对方将签约购买该公司价值2 000万元的商品，并将预付25%的款项500万元。那么，这500万元是否可以作为资产呢？答案是否定的，因为它只是一个可能的结果，而不是已经发生的客观存在。

（2）资产由企业拥有或者控制。这是指企业拥有某项资源的所有权，或者虽然不拥有某项资源的所有权，但该资源能够被企业所控制。会计意义上的控制概念类似于但不完全等同于所有权的法律概念。

【例2-2】ABC公司分期付款购买一辆汽车，如果每月支付5 000元，共需24个月，直到支付完最后一期款项，所有权才让渡给买方，这时该辆汽车才从法律意义上属于企业的资产。但是，如果ABC公司已经使用了这辆汽车，那么就视为ABC公司完全控制了该辆汽车并将其确认为一项资产。

【例2-3】ABC公司由于资金不足于2×23年以非短期租赁方式向某租赁公司租入型号WH380的精密车床一台，合同规定租期为5年，约定每年年末支付租金，连续5年每年支付100万元。❶从法律形式上看，在租赁期内，虽然ABC公司并不拥有该车床的所有权，但由于租赁合同中规定的租赁期较长，接近该项资产的可使用年限，因此，在租赁期内，承租企业有权支配该项资产并从中受益。❷从业务实质上看，承租企业能够控制该项资产所创造的未来经济利益并承担该车床跌价的风险，因此，在会计核算中将以非短期租赁方式租入的固定资产视为企业资产。

【会计基本原理】

实质重于形式

上述ABC公司由于资金不足于2×23年以非短期租赁方式向某租赁公司租入的精密车床，在会计核算上将其视为企业资产，就是遵循了会计信息质量要求的“实质重于形式”。

所谓“实质重于形式”，是指在对会计事项进行确认、计量和报告时，应以其“实质”而不应当仅仅按照它们的法律形式进行会计核算。

会计事项的经济实质和法律形式在大多数情况下是一致的，但也可能出现不一致的情形，会计处理时应当优先考虑会计事项的“实质”，这主要是由于法规制度存在制定过程中的主观性和在实施时间上的滞后性。因此，企业的会计核算，如果只是按照会计事项的有关法规进行，而不考虑会计事项的实质意义或现实要求，其结果不仅不会满足会计信息使用者的需要，而且可能会导致会计信息使用者的决策出现错误。

如何理解“实质重于形式”?

（3）*资产是一种预期会给企业带来经济利益的资源*。这是指直接或者间接导致现金和现金等价物流入企业的潜力。当企业拥有或者控制的资源已经不能为企业带来经济利益时，则该资源不能确认为企业的资产。

【例2-4】ABC公司是一家制造业企业：❶公司银行存款是一项资产，因为其可用于购置其他资源；❷客户欠公司的款项是一项资产，因为收回时其可产生现金流入；❸公司制造的产品及半成品属于资产，因为预计未来它们可以销售出去；❹机器设备及其他制造工具也是资产，因为它们可用于未来产品的生产活动。但是，因损坏或陈旧过时而卖不出去的产品或报废的设备，则不再属于企业的资产，虽然它们归企业所有，但是不能产生现金流入。设想有两台机床，其中，A机床型号陈旧老化，自新机床B投入使用后，A机床未使用且预期将不再使用，也就不再产生经济利益。**试问：A机床是否应作为资产反映在该公司的资产负债表中？**

2.资产要素的分类及构成项目

资产按其流动性（变现能力），可分为**流动资产**和**非流动资产**两大类。

（1）**流动资产。流动资产是指在1年以内或超过1年的一个营业周期内变现、出售或耗用，或者主要为交易目的而持有，或者预计在资产负债表日起1年内（含1年）变现的资产**。其主要包括：❶**交易性金融资产**，是指企业为了近期内出售而持有的金融资产，包括企业以赚取差价为目的从二级市场购入的股票、债券或基金等；❷**应收及预付款项**，是指企业在日常经营活动中发生的各项债权，包括应收票据、应收账款、其他应收款及预付账款等；❸**存货**，是指企业在日常经营活动中持有以备出售的产成品或商品、处在生产过程中的在产品、在生产过程或提供劳务过程中将被耗用的各种材料和物料等。

（2）**非流动资产。非流动资产是指流动资产以外的资产**。其主要包括：❶**长期股权投资**，是指持有时间超过1年（不含1年）、不能变现或不准备随时变现的股票和其他投资；❷**固定资产**，是指企业为生产商品、提供劳务、出租或经营管理而拥有的、使用寿命超过一个会计年度的有形资产，如生产用厂房、仓库、机器设备和运输工具等；❸**无形资产**，是指企业拥有或控制的、没有实物形态的非货币性资产，包括专利权、非专利技术、商标权、著作权、土地使用权等；❹**长期待摊费用**，是指企业已经发生但应由本期和以后各期负担的、分摊期限在1年以上的各项支出和费用，包括新建企业在筹期间发生的各种管理性质的支出，以短期、低价值租赁方式租入固定资产发生的改良支出等。

（二）负债要素

如何理解"负债要素"？

1.负债要素的定义及其特征

负债，是指企业过去的交易或者事项形成的、预期会导致经济利益流出企业的现时义务。负债具有以下三个基本特征：

（1）负债是由过去的经济业务形成的。只有过去的交易或者事项才能形成企业的负债，企业在未来发生的承诺、签订的合同等交易或者事项，不属于现时义务，不应当确认为负债。

（2）负债是企业承担的现时义务。这是指在现有条件下企业已经承担的义务，这种义务分为法定义务和推定义务两大类。❶**法定义务**，是指具有约束力的合同或者法律法规规定的义务，通常从法律意义上讲是需要强制执行的。其包括：企业通过某种形式取得资产后对债主或债权人所承担的经济责任，如银行借款、应付账款、应付职工薪酬等；从事经济活动后由于法律的规定而产生的经济责任，如应交税费等。❷**推定义务**，是指根据商业惯例、公开的承诺或者企业公开宣布的政策等而形成的企业将承担的责任。例如，企业销售产品承诺的"三包"服务、预计的产品质量保证费用、预计败诉的赔偿款等预计负债，也应确认为负债。**特别指出**：推定义务虽然其履行是在未来，但其所依附的事项是发生在过去的，因此也满足此特征。

（3）负债预期会导致经济利益流出企业。负债的履行将导致企业经济利益或资源流出企业，是其本质特征。其具体表现为两个方面：❶负债要以资产的减少或提供劳务、转为股本等为特征。例如，用货币资产或实物资产形式偿还到期的负债，将导致企业可使用资源减少。❷能够回避的义务不能确认为企业的负债，即负债要有明确的**债权人和偿付日期**，或者可以合理地估计确定债权人和偿付日期。例如，因债权人消亡而无法支付的债务（应付账款等），就不再是负债而应将其确认为**"利得"**；再如，向债权人的借款，债权人没有规定具体的还款日期（**你什么时候有钱再还**），或者说500年后再还，这一借款名为债务，实为接受捐赠，应将其确认为"利得"。

2.负债要素的分类及构成项目

负债按其流动性或偿还期限的长短（通常以1年以内为界），可分为**流动负债和非流动负债**两大类。

（1）流动负债。流动负债是指企业将在1年以内（含1年）或者超过1年的一个营业周期内清偿的债务。其主要包括短期借款、应付及预收款项、应付职工薪酬、应交税费等。❶**短期借款**，是指企业向银行或其他金融机构等借入的期限在1年以内（含1年）的各种借款；❷**应付及预收款项**，是指企业在日常经营活动中发生的各项债务，包括应付票据、应付账款、应付利息、应付股利、其他应付款及预收账款等；❸**应付职工薪酬**，是指企业根据有关规定应付而未付给本企业职工的各种薪酬，如应付的工资和福利费等；❹**应交税费**，是指企业按照税法等规定应向政府缴纳而暂未缴纳的各种税费，如应交增值税、应交消费税、应交企业所得税和应交教育费附加等。

（2）非流动负债。非流动负债是指偿还期在1年或者超过1年的一个营业周期以上的

如何理解"所有者权益要素"?

债务。其主要包括长期借款、应付债券和长期应付款等。❶**长期借款**，是指企业向银行或其他金融机构借入的期限在1年以上（不含1年）的各项借款；❷**应付债券**，是指企业为对外发行期限在1年以上的企业债券而应向购买者支付的本金和利息；❸**长期应付款**，是指企业除长期借款和应付债券以外的其他各种长期应付款项。

（三）所有者权益要素

1.所有者权益要素的定义及其特征

所有者权益，也称净资产，是指企业资产扣除负债后由所有者享有的剩余权利。即企业的全部资产减去全部负债后的余额归业主所有。所有者权益应具备以下四个特征：

（1）**资本永久性**，是指业主投入到企业的资本，除非发生减资、清算或分派现金股利，企业不需要偿还。

（2）**权利双重性**，是指所有者凭借所有者权益，享有对经营成果的分享权利和对所有资产的管理权利。

（3）**确认依赖性**，是指所有者权益的确认，主要依赖于其他会计要素，尤其是资产要素和负债要素的确认。例如，企业接受投资的一项设备：❶当该设备符合资产确认的条件时，也就相应地符合了所有者权益确认的条件；❷当该设备的价值能够可靠地计量时，所有者权益的金额也就得以确定。

（4）**受偿滞后性**，是指企业清算时，只有在清偿完所有的负债后，所有者权益才能返还给所有者。

【例2-5】假设永春机械公司在2×23年底突然宣告破产倒闭，虽然资产负债表上显示资产总额为4 250万元，经过拍卖实际变现价值为2 320万元，其中固定资产拍卖变现价值为650万元。这2 320万元要先用来清偿负债1 650万元，剩余的670万元才能返还给所有者。

【会计基本原理】

持续经营假设

上述假设永春机械公司在2×23年底突然宣告破产倒闭，该公司2×23年12月31日资产负债表（见表2-1）上记载的固定资产为1 850万元，而2×23年底经过拍卖的变现价值只有650万元。

美国商务部公布了下列一组数据：美国平均每年新成立50万家企业，5年内倒闭的占80%，10年内倒闭的占96%，只有4%的企业能够存活超过10年。有关资料表明，我国企业的平均寿命只有8年。也就是说，不可能有企业能够永久地存在下去，但究竟何时破产倒闭又是一个未知数。那么，会计上对于固定资产，是按照1 850万元记载，还是按照650万元记载呢？这里蕴含了一个基本的会计假设，即"**如果不存在明显的反证，一般都认为企业将无限期地经营下去**"。会计上将这一假设称为"**持续经营假设**"。

如何理解"持续经营假设"?

持续经营假设：❶规定了会计工作的时间范围，即在可以预见的将来，企业将会按照当前的规模和状态继续经营下去，不会停业也不会在规模上削减业务，资产将按照取得时的实际成本计价并按照承诺偿还所负担的债务。❷如果企业破产倒闭，那么资产的价值必须按实际变现价值计算，负债必须按资产变现后的实际偿付能力清偿。

2. 所有者权益要素的分类及构成项目

在我国，公司制企业是指股份有限责任公司和有限责任公司（含国有独资公司），按照《企业会计准则》的规定，公司制企业的所有者权益主要包括所有者投入资本、其他综合收益和留存收益。

（1）所有者投入资本，是指投资者以所认缴的资本名义实际投入企业的各种财产物资。其包括实收资本（或股本）和资本公积。

❶有限责任公司的投资人按照公司章程的规定，或者合同、协议的约定，实际投入的财产物资等于企业认缴的注册资本额的部分，称为“实收资本”；投资者通过购买股份有限公司发行的股票而直接投资于公司的股票面值，称为“股本”。❷投资者实际投入的财产物资超过其认缴的注册资本额的部分，称为“资本公积”，在有限责任公司其属于“资本溢价”，在股份有限责任公司其属于“股本溢价”。

【例2-6】某公司由甲、乙两个股东各自出资30万元组建而成，经过2年多的经营，公司业绩蒸蒸日上，较同类企业有很高的投资回报率。2×23年，公司有意扩大生产规模并且丙有意加入该公司，三方协议由丙出资45万元购买公司1/3的股份。则：

公司的实收资本=300 000×2+300 00=900 000（元）

公司的资本公积=450 000−300 000=150 000（元）

【例2-7】望远机械公司委托国通证券公司代理发行普通股1 000万股，每股面值为1元，发行价为每股5元。双方约定，国通证券公司按照3%收取手续费，从发行收入中扣除。则：

公司收到的股款=10 000 000×5×（1−3%）=48 500 000（元）

应计入股本的金额=10 000 000×1=10 000 000（元）

应计入资本公积的金额=48 500 000−10 000 000=38 500 000（元）

【拓展阅读】

注册资本与实收资本

所谓注册资本，是指企业在公司登记机关（市场监督管理局）登记的全体股东认缴的出资额。我国《公司法》规定实行注册资本制度，并由“实缴制”改为“认缴制”。认缴制是指在公司登记注册时，股东可以不实际缴付或只实际缴付部分所认缴的注册资本，剩余部分按照公司章程规定的期限缴付，股东以其认缴的出资额为限承担法律责任的制度。所以，会计制度上所讲的实收资本与《公司法》中所讲的注册资本含义相同，但其金额在最初注册成立时不一定相等，当投资者按照公司章程规定的期限后续足额缴付后，实收资本与注册资本金额相等。

（2）其他综合收益，是指企业根据会计准则的规定未在当期损益中确认的各项利得和损失，如以公允价值计量且其变动计入其他综合收益的金额的金融资产公允价值变动。

（3）留存收益，是指企业从建立至今的盈余总额扣除向所有者（股东）支付的利润（股利）总额后的差额。既定日期的留存收益余额是从公司存在之初至该日期为止保留下来的累积盈余金额。留存收益包括盈余公积和未分配利润两部分。❶**盈余公积，是指企业按照《公司法》的有关规定和企业股东会或类似权力机构批准，从当年税后利润中提取的公积金**。其包括法定盈余公积和任意盈余公积。企业可以利用盈余公积弥补亏损、转增资本（股本）、扩大生产经营，在符合条件的股份制企业，也可以利用盈余公积分派现金股利。❷**未分配利润，是指企业留于以后年度分配的利润或待分配利润**。

3.所有者权益与负债的区别

所有者权益与负债的区别在于：❶性质不同。企业的负债有约定的偿还期，需要按期偿还；而所有者权益一般不需要偿还，是企业可以长期使用的资金来源。❷享有的权利不同。对于企业的债权人来说，其权利仅限于按期收回本金和利息；而企业的所有者具有参与企业经营决策和参与利润分配的权利。❸企业清算时所处的求偿权顺序不同。企业负债的债权人拥有优先求偿权；而企业所有者的求偿权排在债权人之后。

三、利润表要素

企业的经营成果是以利润表的形式来对外报告的。利润表，反映了企业在一定时期内的盈亏。永春机械公司利润表（简表）见表2-2。

表 2-2　　永春机械公司 2×23 年 11 月利润表（简表）　　单位：元

项 目	金 额
一、营业收入	7 600 000.00
减：营业成本	3 250 000.00
税金及附加	23 000.00
期间费用	987 000.00
加：投资收益	156 000.00
二、营业利润	3 496 000.00
加：营业外收入	69 000.00
减：营业外支出	187 000.00
三、利润总额	3 378 000.00
减：所得税费用	844 500.00
四、净利润	2 533 500.00

以上利润表是由收入、费用、利润三个要素构成的，通过对收入、费用按性质及主次加以归类，并以营业利润、利润总额和净利润来反映永春机械公司2×23年11月的盈亏状况。

【会计基本原理】

会计分期假设

上述表2-2反映了永春机械公司这一会计主体2×23年11月的盈亏状况，除此之外也可编制反映2×23年12月以及2×23年全年等各个时段的盈亏状况的报表。会计上对永春机械公司的盈亏状况为何要分段反映呢？这里蕴含了一个基本的会计假设，即“**企业应当划分会计期间，分期结算账目和编制财务会计报告**”。会计上将这一假设称为“会计分期假设”。

特定会计主体在持续经营假设下的经营活动总是连续不断进行的，如果等到其经营和业务活动全部结束后或歇业、停业后才核算财务状况和经营成果，既不利于特定会计主体的外部利益相关方了解其经营情况，也不能满足企业自身经营管理的需要。因此，会计上就将连续不断的经营过程人为地划分为若干个相等的时段，分段反映其财务状况和经营成果。

会计分期假设是对持续经营假设的必要补充。以1年为一个会计期间的，称为会计年度；以短于一个会计年度进行报告的期间，称为会计中期报告，包括半年度、季度和月度。我国《企业会计准则》规定，以公历每年1月1日起至12月31日止为一个会计年度，也称"历年制会计年度"。世界各国会计年度的起止日期各不相同，如"三月制""七月制""九月制"等。

如何理解"会计分期假设"?

（一）收入要素

1.收入要素的定义及其特征

收入，是指企业在日常活动中形成的、会导致所有者权益增加的、与所有者投入资本无关的经济利益的总流入。按照收入的定义，收入要素具有以下几方面的特征：

如何理解"收入要素"?

（1）**收入从企业的日常活动中产生，而不是从偶发的经济业务中产生。**❶**"日常活动"**，是指企业为完成其经营目标所从事的经常性活动以及与之相关的其他经营活动。❷制造业企业生产并销售产品、商品流通企业销售商品、咨询公司提供咨询服务等属于经常性活动；与以上活动相关的对外投资、出售多余或不需用的原材料、资产租赁等属于其他经营活动。❸由企业日常活动产生的经济利益的总流入构成收入；而企业日常活动以外的经济业务带来的经济利益流入，是**"利得"**而不是收入，如企业接受捐赠、罚没收入等。

（2）**收入会导致所有者权益的增加，并伴随着资产的增加或负债的减少。**收入可能表现为企业资产的增加（如增加银行存款、形成应收账款），也可能表现为企业负债的减少（如以商品或劳务抵偿债务），或两者兼有（如销售商品或提供劳务抵偿债务，同时收取部分现金），但最终都会导致所有者权益的增加，不会导致所有者权益增加的经济利益流入就不符合收入的定义，不应确认为收入。例如，企业向银行借入款项，尽管也导致了企业经济利益的流入，但该流入并不导致所有者权益的增加，而使企业承担了一项现时义务，故不应将其确认为收入，应确认为负债。

（3）**收入会导致所有者权益的增加，但与所有者投入资本无关。**一方面，收入应当导致经济利益的流入，从而导致资产的增加。例如，企业销售商品，应当收到现金或者在未来有权收到现金，才表明该交易符合收入的定义。另一方面，尽管所有者向企业投入资本时也会导致经济利益流入企业，但该经济利益的流入来自投资者，所以，该部分投资不能确认为企业的收入。

（4）**收入只包括本企业的经济利益流入，不包括为第三方或客户代收的款项。**为第三方或客户代收的款项，一方面增加企业的资产，另一方面增加企业的负债，而不会增加企业的所有者权益，故不能确认为收入。例如，企业代国家收取的增值税、银行代收的委托单位应收利息等。

2. 收入要素的分类及构成项目

❶按照收入的性质分类，收入要素包括商品销售收入、提供劳务收入和让渡资产使用权收入。❷按照企业经营业务的主次分类，收入要素包括主营业务收入和其他业务收入以及现金股利、债券利息等投资收益，其中，主营业务收入和其他业务收入统称为营业收入。❸以上收入属于狭义的收入，广义的收入除包括狭义的收入之外，还包括直接计入当期利润的"利得"，即营业外收入。❹**特别提示：**我国《企业会计准则——基本准则》所界定的收入仅指狭义的收入，营业外收入被界定为以下"利润"要素的构成项目。

（1）**主营业务收入，是指企业在其经常性的、主要业务活动中所取得的收入**，如工商企业的商品销售收入、服务企业的劳务收入。

（2）**其他业务收入，是指企业在其经常性的、非主要业务活动中所取得的收入**，如工业企业销售原材料、出租包装物、出租房屋或设备等取得的收入。

（3）**投资收益，是指企业对外投资所取得的利润、现金股利和债券利息等收入减去投资损失后的净收益。**

（4）**营业外收入，是指直接计入当期利润的"利得"**，如取得的罚款收入、捐赠利得等。

（二）费用要素

如何理解"费用要素"?

理解费用要素的一些准备

1. 费用要素的定义及其特征

费用，是指企业在日常活动中发生的、会导致所有者权益减少的、与向所有者分配利润无关的经济利益的总流出。按照费用的定义，费用要素具有以下几方面的特征：

（1）**费用发生于企业的日常活动，而不是发生于偶发的经济业务。**费用与收入一样：❶只有日常活动产生的经济利益流出，才能确认为费用，如企业支付当期的借款利息所导致的经济利益流出是日常活动带来的，应确认为费用；❷企业在非日常活动中发生的经济利益流出，是"**损失**"而不是费用，如支付的罚款损失、对外捐赠等。

（2）**费用的发生会导致所有者权益的减少，并表现为资产的减少或负债的增加。**❶由于费用是资产的耗费和为一定的目的而发生的，所以费用表现为资产的减少，如企业用银行存款支付当期的办公费；❷费用的发生也可能引起负债的增加，如假设企业当期发生水电费，但在当期没有实际支付，便形成了负债；❸或者同时表现为资产的减少和负债的增加。

（3）**费用发生的本身会导致所有者权益的减少，但与向所有者分配利润无关。**❶由于企业在一定期间内发生的费用，必然要以其收入来抵补，因此，在收入本身增加所有者权益的情况下，费用发生的本身会导致所有者权益的减少；❷向所有者分配利润，虽然也会减少所有者权益，但其属于利润分配的范畴而非费用的范畴。

2. 费用要素的分类及构成项目

费用也有狭义和广义之分。❶**狭义的费用，是指企业为取得营业收入提供商品或劳务以及让渡资产使用权等日常活动中形成的经济利益流出。**所以，按照费用与收入的关系，费用可以分为营业成本、税金及附加和期间费用等。❷**广义的费用，除上述内容外，还包括直接计入当期利润的"损失"（营业外支出）和所得税费用。**❸**特别提示：**我国《企业会计准则——基本准则》所界定的费用仅指狭义的费用，营业外支出和所得税费用被界定为以下“利润”要素的构成项目。

（1）**主营业务成本，是指企业在其主营业务活动中产生的成本，属于与主营业务收入相匹配的费用**。例如，企业在销售产品后确认的已销售产品成本。

（2）**其他业务成本，是指企业在开展其他业务活动中产生的成本，属于与其他业务收入相匹配的费用**。例如，企业在销售材料后所确定的材料成本。

（3）**税金及附加，是指企业开展营业活动依法应当缴纳的各种税费**。例如，企业应缴纳的消费税、城市维护建设税和教育费附加等。

（4）**期间费用，是指与产品生产或劳务项目无直接关系，不参与生产（劳务）成本计算而计入某一会计期间并于发生时直接计入当期损益，从当期收入中得到补偿的各种耗费**。其包括：❶为销售产品而发生的销售费用；❷企业行政管理部门为组织和管理生产经营活动而发生的管理费用；❸为筹集生产经营用资金而发生的财务费用，主要包括短期借款利息支出、手续费，以及冲销财务费用的**活期存款利息收入**等。

（5）**营业外支出，是指直接计入当期利润的“损失”**。其主要有：盘亏损失、非常损失、捐赠支出、处置非流动资产损失、债务重组损失等。

（6）**所得税费用，是指企业根据经营所得，采纳适用的税率计算确定的所得税**。缴纳所得税会引起经济利益流出企业，其当然也是企业的一种费用。

理解费用要素的几个名词的含义

（三）利润要素

1.利润要素的定义及其特征

利润，是指企业在一定会计期间的经营成果，是企业生产经营过程中各种收入扣除各种相关费用后的差额。其包括：❶收入减去费用后的净额；❷直接计入当期利润的利得和损失。按照利润的定义，利润要素具有以下几方面的特征：

如何理解“利润要素”?

（1）**利润是收入和费用两个会计要素配比的结果**。当某一会计期间的收入大于费用时，表现为企业盈利；反之，则表现为企业亏损。

（2）**利润的界定不完全是收入与费用配比的结果**。我国《企业会计准则——基本准则》所界定的利润，不仅包括收入与费用相抵后的差额，还包括直接计入当期损益的利得、损失和所得税费用。

（3）**利润的形成将最终导致所有者权益的变动**。盈利的取得会使所有者权益增加，而亏损的发生会导致所有者权益的减少。

2.利润要素的分类及构成项目

在会计核算上，利润有以下三个不同的内涵范围：

（1）**营业利润，是指企业日常经营活动在一定会计期间的经营成果**。即狭义的收入与狭义的费用配比的结果。

（2）**利润总额，是指企业全部经营活动在一定会计期间的经营成果**。即营业利润**加**营业外收入**减**营业外支出。

（3）**净利润，是指企业经营活动在一定会计期间获得的并归所有者所有的最终经营成果**。即利润总额减所得税费用后的余额。

日常生活名词理解会计专业术语

四、会计要素的确认与计量

企业会计的最终“产品”是提供财务报告，财务报告的具体组成项目就是会计要素，而在编制财务报告之前必须先按照一定的要求对会计要素进行确认和计量。

（一）会计要素确认

会计要素确认，也称会计确认，是指将企业发生的经济业务与资产、负债、所有者权益、收入、费用和利润等会计要素联系起来加以认定的过程。以上我们就会计对象按其经济特征进行分类形成了六大会计要素，并阐述了各会计要素的定义及其特征。下面我们则就企业发生的经济业务应归类为哪一个会计要素进行说明，即会计确认的条件和基础。

1.会计确认条件

我国《企业会计准则——基本准则》规定了会计要素的确认条件，具体包括以下三个方面：

（1）可定义性，是指某一项目作为一项会计要素加以确认，必须符合该项会计要素的定义。任何一项经济业务在进入会计信息系统时要具体到某一项会计要素，所以，不符合会计要素定义的经济业务不能进入会计信息系统。

（2）可计量性，是指与该项目有关的经济利益能够可靠计量。确认和计量互为依存关系，不能计量的企业活动不予确认，确认同时伴随着计量。❶资产作为一种资源，其成本或价值能够可靠计量。❷负债作为一种现时义务，履行该义务时**未来经济利益流出的金额能够可靠计量**。例如，企业提供给购货方的商品，其销售价格可能发生变动，在新的售价未确定之前，就不能确认为企业的收入。

（3）可靠性，是指与该项目有关的经济利益很可能流入或流出企业。这一**"很可能"**要求经济利益流入或流出企业的可能性为50%以上。❶当与资产或者收入有关的经济利益很可能流入企业，同时也满足了资产或收入的其他条件时，就可以确认为企业的资产或收入；❷当与负债或者费用有关的经济利益很可能流出企业，同时满足了负债或费用的其他条件时，就可以确认为企业的负债或费用；❸所有者权益的确认要依赖资产与负债的确认，利润的确认主要依赖收入和费用的确认。

【例2-8】甲公司（购货方）与乙公司（销货方）发生一笔价值为300万元的钢材购销业务，甲公司承诺3个月后付款。❶甲公司已经收到对方开具的发票和货运单证，不论钢材是否验收入库，由于有发票和运单佐证，就视为满足了资产确认、负债确认的可靠性与可计量性的条件，甲公司应一方面确认为资产增加，另一方面确认为负债增加。❷乙公司因甲公司的承诺和对甲公司良好信誉和强大财务实力的了解，就视为满足了收入确认、资产确认的可靠性与可计量性的条件，乙公司一方面确认为收入增加，另一方面确认为资产（债权）增加。

【例2-9】企业销售商品，对外承诺为售出商品提供3年保修服务。企业根据以往的经验数据，推定出履行该义务需要支出的服务费的最佳估计数，该估计数可被视为满足了负债确认的可靠性与可计量性的条件，应将其确认为负债。

【例2-10】A公司为了推销一款滞销产品，扩大赊销范围并放宽赊销条件，将产品销售给暂时没有付款能力的B公司和C公司。❶经过调查，B公司的财务紧张状况将会在3个月后好转，并预计收回货款的可能性为50%以上，在这种情况下，就视为该销售满足了收入确认、资产确认的可靠性与可计量性的条件，应同时确认为收入增加和资产（债权）增加。❷经过调查，C公司的财务紧张状况将持续很长一段时间，在短期内收回货款的可能性很小，不会超过50%，在这种情况下，就视为该销售无法满足收入确认所需的可靠性与可计量性的条件，因此不能确认为收入。

2.会计确认基础

会计确认基础，也称会计处理基础或记账基础，是指确认一定会计期间的收入与费用等会计要素，从而进一步确定损益所采用的标准。由于持续经营和会计分期假设的存在，在会计实务中，很多经济业务发生的会计期间与相关货币收支的会计期间并不完全一致，有些货币收支与以前的会计期间相关，而有些货币收支与以后的会计期间相关。例如，12月31日销售的商品符合收入确认的条件，但款项将于下一年的1月份收回。那么，该项收入是作为本年的收入确认，还是作为下一年的收入确认？该项收入的确认有两种方法：❶作为本年的收入确认，其理由是该项经营活动是本年完成的；❷作为下一年的收入确认，其理由是款项在下一年收回。关于如何合理确定各会计期间的损益，会计上产生了确认收入和费用的两种记账基础——“应计制”和“现金制”。

（1）“应计制”。**应计制亦称“权责发生制”或“应收应付制”，是以权利与责任的形成和发生为标准处理经济业务，确定本期收入和费用并计算本期盈亏的一种记账基础。**凡是属于本期已经实现的收入和已经发生或应当负担的费用，不论款项是否在本期收到和付出，都应确认为本期的收入和费用；凡是不属于本期的收入和费用，即使款项已经在当期收到和付出，也不应确认为本期的收入和费用。理解应计制时，应重点把握以下两个概念：❶实现概念，**是指由于销售商品或提供劳务而引起的现金或现金索取权（如应收账款）的流入。**其主要应解决的问题是：何时记录收入及记录金额？通常应在提供商品或劳务并满足收入实现的条件时确认收入，收入的金额按照转移商品的现金价值确定。❷配比概念，**是指当某一给定事件既影响收入又影响费用时，这两方面的影响应该在同一会计期间加以确认。**如发生商品销售经济业务：一是收入反映了留存收益增加额等于收入实现额；二是费用反映了留存收益因商品（资产）“离开”企业而减少；三是为了准确衡量会计期间内销售对留存收益净额的影响，收入与费用这两方面必须在同一会计期间予以确认。

如何理解“现金制”与“应计制”?

（2）“现金制”。**现金制亦称“收付实现制”或“现收现付制”，是以款项的实收实付为标准处理经济业务，确认本期收入和费用并计算本期盈亏的一种记账基础。**❶凡是本期收到的收入款项和付出的费用款项，不论其是否属于本期，均应当确认为本期的收入和费用；❷现金制会计既没有实现概念，也没有配比概念。“现金制”基础在一些提供服务、没有多少存货的小型企业中得到了广泛应用，比如饭馆、美容美发店等。由于这些组织大多数都不向顾客提供赊账服务，因此，现金制下的利润与应计制下的利润没有明显差别。

（3）“应计制”与“现金制”的比较。❶应计制的核心是**“实现”**和**“配比”**；现金制的核心是**“收到”**和**“付出”**。❷应计制依据持续经营和会计分期两个基本前提来正确划分不同会计期间资产、负债、收入、费用等会计要素的归属，并运用一些诸如应收、应付、预提、待摊等项目来记录由此形成的资产和负债等会计要素。❸企业经营不是一次而是多次且连续进行的，而其损益的记录又要分期进行，每期的损益计算理应反映所有属于本期的真实经营业绩，显然，**现金制不能完全做到这一点。**❹由于应计制能够更加准确地反映特定会计期间实际的财务状况和经营业绩，因此，对于收入的处理应该按照收入的确认原则来确定其归属期，而对于费用的处理应该秉承“按费用的发生地归集，按受益对象分配，谁受益谁承担，何时受益何时承担”的原则来处理。❺我国《企业会计准则——基本准则》第八条规定：“企业应当以权

恋爱与过日子：应计制与现金制

责发生制为基础进行会计确认、计量和报告。”

【例2-11】根据下列经济业务的内容，分别按照“应计制”和“现金制”，确认美达服装公司1月份的收入和费用并计算其损益。

（1）本月销售产品60 000元，收到货款30 000元存入银行，其余未收；

（2）用银行存款支付1至6月份的仓库租金4 800元；

（3）本月应计提银行短期借款利息2 000元；

（4）收到上年度12月份应收未收的销货款9 000元；

（5）收到购货单位预付货款20 000元，合同约定下月交货；

（6）计提本月应付职工薪酬16 000元并通过银行支付。

美达服装公司1月份两种记账基础下的收入和费用的比较见表2-3。

表2-3 美达服装公司1月份两种记账基础下的收入和费用比较表 单位：元

业务序号	权责发生制		说明	收付实现制		说明
	收入	费用		收入	费用	
（1）	60 000		本月销售已实现	30 000		收到货款30 000元
（2）		800	本月应摊销800元		4 800	仓库租金支付款项4 800元
（3）		2 000	本月应承担的利息费用			款项没有支付
（4）			上年销售收入而非本月收入	9 000		收到货款9 000元
（5）			预收货款，销售尚未实现	20 000		收到货款20 000元
（6）		16 000	本月应承担的职工薪酬		16 000	款项已经支付
合计	60 000	18 800	利润=60 000−18 800=41 200	59 000	20 800	利润=59 000−20 800=38 200

（二）会计要素的计量属性

会计要素计量，简称会计计量，是指将符合确认条件的会计要素进行会计记录继而列报于财务报告文件并确定其金额的过程。其主要包括：**会计计量尺度与会计计量属性的选择。**❶会计计量的基本要求，是计量尺度的选择；❷会计计量应满足会计信息可靠性和相关性的要求，是计量属性的选择。

计量尺度的选择，是指一个组织（企业）是通过一定的数据来描述会计要素的。会计计量必然涉及计量尺度的选择，包括实物、劳动和货币三种量度，但应以货币量度为主要计量尺度来综合反映企业经济活动的过程和结果，为经济管理提供所需的价值指标。

计量属性的选择，是指会计在以货币单位计量的基础上，基于经济业务的复杂性、客观经济环境的变化和会计信息使用者的不同目的，对会计要素金额确定的衡量标准进行选择。会计计量属性主要包括**历史成本、重置成本、可变现净值、现值和公允价值**等五种。

（1）历史成本，又称实际成本，是指取得或制造某项财产物资时所实际付出的现金或现金等价物。该计量模式下：❶对资产而言，按照购置时支付的现金或者现金等价物的金额，或者按照购置资产时所付出的对价之公允价值计量。❷就负债而言，在正常营业的条件下，负债的历史成本是指按照其因承担现时义务而实际收到的款项或者资产的金额，或者承担现时义务的合同金额，或者按照日常活动中为偿还负债预期需要支付的现金或者现金等价物的金额计量。❸优缺点比较：可靠、简便，且数据容易采集；因确认的时间与会计信息使用者利用的时间间隔较长，如果物价发生剧烈变动，则可能导致会计信息使用者做出错误的决策。

【例 2-12】ABC公司3年前购置了A写字楼的一层，面积1 200平方米，单价6 000元/平方米，支付价款720万元，会计上记录为固定资产720万元。这720万元即为当时的公允价值，也即“历史成本”，即使目前该写字楼升值为1 200万元，会计上记录的固定资产价值仍为720万元。

【会计基本原理】

货币计量假设

上述ABC公司3年前购置的A写字楼的一层虽然目前升值为1 200万元，但会计上记录的固定资产价值仍为720万元。这里蕴含了一个基本的会计假设，即**“会计主体在进行会计确认、计量和报告时以货币计量，反映会计主体的财务状况、经营成果和现金流量”**。会计上将这一假设称为**“货币计量假设”**。

货币计量假设包含两层含义：❶会计核算以人民币为记账本位币。业务收支以人民币以外的货币为主的企业，可以选定一种货币作为记账本位币，但编制的财务会计报告应当折算为人民币。在境外设立的中国企业向国内报送的财务会计报告，应当折算为人民币。❷假定币值稳定不变。因为只有在币值稳定或相对稳定的情况下，不同时点的资产的价值才有可比性，不同时期的收入和费用才能进行比较并计算确定其经营成果，会计核算提供的会计信息才能真实反映会计主体的经营活动情况。

如何理解“货币计量假设”？

（2）重置成本，亦称现时成本，是指按照当前市场条件，重新取得同样一项资产所需支付的现金或现金等价物。该计量模式下：❶就资产而言，是指目前购买相同或者相似资产所需支付的现金或者现金等价物的金额，为该资产的现时成本。❷就负债而言，是指按照目前偿付该项债务所需支付的现金或者现金等价物的金额。❸实际应用：重置成本大多应用于盘盈固定资产的计量。

（3）可变现净值，是指在正常生产经营过程中，以资产预计售价减去进一步加工成本和预计销售费用以及相关税费后的净值。该计量模式下：❶资产按照其正常对外销售所能收到现金或者现金等价物的金额，扣减该资产至完工时估计将要发生的成本、估计的销售费用以及相关税费后的金额计量。❷就负债而言，在正常营业的条件下，预期清偿负债所需支付的现金或者现金等价物的未折现值，为该负债的清偿价值。❸实际应用：可变现净值通常应用于存货存在资产减值情况下的后续计量。

（4）现值，是指对未来现金流量以恰当的折现率进行折现后的价值，是基于货币时间价值的一种计量属性。即将未来的现金流量折算成现值，用现值计量的会计信息能够体现出高度的相关性。该计量模式下：❶就资产而言，在正常营业的条件下，资产按照预计从其持续使用和最终处置中所产生的未来净现金流入量的折现金额计量。❷就负债而言，在正常营业的条件下，负债按照预计期限内需要偿还的未来净现金流出量的折现金额计量。❸实际应用：现值通常应用于对投资期限较长的非流动资产投资项目的计量。

（5）公允价值，是指市场参与者在计量日发生的有序交易中，出售一项资产所能收到

或者转移一项负债所需支付的价格。该计量模式下：❶资产和负债按照在公平交易中，熟悉情况的交易双方自愿进行资产交换或者债务清偿的金额计量。❷实际应用：公允价值变动金额计入当期损益的金融资产通常采用公允价值计量。

对以上五种会计计量属性的理解与归纳见表2-4。

表2-4　**五种会计计量属性的理解与归纳**

计量属性类别	对资产的计量	对负债的计量
历史成本	按照购置时的金额计量	按照承担现时义务时的金额计量
重置成本	按照现在购买时的金额计量	按照现在偿还时的金额计量
可变现净值	按照现在销售时的金额计量	
现值	按照将来时的金额折现计量	
公允价值	熟悉情况的交易双方自愿交易中出售资产所能收到的价格	熟悉情况的交易双方自愿交易中转移负债所需支付的价格

任务二　建立会计等式，明确各会计要素数量的恒等关系

以上我们就会计对象按其经济特征进行分类形成了六大会计要素，并阐述了各会计要素的定义、特征，以及各会计要素在“质”的方面之间的内在联系。下面我们将就各会计要素在“量”的方面之间的内在联系进行阐述。

一、会计等式的概念及种类

会计等式，是指运用数学方程的原理来描述各会计要素之间数量关系的一种表达式，也称会计平衡式或会计恒等式。会计等式不仅揭示了各会计要素之间的关系，也是设置账户、复式记账和编制资产负债表、利润表的理论基础。

（一）静态会计等式

如何理解“静态会计等式”?

1.静态会计等式的定义与表现形式（基本会计等式）

静态会计等式，亦称存量会计等式，是指由反映企业静态运动的会计要素组合而形成的表明企业某一特定时点的财务状况的等式。静态会计等式是反映资产、负债和所有者权益之间数量关系的会计等式。

企业从事生产经营活动要拥有或控制一定数量的资金。❶一方面，这些资金分布在经营活动的各个方面，表现为不同的资产存在形态；另一方面，企业所拥有的资产均来源于资产的提供者——所有者和债权人。❷所有者和债权人对所提供的资产存在一定的求偿权，在会计上被称为权益。❸资产与权益在任何一个时点都必然保持恒等的关系，这种恒等关系用公式表示为：

资产＝权益

由于企业的资产来源于企业的债权人和投资者，所以，权益由债权人权益和所有者权益两部分构成。债权人权益在会计上被称为负债，所有者权益是企业投资者对企业的资产减去负债后的净资产的所有权，以上会计恒等式可进一步表示为：

资产＝债权人权益＋所有者权益

或者：

资产 = 负债 + 所有者权益

当然，静态会计等式在不同的企业组织形态下，可以有不同的表现形式：❶在股份有限公司，该等式通常表现为“**资产=负债+股东权益**”；❷在个人独资公司，则其通常表现为“**资产=负债+业主权益**”。

2. 对静态会计等式的进一步理解

（1）**对资源与索取的理解**。企业的资产是企业掌握的经营所需的资源，其来源于所有者的投入资本和债权人的借入资金，这些企业可用的资源分别归属于所有者和债权人。其中，归属于所有者的部分形成所有者权益；归属于债权人的部分形成债权人权益（即企业的负债）。所有者和债权人对企业的资产具有索取权，意味着企业的所有资源都可以找到来源出处，而这些权益所有人在企业关闭时将根据法律法规并依照初始投入索取企业的全部资源。

（2）**对资金来源与资金运用的理解**。企业的资产是企业可以运用的资源，意味着企业对这些资源可以自由支配。但这些资产是有来源出处的，资产的来源：一是所有者的投入；二是债权人的投入。这两方面的资金形成了企业经营上可以运用的资产。对静态会计等式的理解，如图2-2所示。

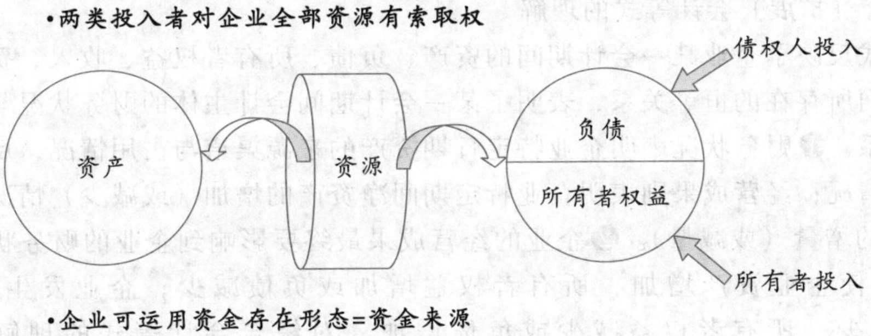

图2-2 静态会计等式的两种理解思路

以上两种对基本会计等式的理解和解释方法都是正确的。在某些情况下，资源与索取权观点更容易理解。但是，在分析持续经营主体的资产负债表时，资金来源与运用观点通常能够提供更有意义的解释。

（二）动态会计等式

1. 动态会计等式的定义与表现形式

动态会计等式，亦称增量会计等式，是指反映收入、费用和利润之间数量关系的会计等式。企业的目标就是不断地从生产经营活动中获取收入并实现盈利。企业为取得收入，必然会发生各种费用支出。在一个会计期间结束时，通过收入与费用的比较，能够计算确定这一会计期间实现的利润总额（或发生的亏损总额）。因此，利润与收入和费用的关系可用下式表示：

如何理解“动态会计等式”?

收入 − 费用 = 利润

这一等式表达了企业经营成果与相应期间的收入和费用的关系。作为企业经营成果，利润的取得表明企业资产总额和净资产的增加。

2. 对动态会计等式的进一步理解

（1）**利润的实质是企业实现的收入与其相关的费用进行配比的结果**。当收入大于费用时为利润，当收入小于费用时为亏损。

（2）**利润会随着收入的增减而发生相同变化。**在费用一定的情况下，企业获得的收入越多，利润也越多；反之，收入越少，利润也越少。

（3）**利润会随着费用的增减而发生相反变化。**在收入一定的情况下，企业发生的费用越多，利润就越少；反之，费用越少，利润就越多。

（三）综合（扩展）会计等式

1.综合（扩展）会计等式的定义与表现形式

由于企业是由其所有者投资设立的，企业实现的利润必然归属于所有者，所以，利润的实现总是表现为所有者权益的增加；反之，如果企业经营亏损，也必然由所有者承担，从而引起所有者权益的减少，在这个过程中建立起新的平衡关系。由此，在一个会计期间的期末，可将动态会计等式代入基本会计等式，得到：

资产＝负债＋所有者权益＋利润

＝负债＋所有者权益＋（收入－费用）

移项后，便可得出如下扩展会计等式：

资产＋费用＝负债＋所有者权益＋收入

2.对综合（扩展）会计等式的理解

这一等式反映了企业某一会计期间的资产、负债、所有者权益、收入、费用和利润这六类要素之间所存在的恒等关系，表明了某一会计期间会计主体的财务状况与经营成果之间的相互联系。❶财务状况表明企业特定日期资产的来源渠道与占用情况，反映特定日期资产的存量情况；经营成果则表明企业特定期间净资产的增加（或减少）情况，反映一定期间内资产的增量（或减量）。❷企业的经营成果最终要影响到企业的财务状况，企业实现利润，将使企业资产增加，所有者权益增加或负债减少；企业发生亏损，将使企业资产减少，所有者权益减少或负债增加。对综合会计等式的理解，如图 2-3 所示。

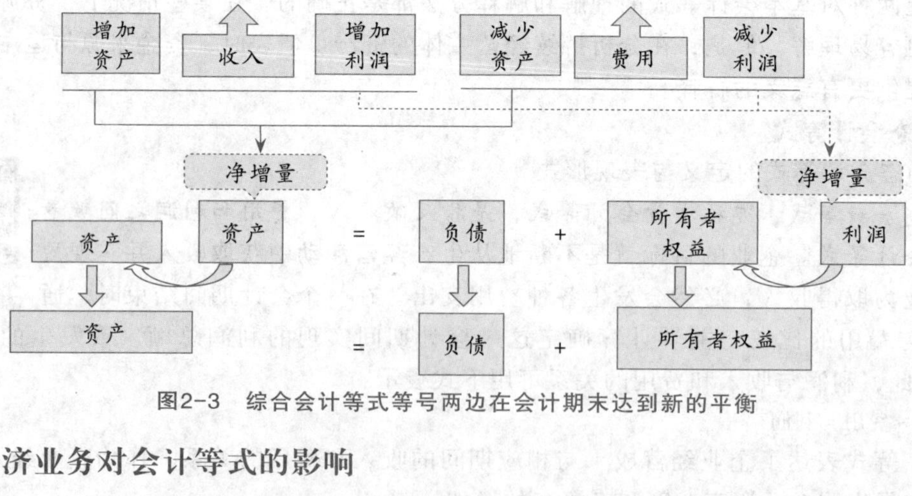

图2-3　综合会计等式等号两边在会计期末达到新的平衡

二、经济业务对会计等式的影响

每一笔经济业务的发生，都会对会计要素产生一定的影响。一项会计要素发生增减变动，其他会计要素也必然会随之发生增减变动；或者是在同一会计要素内部某一项目发生增减变动，其他有关项目也会随之发生增减变动。

（一）经济业务对基本会计等式的影响

1.初始投入资本对会计等式的影响（资产+，所有者权益+）

【例2-13】2×23年1月1日，李新耀和他的朋友王光华租赁了一间商铺并合伙开办了一家销售成衣的商店，名为“耀华时装店”。他们将各自投资拥有的90 000元（李新耀投资60 000元、王光华投资30 000元）资金存入企业开设的银行账户，并取得了90 000元的注册资本证明，因此，他们是耀华时装店的股东。

该笔经济业务：❶使耀华时装店的资产项目——银行存款增加90 000元；❷同时，也使耀华时装店的所有者权益项目——实收资本增加90 000元；❸对会计等式的影响及结果见表2-5。

表2-5 耀华时装店 资产负债表

2×23年1月1日

单位：元

资产项目及金额		负债与所有者权益项目及金额	
银行存款	+90 000	实收资本	+90 000

2.购买商品对会计等式的影响（资产+，资产-）

【例2-14】2×23年1月5日，耀华时装店从天空服装公司购进商品，通过银行支付货款55 000元。

该笔经济业务：❶使耀华时装店的资产项目——银行存款减少55 000元，❷同时，也使耀华时装店的另一资产项目——库存商品增加55 000元；❸对会计等式的影响及结果见表2-6。

表2-6 耀华时装店 资产负债表

2×23年1月5日

单位：元

资产项目及金额		负债与所有者权益项目及金额	
银行存款	90 000-55 000=35 000	实收资本	90 000
库存商品	+55 000		
合计	90 000	合计	90 000

3.银行贷款与赊购商品对会计等式的影响（资产+，负债+）

【例2-15】2×23年1月8日发生如下经济业务：❶耀华时装店从银行借入22 000元存入开户银行；❷同时，又从大地公司购进65 000元的商品，货款尚未支付。

（1）前一笔借款交易：❶耀华时装店的资产项目——银行存款增加22 000元；❷同时，耀华时装店对银行的债务项目——短期借款增加22 000元。（2）后一笔赊购交易：❶耀华时装店的另一资产项目——库存商品增加65 000元；❷同时，耀华时装店对大地公司的债务项目——应付账款增加65 000元。（3）两笔经济业务对会计等式的影响及结果见表2-7。

表 2-7

耀华时装店 资产负债表

2×23 年 1 月 8 日　　　　单位：元

资产项目及金额		负债与所有者权益项目及金额	
银行存款	35 000+**22 000**=57 000	短期借款	**+22 000**
库存商品	55 000+**65 000**=120 000	应付账款	**+65 000**
		实收资本	90 000
合 计	177 000	合 计	177 000

4.偿还欠款对会计等式的影响（资产-，负债-）

【例 2-16】2×23 年 1 月 10 日，耀华时装店通过银行转账 16 000 元偿还前欠大地公司的部分货款。

该笔经济业务：❶使耀华时装店的资产项目——银行存款减少 16 000 元；❷同时，也使耀华时装店对大地公司的债务项目——应付账款减少 16 000 元；❸对会计等式的影响及结果见表 2-8。

表 2-8

耀华时装店 资产负债表

2×23 年 1 月 10 日　　　　单位：元

资产项目及金额		负债与所有者权益项目及金额	
银行存款	57 000-**16 000**=41 000	短期借款	22 000
库存商品	120 000	应付账款	65 000-**16 000**=49 000
		实收资本	90 000
合 计	161 000	合 计	161 000

5.银行贷款偿还前欠货款对会计等式的影响（负债+，负债-）

【例 2-17】2×23 年 1 月 13 日，耀华时装店向银行贷款 15 000 元直接偿还前欠大地公司的部分货款。

该笔经济业务：❶使耀华时装店对银行的债务项目——短期借款增加 15 000 元；❷同时，也使耀华时装店对大地公司的债务项目——应付账款减少 15 000 元；❸对会计等式的影响及结果见表 2-9。

表 2-9

耀华时装店 资产负债表

2×23 年 1 月 13 日　　　　单位：元

资产项目及金额		负债与所有者权益项目及金额	
银行存款	41 000	短期借款	22 000+**15 000**=37 000
库存商品	120 000	应付账款	49 000-**15 000**=34 000
		实收资本	90 000
合 计	161 000	合 计	161 000

6.将债务转为投资对会计等式的影响（负债-，所有者权益+）

【例 2-18】2×23 年 1 月 15 日，大地公司总裁白富美非常看好耀华时装店的地段和李新耀的人品，认为该公司发展潜力巨大，决定将耀华时装店所欠的部分货款30 000元转为大地公司对耀华时装店的投资，已办好相关的法律手续并收到耀华时装店出具的投资证明。

该笔经济业务：❶一方面，使耀华时装店的所有者权益项目——实收资本（白富美）增加 30 000 元；❷另一方面，也使耀华时装店对大地公司的债务项目——应付账款减少 30 000 元；❸对会计等式的影响及结果见表 2-10。

表 2-10

耀华时装店　资产负债表

2×23 年 1 月 15 日

单位：元

资产项目及金额		负债与所有者权益项目及金额	
银行存款	41 000	短期借款	37 000
库存商品	120 000	应付账款	34 000-**30 000**=4 000
		实收资本	90 000+**30 000**=120 000
合 计	161 000	合 计	161 000

7.资本撤出、付出现金对会计等式的影响（资产-，所有者权益-）

【例 2-19】2×23 年 1 月 20 日，合伙人白富美由于特殊原因退出经营，由于白富美投入资本的期限较短，因此，退回其投入的全部资本30 000元并通过银行转账支付。

该笔经济业务：❶使耀华时装店的资产项目——银行存款减少 30 000 元；❷同时，也使耀华时装店的所有者权益项目——实收资本（白富美）减少 30 000 元；❸对会计等式的影响及结果见表 2-11。

表 2-11

耀华时装店　资产负债表

2×23 年 1 月 20 日

单位：元

资产项目及金额		负债与所有者权益项目及金额	
银行存款	41 000-**30 000**=11 000	短期借款	37 000
库存商品	120 000	应付账款	4 000
		实收资本	120 000-**30 000**=90 000
合 计	131 000	合 计	131 000

8.资本撤出、款项暂欠对会计等式的影响（负债+，所有者权益-）

【例 2-20】2×23 年 1 月 23 日，由于李新耀的另外一家企业急需资金，因此，李新耀欲从耀华时装店抽出部分资本30 000元，该店账面因为资金不足约定下月月初支付。

该笔经济业务：❶使耀华时装店的所有者权益项目——实收资本（李新耀）减少 30 000 元；❷同时，也使耀华时装店的负债项目——应付账款增加 30 000 元；❸对会计等式的影响及结果见表 2-12。

表 2-12

耀华时装店　资产负债表

2×23 年 1 月 23 日

单位：元

资产项目及金额		负债与所有者权益项目及金额	
银行存款	11 000	短期借款	37 000
库存商品	120 000	应付账款	4 000+**30 000**=34 000
		实收资本	90 000−**30 000**=60 000
合计	131 000	合计	131 000

9.售出商品、获得利润对会计等式的影响（资产+，所有者权益+）

【例 2-21】2×23 年 1 月 27 日，耀华时装店以 84 000 元的价格向红星服装店售出了购买成本为 52 000 元的商品服饰，红星服装店通过银行转账支付货款 50 000 元，其余货款 34 000 元对方承诺下月支付。

该笔经济业务：❶使耀华时装店的资产项目——库存商品减少 52 000 元，同时，因销售使得收入增加 84 000 元，其表现形式为资产项目的增加，分别为银行存款增加 50 000 元和应收账款增加 34 000 元，各资产项目的增加额 84 000 元（50 000+34 000）与减少额 52 000 元的差额为资产净增加额 32 000 元；❷因销售减少库存商品 52 000 元，转化为费用增加 52 000 元，收入大于费用的差额 32 000 元，是该笔销售交易获取的利润，应归所有者所有，构成所有者权益的一部分，即所有者权益增加 32 000 元，这一利润在分配之前，被称为未分配利润或者留存收益；❸对会计等式的影响及结果见表 2-13。

表 2-13

耀华时装店　资产负债表

2×23 年 1 月 27 日

单位：元

资产项目及金额		负债与所有者权益项目及金额	
银行存款	11 000+**50 000**=61 000	短期借款	37 000
应收账款	**+34 000**	应付账款	34 000
库存商品	120 000−**52 000**=68 000	实收资本	60 000
		留存收益	**+32 000**
合计	163 000	合计	163 000

10.未分配利润转增资本对会计等式的影响（所有者权益+，所有者权益-）

【例 2-22】2×23 年 1 月 31 日，为扩大经营，耀华时装店下月将有新的合伙人加入，现有的合伙人商定将未分配利润（留存收益）的 30 000 元转为资本。

该笔经济业务：❶使耀华时装店的所有者权益项目——实收资本增加 30 000 元；❷同时，也使耀华时装店的另一所有者权益项目——未分配利润（留存收益）减少 30 000 元；❸对会计等式的影响及结果见表 2-14。

表 2-14

耀华时装店　资产负债表

2×23 年 1 月 31 日

单位：元

资产项目及金额		负债与所有者权益项目及金额	
银行存款	61 000	短期借款	37 000
应收账款	34 000	应付账款	34 000
库存商品	68 000	实收资本	60 000+**30 000**=90 000
		留存收益	32 000–**30 000**=2 000
合 计	163 000	合 计	163 000

11. 预付货款对会计等式的影响（资产+，资产–）

【例 2-23】2×23 年 1 月 31 日，耀华时装店通过银行转账向喜来登服装公司预付购货款 20 000 元。

该笔经济业务：❶使耀华时装店的资产项目——银行存款减少 20 000 元；❷同时，也使耀华时装店的另一资产项目——预付账款增加 20 000 元；❸对会计等式的影响及结果见表 2-15。

表 2-15

耀华时装店　资产负债表

2×23 年 1 月 31 日

单位：元

资产项目及金额		负债与所有者权益项目及金额	
银行存款	61 000–**20 000**=41 000	短期借款	37 000
应收账款	34 000	应付账款	34 000
预付账款	**+20 000**	实收资本	90 000
库存商品	68 000	留存收益	2 000
合 计	163 000	合 计	163 000

12. 预收货款对会计等式的影响（资产+，负债+）

【例 2-24】2×23 年 1 月 31 日，耀华时装店通过银行收到真富美模特公司预付的购货款 25 000 元。

该笔经济业务：❶使耀华时装店的资产项目——银行存款增加 25 000 元；❷同时，也使耀华时装店的负债项目——预收账款增加 20 000 元；❸对会计等式的影响及结果见表 2-16。

表 2-16

耀华时装店　资产负债表

2×23 年 1 月 31 日

单位：元

资产项目及金额		负债与所有者权益项目及金额	
银行存款	41 000+**25 000**=66 000	短期借款	37 000
应收账款	34 000	应付账款	34 000
预付账款	20 000	预收账款	**+25 000**
库存商品	68 000	实收资本	90 000
		留存收益	2 000
合 计	188 000	合 计	188 000

（二）经济业务对基本会计等式影响的总结

上述【例 2-13】至【例 2-24】各笔经济业务引起资产、负债和所有者权益会计要素增减变化的过程和结果，可以概括为以下 9 种情况，按照范例，请您将以上所列的 12 笔经济业务引起会计要素增减变化的过程和结果与所述的 9 种情况一一对号入座。

（1）资产项目等额一增一减，保持平衡。如：【例 2-14】【例 2-23】（范例）

（2）负债项目等额一增一减，保持平衡。如：________

（3）所有者权益项目等额一增一减，保持平衡。如：________

（4）资产和负债等额增加，保持平衡。如：________

（5）资产和所有者权益等额增加，保持平衡。如：________

（6）资产和负债等额减少，保持平衡。如：________

（7）资产和所有者权益等额减少，保持平衡。如：________

（8）负债增加和所有者权益减少等额，保持平衡。如：________

（9）负债减少和所有者权益增加等额，保持平衡。如：________

以上经济业务对会计等式影响的 9 种情况，如图 2-4 所示。

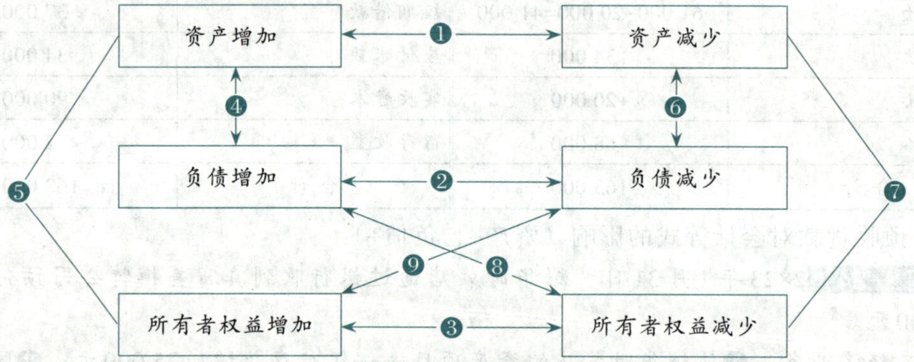

图2-4　经济业务对会计等式影响的9种情况

如果将负债和所有者权益归为一类"权益"，则对企业发生的经济业务引起会计等式三要素资产、负债和所有者权益的增减变动进行排列组合，其符合经济活动实际情况的不外乎以下 4 种类型：

第一，经济业务的发生，引起资产要素项目之间等额此增彼减，双方保持平衡，如【例 2-14】【例 2-23】。其可概括为：资产内部转化。

第二，经济业务的发生，引起权益要素项目之间等额此增彼减，双方保持平衡，如【例 2-17】【例 2-18】【例 2-20】【例 2-22】。其可概括为：权益内部转化。

第三，经济业务的发生，引起资产要素与权益要素项目同时等额增加，双方保持平衡，如【例 2-13】【例 2-15】【例 2-21】【例 2-24】。其可概括为：资金投入企业。

第四，经济业务的发生，引起资产要素项目与权益要素项目同时等额减少，双方保持平衡，如【例 2-16】【例 2-19】。其可概括为：资金退出企业。

以上经济业务引起会计要素增减变化的4种类型，如图2-5所示。

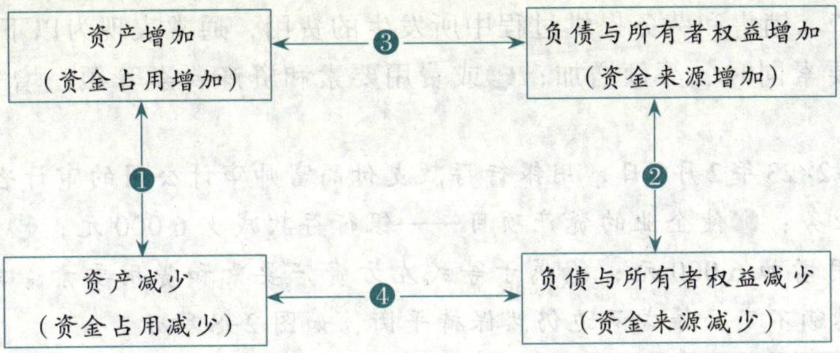

图2-5　经济业务引起会计要素增减变化的4种类型

（三）经济业务对扩展会计等式的影响

上述举例证明了当发生涉及资产、负债和所有者权益等会计要素的经济业务时，不会破坏资产与负债和所有者权益之间的平衡关系。那么，如果发生了涉及收入、费用和利润会计要素的经济业务时，以上的平衡关系是否还存在呢？将收入、费用和利润三要素考虑进去，会计基本等式则演变为：

资产+费用=负债+所有者权益+收入

1.取得收入的经济业务对会计等式的影响

商品销售和劳务提供后所实现的收入，通常表现为以下3种情况：❶资产要素和收入要素同时、等额增加；❷或收入要素和负债要素等额一增一减；❸或两者兼有。

【例2-25】2×23年2月3日，销售商品，通过银行收到货款33 000元。

该笔经济业务：❶使企业的资产项目——银行存款增加33 000元；❷使企业的收入项目——主营业务收入增加33 000元；❸属于等式双方资产要素和收入要素同时增加的变动，等式两边总额同时增加，等式两边仍然保持平衡，如图2-6所示。

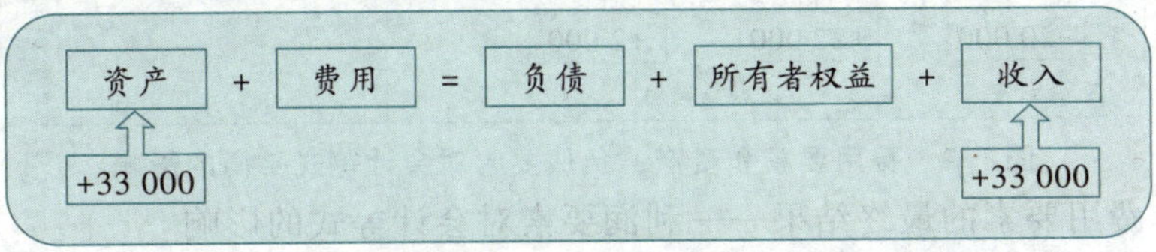

图2-6　收入要素和资产要素对会计等式平衡的影响

【例2-26】2×23年2月3日，向真富美模特公司发出商品，售价35 000元，货款扣除上月已预收的25 000元外，其余10 000元对方承诺下月偿付。

该笔经济业务：❶使企业的资产项目——应收账款增加10 000元、负债项目——预收账款减少25 000元；❷使企业的收入项目——主营业务收入增加35 000元；❸等式左方增加10 000元，等式右方有增有减，增减相抵后净增加10 000元，等式两边仍然保持平衡，如图2-7所示。

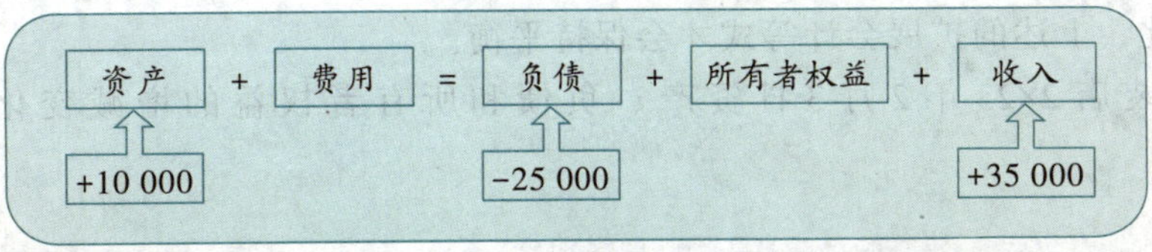

图2-7　收入要素和资产、负债要素对会计等式平衡的影响

2.发生费用的经济业务对会计等式的影响

在商品生产、销售和劳务提供过程中所发生的费用，通常表现为以下3种情况：❶负债要素和费用要素同时、等额增加；❷或费用要素和资产要素等额一增一减；❸或两者兼有。

【例2-27】2×23年2月3日，用银行存款支付高富帅审计公司的审计咨询费6 000元。

该笔经济业务：❶使企业的资产项目——银行存款减少6 000元；❷使企业的费用项目——管理费用增加6 000元；❸属于等式左方资产要素和费用要素等额一增一减的变动，等式两边总额不变，等式两边仍然保持平衡，如图2-8所示。

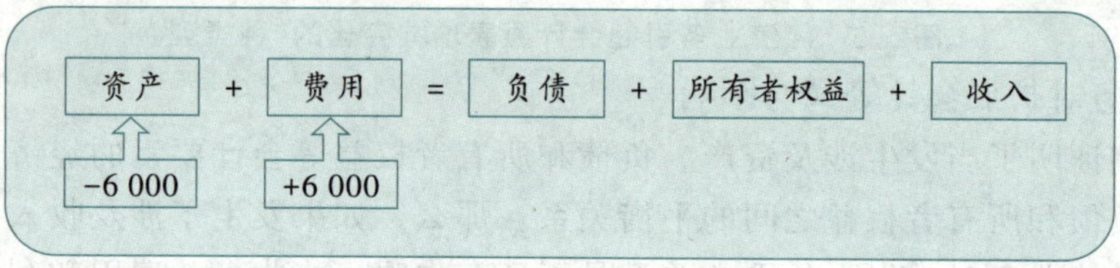

图2-8　费用要素和资产要素对会计等式平衡的影响

【例2-28】2×23年2月3日，在相关媒体上进行产品广告宣传应付广告费用22 000元，通过银行支付20 000元，其余2 000元暂欠。

该笔经济业务：❶使企业的费用项目——销售费用增加22 000元；❷使企业的资产项目——银行存款减少20 000元、负债项目——应付账款增加2 000元；❸等式右方增加2 000元，等式左方有增有减，增减相抵后净增加2 000元，等式两边仍然保持平衡，如图2-9所示。

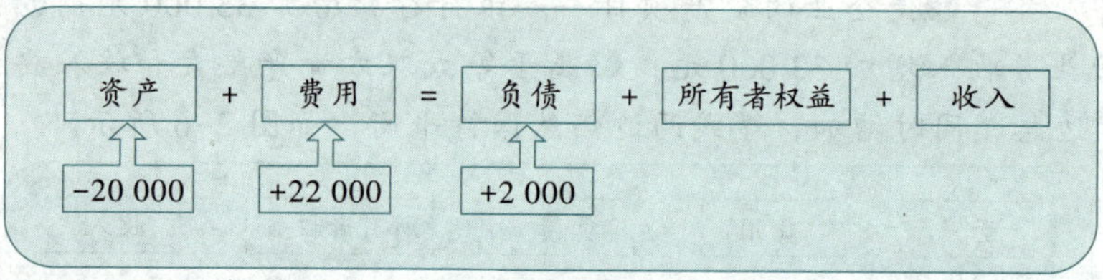

图2-9　费用要素和资产、负债要素对会计等式平衡的影响

3.收入、费用要素的最终结果——利润要素对会计等式的影响

利润要素的确认与计量依赖于收入要素和费用要素的确认与计量：❶收入减去费用后的利润（或亏损）应归投资人所有，在分配之前转化为所有者权益的增加（或减少）；❷同时，其表现形式要么是资产要素相应增加（或减少），要么是负债要素相应减少（或增加）；❸所以，收入可以理解为所有者权益项目——留存收益的增加，费用可以理解为所有者权益项目——留存收益的减少。

由于收入、费用和利润这三要素的变化实质上都可以表现为所有者权益的变化，因此，上述3种情况都可以归纳到前面总结的经济业务对基本会计等式影响的9种情况中。也正因为如此，上述的扩展会计等式才会保持平衡。

耀华时装店2×23年2月3日资产、负债和所有者权益的增减变化平衡情况见表2-17。

表 2-17　**耀华时装店　资产、负债和所有者权益增减变化平衡表**

2×23 年 2 月 3 日　　单位：元

资产	期初余额	本期发生额		期末余额	负债及所有者权益	期初余额	本期发生额		期末余额
		增加	减少				增加	减少	
银行存款	66 000	33 000	26 000	73 000	短期借款	37 000			37 000
应收账款	34 000	10 000		44 000	应付账款	34 000	2 000		36 000
预付账款	20 000			20 000	预收账款	25 000		25 000	0
库存商品	68 000			68 000	实收资本	90 000			90 000
					留存收益	2 000	68 000	28 000	42 000
合 计	188 000	43 000	26 000	205 000	合 计	188 000	70 000	53 000	205 000

（四）经济业务对会计等式影响的规律与结论性总结

1. 经济业务影响会计等式的规律

从以上经济业务的 9 种情况和 4 种类型对会计等式影响的分析可以发现，经济业务的类型对会计等式的影响是有规律可循的，可简要地概括为以下两点：❶当经济业务发生后，影响会计等式两边（两方）的要素时，**一定是等额同增或同减**；❷当经济业务发生后，只影响会计等式某一边（某一方）的要素时，**一定是等额一增一减**。以扩展会计等式为例，经济业务的类型影响会计等式的规律，如图 2-10 所示。

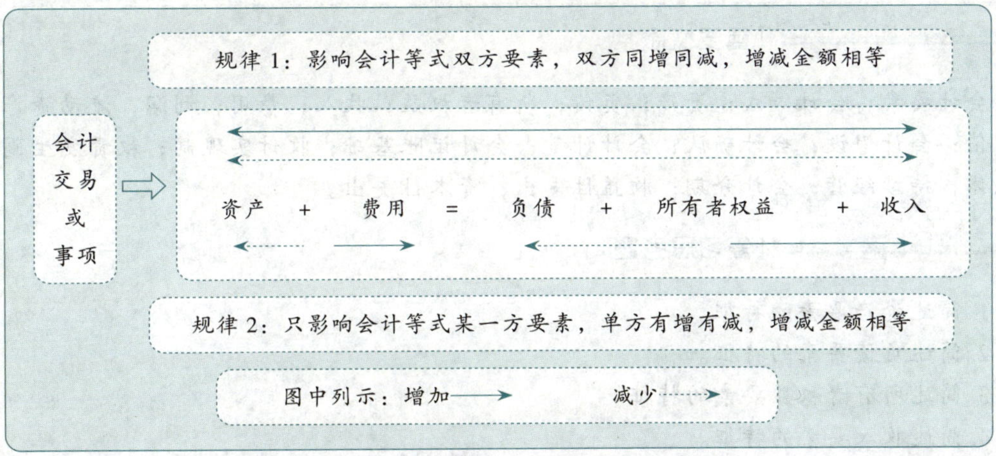

图2-10　经济业务的类型影响会计等式的规律

2. 经济业务影响会计等式的结论性总结

通过分析经济业务影响会计等式中各要素的变动情况及其规律，可以得出以下结论：任何经济业务的发生都不会破坏会计等式的平衡关系。具体而言，主要有以下三方面：

（1）每项经济业务发生后，因其经济业务的来龙去脉，必然会产生两方面的变化：具体到对会计等式中各要素的影响，两方面可能会影响会计等式中的两个要素，也可能只影响一个要素中的两个项目发生增减变化，但会计等式的恒等关系保持不变。

（2）经济业务的发生只涉及会计等式一方的变动时：不仅不会影响会计等式的平衡，而且经济业务发生前的总额也不会变动。即会计要素变化的某一方其增减金额相互抵销，原来的总额保持不变；而会计等式另一方的会计要素并未受到影响，其总额未发生变化。

(3) **经济业务的发生涉及会计等式两方的变动时**：虽然会使会计等式双方总额发生增加或减少的变动，但变动后的双方总额仍然相等。即会计等式双方总额会在原来平衡的基础上同时增加或同时减少一个相同的金额，等式双方数额仍然保持平衡。

【会计论道与素质教育】

贪婪的猴子——会计工作谨防贪婪

在阿尔及尔地区的长拜尔有一种猴子，经常偷食农民的玉米。当地的农民根据这些猴子的特性，发明了一种捕捉猴子的巧妙方法。农民把一个葫芦形状的细颈瓶子固定在大树上，再在瓶子中放入猴子最爱吃的玉米，然后就静候佳音了。到了晚上，猴子来到树下，见到瓶子中的玉米非常高兴，就将爪子伸进瓶子去抓玉米。这个瓶子的妙处就是猴子的爪子刚刚能够伸进去，当它抓住一把玉米时，爪子却怎么也拉不出来了。贪婪的猴子绝不可能放下已经到手的玉米，就这样，爪子一直抽不出来，它就牢牢地被困在瓶子旁边。直到第二天早晨，农民把它抓住的时候，它依然不会放开爪子，直到能把玉米放入自己的嘴中。

资料来源　张健鹏，胡足青. 老谋深算（小中见大智慧文丛）[M]. 北京：当代世界出版社，2005.

与华尔街狼共舞
小米上市艰难历程

教授寄语：人类当然比猴子更聪明一些。如果把玉米换成金钱、权力，上当的恐怕就是人类而不是猴子了。会计经常与金钱打交道，莫伸手，伸手必被捉！

【重要概念】

会计要素；会计等式；资产；负债；所有者权益；收入；费用；利润；流动资产；流动负债；会计假设；会计确认；会计计量；会计记账基础；收付实现制；权责发生制；会计主体；持续经营；会计分期；收益性支出；资本性支出。

【复习思考题】

1. 简述资产要素的特征。
2. 简述负债要素的特征。
3. 简述所有者权益要素的特征。
4. 简述收入要素的特征。
5. 简述费用要素的特征。
6. 简述利润要素的特征。
7. 简述会计假设对会计核算的作用。
8. 简述正确区分收益性支出和资本性支出的意义。
9. 简述应计制和现金制在确认收入和费用方面的区别。

练习题在线

练习 2-1　单项选择题在线

单项选择题每小题给出的 4 个备选项中，只有 1 个符合题意。

要求：扫描“单项选择题”二维码进行在线回答，回答完毕并提交后可参看正确答案与答案解析。

单项选择题 1~10　　单项选择题 11~20　　单项选择题 21~30

练习 2-2　多项选择题在线

多项选择题每小题给出的 5 个备选项中，至少有 2 个符合题意。

要求：扫描“多项选择题”二维码进行在线回答，回答完毕并提交后可参看正确答案与答案解析。

多项选择题 1~10　　多项选择题 11~20　　多项选择题 21~30

练习 2-3　判断题在线

请判断各判断题每小题的正误，正确的用“√”表示，错误的用“×”表示。

要求：扫描“判断题”二维码进行在线回答，回答完毕并提交后可参看正确答案与答案解析。

判断题 1~8　　判断题 9~16　　判断题 17~24

练习 2-4　掌握会计要素的分类及资金项目的确认

1. 资料：

新光公司 2×23 年 1 月 1 日的资产、负债及所有者权益情况如下：(1) 生产车间厂房价值 150 万元；(2) 收取的出借包装物押金 2 万元；(3) 持有某上市公司的股票成本 35 万元；(4) 国家投入的资本金 234 万元；(5) 运输卡车价值 80 万元；(6) 尚未缴纳的各种税费 12 万元；(7) 从银行借入的短期借款 50 万元；(8) 装配中的车床 40 万元；(9) 已完工入库的车床 50 万元；(10) 应付投资者的利润 55 万元；(11) 发行股票超过面值的部分 70 万元；(12) 欠职工的工资 20 万元；(13) 采购员预借的差旅费 1 万元；(14) 存放在银行的款项 13 万元；(15) 承兑的商业汇票 25 万元；(16) 净利润扣除已分配利润后剩余 46 万元；(17) 生产车床用的各种机床 300 万元；(18) 购入钢材的未付款 30 万元；(19) 应付的电费 10 万元；(20) 外商投入的资本金 100 万元；(21) 以盈余公积形成的留存收益 69 万元；(22) 某公司拖欠的销货款 54 万元。

2. 要求：

(1) 扫描“练习 2-4 答题表”二维码并下载空白表 2-1 电子表格。(2) 根据所提供资料，在空白表 2-1 电子表格中回答以下两个问题：❶进行会计要素及资金项目的确认与计量（判断属于何种会计要素，涉及什么资金项目，金额为多少）；❷按资产、负债及所有者权益分别合计其金额，并观察三者之间的关系。(3) 根据“财济书院”网站注册的账号，提交完成的电子表格请授课教师批阅。

练习 2-4 答题表

练习 2-5　经济业务对会计要素增减变化的影响

1. 资料：

光明机械厂 2×23 年 2 月份发生的部分经济业务如下：(1) 国家投入货币资本 30 000 元，存入银行；(2) AB 公司同意将光明机械厂前欠的货款 60 000 元作为该公司对光明机械厂的投资；(3) 从银行提取现金 7 000 元备用；(4) 通过银行收回大兴工厂前欠的货款 45 000 元；(5) 以银行存款归还向银行借入的流动资金 150 000 元；(6) 联营单位滨海机床厂以投资的形式对光明机械厂投入新机器 3 台，价值 90 000 元；(7) 购入钢材 45 000 元，已验收入库，货款用银行存款支付；(8) 出售不需用的新机床 4 台，价值 128 000 元，款项已存入银行；(9) 购入材料 66 000 元，已验收入库，货款未付；(10) 向银行借入流动资金 140 000 元，并转存银行；(11) 生产车间领用材料 32 000 元，用于产品生产；(12) 向江南机床厂购入车床 5 台，价款总计 50 000 元，车床已验收入库，货款暂欠；(13) 向银行借入短期借款 24 000 元，直接偿还前欠永宏钢铁公司的货款；(14) 联营期限已满，按规定将联营单位新星机械厂的原投资 40 000 元退回，其中 30 000 元以银行存款退回，其余的 10 000 元暂欠；(15) 本企业将资本公积金 10 000 元转增股本；(16) 收回大连机器厂前欠的货款 79 000 元，直接归还银行短期借款；(17) 青胜蓝公司分别以银行存款 35 000 元和特种钢材 25 000 元向本企业投资；(18) 用银行存款缴纳上月的应交税费 25 000 元。

2. 要求：

练习 2-5 答题表

(1) 扫描“练习 2-5 答题表”二维码并下载空白表 2-2 电子表格。(2) 根据所提供资料，在空白表 2-2 电子表格中参照范例回答以下两个问题：❶分析每笔经济业务影响的会计要素及其资金项目的增减变化金额，同时指出该笔经济业务对会计等式影响的类型；❷计算资产和权益的增减净额，观察两者是否相等。(3) 根据“财济书院”网站注册的账号，提交完成的电子表格请授课教师批阅。

练习 2-6　经济业务引起资产和权益项目增减变化平衡表

1. 资料：

(1) 光明机械厂 2×23 年 2 月份发生的部分经济业务详见“练习 2-5”；(2) 2×23 年 1 月 31 日资产和权益项目金额见练习表 2-1。

练习表 2-1

光明机械厂期初有关资金项目金额表

2×23 年 1 月 31 日

单位：千元

项　目	金　额	项　目	金　额	项　目	金　额	项　目	金　额
库存现金	20	实收资本	2 900	应交税费	180	原材料	920
应付账款	210	库存商品	540	资本公积	570	预收账款	360
银行存款	980	短期借款	800	固定资产	1 980	预付账款	250
应收账款	860	生产成本	390	盈余公积	450	未分配利润	470

2. 要求：

（1）扫描“练习 2-6 答题表”二维码并下载空白表 2-3 电子表格。（2）根据所提供资料，在空白表 2-3 电子表格中回答以下三个问题：❶在分清练习表 2-1 中资金项目及其金额所归属的会计要素类别的基础上，分析 2 月份发生的每项经济业务，写出相关的资金项目及其增加金额或减少金额的变动，并对相同项目的增加金额或减少金额进行合计；❷计算出“期末金额”后，对资产项目、负债及所有者权益项目的期初金额、增加金额、减少金额和期末金额进行合计；❸观察资产项目与权益项目的“期初金额”合计和“期末金额”合计是否相等，并思考其中的原因。（3）根据“财济书院”网站注册的账号，提交完成的电子表格请授课教师批阅。

练习2-6答题表

练习2-7　两种记账基础下收入与费用的确认与比较

1. 资料：

华夏会计咨询公司 2×23 年 6 月份发生下列经济业务：（1）为 A 公司提供咨询服务，收取服务费 40 000 元并存入银行；（2）为 B 公司提供的咨询服务已完成，应收取服务费 120 000 元，款项尚未收到；（3）通过银行收到 100 000 元，属于上月为 C 公司提供的咨询服务费；（4）月末收到 D 公司预付的内部控制制度设计费 14 000 元，下月交付设计方案；（5）用银行存款预付下半年的财产保险费 48 000 元；（6）本月应付员工工资 57 000 元，实际支付 49 000 元；（7）本月应付水电费 40 000 元，下月支付；（8）摊销本月应负担的仓库租金（年初租赁仓库房屋一栋并预付 1 年的租金 96 000 元）；（9）计提本月的银行短期借款利息 3 000 元；（10）用银行存款支付本季度的银行短期借款利息 9 000 元。

2. 要求：

（1）扫描“练习 2-7 答题表”二维码并下载空白表 2-4 电子表格。（2）根据所提供资料，在空白表 2-4 电子表格中回答以下三个问题：❶分别按照权责发生制和收付实现制进行收入、费用的确认与计量；❷分别计算本企业按照权责发生制和收付实现制实现的利润；❸思考按照两种记账基础计算的利润为何不相等。（3）根据“财济书院”网站注册的账号，提交完成的电子表格请授课教师批阅。

练习2-7答题表

3 项目三 账户设置与复式记账法

【内容导读】

会计信息加工的会计确认、计量、记录和报告四个环节，在会计实务中表现为会计核算的七种方法。从本项目开始，学习的内容将转向对会计核算方法的探讨，逐一对会计核算方法的内容及其具体应用进行阐述。项目二阐述了企业经济业务按其性质进行的归类——会计要素，用会计术语来描述会计对象的具体内容并进行会计确认。经过会计确认的经济业务，如何进行记录的方法——**账户设置与复式记账**是本项目将要探讨的内容。

账户设置，这一会计核算方法属于会计记录方法之一，并且是会计记录方法的首要方法，是其他会计记录方法应用的基础，只有采用账户设置方法建立起完整的账户体系，其他方法才能有效地加以运用。探讨账户设置，解决的是经济业务如何确认与计量以及在什么地方记录的问题，包括：❶理解会计科目含义及其分类体系；❷掌握账户设置及其功能；❸在此基础上理解账户设置是复式记账的前提。

复式记账，这一会计核算方法也属于会计记录方法之一。探讨复式记账，解决的是经济业务进行会计记录的方法问题，也是会计记录首先要迈过的技术门槛，包括：❶了解记账方法并理解复式记账的基本概念，掌握复式记账的基本原理，把握复式记账的特征或作用；❷重点阐述为当今世界各国所通用的借贷记账法，理解借贷记账法的基本原理，掌握借贷记账法的主要内容。

任务一 确认会计科目，设置会计账户

由于账户是根据会计科目开设的，所以，探讨账户设置这一会计记录方法，主要包括以下两方面的内容：❶会计科目及其分类体系，理解会计科目是对经济业务进行会计要素确认后进一步划分的项目，并具有一定的分类体系；❷账户设置及其功能，掌握会计科目金额增减变动该如何记录以及记录的载体。

一、会计科目及其分类体系

（一）会计科目的含义

会计科目是对会计要素按照经济业务的内容和管理要求进行再分类而确定的具体项目。会计要素是对会计对象进行的第一次分类，按照这一基本分类，可以提供“概括性”会计信息。例如，要想了解一个企业拥有或控制多少经济资源？承担多少现时义务？投资人的权益是多少？一定时期内企业取得多少收入？发生多少耗费？实现多少利润？就可以通过会计要素的分类来提供有关会计信息使用者所需要的资料。然而，会计信息使用者在其决策过程中，除了需要了解上述的概括性资料外，往往还需要掌握更为详细、具体的资料。例如，在掌握企业拥有或控制多少经济资源后，还需要知道都有哪些资产？企业的债

务构成如何？当经济业务发生后，只有结合这些具体项目进行确认，才能提供更为详尽和有用的会计信息。所以，在划分会计要素的基础上，还需要根据各个要素的组成内容将其划分为若干个具体项目。例如：❶企业的机器设备、房屋和建筑物，作为劳动手段，具有使用时间较长、单位价值较大、实物形态相对不变的特点，应将其归为一类并设置“固定资产”科目；❷生产产品用的各种钢材、零配件及燃料等，作为劳动对象，具有在生产中被一次性消耗、其价值一次性转移到产品中的特点，应将其归为一类并设置“原材料”科目；❸为了满足管理上费用预算和控制的要求，企业生产车间范围内发生的物料消耗、办公费、管理人员工资等，具有间接费用的特点，应将其归为一类并设置“制造费用”科目。会计科目是进行会计记录和提供会计信息的基础，在会计核算中具有重要意义。

(1) **有利于对企业发生的经济业务进行会计要素及其有关项目确认的“对号入座”。** 对经济业务进行会计要素确认并进一步分类后的项目是会计科目，反过来，通过会计科目可以将纷繁复杂、性质各异的经济业务进行会计要素及其有关项目确认的“对号入座”。

(2) **有助于设置会计账户并分类记录经济业务引起会计要素的增减变动及其结果。** 会计科目是设置会计账户的重要前提，账户是根据会计科目开设并用来记录经济业务的一种专门工具，而设置账户相当于建立会计信息的存储器，可以方便并分门别类地记录发生的经济业务内容及增减变动情况。

（二）会计科目设置规范及其原则

会计科目设置的规范是指会计科目设置方面的规定和要求。鉴于我国会计人员素质的现实状况，为了使不同的会计信息口径一致、相互可比，财政部颁发的《企业会计准则——应用指南》对各类企业主要经济业务的会计科目和主要账务处理方法做出了统一规范，企业可以根据实际需要有选择地使用这些会计科目，同时又指出各类企业在不违反会计准则中确认、计量和报告规定的前提下，可以根据本单位的实际情况自行增设、分拆、合并会计科目。由于各类企业的业务性质、规模大小、业务繁简及组织状况有所不同，会计科目必须充分考虑这些客观条件并遵循以下原则进行设置：

(1) **必须结合会计要素的特点，全面反映会计要素的内容。** 会计科目作为对会计要素进行分类提供会计信息的工具，其设置必须反映会计要素的特点，保证全面、系统地反映会计要素的全部内容，不得有任何遗漏；同时，应结合本单位经营活动的特点设置相应的账户。例如，制造业企业的主要经营活动是制造产品，因而需要设置反映生产耗费的账户。

(2) **既要符合对外报告的要求，又要满足内部经营管理的需要。** 企业的利益相关者可以分为不参与企业经营管理的外部利益相关者和参与企业经营管理的内部利益相关者两大类，因此，在设置会计科目时要兼顾对外报告和企业内部经营管理的需要，并根据需要数据的详细程度，分设总分类科目和明细分类科目。

(3) **做到适应性与稳定性相结合。** 所谓适应性，是指会计科目的设置要随着社会经济环境和本单位经济活动的变化而变化；所谓稳定性，是指会计科目的设置为便于会计资料的汇总以及在不同时期的对比分析应保持相对的稳定。

(4) **做到统一性与灵活性相结合。** 所谓统一性，是指会计科目要按照《企业会计准则——应用指南》所规定的会计科目名称及其涵盖的范围和内容来设置，以此来保证会计核算指标在一个部门乃至全国范围内综合汇总、分析利用；所谓灵活性，是指在保证提供统一核算指标的前提下，可以根据本单位的具体情况和经营管理要求，对统一规定的会计科目做出必要的增补、分拆或合并。

（5）**会计科目名称要言简意赅，并进行适当分类和编号**。所谓言简意赅，是指每一会计科目所涵盖的范围和内容必须严格、明确地加以界定，其名称要与实际相符并具有高度的概括性。所谓适当分类和编号，是指为满足会计电算化的需要，会计科目要按其经济内容的分类、项目的流动性或主次及级次进行编号。

（三）会计科目分类体系

1.会计科目按经济内容分类

由于会计科目是对会计要素的具体内容进行分类核算和监督的项目或名称，而会计要素是对会计对象的具体内容按其经济特征所进行的基本分类。所以，会计科目按经济内容分类主要是按会计要素进行的分类，具体分为以下六类：

（1）**资产类科目**，是用以反映资产要素内容的会计科目，如反映流动资产的“银行存款”“应收账款”“原材料”等科目；反映非流动资产的“长期股权投资”“固定资产”等科目。

（2）**负债类科目**，是用以反映负债要素内容的会计科目，如反映流动负债的“短期借款”“应付账款”“应交税费”等科目；反映非流动负债的“长期借款”“长期应付款”等科目。

（3）**共同类科目**，是既用以反映资产要素内容又用以反映负债要素内容的会计科目，该类会计科目主要用于金融企业，如反映银行间业务往来中资金清算款项的“清算资金往来”等科目。

（4）**所有者权益类科目**，是用以反映所有者权益要素内容的会计科目，如反映资本金的“实收资本”“资本公积”等科目，反映留存收益的“盈余公积”“本年利润”等科目。

（5）**成本类科目**，是用以反映产品生产和劳务提供过程中发生的各种直接费用和间接费用的会计科目，如反映制造成本的“生产成本”等科目，反映间接费用的“制造费用”等科目。

（6）**损益类科目**，是用以反映企业生产经营过程中的收益及费用并计算确定损益的会计科目，如反映广义收入要素的“主营业务收入”“营业外收入”等科目，反映广义费用要素的“主营业务成本”“管理费用”“营业外支出”等科目。

2.会计科目按提供会计信息的详简及其统驭关系分类

一般来说，为了加强企业内部的经营管理，会计核算需要提供尽可能详细、具体的核算资料，因而就要求会计科目的设置应当更加详细、具体；但对外提供的会计核算资料，往往只需要比较综合与概括，这就要求会计科目的设置应当简要、概括。为此，就要将会计科目适当分级，根据不同的需要设置总分类科目和明细分类科目。

（1）**总分类科目及其设置方法**。**总分类科目**，又称总账科目，是指对某一会计要素包含的具体内容，按照其相同特征并结合管理要求，进行总括分类并提供总括会计信息的会计科目。总分类科目反映各种经济业务的总括情况，是进行总分类核算的依据，例如，表3-2中所列的会计科目都是总分类科目。虽然会计科目是对会计要素的分类，体现了总分类科目分类与会计要素分类的关系，但会计要素与会计科目类别并不完全相同：❶将反映利润类要素的会计科目“本年利润”和“利润分配”归并为所有者权益类科目，体现了利润的所有权属于所有者这一经济实质；❷将广义收入类要素的会计科目和广义费用类要素的会计科目合并为损益类科目，这种合并可以方便企业进行经营成果的计算；❸将资产类要素中的一部分会计科目如“生产成本”“制造费用”等独立设置为成本类科目，体现了产品制造业企业进行各类成本对象成本计算的特殊需求。

（2）**明细分类科目及其设置方法**。**明细分类科目**，又称明细科目或细目，是指对某一总分类科目的经济内容所作的进一步分类，辅助总分类科目以反映更为详细、具体的会计信息。例如，“库存商品”总分类科目下，按商品名称分设明细科目，具体反映有哪些商品。在实际的会计核算工作中，某一总分类科目所属的明细分类科目过多时，为加强内部经营管理，可以在总分类科目与所属的明细分类科目之间增设二级科目（也称子目），在二级科目之下再按所包括的内容设置隶属于该二级科目的三级科目（也称细目）。**由于设置了二级科目，总分类科目也称为一级科目，二级科目和三级科目统称为明细科目**。一般情况下，可设置三个层次的会计科目，如有需要也可设置四级科目、五级科目。

（3）**会计科目各级次之间的关系**。会计科目各级次之间是总括与详细、统驭与被统驭的关系。下面以“原材料”会计科目为例加以说明，具体见表3-1。

表3-1 会计科目的级次关系

总分类科目（一级科目）	明细分类科目	
	子目（二级科目）	细目（三级科目）
原材料	原料及主要材料	圆钢
		扁钢
		槽钢
	辅助材料	油漆
		润滑油
	燃料	汽油
		烟煤

3.会计科目分类体系的编号

会计科目的编号是以数码确定会计科目的所属类别及其在该类别中的位置。

（1）**一级科目编号一般采用四位纯数字表示**。❶大分类用第一位数（即千位）表示，其中“1”代表资产类、“2”代表负债类、“3”代表共同类、“4”代表所有者权益类、“5”代表成本类、“6”代表损益类；❷小分类用第二位数（即百位）表示，从0开始，如“10”中的“0”代表货币资金类，“16”中的“6”代表固定资产类；❸第三、四位数为流水号，表示某一具体会计科目，如“1001”表示“库存现金”科目、“1002”表示“银行存款”科目；❹为便于会计科目的增减，一般情况下，编码要考虑到未来的扩展性，编码间留有一定的间隔；❺以上小类的排列顺序也是有原则的，如资产类下的小类是按照变现能力大小排序的；负债类下的小类是按照流动性大小排序的；所有者权益类下的小类是按照转化为资本的能力大小排序的。

（2）二级科目一般采用六位编码。其中，前四位为一级科目的代码，后两位为流水号。例如，银行存款（编号为“1002”）下可根据银行的不同，设置多个二级科目，如“中国建设银行”“中国工商银行”“中国农业银行”等，可分别编码为：100201中国建设银行、100202中国工商银行、100203中国农业银行等。

综上所述：❶会计科目的内容，是各会计科目在反映资金运动各环节之间的横向联系；❷会计科目的级次，是对会计科目的进一步分类并反映该科目内部的纵向联系；❸有助于了解和掌握各会计科目核算的内容及其性质，为正确运用会计账户反映经济业务引起会计要素的增减变化奠定基础；❹根据《企业会计准则——应用指南》对各类企业会计科目设置的统一规范要求，制造业企业常用的会计科目见表3-2。

表3-2

制造业企业常用会计科目表

编号	会计科目名称	编号	会计科目名称	编号	会计科目名称
	一、资产类	1604	在建工程	4001	实收资本
1001	库存现金	1605	工程物资	4002	资本公积
1002	银行存款	1606	固定资产清理	4101	盈余公积
1012	其他货币资金	1701	无形资产	4103	本年利润
1101	☆交易性金融资产	1702	累计摊销	4104	利润分配
1121	应收票据	1703	☆无形资产减值准备		五、成本类
1122	应收账款	1801	长期待摊费用	5001	生产成本
1123	预付账款	1901	待处理财产损溢	5101	制造费用
1131	应收股利		二、负债类		六、损益类
1132	应收利息	2001	短期借款	6001	主营业务收入
1221	其他应收款	2201	应付票据	6051	其他业务收入
1231	☆坏账准备	2202	应付账款	6101	☆公允价值变动损益
1401	材料采购	2203	预收账款	6301	营业外收入
1402	在途物资	2211	应付职工薪酬	6401	主营业务成本
1403	原材料	2221	应交税费	6402	其他业务成本
1404	材料成本差异	2231	应付利息	6403	税金及附加
1405	库存商品	2232	☆应付股利	6601	销售费用
1471	☆存货跌价准备	2241	其他应付款	6602	管理费用
1511	长期股权投资	2501	长期借款	6603	财务费用
1512	☆长期股权投资减值准备	2701	长期应付款	6701	☆资产减值损失
1601	固定资产		三、共同类	6702	信用减值损失
1602	累计折旧		☆（略）	6711	营业外支出
1603	固定资产减值准备		四、所有者权益类	6801	☆所得税费用

二、账户设置及其功能

在会计要素分类的基础上，通过设置会计科目对经济业务做出进一步的分类，为开展会计核算奠定了基础。但要反映由于经济业务发生而引起的会计要素具体项目的增减变动，就需要根据会计科目开设会计账户。这是因为会计科目只能对会计交易或事项定性而无法定量，不能提供其所反映金额的增减变动及余额情况的信息，而提供这些信息恰好是会计的最基本职能。因此，在会计核算中必须依据会计科目开设会计账户。

（一）会计账户及其内涵

会计账户，也称账户，是指根据会计科目开设的并具有一定格式和结构，用于连续、系统、全面地记录经济业务，分类反映会计要素各具体项目增减变动及其结果的一种工具。其主要包括以下三个方面的内容：

（1）账户设置的主要依据是会计科目。会计科目是会计要素各具体项目的规定名称，设置会计科目的主要目的就是为会计账户的设置提供依据。企业可根据需要在财政部规范的会计科目表中进行选用，并根据这些会计科目开设相应的账户，以便对各项经济业务进行系统、连续的记录，向有关各方提供有用的会计信息。

（2）账户具有一定的格式。为具体记录经济业务及其增减变化情况，会计账户应具有一定的格式结构。账户的名称就是会计科目的名称；账户的格式由所记录经济业务具体项目的栏目组成。

（3）设置账户的目的是为财务报告的编制提供数据资料。由于每个账户都是按照反映各会计要素特定方面的内容需要设置的，每个账户记录的内容都有清晰的规定和界定。例如，“库存现金”账户只能记录企业库存现金的增加额、减少额、余额等。在会计账户中记录企业所发生的各项经济业务，记账的同时也是收集并分类汇集会计信息和为编制会计报表积累素材的过程。

（二）会计计量与账户的结构

设置账户的目的是记录发生的经济业务，因此，账户不但要有明确的核算内容，而且必须具有便于记录经济业务的结构。由于账户是依据一定的凭据来连续地记录经济业务引起会计要素具体项目增减变动的过程和结果，所以，账户除应具备“增加金额、减少金额及余额”外，还应具备“账户名称”（会计科目）、“日期和摘要”（记录经济业务的日期和概括说明经济业务的内容）以及“凭证编号”（账户记录的依据）等内容。以借贷记账法为例，会计账户的一般格式结构见表3-3。

由于经济业务所引起的各会计要素具体项目的变动，从数量上看不外乎增加和减少两种情况，因此，账户的基本结构就相应地划分为左右两方，分别记录增加额和减少额。将账户的基本结构部分从账户中截取下来，并做进一步的处理，只保留左方（借方）、右方（贷方），其他略去，将余额写在增加方的下面。简化后的账户基本结构被形象地称为“T形”账户，也称为“丁字账”。这是在会计教学中常用的格式。以借贷记账法下的“银行存款”账户为例，就呈现出如下的简单形式，如图3-1所示。

表 3-3　　**账户名称（会计科目）**

记录依据　　账户余额方向

年		凭证编号	摘　要	借　方	贷　方	借或贷	余　额
月	日						

经济业务日期　　经济业务简要内容　　经济业务变动金额　　经济业务变动结果

左方（借方）　　**银行存款**　　右方（贷方）

期初余额	×××		
本期增加数	×××	本期减少数	×××
	×××		×××
本期增加数合计	×××	本期减少数合计	×××
期末余额	×××		

图3-1　借贷记账法下"T形"账户格式

（三）会计账户的主要功能

会计账户的主要功能是提供一系列有用的信息数据，这些数据主要是以价值形式体现出来的。其包括：❶**本期增加发生额**，一个会计期间的增加额合计，即该会计期间新发生的若干经济业务所引起的该账户增加额的合计，借贷记账法下也称为**"借方发生额"**；❷**本期减少发生额**，一个会计期间的减少额合计，即该会计期间新发生的若干经济业务所引起的该账户减少额的合计，借贷记账法下也称为**"贷方发生额"**；❸**期末余额**，在某一会计期间终了时（月末、年末），期初余额加本期增加发生额与本期减少发生额相抵后的差额；❹**期初余额**，在某一会计期间开始时该账户的结余金额，由于会计期间首尾相接，本期的期末余额转入下期，便是下期的期初余额。以上四项金额的关系可以用下列等式表示：

期末余额 = 期初余额 + 本期增加发生额 − 本期减少发生额

"T形"账户分为左右两方：❶若左方记录增加额，右方记录减少额，则期初、期末余额一般在左方；❷若右方记录增加额，左方记录减少额，则期初、期末余额一般在右方；❸至于账户的左右两方，在哪一方记增加，哪一方记减少，则取决该账户归属于哪一类会计要素，即会计账户的性质。

（四）账户的设置与会计账户体系

会计账户体系是指按照全面反映企业会计要素的要求，根据设置的会计科目而建立的会计账户系统。企业的会计科目分类体系决定了会计账户分类体系。

（1）**按账户反映的经济内容分类**，可将其分为资产类账户、负债类账户、共同类账户、所有者权益类账户、成本类账户、损益类账户六类。

（2）**按提供信息的详简与统驭关系分类**，可将其分为总分类账户和明细分类账户两类：❶总分类账户是根据总分类科目设置的；❷明细分类账户是根据明细分类科目设置的。

三、对会计科目与会计账户的进一步理解

（一）会计科目与会计账户的关系

会计科目与会计账户

会计科目与会计账户是两个既有联系又有区别的概念。

（1）**会计科目与会计账户的联系表现在两个方面**：❶两者都是对会计对象的具体内容在按会计要素分类的基础上所作的进一步分类，两者的名称和反映的经济内容相同；❷账户是根据会计科目开设的户头，账户的名称就是会计科目，会计科目是账户设置的前提。

（2）**会计科目与会计账户的区别表现在三个方面**：❶虽然账户是根据会计科目开设的，但会计科目只是账户的名称。会计科目是企业在进行会计核算之前，事先确定的对会计对象的具体内容进行归类的项目，只表明某项经济业务的内容；而账户除了名称以外，还具体表现为具有一定格式的账页，是对某项经济业务的增减变化及其结果进行记录的工具。❷会计科目的作用主要是对经济业务进行归类，并开设账户和填制记账凭证；而账户的作用主要是系统地提供某一具体会计对象的核算资料，为设置会计账簿和编制会计报表所运用。❸设置账户是会计核算方法之一，其包含会计科目的内容；而会计科目不构成一种独立的会计核算方法，其仅为账户设置提供依据。

由于账户按会计科目命名，所以在实际工作中，会计科目与会计账户常被作为同义词来使用而不加以区别。

（二）会计科目与会计账户是复式记账的基础和前提

（1）**会计科目是复式记账的基础**。会计记录采用的是复式记账法，而会计记录要求的系统性是通过会计科目来实现的，即会计科目是各项会计记录的基础。所以，从一定意义上讲，没有会计科目，就没有复式记账。

（2）**会计科目是会计账户设置的依据**。没有会计科目，就没有会计账户。所以，会计科目与会计账户的设置满足了复式记账要求的对每一笔经济业务在两个或两个以上相互联系的账户中登记的需要。

（3）**会计科目是复式记账的前提**。复式记账要通过编制记账凭证作为过渡，其结果是账簿的登记，而记账凭证是确定会计事项应记入哪一账户以及分门别类登记账簿的依据。所以，会计科目是复式记账的前提。

任务二　理解复式记账原理，掌握借贷记账法基本内容

一、复式记账及其基本原理

通过账户设置这一会计记录方法，为记账提供了必要的条件，解决了经济业务如何确认与计量以及在什么地方记录的问题。但是，会计记录不同于诸如家庭日常收支记录、会议记录等简单的记录，为此，还必须解决如何将经济业务对会计要素的影响在账户中记录

的技术方法问题，这也是本任务所要讨论的会计记录的第二种方法——复式记账，包括：理解复式记账的基本概念，掌握复式记账的基本原理，把握复式记账的特征或作用。

（一）复式记账与单式记账

账户记录的技术方法，也称记账方法，是指按照一定的规则，使用特定的符号，在账户中登记各项经济业务的技术方法。12、13世纪产生于意大利地中海沿岸城市威尼斯、佛罗伦萨等的记账方法，由于要从两方面对金融资本家的货币借入和放出行为进行记录，所以被称为**“借贷复式簿记”**，经过不断地发展与完善便形成了我们今天所称的“**复式记账**”。也正因如此，后来将复式簿记产生以前的记账方法称为“**单式记账**”。

1.复式记账

复式记账，是指对发生的每一笔经济业务，都要以两方面相等的金额，在两个或两个以上相互联系的账户中，同时进行登记的一种记账方法。例如，企业发生一笔“**以银行存款5 000元购入生产用钢材并验收入库**”的经济业务，不仅要求记录企业在银行的存款减少金额，在“银行存款”账户中记录减少5 000元，同时还要求记录企业库存的钢材增加金额，在“原材料”账户中记录增加5 000元。这样，“银行存款”账户与“原材料”账户之间就该笔购货交易产生了相互联系，并且两个账户所记录的金额相等。对复式记账的“两方面”和“等额”记录的理解，可通过图3-2加以解释。

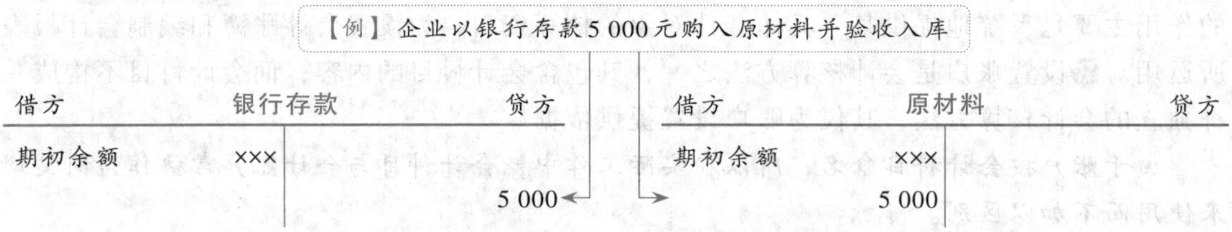

图3-2　复式记账的两方面和等额记录

2.单式记账

单式记账，是指只对现金的收付业务以及人欠、欠人的债权债务结算情况，只在一个账户中进行记录的记账方法。单式记账对每项经济业务：❶通常只登记现金的收付情况，以及应收款、应付款的结算情况；❷除了有关应收款、应付款的现金业务需要在两个或两个以上账户中各自登记以外，其他业务只在一个账户中登记或不予登记；❸对实物性资产的取得以及耗用，一般不设置账户进行记录，至于实物性资产的结存数是通过定期的实地盘点而得到的；❹经营损益则由前后两期财产结存数的比较求得，当期末财产结存的数额大于期初财产结存的数额时，即为利润，反之，则为亏损。

对单式记账法及其特点的进一步理解

单式记账适应于当时的生产关系和生产力发展水平。❶如“对实物性资产的取得以及耗用，一般不设置账户进行记录”，就是由当时以家庭作坊为主的组织形式，以夫妻关系、父子关系等而体现的生产关系所决定的，实物性资产就在家庭这一很小的空间内，不需要互相设防，因而也就不需要记录；❷由于当时的生产力发展水平较低，经济业务涉及的地域范围较窄，内容比较简单，所以，通常只登记现金的收付情况，以及应收款、应付款的结算情况，并且只在一个账户中进行登记；❸由于单式记账本身存在的会计科目设置不完整、账户记录之间没有相互联系等缺陷，随着生产力发展水平的逐渐提高和社会政治、经济环境的变化，其逐渐被复式记账所取代。所以，本书主要阐述复式记账以及以复式记账为基础建立的其他会计核算方法。

（二）复式记账的基本原理

复式记账的基本原理，也即复式记账建立的理论依据。复式记账的基本原理可以从以下两方面加以理解：❶**会计等式及其来龙去脉双方面的概念**。会计对象是资金运动，每一笔经济业务都是资金运动的一个具体过程，每一个具体过程都有其“来踪”和“去迹”，都有其“起点”和“终点”，即每项经济业务发生后，至少会影响两个会计要素项目或同一会计要素中的两个项目的变化。❷**经济业务变化的四种类型及两个规律**。经济业务引起会计要素的增减变化可以概括为四种类型或九种情况，对会计等式的影响可以归纳为两个规律：“影响会计等式双方要素项目，双方同增或同减，增减金额相等”和“只影响会计等式单方要素项目，有增有减，增减金额相等”，即两方面的金额相等。

由此可见，经济业务引起会计要素的增减变化规律为复式记账提供了强有力的理论依据。为了能够将资金运动的来龙去脉全面、系统地反映清楚，对每一笔经济业务进行双重记录，在两个或两个以上相互联系的账户中，以相等的金额同时进行登记。这种记录的技术方法，就是复式记账法。

（三）复式记账法的特征

复式记账与单式记账比较，有以下三方面的特征：

1.全面登记，对发生的经济业务至少应在两个账户中进行记录

（1）**设置完整的账户体系**。复式记账法设置了完整的账户体系，除了库存现金、银行存款、应收及应付类账户外，还要设置实物性资产以及收入、费用和各种权益类账户，满足了“对发生的每一项经济业务”进行记录的要求。

（2）**在两个或两个以上的账户中进行记录**。❶当企业发生较为简单的经济业务时（涉及两个账户），要求在两个账户中记录；❷当企业发生较为复杂的经济业务时（涉及两个以上账户），要求在三个或更多的账户中记录。所以，复式记账法能够全面地反映经济业务引起的企业资金增减变动的全貌。

2.账户对应，对发生的经济业务需在相互联系的账户中进行记录

复式记账法对每一项经济业务的发生，都需在相互联系的两个或两个以上的账户中，以相等的金额同时登记，不仅使企业资金运动的来龙去脉得以再现，而且使企业的有关经济关系能被较好地定性和定量。特别是将按复式记账法登记的账户资料，根据各账户反映经济内容的关联性编制资产负债表、利润表等财务报告后，其更能全面、集中、系统地反映企业各方面的经济关系。例如，当企业以银行存款购买材料这项交易发生后，只能记录在“原材料”和“银行存款”两个账户中。这样，“原材料”和“银行存款”两个账户就在同一项购货交易中建立起了“互为因果”的联系。如果随意变更账户之间的这种必然联系，将这项购货交易记入其他账户，就会发生账户记录的错误。

龙门账及其创始人：傅山

3.试算平衡，对发生的经济业务需在相关账户中以相等金额进行记录

对发生的交易或事项在相互联系的双方账户中以相等的金额记录，简单交易或事项的账户记录情况是这样，复杂交易或事项的账户记录情况也是如此。根据会计等式的平衡关系，可以对一定时期内所发生的全部交易或事项的会计账户记录进行综合试算平衡，以检查账户记录是否正确。

综上所述，复式记账法的特征也即复式记账法的优点，由此决定了其是一种科学的记账方法。

（四）复式记账法的种类

按照复式记账法的记账符号及技术特点的不同，会计发展史上有借贷记账法、增减记账法和收付记账法等多种记账方法。❶借贷记账法是人类会计发展史上最早使用的复式记账法，也是目前世界各国普遍采用的、最具科学性和代表性的一种复式记账法；❷增减记账法是20世纪60年代我国会计工作者在特定的社会经济环境条件下按照复式记账法的原理设计出来的一种记账方法，1993年7月1日以前主要用于商品流通企业；❸收付记账法在我国较早出现，1998年1月1日以前曾在我国行政、事业单位普遍采用。

多种记账方法的并存给企业间的横向经济联系和与国际经济交往带来诸多不便，也必然会加大跨行业的公司和企业集团会计工作的难度。1992年，财政部公布的《企业会计准则——基本准则》第八条规定：**“会计记账采用借贷记账法”**。从1993年7月1日起，我国企业开始统一采用借贷记账法；从1998年1月1日起，借贷记账法在我国行政、事业单位普遍取代了收付记账法。从此，借贷记账法成为我国统一的记账方法。

二、借贷记账法及其基本内容

借贷记账法是以“借”和“贷”作为记账符号，记录经济业务的发生和完成情况的一种复式记账方法。借贷记账法是以其记账符号命名的且遵循以具体的记账方法命名的惯例，是人类会计发展史上最早使用的复式记账方法，也是目前世界各国普遍采用的、最具科学性和代表性的一种复式记账方法。其具体包括以下五个方面的内容：

（一）借贷记账符号及其含义

1.“借”“贷”记账符号的演变

借贷记账法起源于12、13世纪资本主义萌芽时期的意大利。最初运用“借”和“贷”，是为了适应借贷资本家记录其货币的借入和放出，它表示借贷资本家债权和债务的增减变动。借贷资本家将会计账户分为两方：❶一方登记吸收的款项，记在贷主（债权人）名下，即贷方，表示自己的债务；❷另一方登记放出的款项，记在借主（债务人）名下，即借方，表示自己的债权。此时，“借”和“贷”与账户中记录的交易或事项的内容相符，其既是记账符号，也表示借贷资本家债权、债务的增减变化，并且“借主=贷主”。

随着社会经济的发展，经济活动日益复杂以及产业资本和商业资本对借贷记账法的利用，“借”“贷”二字不再局限于说明银钱借贷业务的增减变动情况，而逐渐扩展到说明财产物资和经营损益等经济业务的增减变动情况。这时，“借”“贷”二字就逐渐失去了原来的含义，而转化为纯粹的记账符号并成为借贷记账法的专门术语，用以标明账户记录经济业务数量增减变化的方向，即账户的**“借方”和“贷方”**。

后来，借贷记账法在理论和技术上不断地发展和完善，并以“**资产=负债+所有者权益**”作为其理论基础，确定了相应的记账规则和试算平衡机制，从而使借贷记账法成为一种科学的记账方法并为世界各国广泛采用。由于借贷记账法在国际上的广泛流行，“借”（Debit缩写为Dr）和“贷”（Credit缩写为Cr）二字已经成为国际通用的商业语言。

2.“借”“贷”记账符号的含义

“借”“贷”记账符号，在失去原来的字面含义并转化为标明账户记录经济业务数量增减变动的两个方向后，要了解其含义，就必须结合不同类别的账户进行说明：❶“借”和“贷”表示记账的方向，以“T形”账户为例，账户的左方为“借方”，账户的右方为“贷方”；❷账户的“借方”和“贷方”虽不等同于增加和减少，但结合不同类别的账户，“借”“贷”记账符号就具有固定的、辩证的增减含义；❸账户的哪一方记增加，哪一方记减少，则要根据账户的类别来决定；❹“借”“贷”记账符号对会计等式两边的会计要素规定了相反的含义，抽象地看，无论是“借”还是“贷”，都既表示增加，又表示减少，具有双重含义。它们的双重含义增加了记账符号的理解难度。

（二）借贷记账法的账户结构

1.资产类账户的结构

对于资产类账户，借贷记账法规定，增加记借方，减少记贷方。由于资产的减少额不可能大于其期初余额与本期增加额之和，所以，增减相抵后的余额也必然在借方，表示期末资产的实有数额。资产类账户的简化结构，如图3-3所示。

借方	资产类账户		贷方
期初余额	×××		
本期增加额	×××	本期减少额	×××
	×××		×××
	…		…
本期借方发生额	×××	本期贷方发生额	×××
期末余额	×××		

图3-3　资产类账户的简化结构示意图

❶资产类账户的“**本期借方发生额**”为一定会计期间借方登记金额（增加）的合计；❷“**本期贷方发生额**”为一定会计期间贷方登记金额（减少）的合计；❸期末余额在借方并可根据下列公式计算：

借方期末余额=借方期初余额+借方本期发生额－贷方本期发生额

2.权益（负债、所有者权益）类账户的结构

由“**资产=负债+所有者权益**”的会计等式所决定，权益类账户与资产类账户的结构一定是相反的，即该类账户增加记贷方，减少也就必然记借方，增减相抵后的余额也必然在贷方，表明期末权益的实有数额。权益类账户的简化结构，如图3-4所示。

借方	权益类账户		贷方
		期初余额	×××
本期减少额	×××	本期增加额	×××
	×××		×××
…		…	
本期借方发生额	×××	本期贷方发生额	×××
		期末余额	×××

图3-4　权益类账户的简化结构示意图

❶权益类账户的“**本期借方发生额**”为一定会计期间借方登记金额（减少）的合计；❷“**本期贷方发生额**”为一定会计期间贷方登记金额（增加）的合计；❸期末余额在贷方并可根据下列公式计算：

贷方期末余额 = 贷方期初余额 + 贷方本期发生额 − 借方本期发生额

3.成本类账户的结构

企业在生产经营过程中发生的资金耗费而形成的费用可分为：❶计入产品成本并形成企业资产的费用；❷直接计入当期损益的期间费用。其中，计入产品成本并形成企业资产的费用习惯上称为成本费用，反映这一成本费用的账户称为成本类账户。由于成本费用是企业生产经营过程中资产耗费的转化形态，在没有形成产成品这一最终资产之前是企业的在产品，所以，成本类账户的结构与资产类账户的结构基本相同。

成本类账户，借方记增加，贷方记减少（或转销），如期末尚有未完工的在产品，期末借方余额，表示在产品成本。成本类账户期末余额的计算公式与资产类账户相同。成本类账户的简化结构，如图3-5所示。

借方	成本类账户		贷方
期初余额	×××		
本期增加额	×××	本期减少或转销额	×××
	×××		×××
…		…	
本期借方发生额	×××	本期贷方发生额	×××
期末余额	×××		

图3-5　成本类账户的简化结构示意图

4.损益费用类账户的结构

❶由于费用是以当期的收入进行抵补的资产的耗费，在没有以收入抵补之前，其实际上是企业的一种资金运用，所以，费用类账户的结构与资产类账户的结构基本相同。❷该类账户，借方记增加，贷方记减少（或转销）。❸由于与收入相配比的费用要在期末全部转出，以便与收入相抵，因此，该类账户在期末经转销后无余额。费用类账户的简化结构，如图3-6所示。

借方	费用类账户		贷方
期初余额	×××		
本期增加额	×××	本期减少或转销额	×××
	×××		×××
	…		…
本期借方发生额	×××	本期贷方发生额	×××

图3-6　费用类账户的简化结构示意图

5.损益收入类账户的结构

❶由于收入本身是企业经济利益的流入，在没有对费用进行抵补之前会导致所有者权益的增加，所以，收入类账户的结构与权益类账户的结构基本相同。❷该类账户，借方记减少（或转销），贷方记增加。❸由于本期实现的收入要于期末全部转出，以便与相配比的费用相抵来确定当期利润或亏损，因此，该类账户在期末经转销后无余额。收入类账户的简化结构，如图3-7所示。

借方	收入类账户		贷方
		期初余额	×××
本期减少或转销额	×××	本期增加额	×××
	×××		×××
	…		…
本期借方发生额	×××	本期贷方发生额	×××

图3-7　收入类账户的简化结构示意图

6.利润类账户的结构

利润类账户的结构与权益类账户的结构基本相同。所以，利润类账户，借方记减少（或转销），贷方记增加，增减相抵后的余额也必然在贷方。利润类账户的简化结构，如图3-8所示。

借方	利润类账户		贷方
		期初余额	×××
本期减少或转销额	×××	本期增加额	×××
	×××		×××
	…		…
本期借方发生额	×××	本期贷方发生额	×××
		期末余额	×××

图3-8　利润类账户的简化结构示意图

根据上述账户基本结构的论述，可将借贷记账法下各类账户的结构进行归纳，具体见表3-4。

表 3-4 借贷记账法下各类账户的结构归纳表

项目	会计账户类别					
	资产类	成本类	费用类	权益类	收入类	利润类
借方	增加	增加	增加	减少	减少或转销	减少
贷方	减少	减少或转销	减少或转销	增加	增加	增加
余额方向	借方	借方或无余额	期末结转后无余额	贷方	期末结转后无余额	一般在贷方
再归类	资产类（资金运用）			权益类（资金来源）		

第一，由于成本类、费用类账户的结构与资产类账户的结构基本相同，收入类、利润类账户的结构与权益类账户的结构基本相同。所以，在借贷记账法下，为便于初学者学习和记账，可将账户的基本结构大体分为两大类：资产类（资金运用）账户和权益类（资金来源）账户。

第二，“借”“贷”二字作为借贷记账法的记账符号，其所表示的含义在不同性质或类别的账户中有所不同：❶借方登记：资产、成本、费用的增加，负债、所有者权益、收入、利润的减少（或转销）；❷贷方登记：资产、成本、费用的减少（或转销），负债、所有者权益、收入、利润的增加。

第三，资产类账户的余额在借方，权益类账户的余额在贷方，反过来，余额在借方的账户就是资产类账户，余额在贷方的账户就是权益类账户。所以，在借贷记账法下，一般来说，可以根据账户的余额来判断账户的性质或类别。

第四，特别提示，一般情况下，可以根据账户的余额来判断账户的性质，但有些账户比较特殊，如“累计折旧”账户虽然属于反映固定资产损耗的账户，但其期末余额在贷方。

（三）借贷记账法的记账规则

借贷记账法的记账规则，是指运用“借”“贷”记账符号在账户中记录经济业务时所产生的记账规律。由于：❶**按照复式记账法的要求**，对每一笔经济业务，要在两个或两个以上相互联系的账户中以相等的金额进行记录；❷**经济业务对会计等式影响的规律**，分为九种情况和四种类型；❸**结合借贷记账法下账户基本结构的原理**，对每一笔经济业务所涉及的账户，要以借贷相反的方向记录。所以，在借贷记账法下，对于发生的任何一笔经济业务，都必须以相等的金额，沿着借、贷相反的方向，在两个或两个以上相互关联的账户中进行登记。由此不难得出借贷记账法的记账规则：“有借必有贷，借贷必相等”。借贷记账法的记账规则，可通过图3-9加以解释。

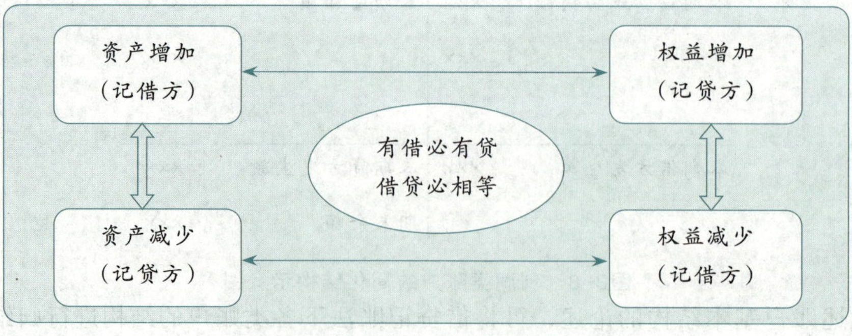

图3-9 借贷记账法的记账规则

以下结合有关经济业务账务处理的账户记录实例，进一步理解借贷记账法的记账规则。

【例 3-1】长江机械公司收到大华公司价值40 000元的原材料（资本）投资。

该笔经济业务：❶涉及“原材料”这一资产类账户和“实收资本”这一所有者权益类账户，“原材料”账户增加 40 000 元，“实收资本”账户增加 40 000 元；❷按照**“资产类账户增加记借方，权益类账户增加记贷方”**记账规定；❸应记入“原材料”账户借方 40 000 元和“实收资本”账户贷方 40 000 元。账户记录，如图 3-10 所示。

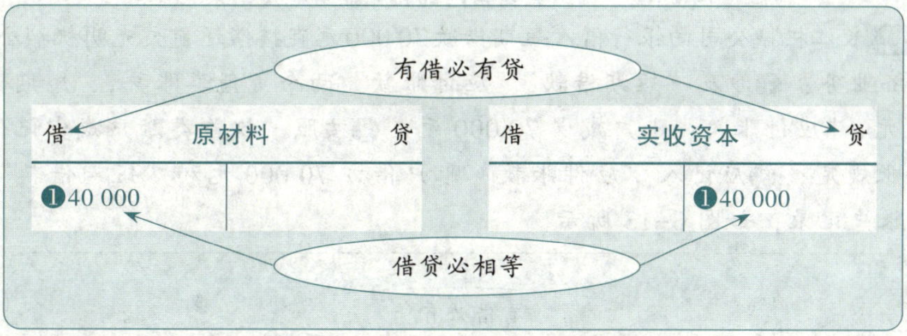

图3-10　资金投入企业业务账户记录

【例 3-2】长江机械公司以银行存款 50 000 元归还银行短期借款。

该笔经济业务：❶涉及“银行存款”这一资产类账户和“短期借款”这一负债类账户，“短期借款”账户减少 50 000 元，“银行存款”账户减少 50 000 元；❷按照**“权益类账户减少记借方，资产类账户减少记贷方”**记账规定；❸应记入“短期借款”账户借方 50 000 元和“银行存款”账户贷方 50 000 元。账户记录，如图 3-11 所示。

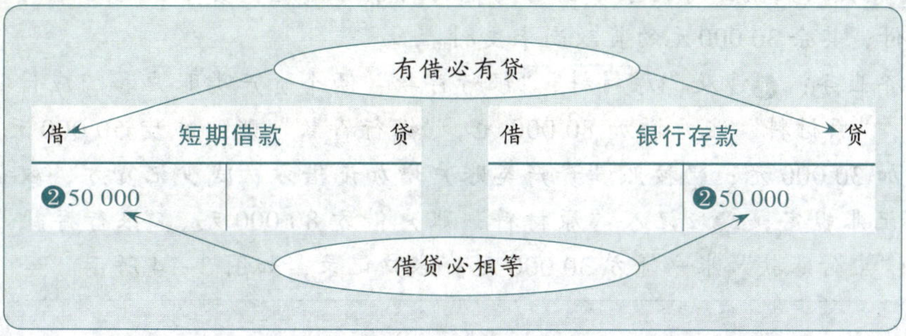

图3-11　资金退出企业业务账户记录

【例 3-3】长江机械公司通过银行收回黄河机械公司前欠的货款60 000元。

该笔经济业务：❶涉及“银行存款”和“应收账款”两个资产类账户，“银行存款”账户增加 60 000 元，“应收账款”账户减少 60 000 元；❷按照**“资产类账户增加记借方、减少记贷方”**记账规定；❸应记入“银行存款”账户借方 60 000 元和“应收账款”账户贷方 60 000 元。账户记录，如图 3-12 所示。

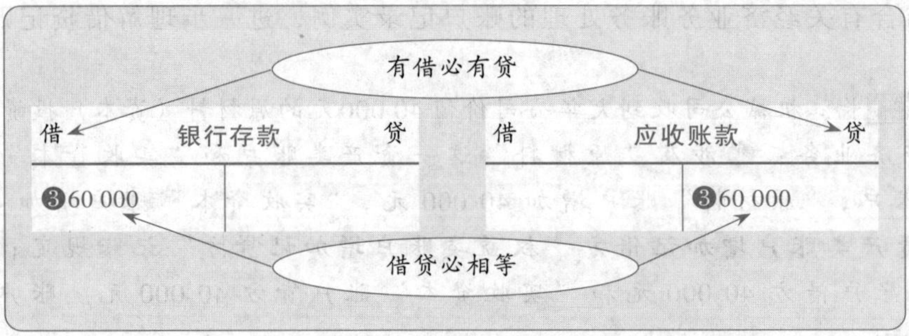

图3-12　资产类要素内部转化业务账户记录

【例 3-4】长江机械公司向银行借入短期借款70 000元直接偿还前欠光明机械公司的货款。

该笔经济业务：❶涉及“短期借款”“应付账款”两个负债类账户，“短期借款”账户增加 70 000 元，“应付账款”账户减少 70 000 元；❷按照**“权益类账户减少记借方、增加记贷方”**记账规定；❸应记入“应付账款”账户借方 70 000 元和“短期借款”账户贷方 70 000 元。账户记录，如图 3-13 所示。

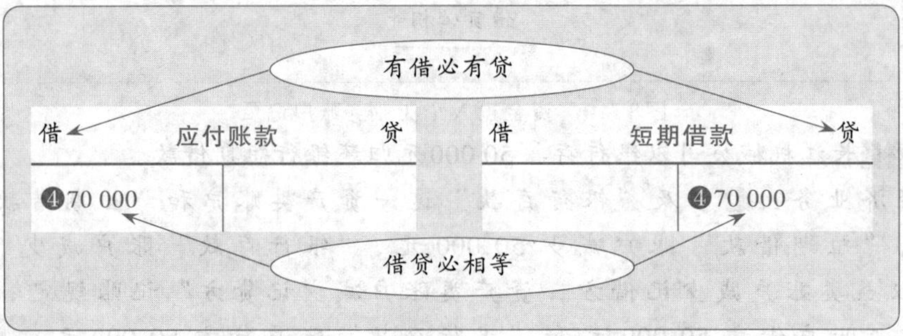

图3-13　权益类要素内部转化业务账户记录

【例 3-5】长江机械公司向东方公司购进材料80 000元，其中50 000元的货款已经以银行存款支付，其余30 000元的货款尚未支付。

该笔经济业务：❶涉及“原材料”“银行存款”两个资产类账户和“应付账款”这一权益类账户，“原材料”账户增加 80 000 元，“银行存款”账户减少 50 000 元，“应付账款”账户增加 30 000 元；❷按照**“资产类账户增加记借方、减少记贷方，权益类账户增加记贷方”**记账规定；❸应记入“原材料”账户借方 80 000 元、“银行存款”账户贷方 50 000 元和“应付账款”账户贷方 30 000 元。账户记录，如图 3-14 所示。

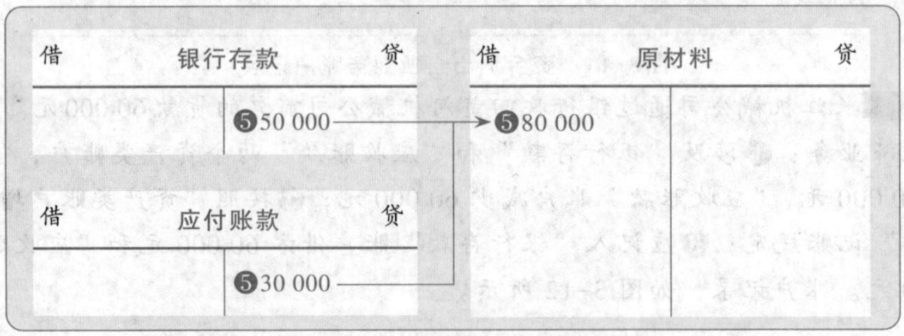

图3-14　影响会计等式综合变化业务账户记录（1）

【例 3-5】中的这项经济业务属于会计等式左方资产类要素内部增减与会计等式两边

要素同增交织在一起的交易或事项类型。从账户的记录情况来看，该项交易在“原材料”账户的借方记录80 000元，在“银行存款”和“应付账款”账户的贷方也记录80 000元（50 000+30 000）。虽然该项业务被记录在三个账户中且为一个借方账户和两个贷方账户，但其记录过程仍然体现了**“有借必有贷，借贷必相等”**的记账规则。

【例3-6】长江机械公司以银行存款90 000元偿还银行短期借款55 000元和前欠红星公司的货款35 000元。

该笔经济业务：❶涉及“短期借款”“应付账款”两个权益类账户和“银行存款”这一资产类账户，“短期借款”账户减少55 000元，“应付账款”账户减少35 000元，“银行存款”账户减少90 000元；❷按照**“权益类账户减少记借方，资产类账户减少记贷方”**记账规定；❸应记入“短期借款”账户借方55 000元、“应付账款”账户借方35 000元和“银行存款”账户贷方90 000元。账户记录，如图3-15所示。

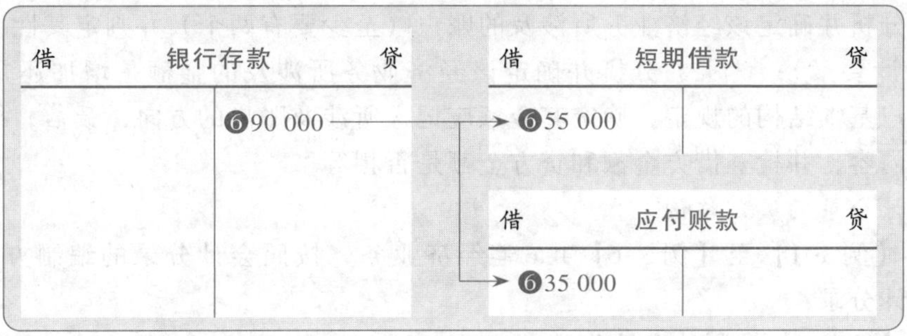

图3-15 影响会计等式综合变化业务账户记录（2）

【例3-6】中的这项经济业务属于会计等式两边要素同减的交易或事项类型。从账户的记录情况来看，该项交易在“短期借款”和“应付账款”账户的借方记录90 000元（55 000+35 000），在“银行存款”账户的贷方也记录90 000元。虽然该项业务被记录在三个账户中且为一个贷方账户和两个借方账户，但其记录过程仍然体现了**“有借必有贷，借贷必相等”**的记账规则。

【例3-1】至【例3-6】的账户记录情况清楚地表明，企业发生的任何一项经济业务：❶不论涉及哪一类会计等式的变化类型，其记录的过程和结果都是**“有借必有贷，借贷必相等”**；❷不论是涉及两个账户还是涉及两个以上的账户，也不论是一借多贷还是多贷一借，其借贷的金额都是相等的；❸借贷记账法的记账规则，对于企业发生的任何类型的经济业务都是适用的。

（四）借贷记账法下账户的对应关系与会计分录

1.账户的对应关系与对应账户

借贷记账法的另一种理解

经济业务的相互联系，在账户的记录中表现为账户的对应关系：❶**运用借贷记账法的记账规则，在账户中登记每一笔会计交易或事项后，在有关账户之间形成的应借、应贷的相互关系**，称为账户的对应关系；❷**存在着对应关系的账户**，称为对应账户。

不同的经济业务具有不同的账户对应关系。不同的账户之间可能有对应关系，也可能没有对应关系，如收入类账户和费用类账户之间一般就不会有对应关系。因此，掌握账户的对应关系非常重要。只有正确确定对应账户，才能如实反映经济业务的内容。通过分析账户的对应关系，一方面有助于了解经济业务的内容，另一方面还可以检查经济业务的发生是否符合有关的会计法规。

2.会计分录及其编制

（1）会计分录的含义

会计分录，简称分录，就是运用复式记账法，对发生的每一笔会计交易或事项在记入账户之前标明其应借、应贷账户的名称及其金额的一种特殊记录。它是会计语言的一种表达方式，会计分录主要包括三个要素：**记账符号、账户名称、记账金额**。

为了保证账户记录的正确性并减少登记账簿的工作量，经济业务发生后并不像前述那样直接记入有关账户，而是先填制记账凭证确定会计分录，再根据记账凭证登记有关账户。编制记账凭证属于会计工作的初始阶段，其核心内容就是编制会计分录，编制会计分录是对经济业务进行确认和计量并为账户登记做准备。

（2）会计分录的编制方法与步骤

首先，分析并确定该经济业务所涉及的账户（至少要有两个）并判定其性质（账户属于哪一类会计要素）；其次，分析并确定该经济业务所涉及的金额是增加还是减少；再次，根据账户基本结构的规定，确定其金额应记入所涉及账户的方向；最后，根据记账规则写出分录内容，并检查借方金额和贷方金额是否相等。

（3）会计分录的编制举例

将前述【例3-1】至【例3-6】共6笔经济业务，按照会计分录的编制方法和步骤，写出以下会计分录：

❶根据【例3-1】编制的会计分录为：

借：原材料	40 000	
贷：实收资本		40 000

❷根据【例3-2】编制的会计分录为：

借：短期借款	50 000	
贷：银行存款		50 000

❸根据【例3-3】编制的会计分录为：

借：银行存款	60 000	
贷：应收账款		60 000

❹根据【例3-4】编制的会计分录为：

借：应付账款	70 000	
贷：短期借款		70 000

❺根据【例3-5】编制的会计分录为：

借：原材料	80 000	
贷：银行存款		50 000
应付账款		30 000

❻根据【例3-6】编制的会计分录为：

借：短期借款	55 000	
应付账款	35 000	
贷：银行存款		90 000

上述【例3-1】至【例3-4】所编制的4笔分录，均是由一个账户的借方和另一个账

户的贷方发生对应关系组成的分录。这种“一借一贷”形式的分录，称为简单分录。

上述【例3-5】和【例3-6】所编制的2笔分录，前者是由一个账户的借方与几个账户的贷方发生对应关系组成的分录；后者是由一个账户的贷方与几个账户的借方发生对应关系组成的分录。这种“一借多贷”或“多借一贷”形式的分录，称为复合分录。复合分录不但包括“一借多贷”或“多借一贷”的形式，有时还会出现“多借多贷”的形式。

“一借多贷”或“多借一贷”的复合分录，可以分解成几个简单分录。如【例3-5】所编制的分录，就可以分解成以下两个简单分录：

借：原材料	50 000	
贷：银行存款		50 000
借：原材料	30 000	
贷：应付账款		30 000

特别提示： 将复合分录分解成简单分录，相当于初等数学中的因式分解；当然，几个简单分录也可以合并成一个复合分录。

（4）会计分录的书写规则

编制分录时，必须按照规范的格式进行书写：❶分录中借方内容写在上面，贷方内容写在下面，不可先贷后借；❷分录中贷方内容应缩进两个字符书写；❸分录中金额数字应按借方和贷方分别排成两列，这样方便进行借方发生额和贷方发生额的汇总；❹分录中金额数字后面不写“元”字。

（五）借贷记账法的试算平衡

1.过账与结账

企业发生的各项经济业务，编制记账凭证（会计分录）以后，即应记入事先设置的有关账户，这一记账的过程，会计专业术语称为**“过账”**。过账以后，在会计期末应计算出每个账户的本期发生额及期末余额，这一核算的过程，会计专业术语称为**“结账”**。

（1）开设“T形”账户并登记期初余额

长城机械公司2×23年10月月初各账户的期初余额见表3-5。

表3-5 长城机械公司总分类账户期初余额表

2×23年10月1日

单位：元

资产账户	金　额	负债及所有者权益账户	金　额
库存现金	6 000	短期借款	87 000
银行存款	138 000	应付账款	96 000
应收账款	88 000	实收资本	160 000
原材料	51 000	资本公积	24 000
固定资产	110 000	盈余公积	26 000
合　计	393 000	合　计	393 000

（2）根据会计分录在所开设的“T形”账户中登记本期发生额

将长城机械公司2×23年10月份所发生的交易或事项编制的会计分录（参照【例3-1】至【例3-6】）过入有关的“T形”账户，如图3-16所示。

借方	库存现金		贷方
期初余额	6 000		
期末余额	6 000		

借方	固定资产		贷方
期初余额	110 000		
期末余额	110 000		

借方	银行存款		贷方
期初余额	138 000	（2）	50 000
（3）	60 000	（5）	50 000
		（6）	90 000
本期发生额	60 000	本期发生额	190 000
期末余额	8 000		

借方	原材料		贷方
期初余额	51 000		
（1）	40 000		
（5）	80 000		
本期发生额	120 000	本期发生额	（0）
期末余额	171 000		

借方	应收账款		贷方
期初余额	88 000	（3）	60 000
本期发生额	（0）	本期发生额	60 000
期末余额	28 000		

借方	短期借款		贷方
（2）	50 000	期初余额	87 000
（6）	55 000	（4）	70 000
本期发生额	105 000	本期发生额	70 000
		期末余额	52 000

借方	应付账款		贷方
（4）	70 000	期初余额	96 000
（6）	35 000	（5）	30 000
本期发生额	105 000	本期发生额	30 000
		期末余额	21 000

借方	实收资本		贷方
		期初余额	160 000
		（1）	40 000
本期发生额	（0）	本期发生额	40 000
		期末余额	200 000

借方	资本公积		贷方
		期初余额	24 000
		期末余额	24 000

借方	盈余公积		贷方
		期初余额	26 000
		期末余额	26 000

图3-16　长城机械公司10月份各账户记录

（3）结账

首先在“T形”账户所登记的最后一笔金额下划一条“红线”，然后在“红线”下计算并登记各账户的本期借方、贷方发生额合计数和期末余额。

2.账户记录的试算平衡方法

为了保证一定时期内所发生的经济业务在账户记录中的正确性，需要在期末对账户记录进行试算平衡。所谓试算平衡，就是根据**“资产=权益”**的平衡关系，利用记账规则在账户中记录经济业务所必然出现的借贷平衡，通过计算其是否平衡来检查账户的记录是否正确、完整的一种验证方法。**包括：**发生额平衡法**和**余额平衡法。

（1）发生额平衡法

发生额平衡法，是根据本期所有账户借方发生额合计与贷方发生额合计的恒等关系，检验本期发生额记录是否正确的方法。其公式为：

全部账户借方发生额合计＝全部账户贷方发生额合计

发生额平衡法的依据：❶因为按照**“有借必有贷，借贷必相等”**的记账规则，记录每一笔经济业务的会计分录，借贷双方的发生额是必然相等的。❷推而广之，在将一定时期的全部经济业务的会计分录记入有关账户后，必然会使所有账户的借方发生额合计等于所有账户的贷方发生额合计。

（2）余额平衡法

余额平衡法，是根据本期所有账户借方余额合计与贷方余额合计的恒等关系，检验本期余额记录是否正确的方法。根据余额时期的不同，其又分为期初余额平衡与期末余额平衡，公式为：

全部账户期初借方余额合计＝全部账户期初贷方余额合计

全部账户期末借方余额合计＝全部账户期末贷方余额合计

余额平衡法的依据：❶由于资产类账户的期末余额在借方，权益类账户的期末余额在贷方，分别相加所有账户的借方期末余额和贷方期末余额后的结果，就是企业的资产总额和权益总额；❷又由于“资产=权益”，所以，所有账户的借方期末余额合计必然与所有账户的贷方期末余额合计相等。

试算平衡就是利用以上必然出现的平衡关系，期末在结出各账户的本期发生额和期末余额后，通过编制**“总分类账户发生额及余额试算平衡表”**来计算各账户的借方发生额合计与贷方发生额合计是否相等，期初、期末的借方余额合计与贷方余额合计是否相等，从而验证本期各账户的记录是否正确的一种方法。

伟大的会计：一个老会计人的回答

（3）试算平衡表的编制方法

根据图3-16中各账户的会计记录，可以编制**“总分类账户本期发生额试算平衡表”**和**“总分类账户期末余额试算平衡表”**，或者汇总编制**“总分类账户发生额及余额试算平衡表”**，具体见表3-6。

表3-6 总分类账户发生额及余额试算平衡表

2×23年10月31日

单位：元

账户名称	期初余额		本期发生额		期末余额	
	借方	贷方	借方	贷方	借方	贷方
库存现金	6 000				6 000	
银行存款	138 000		60 000	190 000	8 000	
应收账款	88 000			60 000	28 000	
原材料	51 000		120 000		171 000	
固定资产	110 000				110 000	
短期借款		87 000	105 000	70 000		52 000
应付账款		96 000	105 000	30 000		21 000

续表

账户名称	期初余额		本期发生额		期末余额	
	借方	贷方	借方	贷方	借方	贷方
实收资本		160 000		40 000		200 000
资本公积		24 000				24 000
盈余公积		26 000				26 000
合 计	393 000	393 000	390 000	390 000	323 000	323 000

需要注意的是：如果试算平衡表发生额栏或余额栏的借方与贷方不相等，则可以确认账户记录有错误，但即使试算平衡表实现了有关三栏的平衡关系，**也不表明账户记录就完全正确**，因为有些错误并不影响试算平衡表有关三栏的平衡关系。例如：❶某笔经济业务重记或漏记，将使借、贷双方的发生额等额增加或减少，借贷仍然平衡；❷某笔经济业务在账户记录中，颠倒了记账方向或用错了会计科目，试算结果仍然平衡；❸借方或贷方的发生额中，偶然发生某一笔业务多记而另一笔业务等额少记（相互抵销）的情况，借贷仍然平衡。所以，试算平衡方法不是绝对的，还应通过其他方法进一步发现错误。

【会计论道与素质教育】

诚信——会计工作的第一职业道德

日本企业家小池田子曾说过：做人与做生意都一样，第一要诀就是诚实。诚实就像树木的根，如果没有了根，那么树木就没有了生命。小池先生自身的成功经历也证明了这一点。小池出身贫寒，20岁时在一家日本机器公司担任推销员。有一个时期他所推销的机器非常受欢迎，半个月内就同33位顾客做成了生意。之后，他突然发现目前所卖的这种机器比其他公司生产的同样性能的机器要贵一些。他想如果客户知道了，一定以为自己欺骗了他们，会对自己的信用产生怀疑，于是深感不安的小池立即带着合约书和订单，花了整整3天的时间，逐一拜访客户，如实地向顾客说明了情况，并请客户重新考虑要如何选择。小池的这种诚实的做法使每位顾客都深受感动。结果，33位顾客中没有一人提出解除合约，反而成为更加忠实的客户。

资料来源　张健鹏，胡足青. 成功细节（小中见大智慧文丛）[M]. 北京：当代世界出版社，2005.

财务造假欺诈导致安然、安达信破产清算

教授寄语：如果您在一件小事上欺骗了某人，那么他就会对您的整体产生不信任；如果您的一个产品有问题，那么您的全部产品都会受到怀疑。

【重要概念】

会计科目；会计账户；复式记账法；借贷记账法；会计分录；试算平衡。

【复习思考题】

1. 会计科目与会计账户是何种关系？
2. 为什么会计科目分类与会计要素分类不一致？
3. 简述复式记账法的特点及其理论依据。

4. 简述会计分录的编制方法。

练习题在线

练习 3-1　单项选择题在线回答

单项选择题每小题给出的 4 个备选项中，只有 1 个符合题意。

要求： 扫描"单项选择题"二维码进行在线回答，回答完毕并提交后可参看正确答案与答案解析。

单项选择题 1~10　　单项选择题 11~20

练习 3-2　多项选择题在线回答

多项选择题每小题给出的 5 个备选项中，至少有 2 个符合题意。

要求： 扫描"多项选择题"二维码进行在线回答，回答完毕并提交后可参看正确答案与答案解析。

多项选择题 1~10　　多项选择题 11~20

练习 3-3　判断题在线回答

请判断各判断题每小题的正误，正确的用"√"表示，错误的用"×"表示。

要求： 扫描"判断题"二维码进行在线回答，回答完毕并提交后可参看正确答案与答案解析。

判断题 1~7　　判断题 8~14

练习 3-4　会计要素类别及会计科目名称的确认、计量与分析

1. 资料：

新光公司 2×23 年 1 月 1 日的资产、负债及所有者权益情况有关资料，详见项目二"练习 2-4"。

2. 要求：

(1) 扫描"练习 3-4 答题表"二维码并下载空白表 3-1 电子表格。(2) 根据所提供资料，在空白表 3-1 电子表格中回答以下 2 个问题：❶确认并计量每一项资金所属的会计科目名称以及会计要素类别及金额；❷计算各类会计要素金额的合计数并观察其中的数量关系。(3) 根据"财济书院"网站注册的账号，提交完成的电子表格请授课教师批阅。

练习 3-4 答题表

练习 3-5　掌握各类账户的结构

1. 资料：

方云食品公司 2×23 年 4 月月末的部分账户资料，详见本项目"练习 3-5 二维码"。

2. 要求：

练习 3-5答题表

（1）扫描“练习 3-5 答题表”二维码并下载空白表 3-2 电子表格。（2）根据所提供资料，在空白表 3-2 电子表格中计算并填列各账户的余额或发生额（提示：所提供账户的期初、期末余额方向均为正常余额方向）。（3）根据“财济书院”网站注册的账号，提交完成的电子表格请授课教师批阅。

练习3-6　掌握资产类和负债类账户的结构

1. 资料：

B 公司期初库存材料成本 278 000 元，本期仓库共发出材料成本 132 000 元，期末结存材料成本 206 000 元。“应付账款”（材料款）账户的期初贷方余额为 218 000 元，期末贷方余额为 243 000 元，本期没有发生偿还应付款的业务，本期购入材料的金额中一部分赊账而另一部分用银行存款付讫，所购材料均已入库。

2. 要求：

练习 3-6答题表

（1）扫描“练习 3-6 答题表”二维码并下载空白表 3-3 电子表格。（2）根据所提供资料，在空白表 3-3 电子表格中计算本期购入材料中已付款的材料有多少（提示：通过绘制“T 形”账户，分别计算本月购入材料的总额、本月发生的应付购货款，然后在此基础上计算本月已付款的材料金额）。（3）根据“财济书院”网站注册的账号，提交完成的电子表格请授课教师批阅。

练习3-7　运用借贷记账法编制会计分录

1. 资料：

光明机械厂 2×23 年 2 月份发生的部分经济业务资料，详见项目二“练习 2-5”。

2. 要求：

练习 3-7答题表

（1）扫描“练习 3-7 答题表”二维码并下载空白表 3-4 电子表格。（2）根据所提供资料，在空白表 3-4 电子表格中运用借贷记账法编制会计分录。（3）根据“财济书院”网站注册的账号，提交完成的电子表格请授课教师批阅。

练习3-8　编制试算平衡表

1. 资料：

光明机械厂的有关资料如下：（1）2×23 年 2 月月初有关账户的期初余额，详见项目二“练习 2-6”。（2）2×23 年 2 月份发生的部分经济业务所编制的会计分录，详见本项目“练习 3-7 二维码”。

练习 3-8答题表

2. 要求：

（1）扫描“练习 3-8 答题表”二维码并下载空白表 3-5 和空白表 3-6 电子表格。（2）根据所提供资料，在空白表 3-5 和空白表 3-6 电子表格中回答以下 2 个问题：❶开设并登记“银行存款”和“实收资本”账户的“T 形”账户（其余账户的“T 形”账户在草稿纸上列示）并结账（计算账户的借方、贷方发生额及期末余额）；❷根据“T 形”账户的记录编制“总分类账户发生额及余额试算平衡表”。（3）根据“财济书院”网站注册的账号，提交完成的电子表格请授课教师批阅。

4 项目四 填制与审核会计凭证

【内容导读】

会计主体的经济业务的载体在会计实务中表现为各种单证，这些单证在会计上被称为原始凭证，而对原始凭证所表现的经济业务通过会计要素及其会计科目进行确认。根据会计科目设置账户并按照借贷复式记账法进行记录的结果或核心内容是编制会计分录，为保证账簿记录的准确性并方便记账，会计分录的载体在会计实务中表现为填制记账凭证并根据记账凭证登记会计账簿，原始凭证和记账凭证统称为会计凭证。

项目三中虽然建立了“账户设置”这一经济业务记录的载体并选择了科学的“复式记账法”，但仍然不可随意记账或尚无法直接记账。这是因为经济业务的账务处理必须依据可靠的凭据。处理经济业务的凭据就是本项目将要介绍的核心内容——填制与审核会计凭证。这既是会计核算方法之一，也是会计循环之首要环节。

本项目主要介绍会计凭证的定义、种类、作用以及填制与审核方法，具体包括：❶了解会计凭证及其分类，理解会计凭证的作用。❷认识各类经济业务的原始载体并明确原始凭证是记账的原始依据；正确书写会计数字并保证凭证填制规范、清晰；熟悉原始凭证应具备的基本要素并掌握其填制规范；审核原始凭证并正确处理各种错误凭证。❸理解记账凭证的概念及作用并掌握其应具备的基本要素；熟悉记账凭证填制的基本要求并掌握各类记账凭证的填制方法。❹理解会计凭证的传递程序并掌握会计凭证的装订方法及其保管制度。❺在此基础上进一步理解会计确认与计量是通过填制与审核会计凭证这一会计核算方法实现的，记账凭证是会计确认、计量与记录的初步结果，是前述项目内容具体运用的结果并作为记账的直接依据。

任务一 了解会计凭证及其分类，理解会计凭证的作用

一、会计凭证及其分类

通过前面各章节的阐述，我们已经知道，经过会计确认能够用货币表现的企业活动，通常被称为经济业务。但如何证明或表示其已经发生？其凭据或载体又是什么？在实际经济生活中，它表现为各种发票、账单等，会计上将其称为“原始凭证”。

对以原始凭证为载体的经济信息，还需要用会计语言来描述。在通过会计要素和会计科目进行归类与细化的基础上，利用借贷记账法编制会计分录，即对每笔经济业务列示其应借记和应贷记的账户名称及金额，将原始凭证中的经济信息通过会计语言转化为会计信息，会计上将这一转化的载体称为“记账凭证”。记账凭证是介于原始凭证与会计账簿之间的环节，是据以登记账簿的直接依据。

综上所述，会计凭证按其填制程序和用途的不同，分为原始凭证和记账凭证两种。原始凭证是记账的原始依据，记账凭证是记账的直接依据，它们都是会计核算的凭据。会计

凭证是原始凭证和记账凭证的统称，**是指用以记载经济业务的发生和完成情况、明确经济责任并据以登记账簿的书面证明。**

二、会计凭证的作用

以会计凭证为依据，既是会计核算必须遵循的原则，也是会计核算的基本特征。《中华人民共和国会计法》赋予了会计信息“真实性”“完整性”的质量特征，要求会计人员在账簿中所作的每一笔记录，在报表中所提供的每一项经济信息，都必须以真实、合法的会计凭证为依据。所有会计凭证都要由会计部门审核无误后才能作为记账的依据。因此，填制与审核会计凭证，是整个会计核算工作的起点和基础，同时也是会计核算的专门方法之一。会计凭证具有以下三个方面的作用：

（1）**有利于保证会计信息真实性的质量要求。**由于会计凭证是经济业务的载体，通过对会计凭证的整理、归类和汇总，能够提供系统、完整的会计信息。同时，要保证会计信息的真实可靠，首先要保证其原始资料是真实可靠的，这就要求会计人员在记账之前对会计凭证进行严格审核，审核其经济业务是否真实、合理、合法，并以审核无误的会计凭证为依据输入会计信息系统，这样有利于保证会计信息的真实性。

（2）**有利于有效地发挥会计的监督职能。**由于会计凭证是最初的记录，反映了经济业务的发生过程和结果，因此，通过会计凭证的审核，可以监督各项经济业务的合法性，检查经济业务有无违法乱纪、违反会计制度的现象，及时发现经营管理中存在的问题和管理制度上存在的漏洞，及时加以制止和纠正，健全单位内部管理制度，改善经营管理。

（3）**有利于加强经营管理的责任制。**会计凭证不仅记录了经济业务发生的时间、地点和内容，而且要由有关业务经办人员签名、盖章。一方面，从客观上促使有关人员在职责范围内严格照章办事，增强他们的责任意识；另一方面，即使发生差错和纠纷，有关部门和人员可以借助会计凭证正确处理和裁决。从这个意义上讲，会计凭证不仅是登记账簿的依据，而且也是处理经济纠纷、审判经济案件的重要法律依据。

任务二　认识原始凭证，掌握其填制和审核方法

一、原始凭证及其分类

原始凭证，是指在经济业务发生时或完成后，所取得或填制的、用以记录或证明其发生或完成情况、明确经办人员的责任并具有法律效力、作为记账原始依据的一种书面凭据。原始凭证在其作用、形状格式、大小繁简、来源渠道上各不相同。根据不同的管理目的，可以对原始凭证进行如下分类：

（一）原始凭证按照经济业务内容的类别分类

原始凭证按照经济业务内容的类别不同，可以分为以下六类：

1.款项收付业务的原始凭证

款项收付业务的原始凭证，是指记录库存现金和银行存款收付增减等业务的原始凭证。按照是否与银行有关，可以分为以下两类：❶**企业内部库存现金收付款交易凭证，**是

指与银行无关的企业内部收付款交易凭证。如库存现金收据、借款单、车票、船票、机票、医药费单据等。❷**银行款项收付款业务凭证**，是指通过开户银行开具的企业收付款业务凭证。如银行支票、进账单、借款凭证、银行计收利息清单、税收缴款书、电汇凭证、托收凭证等。

例如，2023年9月上海宏苑机械公司发生的部分有关款项收付业务如下：

【例4-1】2023年9月3日，通过转账支票结算方式偿还前欠上海强远食品公司的货款，涉及的原始凭证如下：

（1）填制“**报账（付款）审批单**”报请付款（见表4-1）。

表4-1 上海宏苑机械公司 报账（付款）审批单

部门：办公室　　2023年09月03日

经手人	黄逸洲	事　由	支付前欠货款
项目名称	金额（元）	付款（结算）方式	备　注
应付账款	221 600.00	转账支票	
合　计	221 600.00		
单位负责人审批	财务主管	部门领导	出纳员
同意。王东方	同意。莫奎岁	同意。特仁珍	特仔细

附单据2张

（2）开具左右两联的“**中国工商银行转账支票**”，如图4-1所示。❶**将存根联沿裁剪线裁下，留作本企业记账用**；❷**将支票联交给收款单位**。

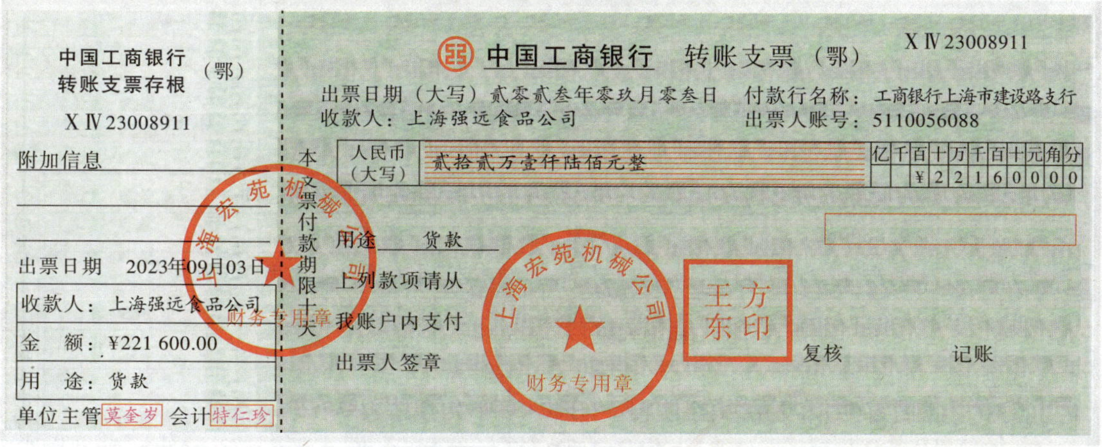

图4-1　转账支票

（3）收到对方单位开具的“**收款收据**”（见表4-2）。

转账支票的“倒送”与“正送”

表 4-2 **上海强远食品公司 收款收据**

2023 年 09 月 03 日　　　　编号：20231230

交款单位：上海宏苑机械公司	收款方式：转账支票	第二联 记账联
人民币（大写）贰拾贰万壹仟陆佰元整	（小写）¥221 600.00	
收款事由：2023 年 09 月销货款		

记账：甄仁珍　　出纳：特仔细　　制单：艾志丹　　单位盖章：

【例 4-2】2023 年 9 月 5 日，采购员夏建仁参加西京市农业机械产品展销会需预借差旅费，填制“借款单”并经有关负责人审批同意后以库存现金付讫（见表 4-3）。

表 4-3 **上海宏远机械公司 借款单**

2023 年 09 月 05 日　　　　单位：元

借款单位	供销科	借款人	夏建仁	出差地点	西京市
借款事由	参加西京市农业机械产品展销会				
借款金额	人民币（大写）陆仟元整　（小写）¥6 000.00				
付款方式	现金		还款或报销日期		
部门负责人批示	同意。 刘采购 2023 年 9 月 5 日		财务负责人审核	同意。 钱发财 2023 年 9 月 5 日	

【例 4-3】2023 年 9 月 9 日，委托开户银行收取应收兰州明远汽修公司商业承兑汇票款（到期日为 2023 年 9 月 12 日），涉及的原始凭证如下：

（1）2023 年 9 月 9 日，匡算邮程为 3 天办理票款托收手续，填制一式五联的“中国工商银行托收凭证”，并附“商业承兑汇票 2”（见表 4-4），提前委托开户银行收取票据款。

表 4-4 **商业承兑汇票　2**

出票日期（大写）贰零贰叁年零玖月壹拾贰日　　　　00800392

付款人	全称	兰州明远汽修公司	收款人	全称	上海宏苑机械公司	此联持票人开户行随托收凭证寄付款人开户行作借方凭证附件
	账号	6805860066		账号	5110056088	
	开户银行	工商银行兰州市分行		开户银行	工商银行上海市建设路支行	
出票金额	人民币（大写）	捌拾柒万肆仟陆佰贰拾元整	亿千百十万千百十元角分		¥ 8 7 4 6 2 0 0 0	
汇票到期日（大写）		贰零贰叁年零壹拾月壹拾贰日	付款人开户行	行号	380011486	
交易合同号码				地址	兰州市明星路 388 号	
本汇票已经承兑，到期无条件付款。 （兰州明远汽修公司 财务专用章）承兑人签章 承兑日期：2023 年 09 月 12 日			本汇票请予以承兑，并于到期日付款。 出票人签章			

（2）2023年9月20日，上海宏苑机械公司收到其开户银行转来并加盖有**“转讫章”**的**“中国工商银行托收凭证（付款通知）5”**（见表4-5）。

表 4-5　中国工商银行**托 收 凭 证**（付款通知）　**5**

委托日期 2023 年 09 月 09 日　　付款期限 2023 年 09 月 12 日

业务类型	委托收款（☑邮划、☐电划）　托收承付（☐邮划、☐电划）					
付款人 全　称	兰州明远汽修公司			收款人 全　称	上海宏苑机械公司	
付款人 账　号	6805860066			收款人 账　号	5110056088	
付款人 地　址	甘肃省兰州市/县	开户行	工商银行兰州市分行	收款人 地　址	省上海市/县	开户行 工商银行上海市建设路支行
金额 人民币（大写）	捌拾柒万肆仟陆佰贰拾元整				亿千百十万千百十元角分	¥ 8 7 4 6 2 0 0 0
款项内容	销货款	托收凭据名称	商业承兑汇票 2		附寄单证张数	2
商品发运情况				合同名称号码	三方合同［2023］0010 号	
备注： 付款人开户行收到日期 2023 年 09 月 12 日 复核　记账		付款人开户行盖章 2023 年 09 月 12 日		付款人注意： 1. 根据支付结算办法，上列委托收款（托收承付）款项在付款期内未提出拒付，即视为同意付款，以此代付款通知。 2. 如需提出全部或部分拒付，应在规定期限内，将拒付理由书并附债务证明递交开户银行。		

（印章：中国工商银行上海市建设路支行　2023.09.12　转讫　(1)）

此联付款人开户银行给付款人按期付款通知

【例 4-4】2023年9月21日，上海宏苑机械公司的开户银行计收第三季度借款利息38 700元，计付存款利息3 980元，涉及的有关原始凭证见表4-6和表4-7。

表 4-6　ICBC 中国工商银行　**计 收 利 息 清 单**

借款单位	上海宏苑机械公司	原借金额		计息日期	2023-06-21	付出利息账号	500600230053
		已还金额		止息日期	2023-09-20		

放款账户	计息积数 亿	千	百	十	万	千	百	十	元	角	分	利率	利息金额 百	十	万	千	百	十	元	角	分
3001356088	1	9	3	5	0	0	0	0	0	0	0	7.2%/年			3	8	7	0	0	0	0
合　计	人民币（大写）叁万捌仟柒佰元整													¥	3	8	7	0	0	0	0
备注：第三季度借款利息																					

（印章：中国工商银行上海市建设路支行　2023.09.21　转讫　(1)）

第四联　代付款通知单

付款日期：2023 年 09 月 21 日

表 4-7 ICBC 中国工商银行 计付利息回单

付款人	账号	3001356088	收款人	账号	500600230053
	户名			户名	上海宏苑机械公司
	开户银行	工商银行上海市建设路支行		开户银行	工商银行上海市建设路支行

存款账号	计息积数	利率	利息金额									
			千	百	十	万	千	百	十	元	角	分
500600230053	398 000 000.00	0.3%/年					3	9	8	0	0	0
合计	人民币（大写）叁仟玖佰捌拾元整					¥	3	9	8	0	0	0
备注：第三季度存款利息												

第四联 代收款通知单

【例 4-5】2023 年 9 月 10 日，上海宏苑机械公司按照纳税期限缴纳上月各种应交税费，涉及的有关原始凭证见表 4-8。

表 4-8 电子缴款凭证

打印日期：2023 年 09 月 10 日　　№2023091542213502

纳税人识别号	9131004021345607AB	税务征收机关	国家税务总局上海市第一税务分局
纳税人名称	上海宏苑机械公司	收款国库	国家税务总局上海市建设路支库 022168
开户银行	中国工商银行上海市建设路支行	银行账号	5110056088

系统税票号	税（费）种	税（品）目	所属时期	实缴金额	缴款日期
331016230100679014	增值税	有限责任公司增值税	20230816—20230831	99 800.00	20230910
331016230100679014	企业所得税	应纳税所得额	20230801—20230831	65 000.00	20230910
331016230100679014	城市维护建设税	市区（增值税附加）	20230801—20230831	13 230.00	20230910
331016230100679014	教育费附加	增值税教育费附加	20230801—20230831	5 670.00	20230910
331016230100679014	地方教育附加	增值税地方教育附加	20230801—20230831	3 780.00	20230910
——以下空白——					
金额合计	（大写）壹拾捌万柒仟肆佰捌拾元整			¥187 480.00	

本缴款书仅作为纳税人记账核算凭证使用，须与银行对账单电子划款记录核对一致方可有效。纳税人须开具完税证明，请凭税务登记证和有效身份证明，到主管税务机关开具《税收完税证明》。

税务机关（电子章）

电子签名串：

第1页/共1页　第一次打印

【例4-6】2023年9月11日，上海宏苑机械公司通过企业网银收到南宁重型机械公司前欠的销货款，涉及的有关原始凭证如下：

企业网银结算方式

(1) 收到开户银行转来的加盖有“业务专用章”、金额为345 200元的“中国工商银行业务回单（收款）”（见表4-9）。

表4-9 ICBC 中国工商银行 业务回单（收款）

日期：2023年09月11日　　回单编号：23008000023

付款人户名：南宁重型机械公司		付款人开户行：中国工商银行南宁市华街支行	
付款人账号（卡号）：3246790025			
收款人户名：上海宏苑机械公司		收款人开户行：中国工商银行上海市建设路支行	
收款人账号（卡号）：5110056088			
金额：叁拾肆万伍仟贰佰元整		小写：345 200.00元	
业务（产品）种类：结算业务凭证	凭证种类：000000000	凭证号码：00000000000000000	
摘要：销货款	用途：转账	币种：人民币	
交易机构：04100000292	记账柜员：03741	交易代码：02108	渠道：柜面
本回单为第一次打印，注意重复	打印日期：2023年09月11日	打印柜员：8	验证码：DA45340EF025

中国工商银行股份有限公司 上海市建设路支行 业务专用章 36F83F1006

(2) 收到款项后，开具一式三联的“收款收据”，留第三联作本单位记账用，将第二联转给付款单位，其格式（略）参见表4-2。

【例4-7】2023年9月12日，上海宏苑机械公司通过企业网银偿还前欠天津盛仁钢铁公司的销货款，同时，银行直接扣除网银汇兑手续费，涉及的有关原始凭证如下：

(1) 填制“报账（付款）审批单”报请付款，其格式（略）参见表4-1。

(2) 收到开户银行转来的“中国工商银行业务回单（付款）”（见表4-10）。

表4-10 ICBC 中国工商银行 业务回单（付款）

日期：2023年09月12日　　回单编号：23008000025

付款人户名：上海宏苑机械公司		付款人开户行：中国工商银行上海市建设路支行	
付款人账号（卡号）：5110056088			
收款人户名：天津盛仁钢铁公司		收款人开户行：中国工商银行城东分理处	
收款人账号（卡号）：2346790086			
金额：贰拾陆万捌仟柒佰元整		小写：268 700.00元	
业务（产品）种类：结算业务凭证	凭证种类：000000000	凭证号码：00000000000000000	
摘要：货款	用途：转账	币种：人民币	
交易机构：04100000292	记账柜员：03741	交易代码：02108	渠道：柜面
本回单为第一次打印，注意重复	打印日期：2023年09月12日	打印柜员：8	验证码：DA45340EF025

中国工商银行股份有限公司 上海市建设路支行 业务专用章 36F83F1006

（3）收到开户银行转来的网银汇兑手续费的“中国工商银行业务回单（回款）”（见表4-11）。

表4-11 ICBC 中国工商银行 业务回单（回款）

日期：2023年09月12日　　回单编号：23008000026

付款人户名：上海宏苑机械公司		付款人开户行：中国工商银行上海市建设路支行	
付款人账号（卡号）：5110056088			
收款人户名：		收款人开户行：中国工商银行上海市建设路支行	
收款人账号（卡号）：5110056088			
金额：贰拾伍元整		小写：25.00元	
业务（产品）种类：结算业务凭证	凭证种类：000000000	凭证号码：0000000000000000	
摘要：网银汇兑手续费	用途：转账	币种：人民币	
交易机构：04100000292	记账柜员：03741	交易代码：02108	渠道：柜面
产品名称：	费用名称：		
应收金额：25.00元	实收金额：25.00元	收费渠道：其他	
本回单为第一次打印，注意重复	打印日期：2023年09月12日	打印柜员：8	验证码：DA45340EF025

中国工商银行股份有限公司 上海市建设路支行 业务专用章 36E83F1006

2.购销业务的原始凭证

购销业务的原始凭证，是指记录材料、物品采购或劳务供应以及产成品（商品）销售或劳务提供情况的原始凭证。如增值税专用发票、提货单、发货单等。

例如，2023年9月上海宏苑机械公司发生的部分有关购销业务如下：

“数电”电子增值税发票改革

【例4-8】2023年9月13日，向天津盛仁钢铁公司购进合金圆钢和合金钢管，天津盛仁钢铁公司代垫运费并由天津华茂物流公司承运，涉及的有关原始凭证如下：

（1）填制“报账（付款）审批单”报请付款，其格式（略）参见表4-1。

（2）收到天津盛仁钢铁公司开具的数电“电子发票（增值税专用发票）”见表4-12。

表4-12 电子发票（增值税专用发票）

全国统一发票监制章 国家税务总局 天津市税务局

发票号码：23121000000086001295

开票日期：2023年09月13日

购买方信息	名称：上海宏苑机械公司 统一社会信用代码/纳税人识别号： 9131004021345607AB			销售方信息	名称：天津盛仁钢铁公司 统一社会信用代码/纳税人识别号： 91110040213456422A		
项目名称	规格型号	单位	数量	单价	金额	税率/征收率	税额
*黑色金属压延品*合金圆钢	Φ18mm	吨	30	6 000.00	180 000.00	13%	23 400.00
*黑色金属压延品*合金钢管	Φ36mm	吨	20	8 000.00	160 000.00	13%	20 800.00
合计					¥340 000.00		¥44 200.00
价税合计（大写）	⊗叁拾捌万肆仟贰佰元整				（小写）¥384 200.00		
备注							

开票人：张富贵

（3）收到销售方代垫运费转来的承运单位天津华茂物流公司开具的货物运输服务数电“电子发票（增值税专用发票）”见表4-13。

表4-13

电子发票（增值税专用发票）

国家税务总局
天津市税务局

货物运输服务

发票号码：23121000000039004210
开票日期：2023年09月13日

购买方信息	名称：上海宏苑机械公司 统一社会信用代码/纳税人识别号： 9131004021345607AB	销售方信息	名称：天津华茂物流公司 统一社会信用代码/纳税人识别号： 91120106316783240A

项目名称	单位	数量	单价	金额	税率/征收率	税额
*陆路运输*其他陆路运输	吨	50	280.00	14 000.00	9%	1 260.00
合 计				¥14 000.00		¥1 260.00

运输工具种类	运输工具牌号	起运地	到达地	运输货物名称
大卡车	津A36081	天津新港	上海浦东	合金圆钢、合金钢管

价税合计（大写）	⊗壹万伍仟贰佰陆拾元整	（小写）¥15 260.00
备注		

开票人：黄大春

（4）材料已验收入库，填制一式三联的“收料单”，其格式（略）参见表4-16。

（5）价税合计399 460元通过企业网银付讫，收到开户银行转来的“中国工商银行业务回单（付款）”，其格式（略）参见表4-10。

【例4-9】2023年9月18日，向上海港城机械公司销售MN58型车床4台和HK28型铣床5台，价税合计723 200元通过企业网银收讫，涉及的有关原始凭证如下：

（1）开具的数电“电子发票（增值税专用发票）”见表4-14。

表4-14

电子发票（增值税专用发票）

国家税务总局
上海市税务局

发票号码：23311000000086001295
开票日期：2023年09月18日

购买方信息	名称：上海港城机械公司 统一社会信用代码/纳税人识别号： 91310040213455874B	销售方信息	名称：上海宏苑机械公司 统一社会信用代码/纳税人识别号： 9131004021345607AB

项目名称	规格型号	单位	数量	单价	金额	税率/征收	税额
*数控机床*车床	MN58型	台	4	60 000.00	240 000.00	13%	31 200.00
*数控机床*铣床	HK28型	台	5	80 000.00	400 000.00	13%	52 000.00
合 计					¥640 000.00		¥83 200.00

价税合计（大写）	⊗柒拾贰万叁仟贰佰元整	（小写）¥723 200.00
备注		

开票人：刘富民

（2）产品已发出，填制一式三联的“产品出库单”，其格式（略）参见表4-19。

（3）价税合计723 200元通过企业网银付讫，收到开户银行转来的“中国工商银行业务回单（收款）”，其格式（略）参见表4-9。

【例4-10】2023年9月20日，通过企业网银支付上海华峰建筑公司为本公司办公大楼提供的日常修理费，价税合计87 200元，涉及的有关原始凭证如下：

（1）填制“报账（付款）审批单”报请付款，其格式（略）参见表4-1。

（2）收到上海华峰建筑公司开具的建筑服务数电“电子发票（增值税专用发票）”见表4-15。

表4-15

电子发票（增值税专用发票）

建筑服务

发票号码：22311000000089561209

开票日期：2023年09月20日

购买方信息	名称：上海宏苑机械公司 统一社会信用代码/纳税人识别号： 9131004021345607AB		销售方信息	名称：上海华峰建筑公司 统一社会信用代码/纳税人识别号： 91310112784668212B	
项目名称	建筑服务发生地	建筑项目名称	金额	税率/征收率	税额
*建筑服务*修理服务	上海市建设路68号	办公大楼修理	80 000.00	9%	7 200.00
合计			¥80 000.00		¥7 200.00
价税合计（大写）	⊗捌万柒仟贰佰元整		（小写）¥87 200.00		
备注	土地增值税项目编号： 跨地（市）标志：				

开票人：白玫瑰

（3）价税合计87 200元通过企业网银付讫，收到开户银行转来的“中国工商银行业务回单（付款）”，其格式（略）参见表4-10。

3.出入库业务的原始凭证

出入库业务的原始凭证，是指记录材料、产成品出入库等情况的原始凭证。如收料单、领料单、限额领料单、产品入库单、产品出库单、提货单等。

例如，2023年9月上海宏苑机械公司发生的部分有关出入库业务如下：

【例4-11】承【例4-8】，2023年9月13日，向天津盛仁钢铁公司购进合金圆钢和合金钢管，材料已验收入库，填制的“收料单（财务联）”见表4-16。

表4-16

上海宏苑机械公司　收料单

编号：11007

供货单位：天津盛仁钢铁公司　　2023年9月20日　　仓库：原料库

材料类别	材料编号	名称及规格	计量单位	数量		实际成本（元）			
				应收	实收	发票价格	采购费用	合计	单价
（略）	（略）	合金圆钢	吨	30	30	180 000.00	8 400.00	188 400.00	6 280.00
（略）	（略）	合金钢管	吨	20	20	160 000.00	5 600.00	165 600.00	8 280.00
合计						340 000.00	14 000.00	354 000.00	

二　财务联

供销主管：莫发愁　保管员：特认真　记账：高桂格　制单：艾志丹

【例 4-12】2023年9月22日，机加工车间生产甲产品领用合金圆钢15吨、合金钢管10吨，填制的"领料单（财务联）"见表4-17。

表 4-17

上海宏苑机械公司 领料单

领料单位：机加工车间　　　　　　　　　　　　　　　　　　　　　　编号：12024

领料用途：生产甲产品　　　　　　2023 年 9 月 22 日　　　　　　　仓库：原料库

材料类别	材料编号	材料名称	规格型号	计量单位	数量		单位成本（元）	金额（元）	备注
					应发	实发			
钢材类	（略）	合金圆钢	（略）	吨	15	15	6 280.00	94 200.00	
钢材类	（略）	合金钢管	（略）	吨	10	10	8 280.00	82 800.00	

二 财务联

单位主管：莫发愁　　保管员：特认真　　记账：高桂格　　制单：艾志丹

【例 4-13】2023年9月15日，装配车间完工甲产品30台、乙产品20台，经验收合格入库，填制的"产品入库单（财务联）"见表4-18。

表 4-18

上海宏苑机械公司 产品入库单　　　　　　　　　　　　　　编号：21016

送检单位：装配车间　　　　　　2023 年 9 月 15 日　　　　　　　仓库：成品库

产品编号	产品名称	规格型号	计量单位	送检数量		单位成本（元）	总成本（元）	备注
				应收	实收			
（略）	车床	MN58 型	台	30	30			
（略）	铣床	HK28 型	台	20	20			

二 财务联

单位主管：莫发愁　　保管员：特认真　　记账：高桂格　　制单：艾志丹

【例 4-14】承【例 4-9】，2023年9月18日，向上海港城机械公司销售MN58型车床4台和HK28型铣床5台，填制的"产品出库单（财务联）"见表4-19。

表 4-19

上海宏苑机械公司 产品出库单　　　　　　　　　　　　　　仓库：成品库

购买方：上海港城机械公司　　　2023 年 9 月 18 日　　　　　　　编号：402

产品编号	规格型号	产品名称	计量单位	数量		单位成本（元）	金额（元）	备注
				应发	实发			
（略）	MN58 型	车床	台	4	4			对外销售
（略）	HK28 型	铣床	台	5	5			

二 财务联

单位主管：莫发愁　　保管员：特认真　　记账：高桂格　　制单：艾志丹

4.成本费用业务的原始凭证

成本费用业务的原始凭证，是指记录产品生产费用的发生和分配情况的原始凭证。如差旅费报销单、发料凭证汇总表、折旧费用计提表、工资结算汇总表、制造费用分配表、产品成本计算单等。

例如，2023年9月上海宏苑机械公司发生的部分有关成本费用业务如下：

【例4-15】承【例4-2】，2023年9月20日，采购员夏建仁出差归来报销差旅费共计6 287元，并应补金额287元。

（1）填制“差旅费报销单”见表4-20。

表4-20　上海宏苑机械公司　差旅费报销单　附件5张

2023年09月20日　单位：元

姓名			夏建仁		出差事由		参加西京市农业机械产品展销会		
启程日期及地点			到达日期及地点			发票信息			
月	日	地点	月	日	地点	旅客运输	价款	税额	金额合计
9	11	上海市	9	11	西京市	飞机	1 550.00	135.00	1 685.00
9	11	西京市	9	11	港城	高铁	50.00	4.50	54.50
9	15	港城	9	15	西京市	高铁	50.00	4.50	54.50
9	15	西京市	9	15	上海市	飞机	1 550.00	135.00	1 685.00
住宿地点：港城童话大酒店				住宿天数：4天		住宿服务	1 800.00	108.00	1 908.00
小计							5 000.00	387.00	5 387.00
出差补助天数：5天			市内交通包干：400.00元			伙食费补助：500.00元			900.00
合计									6 287.00
实报金额	人民币（大写）	陆仟贰佰捌拾柒元整				¥6 287.00			
原预借金额：¥6 000.00				应退金额：¥		应补金额：¥287.00			

现金付讫

报销人签字：夏建仁　负责人签章：刘彩购　出纳员签章：甄仔细

提示与说明：“差旅费报销单”后附飞机数电“电子发票（增值税专用发票）”2张、高铁数电“电子发票（增值税专用发票）”2张，为节约篇幅下面仅列示各自其中的1张。

（2）收到中国南方航空公司开具的飞机旅客运输服务数电“电子发票（增值税专用发票）”见表4-21。

表 4-21

电子发票（增值税专用发票）

旅客运输服务

国家税务总局
广东省税务局

发票号码：23441000800069523287

开票日期：2023年09月15日

购买方信息	名称：上海宏苑机械公司 统一社会信用代码/纳税人识别号： 9131004021345607AB	销售方信息	名称：中国南方航空集团有限公司 统一社会信用代码/纳税人识别号： 91440000100005896P

项目名称	单位	数量	单价	金额	税率/征收率	税额
*运输服务*客票款	人	1	1 470.00	1 470.00	9%	132.30
*代收民航发展基金*民航发展基金	人	1	50.00	50.00	不征税	***
*运输服务*客运燃油附加费	人	1	30.00	30.00	9%	2.70
合 计				¥1 550.00		¥135.00

出行人	有效身份证件号	出行日期	出发地	到达地	等级	交通工具类型
夏建仁	1401021998****022X	2023-09-15	西京市	上海市	经济舱	飞机

价税合计（大写）	⊗壹仟陆佰捌拾伍元整	（小写）¥1 685.00
备注		

开票人：高越男

（3）收到中国铁路西京局开具的高铁旅客运输服务数电“电子发票（增值税专用发票）”见表4-22。

表 4-22

电子发票（增值税专用发票）

旅客运输服务

国家税务总局
陕西省税务局

发票号码：22611000400060523228

开票日期：2023年09月11日

购买方信息	名称：上海宏苑机械公司 统一社会信用代码/纳税人识别号： 9131004021345607AB	销售方信息	名称：中国铁路西京局集团有限公司 统一社会信用代码/纳税人识别号： 91610000623110601A

项目名称	单位	数量	单价	金额	税率/征收率	税额
*运输服务*客票款	人	1	50.00	50.00	9%	4.50
合 计				¥50.00		¥4.50

出行人	有效身份证件号	出行日期	出发地	到达地	等级	交通工具类型
夏建仁	1401021998****022X	2023-09-11	西京市	港城	一等	高铁

价税合计（大写）	⊗伍拾肆元伍角整	（小写）¥54.50
备注		

开票人：高越男

（4）收到港城童话大酒店开具的数电“电子发票（增值税专用发票）”，其格式（略）参见表4-13。

【例 4-16】2023年9月月末，根据填制的标明领料单位、领料用途的“领料单”（包括限额领料单）分用途和材料名称汇总编制“**发料凭证汇总表**”见表4-23。

表 4-23

发料凭证汇总表

附件 9 张

2023 年 9 月 30 日

单位：元

用途		材料类别或名称					金额合计
		合金圆钢	合金钢管	1#螺栓螺帽	润滑油	包装物	
产品生产	MN58 型车床	997 000.00	874 000.00	93 000.00			2 478 000.00
	HK28 型铣床	875 000.00	415 000.00	86 000.00			2 166 000.00
车间一般耗用					67 000.00		346 000.00
销售部门领用						89 000.00	89 000.00
合 计		1 872 000.00	1 289 000.00	179 000.00	67 000.00	89 000.00	5 079 000.00

财务主管：莫奎荪　　制单：刘景明　　复核：高桂格

5.固定资产业务的原始凭证

固定资产业务的原始凭证，是指记录固定资产购置、处置、报废和盘盈、盘亏业务的原始凭证。如固定资产交接（验收）单、固定资产卡片、固定资产报废清理单、固定资产移交清册以及固定资产盘盈、盘亏报告单等。

例如，2023年9月上海宏苑机械公司发生的部分有关固定资产业务如下：

【例 4-17】2023年9月2日，购置一台需要安装的机器设备，安装完成经验收，达到预期可使用状态并交付使用，填制的**“固定资产交接（验收）单”**见表4-24。

表 4-24

固定资产交接（验收）单

2023 年 09 月 11 日

金额单位：元

固定资产编号	名称	规格	型号	计量单位	数量	建造单位	建造编号	资金来源	备注
15-2-10	机床	（略）	BN69 型	台	1	HP	（略）	自有	
总价	买价	安装费	运杂费	包装费	其他	原值	预计年限	净残值率	
	800 000.00	10 000.00	5 000.00			815 000.00	10 年	5%	
用途	产品生产用			使用部门	机加工车间		已提折旧		
验收意见	合格，交付使用		验收人签章	陆新华					

财务主管：莫奎荪　　制单：刘景明　　复核：高桂格

6.账项结转业务的原始凭证

账项结转业务的原始凭证，是指会计期间终了，为了结转（平）收入类和费用类等账户，计算并结转成本、利润等，由会计人员根据会计账簿记录整理填制的原始凭证。这类凭证一般无固定格式，但需注明制证人并由会计主管签章。如**损益类账户结转前余额表**（格式参见项目六表6-5）、**可供分配利润计算及利润分配表**（格式参见项目六表6-8）。

（二）原始凭证按照不同来源渠道的分类

原始凭证按照不同来源渠道的分类，主要是从会计主体角度进行的一种分类。按照来源渠道的不同，原始凭证可分为**外来原始凭证**和**自制原始凭证**两类。

（1）**外来原始凭证**，是指在经济业务发生或完成时，从其他单位或个人直接取得的原始凭证或者能够证明物品来源的最初凭证。外来原始凭证一般是由外单位的经办人员填制并由税务机关等统一印制，或经税务机关批准由企业印制的，在填制时加盖出具凭证单位公章方可生效。对于一式多联的原始凭证，必须用复写纸套写。例如：❶购买货物、接受劳务或服务时取得的增值税发票的发票联、抵扣联以及货物运单等；❷出差人员报销时提供的车票、船票、住宿费发票等；❸通过银行收付款项的收账通知单和付款通知单等。

（2）**自制原始凭证**，是指由本单位内部经办业务的部门和人员，在执行或完成某项经济业务时填制的、仅供本单位内部使用的原始凭证。例如，收料单、领料单、限额领料单、产品入库单、产品出库单、借款单、工资发放明细表、折旧计算表等。

（三）原始凭证按照填制手续次数和内容的不同分类

原始凭证按照填制手续次数和内容的不同分类，主要是从完整性和填制次数以及包含内容多少的角度出发进行的分类。按照填制手续和内容的不同，原始凭证可分为**一次凭证**、**累计凭证**和**汇总凭证**三类。

（1）**一次凭证**，是指只记录一项经济业务，或同时记录若干项同类性质的经济业务，其填制手续是一次完成的凭证。例如，收款收据、收料单、借款单、银行结算凭证等。

（2）**累计凭证**，是指在一定时期内多次记录发生的同类型经济业务，其填制手续是随着经济业务的发生而分次（连续多次）完成的凭证。其特点是，在一张凭证内可以连续登记相同性质的经济业务，随时结出累计数及结余数，并按照费用限额进行费用控制，期末按实际发生额记账。例如，费用限额卡、限额领料单等。

【例4-18】上海宏苑机械公司生产车间为生产A产品领用1#螺栓螺帽比较频繁，且消耗定额及生产任务的相关资料健全，采用限额领料单的方式发料。2023年9月，生产车间领用材料所填制的“限额领料单”见表4-25。

供销、生产部门月初核定

表4-25

上海宏苑机械公司　限额领料单

月末合计确定实领数

领料单位：生产车间　　　　　　　　　　　　　　　　编号：12001

领料用途：A产品生产　　　　2023年9月　　　　　　　仓库：第二仓库

材料类别	材料编号	材料名称及规格	计量单位	领用限额	单价（元）	实际领用	
						数量	金额（元）
（略）	（略）	1#螺栓螺帽	套	6 240	15.00	6 200	93 000.00

供应部门负责人（签章）计采购　　　　生产计划部门负责人（签章）管生产

领用日期	请领		实发			限额结余	退库	
	数量	领料单位负责人	数量	发料人	领料人		数量	退料单编号
5	1 250	莫发愁	1 250	特认真	艾跑路	4 990		
10	1 250	莫发愁	1 250	特认真	艾跑路	3 740		
15	1 240	莫发愁	1 240	特认真	艾跑路	2 500		
20	1 260	莫发愁	1 260	特认真	艾跑路	1 240		
25	1 230	莫发愁	1 230	特认真	艾跑路	10		
30		莫发愁		特认真	艾跑路		30	领09015
合计	6 230		6 230					

生产车间月中分次领用

（3）**汇总凭证**，是指对一定时期内反映经济业务内容相同的若干张原始凭证，按照一定标准汇总填制的原始凭证。汇总原始凭证合并了同类型经济业务，简化了记账工作量。常用的汇总原始凭证有：发出材料凭证汇总表、差旅费报销单、工资结算汇总表等。根据领料单编制的“发料凭证汇总表”参见表4-23。

记账编制凭证，是指由于经济业务账务处理的需要而根据账簿记录编制的一种自制原始凭证。记账编制凭证是根据账簿记录，将某一项或某一类经济业务加以归类、整理而重新编制的一种会计凭证。例如，计算产品成本时编制的“制造费用分配表”（格式参见项目五表5-10），就是根据制造费用明细账记录整理后填制的。再如，计算本期利润时编制的“本月各损益类账户发生额汇总表”（格式参见项目六表6-5），就是根据有关损益类账户明细账记录整理后填制的。

（四）原始凭证按照所起作用的不同分类

原始凭证按照所起作用的不同分类，主要是从生产经营过程的角度出发的一种分类方式。按照所起作用的不同，原始凭证可分为**通知凭证**、**执行凭证**和**计算凭证**三类。

（1）**通知凭证**，是对某项经济业务起通知或指示作用的凭证。对这类凭证的管理，不能完全等同于其他原始凭证，不能证明经济业务已经完成，如物资订货单、扣款通知等。

（2）**执行凭证**，是对某项经济业务执行后填制的原始凭证。这类凭证可以证明经济业务已经完成，如入库单、出库单、各种收据等。

（3）**计算凭证**，是对某项经济业务完成后填制的原始凭证。这类凭证可以证明经济业务已经完成，该类凭证上的数字是按照一定方法计算后形成的，如工资结算汇总表、制造费用分配表等。

（五）原始凭证按照格式的不同分类

原始凭证按照格式的不同分类，主要是从适用的范围和使用单位的角度出发进行的分类。按照格式的不同，原始凭证可分为**通用凭证**和**专用凭证**两类。

（1）**通用凭证**，是指由有关部门统一印制、在一定范围内使用的具有统一格式和使用方法的原始凭证。通用凭证的使用范围，因制作部门的不同而有所差异：❶可以是某一地区或某一行业使用的原始凭证，如某省（市）印制的收款收据等，在该省（市）范围内通用；❷可以是全国通用的原始凭证，如由中国人民银行制作的银行转账结算凭证等。

（2）**专用凭证**，是指由单位自行印制、仅在本单位内部使用的原始凭证。例如，领料单、差旅费报销单、折旧计算表、工资费用分配表等。

二、原始凭证应具备的基本要素

在会计核算工作中，由于各项经济业务的内容和经济管理的要求不同，各种原始凭证所记录的经济业务的内容也是多种多样的，而且每一种原始凭证的名称、格式和具体内容也不完全一致。但是，无论哪一种原始凭证，都是作为经济业务的原始证据，必须详细载明有关经济业务的发生或完成情况，必须明确有关经办人员的经济责任。因此，各种原始凭证具备一些共同的基本要素，主要包括：❶原始凭证的名称；❷填制凭证的日期和编号；❸填制凭证的单位名称或填制人员；❹接受凭证的单位名称（**俗称“抬头”**）；❺经济业务的内容、数量、单价和金额等；❻填制单位及有关人员的签章。

三、原始凭证的填制规范及会计数字的书写要求

（一）原始凭证的填制规范

原始凭证是在经济业务发生时所取得或填制的书面证明，是会计核算的重要依据且具有法律效力。正确填制原始凭证是如实反映经济业务的关键。为了正确、完整、清晰地记录各项经济业务，发挥原始凭证应有的作用，原始凭证的填制应遵循如下要求：

1.填制原始凭证要求真实、及时

在经济业务发生（或完成）时，应由经办人员立即填制原始凭证。❶原始凭证上填制的日期、业务内容和数字，必须真实可靠，符合实际情况，不得变造、篡改原始凭证的内容。❷填制完毕后，经办人员要按规定程序及时将原始凭证递交会计部门。

2.填制原始凭证的内容要完整，手续要完备，附件要齐全

原始凭证上均有规定的填写内容，必须按规定项目填写齐全，文字说明要简明扼要，数字填写要清晰且填写手续要完备。其中：❶**购买实物的原始凭证**，必须有实物验收证明。❷**支付款项的原始凭证**，必须有收款单位和收款人的收款证明。❸**职工因公借款的借据**，必须附在记账凭证之后；收回借款时，应当另开收据或退还借据副本，不得退还原借款收据。❹**经上级有关部门批准的经济业务**，应当将批准文件作为原始凭证附件；批准文件需要单独归档的，应当在凭证上注明批准机关名称、日期和文件字号。❺**发生销货退回业务的**，除填制退货发票外，还必须有退货验收证明；退款时，必须取得对方的收款收据或汇款银行的凭证以及当地主管税务机关开具的“进货退出或索取折让证明单”，不得以退货发票代替收据。❻**一式几联的原始凭证**，应当注明各联的用途，只能以一联作为报销凭证，必须用双面复写纸套写（发票和收据本身具备复写纸功能的除外），并连续编号；作废时，应当加盖“作废”戳记，连同存根一起保存，不得撕毁。

3.填制原始凭证要明确经济责任，签名、盖章要齐全

原始凭证填制完毕后，经办单位、经办单位负责人以及填制人员均须在原始凭证的下方签名或盖章。对外开出的原始凭证，必须加盖本单位的公章。**公章**，是指具有法律效力和特定用途，能够证明单位身份和性质的印鉴，包括业务公章、财务专用章、发票专用章、票据专用章、结算专用章等。其中：❶**外来原始凭证（如发票、收据等）**，必须盖有填制单位的财务专用章或发票专用章，同时具有套印的税务部门或有权监制部门的专用章以及填制人员的签名或盖章。❷**从个人取得的原始凭证**，必须有填制人员的签名或盖章，同时应写明住址，必要时应注明身份证号码。❸**自制原始凭证（如入库单、领料单等）**，必须有经办单位负责人（或其指定人员）和经办人的签名或盖章。❹**购买实物的原始凭证**，必须有实物验收证明；**支付款项的原始凭证**，必须有收款单位和收款人的收款证明。❺**原始凭证上公章的要求**，不同的行业、单位对原始凭证上的公章有不同的要求。对于自制原始凭证，由于是由本单位内部的部门和个人填制的，不需加盖本单位的公章，只需填明责任单位和责任人即可。❻**外来原始凭证如有遗失**，应取得原填制单位的盖章证明，并注明原始凭证编号、金额和内容等，经单位领导批准后，才能作为原始凭证。如果确实无法取得证明的，如火车票、汽车票、轮船票、飞机票等，可由当事人写出详细情况，由单位领导批准后，代作原始凭证。❼**附在办理收付款项的记账凭证后的原始凭证**，办理完收付款项后，必须加盖“**收讫**”或“**付讫**”戳记。

（二）会计数字的书写要求

会计工作几乎每天都要与数字打交道，因此，正确书写会计数字是会计人员的必备技能。在书写会计数字时，应使用会计专用笔或钢笔（蓝黑或碳素墨水），字迹必须清晰、工整。《会计基础工作规范》对阿拉伯数字、大写金额数字以及货币金额的书写做出了如下具体规定：

1.阿拉伯数字书写要求与要点

会计上的阿拉伯数字（俗称小写数字），即0、1、2、3、4、5、6、7、8、9，是世界各国通用的数字，其笔画简单、书写方便、应用广泛。因此，必须规范书写行为，符合手写体的书写要求（如图4-2所示）。

图4-2　阿拉伯数字书写示范

书写要点：❶同行的相邻数字之间要空出半个阿拉伯数字的位置，要各自成行，不得连笔，并要大小均衡、排列整齐，字迹工整、美观清晰；❷每个数字要紧靠凭证或账表行格的底线书写，数字高度占行格高度的½以下，不得写满格，以便留出改错的空间；❸有圆圈的数字，如6、8、9、0等，圆圈必须封口；❹“6”的书写要比一般数字向右上方长出¼，“7”和“9”的书写要比一般数字向右下方（过底线）长出¼；❺字体要自右上方向左下方倾斜约60°书写，各个数字的倾斜方向、程度要保持基本一致。

2.货币小写金额书写要求

会计记账小写金额书写规范

（1）在没有数位分割线的凭证或账表上书写货币小写金额。❶阿拉伯金额数字前应当书写货币币种符号或货币名称简写，币种符号和阿拉伯数字之间不得留有空白。凡阿拉伯数字前写出货币币种符号的，数字后面不再写货币单位。❷以“元”为单位的阿拉伯数字：除表示单价之外的一律写到角分；没有角分的，角位和分位可以写出“00”或“—”；有角无分的，分位应当写出“0”，不得用“—”代替。❸仅分位有金额的，在元位和角位上各写一个“0”，并在元位和角位之间写一个小数点，如0.08。❹元以上每三位要留出半个阿拉伯数字的位置书写，也可以三位一节用分位号“,”分开，如6 382 196.00，或6,382,196.00。

（2）在有数位分割线的凭证或账表上书写货币小写金额。❶对应固定的位数填写，不得错位。❷只有分位金额的，在元位和角位上均不能写“0”。❸只有角位和分位金额的，在元位上不写“0”；分位是“0”的，在分位上写“0”；角位、分位都是“0”的，在角位、分位上分别写“0”或用“—”代替。货币小写金额书写示范见表4-26。

表4-26　货币小写金额书写示范

错误书写									正确书写							
金额									金额							
十	万	千	百	十	元	角	分		十	万	千	百	十	元	角	分
	4	6	8	9	2					4	6	8	9	2	0	0
			6	7	4	3	—					6	7	4	3	0
			6	7	4	3						6	7	4	3	0

3. 数字汉字与货币大写金额书写要求

（1）**数字汉字书写要求与要点。**为防止篡改金额数字，我国会计实践中从汉字中找出与阿拉伯数字读音相同的汉字，用于书写货币大写金额数字。❶数字汉字要以正楷或行书字体书写，要做到规范、流畅、清晰，字体要各自成形，不得连笔。❷不允许使用非国务院公布的简化字、谐音字、自造符号等不规范用字；不得用“毛”代替“角”字，不得用“另”代替“零”字；但可以用“正”代替“整”字。数字汉字书写示范，如图4-3所示。

壹	贰	叁	肆	伍	陆	柒	捌	玖	零	拾	佰	仟	万	亿

图4-3　数字汉字书写示范

（2）**货币大写金额书写要求。❶大写金额数字要紧靠“人民币”三个字书写，**不得留有空白；如果大写金额数字前没有印“人民币”字样的，应加填“人民币”三个字。❷**大写金额数字到“元”或“角”的，**在“元”或“角”后写“整”或“正”字；大写金额数字有“分”的，在“分”后不再写“整”字。如¥153 200.00，应写为：“人民币壹拾伍万叁仟贰佰元整”；¥467 298.50，应写为：“人民币肆拾陆万柒仟贰佰玖拾捌元伍角整”；¥235.78，应写为：“人民币贰佰叁拾伍元柒角捌分”。❸**分位是“0”的，**可不写“零分”字样。如¥38.50，应写为：“人民币叁拾捌元伍角整”。❹**阿拉伯金额数字中间有“0”时，**汉字大写金额要写“零”字。如¥4 506.06，应写为：“人民币肆仟伍佰零陆元零陆分”。❺**阿拉伯金额数字元位是“0”的，或数字中间连续有几个“0”，元位也是“0”，但角位不是“0”时，**汉字大写金额可以只写“零”字，也可以不写“零”字。如¥560.36，应写为：“人民币伍佰陆拾元零叁角陆分”或“人民币伍佰陆拾元叁角陆分”；¥4 000.53，应写为：“人民币肆仟元零伍角叁分”或“人民币肆仟元伍角叁分”。❻**阿拉伯金额数字角位是“0”，而分位不是“0”时，**汉字大写金额“元”后应写“零”字。如¥8 309.06，应写为：“人民币捌仟叁佰零玖元零陆分”。❼**阿拉伯金额数字最高位是“1”的，**汉字大写金额应加“壹”字。如¥162 359.00，应写为：“人民币壹拾陆万贰仟叁佰伍拾玖元整”。❽**在印有拾、万、仟、佰、拾、元、角、分位置的原始凭证上书写大写金额时，**金额前面如有空位，可在实有大写金额的前一空位上用“¥”或“⊗”注销不需用的空格；阿拉伯金额数字中间有几个“0”（含分位），汉字大写金额就写几个“零”字。如¥1 200.00，应写为：“人民币⊗拾万壹仟贰佰零拾零元零角零分”。

四、原始凭证的审核与错误凭证的处理

（一）原始凭证的审核

原始凭证填制后，要及时送交会计部门，由会计主管或指定的人员进行审查和核对。会计机构、会计人员对不真实、不合法的原始凭证有权不予受理，并向单位负责人报告，请求查明原因，追究有关当事人的责任；对记载不准确、不完整的原始凭证予以退回，并要求经办人员按照国家统一的会计制度规定进行更正、补充。原始凭证的审核主要应从以下四个方面进行：

（1）**真实性审核，**主要审核原始凭证是否如实反映了经济业务的本来面貌，是否具备成为本单位合法原始凭证的条件。其主要包括：❶内容记载是否清晰，有无掩盖事实真相

的现象；❷凭证“抬头”是不是本单位；❸数量、单价与金额是否相符；❹认真核对笔迹，有无模仿领导笔迹签字冒领现象；❺有无涂改，有无添加内容和金额；❻有无“移花接木”的凭证。

（2）**完整性审核**，主要审核原始凭证各个项目是否填写齐全，数字是否正确；名称、商品规格、计量单位、数量、单价、金额和填制日期的填写是否清晰，计算是否正确。对于要求统一使用的发票，应检查是否存在伪造、挪用或用作废的发票代替等现象，凭证应有的印章、签名是否齐全，审批手续是否健全等。特别应注意的是：❶外来的发票、收据等是否用复写纸套写，是否为“报销联”，不属此联的一般不予受理。❷购买商品、实物的各种原始凭证，必须附有保管人的验单或其他领用者的签名才能受理。❸对外支付款项的凭证应附有收款人的收款手续方能转账注销。❹自制的原始凭证附有原始单据的，要审核金额是否相符。

（3）**合法性审核**，主要审核原始凭证所记录的经济业务是否有违反国家法律法规的情况，是否符合规定的审批权限；是否履行了规定的凭证传递和审核程序；是否有违法违纪行为。在实际工作中，违法的原始凭证主要有两种情况：❶明显的假发票、假车票，有些原始凭证带有明显的时间性，时间变了，再用原来的原始凭证，很明显是假的；有些原始凭证印制粗糙、印章不规范，也可以判断其不合法。❷有些原始凭证虽然真实，但按规定不允许报销，如私人购买的物品，或因私外出的车船票，同样不能予以报销。

（4）**合理性审核**，主要审核原始凭证所记录的经济业务是否符合企业生产经营活动的需要，是否符合有关的计划和预算。有些原始凭证，如职工出差的住宿、餐饮发票，职工生病就诊的发票等，都是合法真实的，但如果超过规定的报销比例，则不属于合理的原始凭证。

（二）错误凭证的处理

1.处理原则

（1）**对于不真实、不合法、不合理的原始凭证**，会计人员有权不予受理，应拒绝付款、拒绝报销或拒绝执行，并向单位负责人报告，请求查明原因，追究有关当事人的责任。

（2）**对于填写不齐全、手续不完备、书写不清楚、计算不正确的原始凭证**，会计人员应予以退回，责成经办人员补填齐全，补办手续，更正错误或更换原始凭证。经审核无误的原始凭证，才能作为编制记账凭证和登记明细分类账的依据。

2.原始凭证的更正

（1）**原始凭证记载的各项内容均不得涂改，随意涂改原始凭证即为无效凭证**。不能以此作为填制记账凭证或登记账簿的依据。

（2）**原始凭证记载的内容有错误**。❶应当由开具单位重开或更正，更正工作必须由原始凭证出具单位进行，并在更正处加盖出具单位印章；❷重新开具原始凭证，也应由原始凭证开具单位进行。

（3）**原始凭证金额出现错误**。不得更正，只能由原始凭证开具单位重新开具。

（4）**原始凭证开具单位应当依法开具准确无误的原始凭证**。对于填制有误的原始凭证，其负有更正和重新开具的法律义务，不得拒绝。

任务三 认识记账凭证，掌握其填制与审核方法

原始凭证是通过会计确认的“能否用货币计量”的门槛后，证明经济业务发生或完成的载体，由于其内容繁杂而不能直接用于会计记账。前述对经济业务通过设置会计账户并采用借贷复式记账法所编制的会计分录，在我国会计实务中表现为填制记账凭证并根据记账凭证登记会计账簿。

一、记账凭证的概念及作用

记账凭证，是指会计人员根据审核无误的原始凭证，按照设置的账户运用借贷复式记账法，确定会计分录后所填制的作为登记账簿直接依据的会计凭证。

原始凭证主要是证明经济业务发生或完成具体内容的载体，并不能表明发生的经济业务应登记在哪些账户中，以及应记在账户的哪一方及登记的金额是多少等。因此，有必要根据原始凭证运用借贷复式记账法编制以会计分录为核心内容的记账凭证，为经济业务的账务处理指明方向并作为记账的直接依据。编制记账凭证可以起到以下作用：❶在同一位置显示了每一笔经济业务的完整内容或影响；❷提供了经济业务发生的时间顺序；❸帮助防止或定位差错，因为每一笔会计分录的借方金额和贷方金额可以很容易地进行比较。

二、记账凭证应具备的基本要素及填制规范

（一）记账凭证应具备的基本要素

记账凭证作为登记账簿的直接依据，因其反映经济业务的内容不同、各单位规模大小及其对会计核算繁简程度的要求不同等，其格式也有所不同。为了保证账簿记录的正确性和业务内容的完整性，记账凭证必须具备以下基本要素：❶填制单位的名称；❷记账凭证的名称；❸填制凭证的日期和编号；❹交易或事项的内容摘要；❺应借、应贷会计科目（包括总账科目、明细科目）的名称及其金额；❻过账备注（过账标记）；❼所附原始凭证张数（简称“附件”）；❽有关人员的签名或盖章，包括制证人员、稽核人员、记账人员、会计机构负责人、会计主管人员和出纳员（如收、付款记账凭证）。

（二）记账凭证的填制规范

明确记账凭证应具备的基本要素后，必须根据记账凭证的填制规范，做好记账凭证的填制工作。

1.必须以审核无误的原始凭证为依据

记账凭证必须附有经审核后确认为真实、完整和合法的原始凭证为依据。其具体要求有：❶除结账和更正错账的记账凭证可以不附原始凭证外，其他记账凭证必须附有原始凭证；❷可以根据一张原始凭证填制记账凭证，也可以根据若干张同类原始凭证汇总填制记账凭证，还可以根据原始凭证汇总表填制记账凭证；❸不得将不同内容和类别的原始凭证汇总填制到一张记账凭证上，否则就会导致摘要无法填写、会计科目失去对应关系、记账时审核困难，容易造成记账错误。

2.按照统一会计制度的规定，正确填制会计科目、子目和编制会计分录

填制会计科目时，应当填写会计科目的全称，不得简写。为了便于登记日记账和明细账，

还应填写子目甚至细目。❶记账凭证中所编制的会计分录一般应是一借一贷、一借多贷或多借一贷的形式，尽量避免多借多贷形式的会计分录。❷但是，对于一些特殊经济业务（如收回联营投资），只有编制多借多贷的会计分录才能说明其来龙去脉，此时应按多借多贷形式填写一张记账凭证，而不能拆分为几个简单的会计分录或一借多贷、多借一贷的会计分录。

3.选择、确定记账凭证的种类

会计人员应根据原始凭证所记录的经济业务内容，先确定应借、应贷的会计科目，在采用收、付、转记账凭证的情况下：❶若分录的借方出现“库存现金”或“银行存款”科目，则应选择使用**收款凭证**；❷若分录的贷方出现“库存现金”或“银行存款”科目，则应选择使用**付款凭证**；❸若分录的借方出现“库存现金”科目，而贷方出现“银行存款”科目，或反之，则应选择使用**付款凭证**；❹若分录的借、贷方均未出现“库存现金”或“银行存款”科目，则应选择使用**转账凭证**。**特别提示**：在采用通用记账凭证的情况下，无论出现何种类型的会计分录，均统一使用一种通用记账凭证。

4.填写记账凭证的日期

记账凭证的日期一般是会计人员填制记账凭证的当天日期，也可以根据管理需要填写经济业务发生日期或月末日期。其具体可分为以下三种情况：

（1）**付款业务**。库存现金或银行存款付款业务的记账凭证，一般按照财会部门付出库存现金或开出银行付款结算凭证的日期填写。

（2）**收款业务**。❶库存现金收款业务的记账凭证，应当填写收款当天的日期；❷银行存款收款业务的记账凭证，实际收款日期可能与收到该凭证的日期不一致，则应按填制收款凭证的日期填写。

（3）**转账业务**。月末计提、分配费用、成本计算、转账等业务，大多是在下月月初进行的，但所填日期应当为当月最后一日的日期。

5.记账凭证金额的填写

记账凭证的金额须与原始凭证的金额相符：❶阿拉伯数字应书写规范，并填至分位；❷相应的数字应平行对准相应的借、贷栏次和会计科目栏次，防止错栏串行；❸合计数行填写金额合计时，应在金额最高位数前填写人民币符号“¥”，以示金额封顶，防止窜改。

6.记账凭证应按行次逐笔填写，不得跳行或留有空行

记账凭证金额栏最后留有的空行，用斜直线或“S”线注销。斜直线或“S”线应从金额栏最后一笔金额数字下的空行划至合计数行上的空行。

7.填写记账凭证的编号或字号

记账凭证的编号按月编写，编写方法有三种：❶将一个月的全部经济业务，按其顺序统一编号，这种编号方法简便，适用于采用通用记账凭证的单位使用；❷将一个月的全部经济业务，分收款业务、付款业务、转账业务三类，分别按其顺序编号，如“**收字×号**”“**付字×号**”“**转字×号**”；❸将一个月的全部经济业务，分库存现金收、付款，银行存款收、付款，以及转账业务五类，分别按其顺序编号，如“**现收字×号**”“**现付字×号**”“**银收字×号**”“**银付字×号**”“**转字×号**”。

一笔经济业务如需在两张或两张以上的记账凭证上共同反映时，几张记账凭证的编号应是一个总号，在此总号下，则采用带分数的方法来表示，称为分数编号法。

记账凭证中有“过账”或“页次”栏，此栏的功能是标示资料的去处，标明其在账簿

中的位置；而账簿中有“凭证字号”栏，该栏的作用是标示资料的来处。如此一来，每笔资料每个数字的来龙去脉就清清楚楚、环环相扣了。

8.计算和填写所附原始凭证的张数

记账凭证一般应当附有原始凭证，附件张数用阿拉伯数字写在记账凭证的右侧“附件××张”行内。

(1) 附件张数的计算方法有两种：❶按所附原始凭证的自然张数计算；❷有原始凭证汇总表的附件，可将原始凭证汇总表张数作为记账凭证的附件张数，再将原始凭证作为原始凭证汇总表的附件张数处理。

(2) 对于汽车票、火车票等外形较小的原始凭证，可将其粘贴在“凭证粘贴单”上，以凭证粘贴单的数量作为原始凭证的附件数量，同时，在每张粘贴单上应注明所粘贴原始凭证的张数和金额。

(3) 当一张或几张原始凭证涉及几张记账凭证时，可将原始凭证附在一张主要的记账凭证后面，并在摘要栏内注明“本凭证附件包括××号记账凭证业务”字样，在其他记账凭证上注明“原始凭证附在××号记账凭证后面”字样。没有原始凭证，只有复印件的，不能作为填制记账凭证的依据。

9.记账凭证的签名或盖章

记账凭证填制完成后：❶一般应由填制人员、审核人员、会计主管人员、记账人员分别签名或盖章，以示其经济责任，并使会计人员互相制约、互相监督，防止错误和舞弊行为的发生；❷对于收款凭证及付款凭证，还应由出纳人员签名或盖章，以证明款项已收讫或付讫；❸实行会计电算化的单位，对于机制记账凭证，在审核无误后，上述人员也要加盖印章或签字。

（三）错填记账凭证的更正

如果填制记账凭证时发生错误，应分以下情况处理：❶如果没有登记入账，应将其作废并重新填制；❷如果已经登记入账，则应采用正确的更正方法予以更正。

三、记账凭证的分类及其填制方法

会计实务中使用的记账凭证有很多种，其分类也可以有多种标准，但最基本的分类是：按其用途进行分类和按其是否经过汇总进行分类。有关记账凭证的分类，可结合图4-4加以理解。

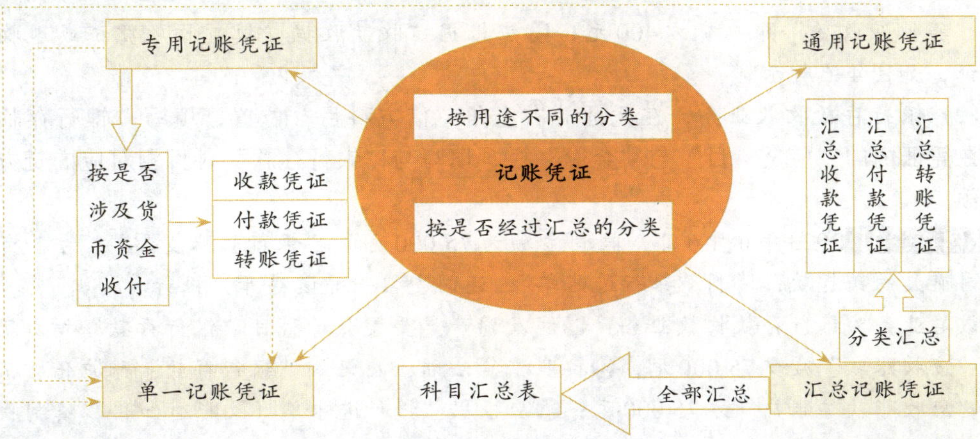

图4-4 记账凭证的分类

结合以上记账凭证的分类，下面分别介绍专用记账凭证、通用记账凭证与汇总记账凭证的填制方法。**特别说明**：有关汇总记账凭证分类汇总的汇总收款凭证、汇总付款凭证和汇总转账凭证，由于在会计实务中已经很少使用这种填制方法，所以此处不再详述。

（一）专用记账凭证的填制方法

经济业务从与货币资金收支关系的角度出发，可分为收款业务、付款业务和转账业务。专用记账凭证就是反映这三类业务的记账凭证。对于专用记账凭证的分类及填制依据，可通过图4-5加以理解。

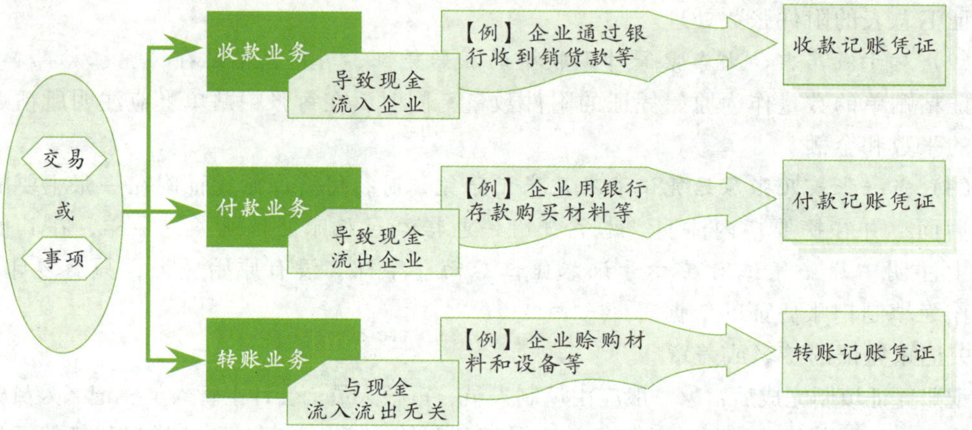

图4-5　专用记账凭证的分类及填制依据示意图

1.收款凭证的填制方法

收款凭证按照借方科目设置，并分**设证科目**“库存现金”和“银行存款”分别填制。

（1）**库存现金收款业务**，在凭证的右上角“借方科目”位置，填写“库存现金”科目，在凭证内的“应贷科目”与“金额”栏，填写与“库存现金”科目相对应的贷方科目与金额。

【例4-19】2023年6月5日，填制“收款收据”，收到保管员刘泽仁上月由于个人的责任造成的材料毁坏损失赔偿款现金400元。

该笔业务为库存现金收款业务：❶涉及资产类要素会计科目“库存现金”增加400元和“其他应收款”减少400元；❷按照借贷法则，应记入“库存现金”账户借方400元和“其他应收款”账户贷方400元；❸应根据“收款收据”填制收款凭证或现收字记账凭证，如图4-6所示。

（2）**银行存款收款业务**，在凭证的右上角“借方科目”位置，填写“银行存款”科目，在凭证内的“应贷科目”与“金额”栏，填写与“银行存款”科目相对应的贷方科目与金额。

【例4-20】2023年6月6日，收到金额为75 000元的“银行转账支票”，为本市家家利公司前欠的销货款，填制“银行进账单”，连同支票一并送存开户银行。

该笔业务为银行存款收款业务：❶涉及资产类要素会计科目“银行存款”增加75 000元和“应收账款”减少75 000元；❷按照借贷法则，应记入“银行存款”账户借方75 000元和“应收账款”账户贷方75 000元；❸应根据“银行进账单（收账通知）”填制收款凭证或银收字记账凭证，如图4-7所示。

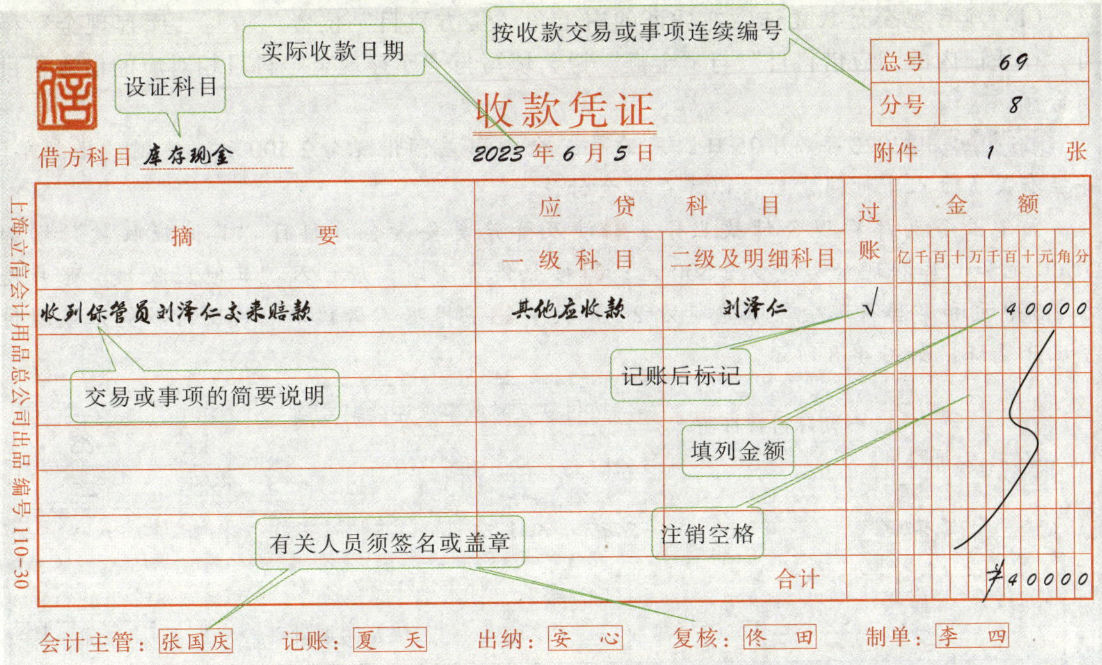

图4-6 库存现金收款记账凭证填制示意图

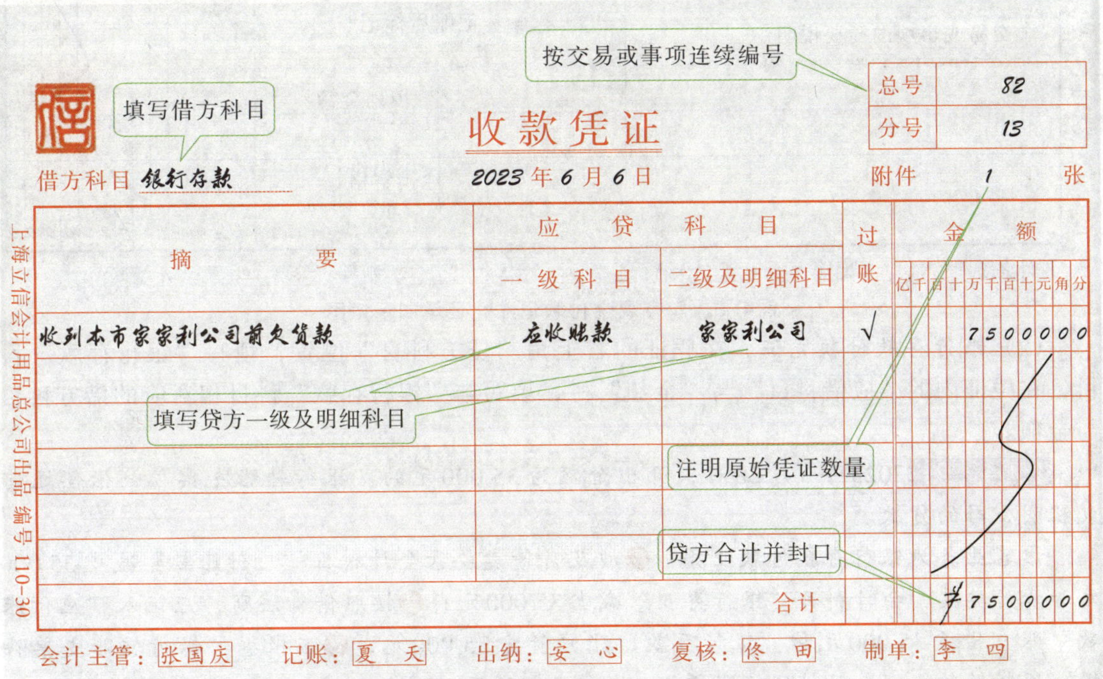

图4-7 银行存款收款记账凭证填制示意图

2.付款凭证的填制方法

付款凭证按照贷方科目设置，并分**设证科目**“库存现金”和“银行存款”分别填制。

（1）**库存现金付款凭证**，在凭证的右上角“贷方科目”位置，填写“库存现金”科目，在凭证内的“应借科目”与“金额”栏，填写与“库存现金”科目相对应的借方科目与金额。

【例4-21】2023年6月25日，采购员王金刚出差预借现金2 500元，填制“借款单”并经有关负责人审批同意后，以库存现金付讫。

该笔业务为库存现金付款业务：❶涉及资产类要素会计科目“其他应收款”增加2 500元和“库存现金”减少2 500元；❷按照借贷法则，应记入“其他应收款”账户借方2 500元和“库存现金”账户贷方2 500元；❸应根据“借款单”填制付款凭证或现付字记账凭证，如图4-8所示。

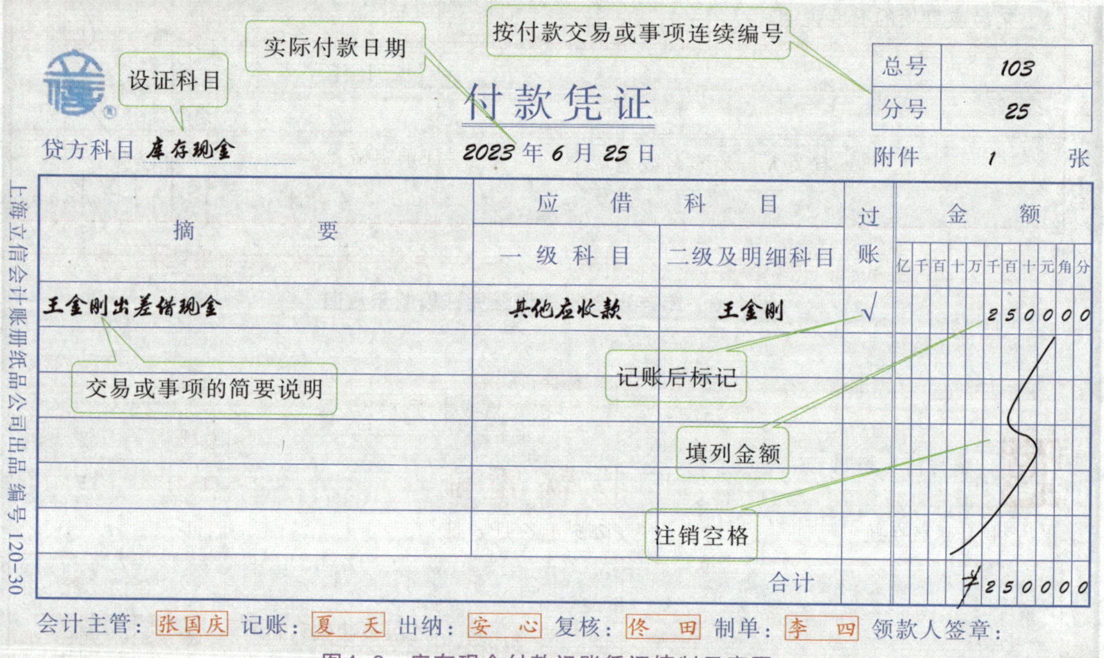

图4-8 库存现金付款记账凭证填制示意图

（2）**银行存款付款凭证**，在凭证的右上角“贷方科目”位置，填写“银行存款”科目，在凭证内的“应借科目”与“金额”栏，填写与“银行存款”科目相对应的借方科目与金额。

【例4-22】2023年6月28日，开出金额为35 000元的“银行转账支票”一张偿还前欠程明公司的货款。

该笔业务为银行存款付款业务：❶涉及负债类要素会计科目“应付账款”减少35 000元和资产类要素会计科目“银行存款”减少35 000元；❷按照借贷法则，应记入“应付账款”账户借方35 000元和“银行存款”账户贷方35 000元；❸应根据“银行转账支票存根”填制付款凭证或银付字记账凭证，如图4-9所示。

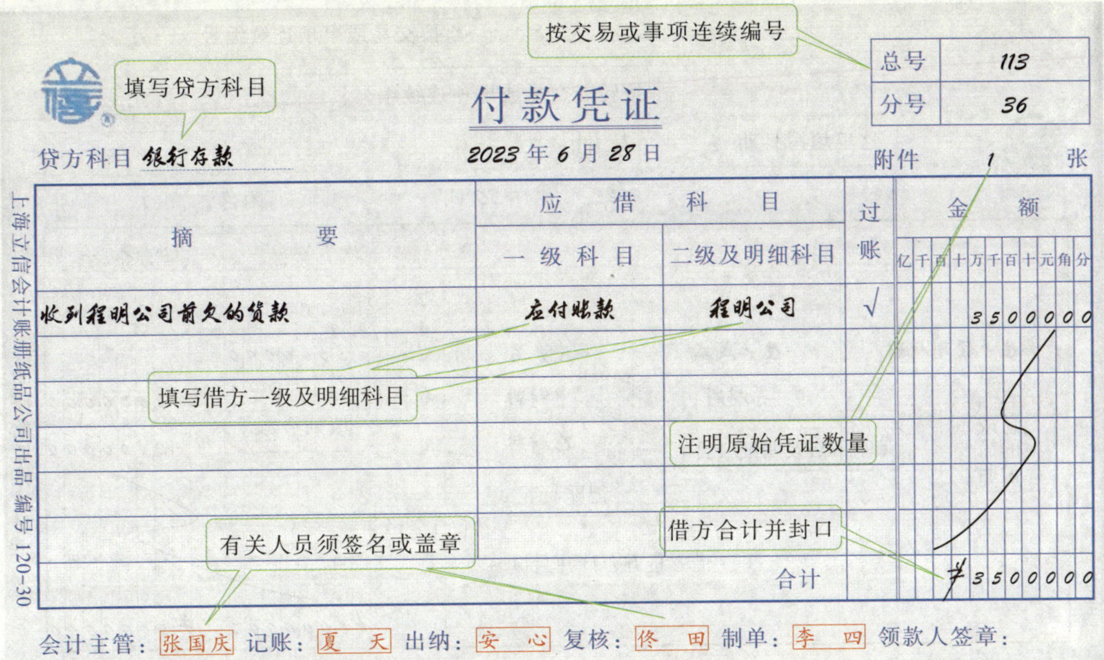

图4-9 银行存款付款记账凭证填制示意图

请思考：图4-9所填记账凭证中的“摘要”栏内容是否正确？如不正确，应如何更正？

3.转账凭证的填制方法

在借贷记账法下，将一笔经济业务所涉及的会计科目全部填列在凭证内，借方科目在先（上），贷方科目在后（下），将各会计科目所记的应借、应贷金额分别填在“借方金额”或“贷方金额”栏内，借方金额合计与贷方金额合计应该相等。

【例4-23】2023年6月30日，上海宏苑机械公司编制的“发料凭证汇总表”，列明生产A产品领用甲材料26 000元，领用乙材料24 000元。

该笔业务为不涉及现金流入流出的转账业务：❶涉及负债类要素会计科目“原材料”减少50 000元和费用成本类要素会计科目“生产成本”增加50 000元；❷按照借贷法则，应记入“生产成本”账户借方50 000元和“原材料”账户贷方50 000元；❸应根据“发料凭证汇总表”填制转账凭证，如图4-10所示。

（二）通用记账凭证的填制方法

通用记账凭证的格式类似于转账记账凭证，凭证的要素与转账记账凭证基本相同，只是反映的内容不再受经济业务类别的限制，只需在记账凭证上直接进行会计分录的编制，并相应地填列其他内容即可。关于通用记账凭证的填制方法，可参照转账记账凭证的填制方法，也可参照图4-10，此处不再赘述。

与专用记账凭证相比，通用记账凭证的优点在于：❶凭证种类单一，格式简化，填制方法易于掌握；❷记账凭证无须再细分为三种，可降低记账凭证的印刷或购置成本；❸通用记账凭证的适用范围广泛，尤其是在使用电子计算机会计处理系统的企业，通用记账凭证具有不可比拟的优势。

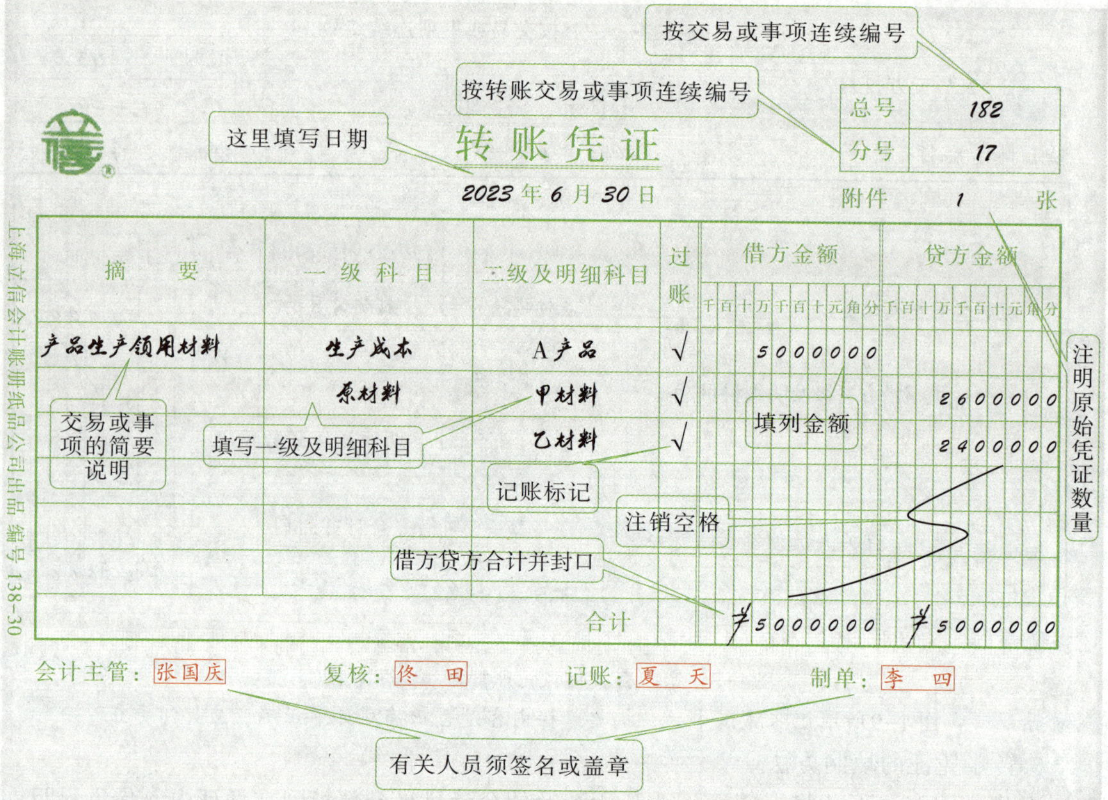

图4-10 转账记账凭证填制示意图

（三）汇总记账凭证的填制方法

汇总记账凭证按照汇总的方式，分为全部汇总和分类汇总。

1.全部汇总记账凭证的填制方法——科目汇总表

科目汇总表，亦称记账凭证汇总表，是指根据一定时期内（如5天、10天、15天或1个月）的全部记账凭证（包括专用记账凭证、通用记账凭证），按各个会计科目列示其借方发生额和贷方发生额的一种汇总记账凭证。其填制方法如下：❶将既定汇总期内的全部记账凭证按照相同会计科目分借方和贷方汇总其本期借方发生额和本期贷方发生额，相同会计科目借方（或贷方）的汇总可借鉴初等数学中的“**合并同类项**”进行，也可借助“T形”账户工作底稿进行；❷将计算结果填入“科目汇总表”的“**本期借方发生额**”和“**本期贷方发生额**”栏内。

【例4-24】上海宏苑机械公司2023年12月1日至10日发生的经济业务所编制的记账凭证（以会计分录代替）见表4-27。

表4-27 **记账凭证（以会计分录代替）**

序号	会计分录	凭证字号	序号	会计分录	凭证字号
1	借：应付职工薪酬 14 600 贷：银行存款 14 600	银付1	2	借：库存现金 85 000 贷：银行存款 85 000	银付2
3	借：原材料 30 000 应交税费 3 900 贷：银行存款 33 900	银付3	4	借：银行存款 67 800 贷：应交税费 7 800 主营业务收入 60 000	银收1

续表

序号	会计分录	凭证字号	序号	会计分录	凭证字号
5	借：在途物资 50 000 应交税费 6 500 贷：银行存款 56 500	银付 4	6	借：制造费用 2 100 管理费用 1 300 贷：银行存款 3 400	银付 5
7	借：制造费用 2 000 管理费用 6 400 贷：原材料 8 400	转 1	8	借：制造费用 1 300 管理费用 7 400 贷：原材料 8 700	转 2
9	借：制造费用 3 000 贷：银行存款 3 000	银付 6	10	借：银行存款 53 000 贷：应收账款 53 000	银收 2
11	借：银行存款 22 600 贷：应收账款 22 600	银收 3	12	借：原材料 50 000 贷：在途物资 50 000	转 3

（1）**编制科目汇总表工作底稿。**根据表 4-27 填制的记账凭证编制科目汇总表工作底稿，如图 4-11 所示。

科目汇总表工作底稿

2023 年 12 月 1 日至 10 日

库存现金

银付 2	85 000		
合计	85 000	合计	

应收账款

		银收 2	53 000
		银收 3	22 600
合计		合计	75 600

原材料

银付 3	30 000	转 1	8 400
转 3	50 000	转 2	8 700
合计	80 000	合计	17 100

在途物资

银付 4	50 000	转 3	50 000
合计	50 000	合计	50 000

应付职工薪酬

银付 1	14 600		
合计	14 600	合计	

管理费用

银付 5	1 300		
转 1	6 400		
转 2	7 400		
合计	15 100	合计	

银行存款

银收 1	67 800	银付 1	14 600
银收 2	53 000	银付 2	85 000
银收 3	22 600	银付 3	33 900
		银付 4	56 500
		银付 5	3 400
		银付 6	3 000
合计	143 400	合计	196 400

应交税费

银付 3	3 900	银收 1	7 800
银付 4	6 500		
合计	10 400	合计	7 800

制造费用

银付 5	2 100		
转 1	2 000		
转 2	1 300		
银付 6	3 000		
合计	8 400	合计	

主营业务收入

		银收 1	60 000
合计		合计	60 000

图4-11　科目汇总表工作底稿示意图

（2）**填列科目汇总表。**根据图4-11的汇总结果编制科目汇总表见表4-28。

表 4-28

科目汇总表

编号 1201

2023 年 12 月 10 日

单位：元

会计账户	本期发生额		总账页数
	借 方	贷 方	
库存现金	85 000	0	（略）
银行存款	143 400	196 400	
应收账款	0	75 600	
原材料	80 000	17 100	
在途物资	50 000	50 000	
应付职工薪酬	14 600	0	
应交税费	10 400	7 800	
制造费用	8 400	0	
管理费用	15 100	0	
主营业务收入	0	60 000	
合 计	406 900	406 900	

2.分类汇总记账凭证的填制方法

分类汇总记账凭证是对专用记账凭证，按照一定的方法进行汇总编制的一种汇总记账凭证，包括汇总收款凭证、汇总付款凭证和汇总转账凭证。

分类汇总记账凭证的编制方法

由于分类汇总编制的汇总记账凭证在会计实务中已经很少使用，因此，这里不再详细介绍。

四、记账凭证的审核

记账凭证的审核是保证账簿记录真实、准确的基础。因此，除了填制人员应当认真负责、加强自审外，会计部门还应建立相互复核或专人审核的制度。审核的主要内容包括以下三个方面：

（1）附件是否齐全，记账凭证是否附有原始凭证，记账凭证与所附原始凭证在经济内容和金额上是否一致；

（2）会计分录是否正确，包括应借、应贷的账户名称和金额是否正确，账户对应关系是否清楚，核算内容是否符合会计制度规定；

（3）记账凭证中有关项目的填列是否齐全，有关人员是否均已经签名或盖章。

五、会计凭证的传递与保管

（一）会计凭证的传递

会计凭证尤其是原始凭证，并非都是在会计部门由会计人员填制和办理凭证手续的，但都必须集中到会计部门并由会计人员将其全部登记入账。会计凭证除了作为记账依据之外，还有其他的用途，如据以组织经济活动、协调业务关系、强化内部控制、明确岗位责任、加强会计监督等。因此，企业必须认真做好会计凭证的传递。

会计凭证的传递，是指会计凭证从填制开始到归档保管为止的过程中，在本单位内部各有关部门和人员之间的传递程序和传递时间。组织会计凭证的传递：**首先，**必须确定由谁填制或取得原始凭证，并确定填制会计凭证的份数是多少；**其次，**填制的各份凭证或取得的凭证应分别交到哪些部门，由谁接办下一步手续，由谁交到会计部门，再由谁负责整理填制记账凭证，又由谁负责审核记账凭证，最后由谁归档保管。这里不仅要规定各种凭证的传递环节和顺序，还要规定一定的停留时间，才能使各项工作有条不紊地进行。

一般来说，会计凭证的传递程序越简单，就越有利于提高会计工作效率，保证会计核算的及时性，但也会削弱内部控制的效力，容易产生错弊，也可能会限制会计凭证其他方面作用的发挥。因此，必须根据交易或事项的性质、单位规模的大小和人员分工的情况，以及经营管理的需要和成本效益的原则，恰当地规定会计凭证的传递环节和顺序，并根据各个环节办理交易或事项所需的时间，合理规定凭证在各个环节停留的时间，使会计凭证的传递既保证有必要的控制环节，又有利于提高工作效率、节约成本；既能满足各方面的需要，又能确保会计信息的时效性。

为了保证会计凭证传递的顺利进行，要以会计部门为主，会同有关部门共同研究和协商凭证的格式、份数以及传递程序。然后，分别将各种主要交易或事项的凭证传递程序绘制成流程图或流程表，以便有关部门和人员执行。会计凭证传递程序制定后，有关部门和人员要认真执行，会计部门也要经常进行检查，发现不合理的地方，要及时进行修订。

（二）会计凭证的保管

记账凭证手工穿线装订方法

会计凭证是一种具有法律效力的重要经济档案，入账后要妥善保管，以便日后随时查阅。会计凭证的具体保管方式和要求如下：

1.装订方式与要求

（1）**加具封面并装订。**每月记账完毕后，要将本月的记账凭证按编号顺序整理，检查有无缺号、附件是否齐全，然后加上封面和封底，装订成册，以防散失。为了防止任意拆装，在装订处要贴上封签，并由会计主管人员盖章。最后，要将凭证按封面大小折叠整齐，在封面上写明年度、月份、共计册数，以及每册记账凭证的起止号数等。

（2）**特殊要求。**如果某些原始凭证数量过多（如收料单、发料单、工资单等），或者某些原始凭证是以后业务中仍要使用的（如合同、存出保证金收据等），也可另行装订或单独保管，但应在记账凭证中注明“附件另订”和原始凭证名称及编号。

2.保管方式与要求

（1）**调阅与复印。**❶原始凭证不得外借，已装订成册的不得抽出。❷其他单位和个人经单位领导批准调阅会计凭证的，要填写会计档案调阅表，详细填写借阅会计凭证名称、调阅日期、调阅人姓名和工作单位、调阅理由、归还日期，调阅人一般不得携带会计凭证外出。❸如有贪污、盗窃等经济犯罪案件发生，需要以某些原始凭证作证的，也只能复制，不得抽取。

（2）**保管期限与销毁**。会计凭证要按照有关会计法规制度规定的期限进行保管。保管期间要防止虫蛀鼠咬等毁损事故的发生。保管期满后，要报经上级主管部门批准后，方能销毁，必要时应由主管部门派人监销。根据《中华人民共和国财政部 国家档案局令第79号——会计档案管理办法》的规定，企业类会计凭证的保管期限为30年。

【会计论道与素质教育】

价值的转换——会计工作要求“常在河边走，就是不湿鞋”

一位勤劳的农民，从自家的菜园中收获了一个巨大的南瓜，他又惊又喜，将这个南瓜献给了国王。国王很高兴，赐给农民一匹骏马。这件事很快家喻户晓了。一个财主开动了脑筋：献个大南瓜，就能得到一匹骏马，如果献上一匹骏马，国王会赐给自己多少金银珠宝抑或美女呢？于是，财主向国王进献了一匹价值连城的骏马。国王同样非常高兴，吩咐侍者：“将那位农民献的那个珍贵的大南瓜赐予这个献骏马的人吧”。

资料来源 张健鹏，胡足青．天堂地狱（小中见大智慧文丛）[M]．北京：当代世界出版社，2005.

入账市值万亿
贵州茅台已“封神”

教授寄语：朴实的真诚奉献与贪婪的算计谋利，自然会有不同的结果。现实生活中，后者往往会有眼前的收获与成功，但绝对经不起时间的考验。

【重要概念】

会计凭证；原始凭证；记账凭证；累计凭证；收款凭证；付款凭证；转账凭证。

【复习思考题】

1. 原始凭证分为哪几类？应具备的主要内容有哪些？
2. 简述记账凭证的分类以及应具备的主要内容。

练习题在线

练习4-1 单项选择题在线回答

单项选择题每小题给出的4个备选项中，只有1个符合题意。

要求：扫描“单项选择题”二维码进行在线回答，回答完毕并提交后可参看正确答案与答案解析。

单项选择题1~10

单项选择题11~20

练习4-2 多项选择题在线回答

多项选择题每小题给出的5个备选项中，至少有2个符合题意。

要求：扫描“多项选择题”二维码进行在线回答，回答完毕并提交后可参看正确答案与答案解析。

多项选择题1~10　　多项选择题11~20

练习4-3　判断题在线回答

请判断各判断题每小题的正误，正确的用“√”表示，错误的用“×”表示。

要求： 扫描“判断题”二维码进行在线回答，回答完毕并提交后可参看正确答案与答案解析。

判断题1~7　　判断题8~14

练习4-4　识读原始凭证

1. 资料：

上海东方机械公司2023年12月份发生的部分经济业务（A至L共12笔）所填制或收到的原始凭证见练习表4-1至表4-25及练习图4-1和图4-2，扫描“练习4-4原始凭证二维码”并下载电子表格。

练习4-4 原始凭证

2. 要求：

(1) 扫描“练习4-4答题表”二维码并下载空白表4-26电子表格。(2) 根据所提供资料，在空白表4-26电子表格中按照原始凭证应具备的基本要素，描述经济业务的具体内容（包括：结算类型、用途、抬头、填制单位名称、数量、单价、金额等）。(3) 根据“财济书院”网站注册的账号，提交完成的电子表格请授课教师批阅。

练习4-4 答题表

练习4-5　填制记账凭证

1. 资料：

上海东方机械公司2023年12月份发生的部分经济业务所填制或收到的原始凭证参见“练习4-4原始凭证”二维码（练习4-4表4-1至表4-25及练习4-4图4-1和图4-2）。该公司的相关人员——会计主管：李萍；记账人员：王立；出纳人员：孙周；复核人员：刘芳；制单人员：填写学生自己的名字。

2. 要求：

(1) 扫描“练习4-5记账凭证”二维码并下载空白记账凭证（经济业务1至经济业务12）电子表格。(2) 根据所提供资料，在空白记账凭证中填制专用记账凭证（按照“现收字”“现付字”“银收字”“银付字”“转字”5种方式进行编号）。(3) 根据“财济书院”网站注册的账号，提交完成的电子表格请授课教师批阅。

练习4-5 记账凭证

5 项目五 制造业主要经济业务的核算（上）

【内容导读】

本项目是项目三中借贷记账法以及项目四中记账凭证填制内容的熟练掌握与运用。本项目将结合制造业企业经营活动各个环节发生的主要经济业务阐述借贷记账法及其记账凭证的填制，进一步加深对会计假设、会计要素确认与计量、账户设置与复式记账等会计理论与方法的理解和掌握。

制造业企业经营活动各个环节发生的主要经济业务包括：筹资业务、生产准备业务、生产过程业务、销售过程业务、经营成果形成业务、利润分配业务。由于制造业企业主要经济业务的核算内容较多，且经营成果形成业务、利润分配业务有其特殊性，所以，本书将制造业企业主要经济业务的核算分为上下两部分进行阐述。

制造业企业主要经济业务的核算（上），主要阐述**筹资业务、生产准备业务、生产过程业务、销售过程业务**记账凭证的填制。其要求：❶熟悉各环节经济业务的文字描述与对应的原始凭证及具体用途；❷理解并掌握各环节经济业务进行会计核算所涉及有关账户的用途与结构；❸重点掌握各环节经济业务记账凭证填制的核心内容——会计分录的编制。

任务一　筹资业务的核算

一、筹资业务的主要内容

企业为了开展经营活动必须筹集足够的资金，其筹集资金的渠道主要有两种：❶股权资本——即投资者投入的资本，形成所有者权益；❷债权资本——即向债权人借入的资金，形成债权人权益，即负债。

（一）股权性筹资业务核算的主要内容

接受投资者投入的资金是企业筹措资金的主要来源渠道，主要包括吸收直接投资、发行股票两种形式。我国目前实行注册资本认缴制，即登记机关只登记公司股东认缴的出资总额（注册资本），股东实际缴纳的出资额（实收资本）由公司股东自主约定并记载于公司章程。注册资本是《公司法》的概念，实收资本是《企业会计准则》的概念，只有股东实际缴存了注册资本，才可以在会计上被确认为“实收资本”。实收资本：❶按投入资本的主体不同，可以分为**国家资本金、法人资本金、个人资本金和外商资本金**；❷按投入资本的形态不同，可以分为**货币投资、实物投资、证券投资和无形资产投资**。

对于投资者投入的资金，只有按投资者占被投资企业注册资本比例计算的部分，才可作为实收资本，超过投资比例计算的部分，作为资本溢价。由此可见，资本公积从其实质上看是一种准资本，是资本的一种储备形式。❶企业的资本公积金主要来源于**所有者投入资本中超过法定资本份额的溢价和直接计入资本公积金的各种利得或损失等**。❷我国《公司法》等法律规定，资本公积的用途主要是转增资本。

（二）债务性筹资业务核算的主要内容

（1）借入资金，是指企业在生产经营过程中，由于资金周转或其他方面的原因，向银行等金融机构借入及向社会公众发行公司债券等所筹集的资金。为了便于会计信息使用者分析企业的财务状况和偿债能力，企业的负债按其偿还期限的长短，可以分为**流动负债和非流动负债**。本书仅以流动负债中的短期借款来阐述借入资金经济业务的核算。

（2）短期借款，是指企业向银行或其他金融机构借入的偿还期限在1年以内（含1年）的各种借款。企业取得短期借款主要是为了满足日常生产经营的需要。❶每笔借款在取得时可以根据借款借据上的金额来确认和计量。❷短期借款的利息支出属于企业在理财活动过程中为筹集资金而发生的一项耗费，在会计核算中，企业应将其作为期间费用（财务费用）加以确认，将在项目六任务二中进行介绍。❸本任务主要介绍短期借款的取得与偿还的核算。

二、筹资业务核算应设置的主要账户

为了总括地核算和监督投入资金和借入资金的增减变动情况，筹资业务的会计核算应设置以下主要账户：

实收资本与资本公积的区别和联系

1.“实收资本（或股本）”账户

该账户是核算企业按照合同、章程的规定收到投资者或股东投入的资本金的“所有者权益类”账户。❶按照投资主体设置明细账进行明细分类核算；❷账户结构，如图5-1所示。

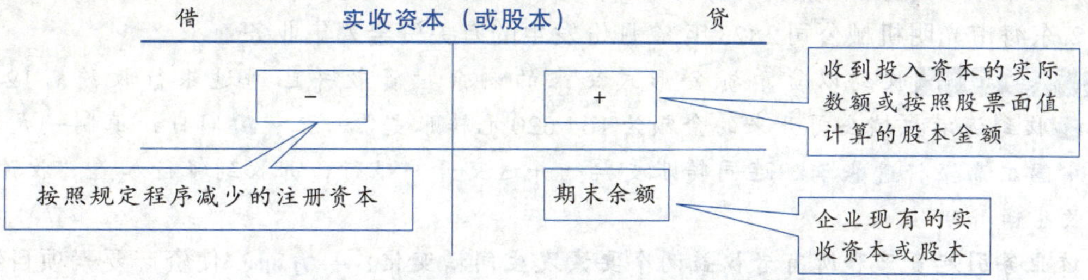

图5-1 “实收资本（或股本）”账户结构

2.“资本公积”账户

该账户是核算企业资本公积的增减变动及其结余情况的“所有者权益类”账户。❶按照资本公积形成的类别设置明细账进行明细分类核算；❷账户结构，如图5-2所示。

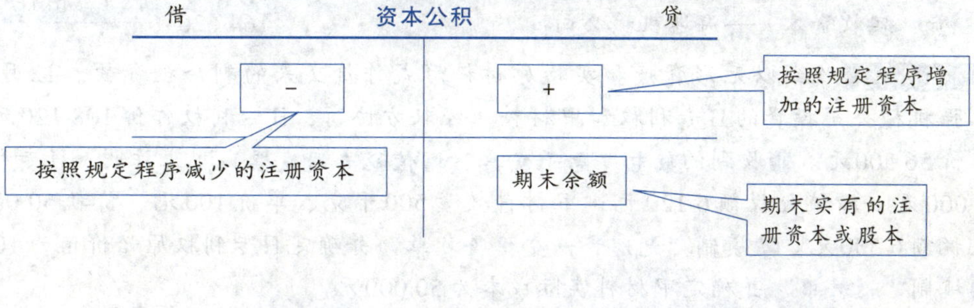

图5-2 “资本公积”账户结构

3.“短期借款”账户

该账户是核算短期借款的取得、归还及余额情况的“负债类”账户。❶按照借款种类、贷款人设置明细账进行明细分类核算；❷账户结构，如图5-3所示。

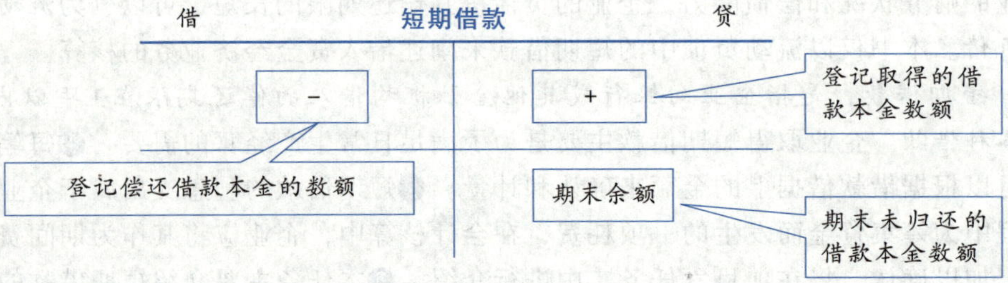

图5-3 “短期借款”账户结构

三、筹资业务核算举例

本项目以东海市光明机械公司为例，阐述制造业企业主要经济业务的核算。

1.企业基本概况及有关账户期初余额

(1) 法定代表人：师益忠。(2) 企业类型：有限责任公司、增值税一般纳税人。(3) 统一社会信用代码/纳税人识别号：915001003477023842。(4) 注册资本：人民币柒佰万元整，实收资本5 000 000元，其中：港城机械公司占50%；永强机械公司占50%。(5) 经营范围及主要产品：机械生产与销售，产品包括AH-15型车床（简称A产品）和BH-16型车床（简称B产品）。(6) 2×23年12月月初各账户期初余额见表5-1。

2.东海市光明机械公司2×23年12月份发生的有关资金筹集业务

【业务5-1】收到以货币资金形式交来的剩余投资款并已通过银行收讫。12月1日：❶收到海港机械公司开来的金额为164 620元转账支票一张；❷同日，填制一式两联的“中国工商银行进账单”连同转账支票一并送交开户银行，并收到银行加盖“收讫章”的“收账通知联”。

该业务引起资产和所有者权益两个要素发生同增变化：一方面，使资产要素项目银行存款增加164 620元，应借记“银行存款”账户；另一方面，使所有者权益要素项目实收资本增加164 620元，应贷记“实收资本”账户。该业务为收款业务，应根据以下分录编制收款凭证：

借：银行存款	164 620		收1，附件1张
贷：实收资本——海港机械公司		164 620	

【业务5-2】收到以无形资产和实物原材料形式作价交来的剩余投资款。12月1日，收到永强机械公司投资的H专利权和甲材料，经双方协商，H专利权作价108 120元、甲材料作价56 500元。❶收到的数电“电子发票（增值税专用发票）”上注明：H专利权价款102 000元、增值税税额6 120元；甲材料数量500千克、单价100元、价款50 000元、增值税税额6 500元。❷填制“无形资产交接验收单”并确定H专利权原始价值为102 000元。❸填制“收料单”并确定甲材料实际成本为50 000元。

表 5-1

总分类账户及其所属明细分类账户期初余额表

2×23 年 12 月 1 日

单位：元

总账科目	明细科目	借方金额	总账科目	明细科目	借方金额	总账科目	明细科目	贷方金额	总账科目	明细科目	贷方金额
库存现金		**19 500**	在途物资		**48 600**	坏账准备		**12 086**	应交税费		**122 800**
银行存款		**1 857 552**		华峰机械公司	48 600		应收账款	12 086		未交增值税	60 000
应收票据		**578 000**	库存商品		**420 800**	累计折旧		**973 806**		应交城市维护建设税	9 800
	天虹机械公司	578 000		A 产品	262 400	累计摊销		**75 000**		应交教育费附加	4 200
应收账款		**483 000**		B 产品	158 400	短期借款		**700 000**		应交地方教育附加	2 800
	锦龙机械公司	446 000	固定资产		**7 027 000**		工行东支	700 000		应交所得税	46 000
	明盛机械公司	−18 000		机器设备类	3 863 000	应付票据		**80 000**	应付利息		**11 840**
	华光机械公司	55 000		房屋建筑类	3 164 000		秋林机械公司	80 000		工行东支	11 840
预付账款		**155 000**	在建工程		**288 000**	应付账款		**8 000**	实收资本		**5 000 000**
	星海机械公司	−20 000		配电工程	124 000		碧华机械公司	38 000		海港机械公司	2 500 000
	华润机械公司	175 000		排水工程	164 000		绣玥机械公司	−36 000		永强机械公司	2 500 000
其他应收款		**8 000**	无形资产		**270 000**		浩杰机械公司	6 000	资本公积		**970 760**
	牛轶群	8 000		N 专利权	180 000	预收账款		**486 000**		资本溢价	970 760
原材料		**245 800**		M 专利权	90 000		靓丽机械公司	490 000	盈余公积		**446 100**
	甲材料	134 800	生产成本		**65 200**		盛楠机械公司	−4 000		法定盈余公积	446 100
	乙材料	55 600		A 产品	34 000	应付职工薪酬		**310 560**	利润分配		**169 500**
	丙材料	55 400		B 产品	31 200		工资	310 560		未分配利润	169 500
									本年利润		**2 100 000**
借方余额总计：11 466 452						贷方余额总计：11 466 452					

注：❶表中负数数字为账户反方向余额；❷“本年利润”账户2 100 000元为1至11月累计实现的预计净利润。

该业务引起资产、负债和所有者权益三个要素、四个项目发生变化：一方面，使资产要素项目无形资产和原材料分别增加102 000元和50 000元，应分别借记“无形资产”“原材料”账户，以及具有垫付性质并可抵扣的负债要素项目应交增值税（进项税额）增加12 620元，应借记“应交税费——应交增值税（进项税额）”账户；**另一方面，**使所有者权益要素项目实收资本增加164 620元，应贷记“实收资本”账户。该业务为**转账业务，**应根据以下分录编制转账凭证：

借：无形资产——H专利权	102 000		转 1，附件 3 张
原材料——甲材料	50 000		
应交税费——应交增值税（进项税额）	12 620		
贷：实收资本——永强机械公司		164 620	

“应交税费——应交增值税（进项税额）”账户的用途和结构，参见本项目任务二的有关内容。

【拓展阅读】

对“应交税费——应交增值税”账户的特别理解

按照增值税计税原理与方法，增值税进项税额具有垫付性质，用来抵扣增值税销项税额，据以确定应纳税额。所以，对“应交税费——应交增值税（进项税额）”账户可以有两种理解：❶将“应交税费——应交增值税（进项税额）”账户理解为负债的减少，按照负债类账户减少记借方的账户结构，应借记“应交税费——应交增值税（进项税额）”账户；❷具有垫付性质的增值税进项税额是对负债项目“应交税费——应交增值税（销项税额）”的抵扣，也可以将“应交税费——应交增值税（进项税额）”账户理解为资产的增加，按照资产类账户增加记借方的账户结构，应借记“应交税费——应交增值税（进项税额）”账户。**有关增值税计税原理与方法的阐述，参见本项目任务二的说明。**

【业务5-3】按照公司章程规定，经公司董事会批准，将资本公积转增资本金。12月1日，根据董事会资本公积转增资本金的批准文件，将资本公积970 760元按照原实收资本比例转增资本金。编制**“资本公积转增资本金表”，**海港机械公司（50%）、永强机械公司（50%）应分别增加资本金485 380元。

该业务引起所有者权益要素两个项目之间此增彼减：一方面，使所有者权益要素项目实收资本增加970 760元，应记入“实收资本”账户的贷方；**另一方面，**使所有者权益要素另一项目资本公积减少970 760元，应记入“资本公积”账户的借方。该业务为**转账业务，**应根据以下分录编制转账凭证：

感恩与良心：压岁钱应贷记什么账户？

借：资本公积	970 760		
贷：实收资本——海港机械公司		485 380	转 2，附件 1 张
——永强机械公司		485 380	

【业务5-4】接收以实物机器设备交来的新增投资并已完成增资法律手续。12月1日，收到祥云机械公司新增投资的机床2台，双方协商作价734 500元。❶根据**“投资协议”**该投资在企业注册资本（700万元）中所占份额为10%（70万元），其余34 500元作为资

本公积（资本溢价）。❷收到祥云机械公司开具的数电“电子发票（增值税专用发票）”上注明：价款650 000元、增值税税额84 500元。❸填制“固定资产交接验收单”并确定其原始价值为650 000元。

该业务引起资产、负债和所有者权益三个要素、四个项目发生变化：一方面，使资产要素项目固定资产增加650 000元，应借记“固定资产”账户，以及具有垫付性质并可抵扣的负债要素项目应交增值税（进项税额）增加84 500元，应借记“应交税费——应交增值税（进项税额）”账户；另一方面，使所有者权益要素项目实收资本增加700 000元和资本公积增加34 500元，应分别贷记“实收资本”“资本公积”账户。该业务为转账业务，应根据以下分录编制转账凭证：

借：固定资产	650 000		转3，附件3张
应交税费——应交增值税（进项税额）	84 500		
贷：实收资本——祥云机械公司		700 000	
资本公积——资本溢价		34 500	

【业务5-5】从银行借入期限不超过1年的临时周转借款并转入借款人指定的账户。12月1日，根据开户银行中国工商银行东海市支行核定的授信额度，填制“中国工商银行借款凭证”并收到银行加盖“转讫章”的第一联（回单），上列借款金额为80 000元并转入公司的存款账户，借款年利率为3.6%，期限为9个月，利息按季结算。

该业务引起资产和负债两个要素发生同增变化：一方面，使资产要素项目银行存款增加80 000元，应借记“银行存款”账户；另一方面，使负债要素项目短期借款增加80 000元，应贷记“短期借款”账户。该业务为收款业务，应根据以下分录编制收款凭证：

借：银行存款	80 000		收2，附件1张
贷：短期借款——工行东支		80 000	

【业务5-6】偿还到期的银行短期借款。12月31日，填制“中国工商银行还款凭证”并收到贷款银行加盖“转讫章”的第二联（归还本金），上列还款金额为200 000元。

该业务引起资产和负债两个要素发生同减变化：一方面，使负债要素项目短期借款减少200 000元，应借记“短期借款”账户；另一方面，使资产要素项目银行存款减少200 000元，应贷记“银行存款”账户。该业务为付款业务，应根据以下分录编制付款凭证：

借：短期借款	200 000		付23，附件1张
贷：银行存款		200 000	

任务二　生产准备业务的核算

生产准备过程是为企业生产经营活动准备劳动手段与劳动对象等物资的过程，其主要业务包括固定资产购建业务和材料采购业务。其中，固定资产购建业务属于《企业会计准则》界定的对内投资业务内容，材料采购业务属于企业经营过程中的供应过程业务内容。为了叙述方便，将这两部分内容合并为生产准备业务。

【拓展阅读】

投资活动内容

我国《企业会计准则》规定：**“投资活动，是指企业长期资产的购建和不包括在现金等价物范围的投资及其处置活动”。**由此看来，企业的投资活动可以分为对内投资和对外投资两类。(1)**对内投资**，是指企业持有期限在1年或一个营业周期以上的固定资产、无形资产、在建工程和其他资产等长期资产的购建。根据投资的形态，可以具体划分为两类：❶**实物资产投资**，包括固定资产和在建工程等；❷**非实物资产投资**，包括无形资产和其他资产等。(2)**对外投资**，是指企业出于为取得被投资方资产，或对被投资方实施影响或控制等不同目的而对企业外部进行的权益性投资活动。根据管理层的持有意图，可以具体划分为三类：❶**交易性投资**，是指企业为了在近期内出售而持有的金融资产；❷**长期债权投资**，是指企业购买的各种1年期以上的债券投资，包括债权投资、其他债权投资、其他权益工具投资；❸**长期股权投资**，是指企业长期持有的对子公司、联营企业和合营企业的权益性投资。

投资活动的经济业务纷繁复杂，为了避免与《财务会计学》的教材内容发生重复，本教材仅对**固定资产投资业务的核算**予以介绍。

一、固定资产购建业务的核算

固定资产的含义及其特点

(一)固定资产购建业务的主要内容

1.固定资产的含义

固定资产是企业经营过程中使用的长期资产，包括房屋建筑物、机器设备、运输车辆以及工具、器具等。《企业会计准则第4号——固定资产》中对固定资产的定义是：**固定资产，是指同时具有下列特征的有形资产：为生产商品、提供劳务、出租或经营管理而持有的；使用寿命超过一个会计年度。**这里的使用寿命，是指企业使用固定资产的预计期间，或者该固定资产所能生产产品或提供劳务的数量。从固定资产的定义可以看出，固定资产具有以下三个特征：❶固定资产是为生产商品、提供劳务、出租或经营管理而持有的；❷固定资产的使用寿命超过一个会计年度；❸固定资产为有形资产。

固定资产从其经济用途来看，是用于生产经营活动而不是为了出售的，这一特征是区别固定资产与商品、产品等流动资产的重要标志。由于固定资产要长期地参加企业的生产经营活动，因而其价值周转与实物补偿并不同步，固定资产的这一特点显然也不同于流动资产。固定资产的价值一部分随其磨损，脱离其实物形态，而另一部分仍束缚在使用价值形态上，这一特点使得固定资产的计价既可以按取得时的实际成本表现，又可以按经磨损之后的净值表现。

2.固定资产入账价值的确定

《企业会计准则第4号——固定资产》规定，固定资产应当按照成本进行初始计量。固定资产取得时的实际成本，是指企业购建固定资产达到预定可使用状态前所发生的一切合理的、必要的支出，它反映的是固定资产处于预定可使用状态时的实际成本。其包括：❶直接发生的支出，如支付的固定资产的买价、包装费、运杂费、安装费等；❷间接发生的支出，如固定资产建造过程中应予以资本化的借款利息等。这些直接和间接的支出对形成固定资产的生产能力都有一定的作用，理应计入固定资产的价值。所以，固定资产应当按照历史成本加以计量。

(1)企业外购固定资产的入账价值，包括：❶购进的价款（买价）；❷相关费用（如运输费、装卸费和安装费）；❸相关税金（如进口关税，但不包括按照税法规定可以抵扣的增值税进项税额）。

(2)企业自行建造固定资产的入账价值，包括：❶通过在建工程归集兴建过程中发生的人工费用、材料费用及其他相关费用；❷工程完工并达到预定可使用状态后，再将在建工程转入固定资产成本。

【拓展阅读】

“实质重于形式”原则的具体应用

对于企业所建造的固定资产已达到预定可使用状态，但尚未办理决算的，我国《企业会计准则》规定，应自达到预定可使用状态之日起，根据工程决算、造价或工程实际成本等相关资料，按估计的价值转入固定资产，并计提折旧。这就意味着，是否达到**“预定可使用状态”**是衡量可否作为固定资产进行核算和管理的标志，而不再拘泥于**“竣工决算”**这一标准，这也是会计信息质量要求的**“实质重于形式”**原则的一个具体应用。

（二）固定资产购建业务核算应设置的主要账户

1.“固定资产”账户

该账户是用来核算企业固定资产原始价值增减变动及余额的“资产类”账户。❶应设置“固定资产登记簿”和“固定资产卡片”，按固定资产类别设置明细账进行明细分类核算；❷账户结构，如图5-4所示。

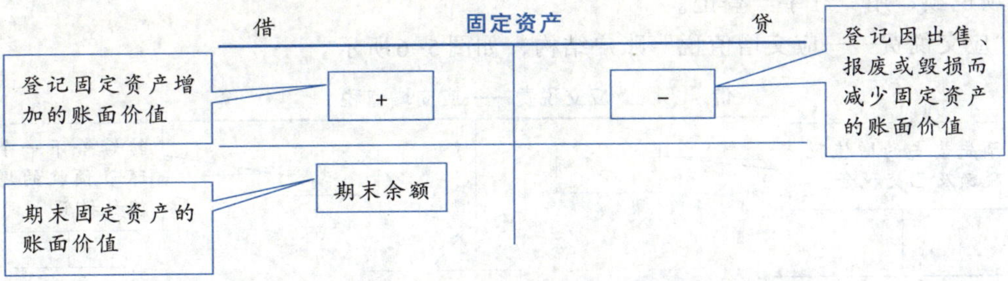

图5-4 “固定资产”账户结构

2.“在建工程”账户

该账户是用来核算企业进行设备安装工程、建造固定资产的建筑工程等发生的实际支出，并据以计算完工工程成本的“资产类”账户。❶按工程类别或名称设置明细账进行明细分类核算；❷账户结构，如图5-5所示。

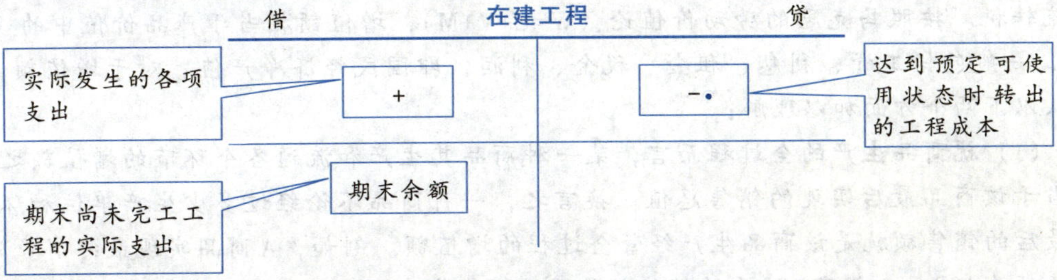

图5-5 “在建工程”账户结构

3.“应交税费——应交增值税”账户

(1)对于增值税一般纳税人：❶在销售产品、提供劳务或服务时向对方收取的应纳增值税，称为“销项税额”；❷在购买生产设备、材料等物料用品以及接受应税劳务或服务和耗费自来水、电力时，依据数电“电子发票（增值税专用发票）”支付的增值税，称为“进项税额”，按照税法规定可以从销项税额中予以抵扣；❸会计核算中对与增值税有关的交易或事项，应按照增值税的具体项目单独核算，需要在“应交增值税”二级明细账户内，设置“进项税额”“已交税金”“转出未交增值税”“销项税额”“进项税额转出”等专栏，进行三级明细分类核算。

全面深化增值税改革

(2)“应交税费——应交增值税（进项税额）”账户。❶该账户属于“应交增值税”明细分类账户的借方专栏，是专门用来核算一般纳税人外购物品和接受应税劳务或服务时支付的、符合税法规定可以从销项税额中予以抵扣的税额；❷该账户属于负债类“应交税费——应交增值税（销项税额）”账户的抵减账户，在没有抵扣前可以理解为“资产类”账户；❸该账户只有借方发生额，登记企业外购物品（包括材料、设备、电力、自来水等）和接受应税劳务或服务时，依据数电“电子发票（增值税专用发票）”或有关规定而应向供应单位连同买价一起支付的税额，因购货退回等应冲销的进项税额，用“红字”登记。

(3)“应交税费——应交增值税（销项税额）”账户。❶该账户是专门用来核算企业一般纳税人因销售业务应向购买方收取的增值税销项税额的“负债类”账户；❷该账户只有贷方发生额，登记因发生销售业务应向购买方收取的增值税税额，因销售退回等应冲销的销项税额，用“红字”登记。

“应交税费——应交增值税”账户结构，如图5-6所示。

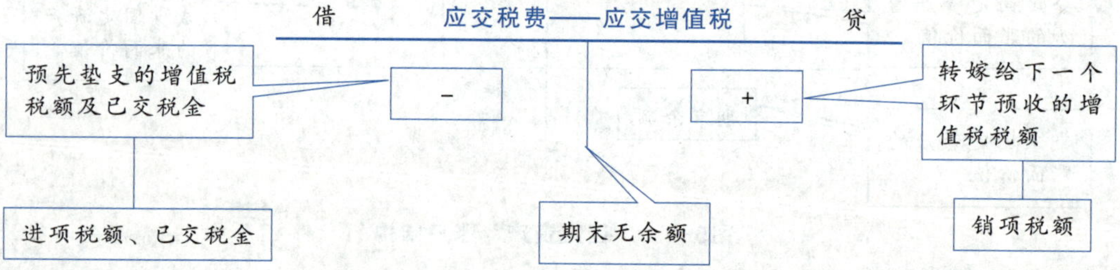

图5-6 “应交税费——应交增值税”账户结构

【拓展阅读】

对增值额的进一步理解

增值税从理论上讲，是以商品、劳务及服务价值中的增值额为计税依据所征收的一种流转税。按照马克思的劳动价值论（W=C+V+M），增值额相当于产品价值中的“V+M”，一般包括工资、利息、租金、税金、利润，即国民经济净产值。对于增值额还可以从以下两个方面加以理解：

(1)就商品生产的全过程而言，某一种商品其生产和流通各个环节的增值额之和，相当于该商品最后实现的销售总值。换言之，一种商品不论经过多少生产单位和环节，其最后的销售额就是该商品生产经营全过程的增值额。例如，A商品实现最终消费时的销售额为100元，假定100元的销售额是通过以下生产和流通过程逐步形成的，从表5-2

可以看到，该商品零售环节的销售额是由四个环节的增值额构成的。

表5-2 **A商品销售额与增值额的产生过程** 单位：元

生产经营过程	原材料生产环节	产成品生产环节	商品批发环节	商品零售环节	合 计
销售额	30	70	80	100	—
增值额	30	40	10	20	100

（2）**就某一个生产单位而言**，增值额就是这个单位商品销售收入额扣除购入商品金额后的余额。这部分余额相当于该单位活劳动所创造的价值。例如，电冰箱厂本月销售电冰箱收入（W）100万元，扣除该销售商品物化劳动（C）60万元，那么该厂当月的增值额为40万元。

按照以上方法计算的增值额，被称为**“理论增值额”**。而实际征税中的计税依据，由于对C的扣除待遇不同，形成了**“法定增值额”**。所以，增值税是以商品流转额为计税依据并实行税额抵扣制的一种流转税。由于法定增值额扣除范围的大小不同，形成了增值税的三种类型：**消费型、收入型和生产型**。

增值税最早由法国在20世纪50年代创立并实行。20世纪50年代以前，法国实行的是按流转额全额课征的营业税制，具有多环节阶梯式课税的特征，带来了税收的重叠性，环节越多，重叠性就越大，造成了同一商品的税收负担不一致，阻碍了社会化大生产分工与协作的发展。仍以上例A商品的生产流通为例来说明营业税制的税收重叠性，具体见表5-3。

表5-3 **营业税制的税收重叠性** 金额单位：元

项 目	原材料生产环节	产成品生产环节	商品批发环节	商品零售环节	合 计
销售额（W）	30	70	80	100	280
营收税率（10%）	3	7	8	10	28
物化劳动消耗部分	0	30	70	80	180
增值额部分	30	40	10	20	100
本环节增值额共课税次数	4	3	2	1	—
本环节增值额共课税总额	120	120	20	20	280
本环节增值额重复课税总额	90	80	10	0	180
本环节重复课税总额	9	8	1	—	18
按照各环节增值额课税总额	3	4	1	2	10

从表5-3可以看到，100元的A商品由于每一个销售环节都按销售额全额课税，累计起来是按280元征税的，税负为28%。如果按商品价值（各个环节增值额合计）100元课税，则税负为10%，税负相差18%。

（三）固定资产购建业务核算举例

东海市光明机械公司2×23年12月份发生的有关固定资产购建业务如下：

【业务5-7】购入不需要安装的设备，直接交付使用形成企业的固定资产。12月7日：❶收到西安市新盛机械公司开具的数电**“电子发票（增值税专用发票）”**上注明：

机器设备价款42 800元、增值税税额5 564元；❷对方代垫运费并转来承运单位开具的“货物运输服务”的**数电“电子发票（增值税专用发票）”**上注明：运费2 200元、增值税税额198元；❸填制**“固定资产交接验收单”**并确定其原始价值为45 000元（42 800+2 200），该设备直接交付车间使用；❹价税合计50 762元，报经有关领导审核无误后通过企业网银付讫。

该业务引起资产和负债两个要素、三个项目发生变化：一方面，使资产要素项目固定资产增加45 000元，应借记“固定资产”账户，以及具有垫付性质并可抵扣的负债要素项目应交增值税（进项税额）增加5 762元，应借记“应交税费——应交增值税（进项税额）”账户；另一方面，使资产要素项目银行存款减少50 762元，应贷记“银行存款”账户。该业务为付款业务，应根据以下分录编制付款凭证：

借：固定资产——生产用固定资产	45 000		
应交税费——应交增值税（进项税额）	5 762		付3，附件4张
贷：银行存款		50 762	

【业务5-8】购入需要安装的设备，发包外单位安装，达到预定可使用状态并交付使用。

（1）设备购入时。12月9日：❶收到太原市重型机械厂开具的**数电“电子发票（增值税专用发票）”**上注明：BN69型锅炉价款80 000元、增值税税额10 400元；❷对方负担运费，验收合格并填制**“工程物资验收单”**，上列工程物资成本为80 000元；❸价税合计90 400元，报经有关领导审核无误后通过企业网银付讫。

该业务引起资产和负债两个要素、三个项目发生变化：一方面，使待安装的资产预收项目在建工程增加80 000元，应借记“在建工程”账户，以及具有垫付性质并可抵扣的负责要素项目应交增值税（进项税额）增加10 400元，应借记“应交税费——应交增值税（进项税额）”账户；另一方面，使资产要素项目银行存款减少90 400元，应贷记“银行存款”账户。该业务为付款业务，应根据以下分录编制付款凭证：

借：在建工程——锅炉工程	80 000		
应交税费——应交增值税（进项税额）	10 400		付5，附件4张
贷：银行存款		90 400	

（2）将设备发包给外单位安装。12月13日：❶收到晋源安装公司开具的“建筑服务”的**数电“电子发票（增值税专用发票）”**上注明：安装费3 000元、增值税税额270元；❷价税合计3 270元，报经有关领导审核无误后通过企业网银付讫。

该业务引起资产和负债两个要素、三个项目发生变化：一方面，使资产要素项目在建工程增加3 000元，应借记“在建工程”账户，以及具有垫付性质并可抵扣的负责要素项目应交增值税（进项税额）增加270元，应借记“应交税费——应交增值税（进项税额）”账户；另一方面，使资产要素项目银行存款减少3 270元，应贷记“银行存款”账户。该业务为付款业务，应根据以下分录编制付款凭证：

借：在建工程——锅炉工程	3 000		
应交税费——应交增值税（进项税额）	270		付9，附件2张
贷：银行存款		3 270	

（3）**设备安装完毕，经验收达到预定可使用状态并交付车间使用。**12月19日，填制“固定资产交接验收单”并确定其原始价值为207 000元［月初余额124 000元+本期发生额83 000元（80 000+3 000）］。

该业务引起资产要素两个项目之间发生此增彼减变化：一方面，使资产要素项目固定资产增加207 000元，应借记“固定资产”账户；**另一方面，**使资产要素另一项目在建工程减少207 000元，应贷记“在建工程”账户。即应将该完工工程的全部成本由“在建工程”账户的贷方转入“固定资产”账户的借方。该业务为**转账业务，**应根据以下分录编制转账凭证：

借：固定资产——生产用固定资产	207 000		转11，附件1张
贷：在建工程——锅炉工程		207 000	

【知识补充】

增值税计税原理与计税方法

1.“扣额法”

增值税是以增值额为课税依据，以增值额乘以增值税税率，得出应纳税额的“直接计税法”。由于增值额计算的复杂性，所以，增值税从开始就采用倒扣制“扣额法”确定增值额（W–C）并界定为“法定增值额”。但由于C在企业会计核算中，其数据确定的多样性以及纳税人违法行为造成数据的不真实，“W–C”确定的“法定增值额”千差万别，按照“法定增值额×增值税税率”计算确定的应纳税额也就千差万别，计税复杂且不利于税收征管。

2.“发票扣税制”

由于“扣额法”计税复杂且不利于税收征管，所以，将“扣额法”进一步异化为“扣税法”并采用“发票扣税制”，其计税公式为：

当期应纳税额=当期销项税额–当期进项税额

销项税额，是指增值税一般纳税人发生应税交易，按照销售额和增值税税率计算，并向购买方收取的税额，其计算公式为：

销项税额=销售额×适用税率

进项税额，是指纳税人购进与应税交易相关的货物、服务、无形资产、不动产支付或者负担的增值税税额。按照税法规定，准予从销项税额中扣除的进项税额主要包括：从销售方取得的增值税专用发票上注明的税额，以及纳税人未取得增值税专用发票按照有关规定计算确定的进项税额。

增值税属于价外税，“扣额法”计税与“扣税法”计税，其计算结果一致，在商品流通企业中体现得最为直观与明显。例如，甲商店（增值税一般纳税人）购入商品一批，取得的增值税专用发票上注明：价款10 000元、税率13%、税额1 300元；然后，其将该批商品销售出去，开具的增值税专用发票上注明：价款15 000元、税率13%、税额1 950元。两种计税方法的计税过程与结果如下：

应交增值税税额（扣额法）=增值额（15 000–10 000）×适用税率（13%）=650（元）

应交增值税税额（扣税法）=销项税额（1 950）–进项税额（1 300）=650（元）

在同一项购销业务中，进项税额与销项税额相对应，即销售方收取的销项税额就是购买方支付的进项税额，增值税实行逐一环节征收，前后相扣并形成一种相互勾稽的链条关系。如果一个纳税人想要少缴税，要么减少销项税额（对方减少进项税额），要么增加进项税额（对方增加销项税额），即购销双方，一个纳税人少缴纳的增值税就是另一个纳税人多缴纳的增值税。所以，在“**发票扣税制**”下，可促使购买方向销售方索取发票并监督对方如实开具，税务部门通过对全国增值税发票的联网审计，可以及时发现并防止纳税人偷逃税现象。

二、材料采购业务的核算

（一）材料采购业务的主要内容

材料采购业务是生产准备业务的主要内容之一。企业要进行正常的产品生产经营活动，就必须购买和储备一定品种和数量的原材料。在采购过程中，一方面是企业从供应单位购进各种材料并计算其采购成本，另一方面是企业要按照经济合同和约定的结算方式支付材料的买价和采购费用并与供应单位发生货款结算关系。

1.材料采购成本的构成

按照《企业会计准则第1号——存货》的规定，存货应当按照成本进行初始计量，存货的成本包括采购成本、加工成本和其他成本。其中，存货的采购成本是指在采购过程中所发生的支出，包括购买价款、相关税费、运输费、装卸费、保险费以及其他可归属于存货采购成本的费用。因此，实际采购成本由以下几项内容组成：❶**购买价款**，是指购货发票所注明的货款金额；❷**运杂费**，是指在采购过程中发生的运输费、包装费、装卸费、保险费、仓储费等；❸**合理损耗**，是指材料在运输途中发生的定额内的自然损耗；❹**整理挑选费用**，是指材料入库之前进行整理挑选发生的人工费支出和必要的损耗，并减去回收的下脚废料价值；❺**各种进口税费**，是指按规定应计入材料采购成本的进口关税及消费税；❻**其他费用**，主要是指大宗物资的市内运杂费等。

以上除“购买价款”应直接计入所购材料的采购成本外，其余各项统称为“采购费用”。对于采购费用，凡是能够分清某种材料直接负担的，可以直接计入材料的采购成本；不能分清的，应按材料的重量等标准分配计入材料采购成本。

需要特别强调的是：在实际工作中，对于某些本应计入材料采购成本的采购费用，如采购人员的差旅费、市内采购材料的零星运杂费、专设采购机构的经费等，不计入材料采购成本，而是列作期间费用。这一做法体现了会计信息质量要求的“重要性”。

2.材料采购业务的结算方式

当企业购买的材料经过验收，对数量及质量等不存在异议后，应及时向供应商支付货款。支付的款项包括材料的买价、增值税进项税额以及供应商为企业代垫的运费等。在实务中，其结算方式主要有以下几种：❶**现金结算方式**，即直接用货币资金（包括库存现金和银行存款等）支付货款。❷**预付款结算方式**，即在企业从供应商处取得材料之前，预先将部分或全部货款付给供应商，当供应商实际供应材料时，购买企业可一次或分次抵扣先前已经预付的款项，待材料采购业务结束后再最后结清货款。❸**赊购方式**，即在企业从供应商处取得材料时，并不立即支付货款，而是与供应商达成协议，将支付货款的时间推迟到以后会计期间。❹**商业汇票结算方式**，即企业购入材料后开出商业汇票（应付票据），承诺在未来的某个会计期间向供应商支付货款。

3. 材料收发的计价方式

按照《会计基础工作规范》的规定，企业的原材料可以按照实际成本计价组织收发核算，也可以按照计划成本计价组织收发核算，具体采用哪一种方法，由企业根据具体情况自行决定。

一般来说，在企业经营规模较小、原材料种类不多，而且原材料收、发业务的发生不频繁的情况下，企业可以按照实际成本计价方法组织原材料的收、发核算；反之，应按照计划成本计价方法组织原材料的收、发核算（这一内容将在《中级财务会计学》教材中进行阐述）。本教材仅阐述实际成本计价方法。

（二）材料采购业务核算应设置的主要账户

1. "在途物资" 账户

如何理解"在途物资"账户?

该账户是用来核算采用实际成本计价方法下已经付款或已经开出、承兑商业汇票，但材料尚未到达或尚未验收入库的采购成本的"资产类"账户。❶应按供货单位设置明细账进行明细分类核算；❷账户结构，如图5-7所示。

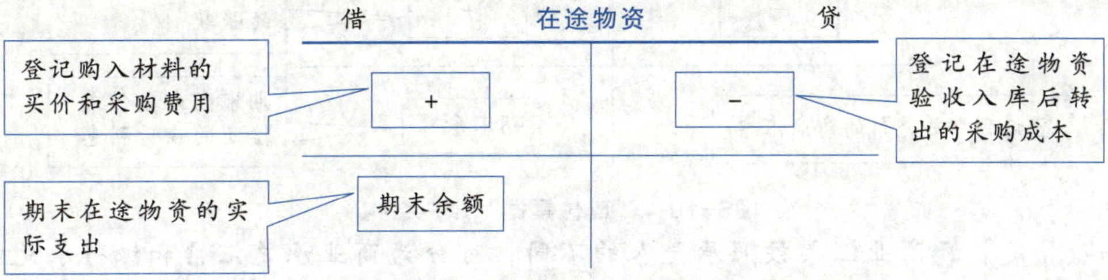

图5-7 "在途物资"账户结构

特别提示：如果购买后原材料就验收入库且其成本已经确定，则直接通过"原材料"账户核算，不通过"在途物资"账户核算。也就是说，"在途物资"账户核算的是实际成本计价方法下尚未验收入库材料的实际支出。

2. "原材料" 账户

该账户是用来核算采用实际成本计价方法下库存材料的增减变动及其结存情况的实际成本的"资产类"账户。❶应按材料的种类、名称设置明细账进行明细分类核算；❷账户结构，如图5-8所示。

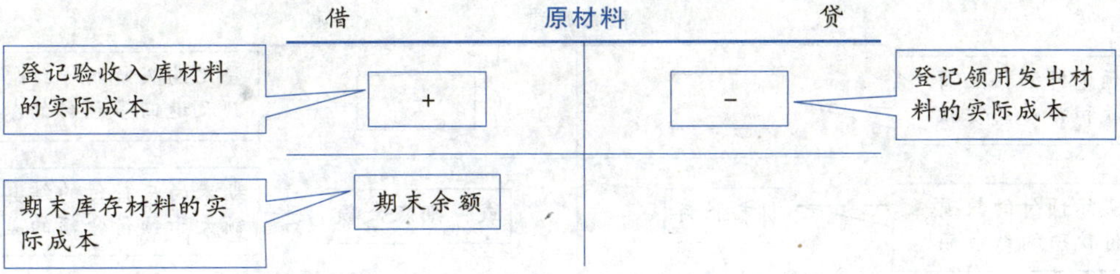

图5-8 "原材料"账户结构

3. "应付账款" 账户

该账户是用来核算因采用赊购方式购买材料物资而产生的应付给供应商的款项及其偿还情况的"负债类"账户。❶应按供应单位或债权人设置明细账进行明细分类核算；❷账户结构，如图5-9所示。

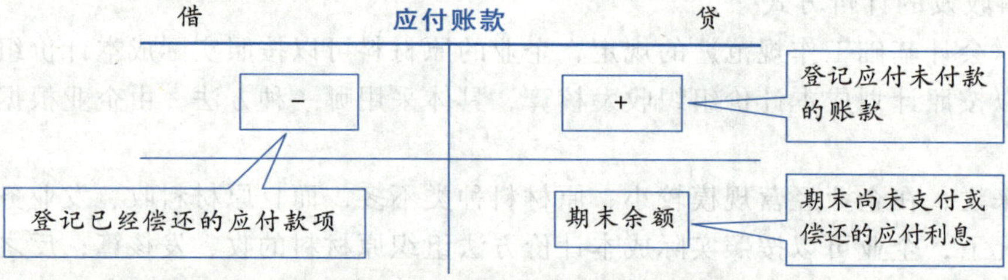

图5-9 “应付账款”账户结构

商业汇票的种类及其运用

4.“应付票据”账户

该账户是用来核算因购买材料、商品和接受劳务、服务供应等开出并承兑的商业汇票的“负债类”账户。❶应按债权人和票据种类设置明细账进行明细分类核算；❷账户结构，如图5-10所示。

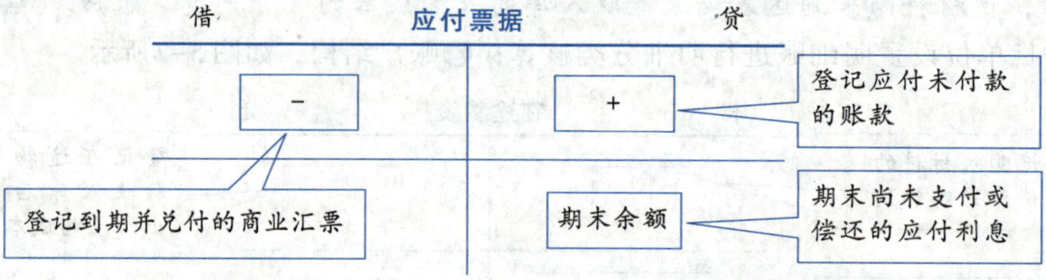

图5-10 “应付票据”账户结构

知识拓展：❶商业汇票按照承兑人的不同，可分为商业承兑汇票和银行承兑汇票；❷票据到期不能按约付款时，应借记“应付票据”账户，贷记“应付账款”账户；❸企业应设置“应付票据备查簿”，详细登记每一项应付票据的种类、号数、签发日期、到期日、票面金额、合同交易号、收款人姓名或单位名称以及付款日期和金额等详细资料，当应付票据到期时，应在备查簿中注销。

5.“预付账款”账户

该账户是用来核算按照购销合同规定预先付给供应商的款项及其结算情况的“资产类”账户。❶应按供应单位设置明细账进行明细分类核算；❷账户结构，如图5-11所示。

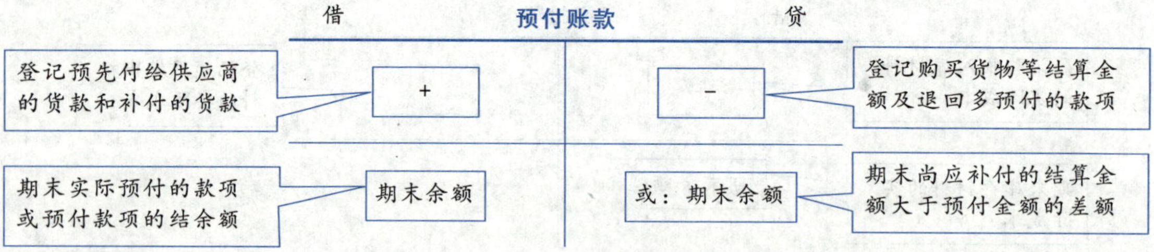

图5-11 “预付账款”账户结构

（三）材料采购业务核算举例

东海市光明机械公司2×23年12月份发生的有关材料采购业务如下：

1.项款已经支付或已经开出并承兑商业汇票，同时材料已经验收入库

企业采购材料，如果付款后随即收到材料，或者货款已经支付或已经开出并承兑商业汇票与材料的验收入库基本上同时进行，则可以：❶根据银行结算凭证、发票账单和收料

单等确定的材料成本，借记“原材料”账户；❷根据取得的数电“电子发票（增值税专用发票）”上注明的税额，借记“应交税费——应交增值税（进项税额）”账户；❸按照实际支付或应付的款项，贷记“银行存款”“应付票据”等账户。

【业务5-9】材料验收入库，货款通过银行付讫（钱货两清）。12月3日，从沈阳市辉煌机械公司购入原材料并验收入库，货款已通过银行付讫。❶收到沈阳市辉煌机械公司开具的**数电“电子发票（增值税专用发票）”**上注明：甲材料1 000千克、单价97元、价款97 000元、税额12 610元；乙材料1 500千克、单价45元、价款67 500元、税额8 775元。❷对方代垫运费并转来承运单位沈阳市通达物流公司开具的“货物运输服务”的**数电“电子发票（增值税专用发票）”**上注明：运费12 500元、税额1 125元。❸全部款项199 510元，报经有关负责人审核无误后，通过企业网银付讫。❹材料已经验收入库，将运费按照其重量采用比例分配法进行分配后，确定原材料实际成本：甲材料为102 000元（买价97 000元+运费5 000元）、乙材料为75 000元（买价67 500元+运费7 500元）。

采购费用的分配：应选取适当的分配标准，采用比例分配法在所采购的各种材料之间进行分配。❶对于采购费用中的运输费，一般应选取材料的重量作为分配标准；❷对于采购费用中的保险费，一般应选取材料的买价作为分配标准。其计算公式如下：

采购费用分配率=实际发生的采购费用÷各种材料的重量或买价之和

某种材料应分配的采购费用=该种材料的重量或买价×采购费用分配率

因此，【业务5-9】中采购费用的分配情况如下：

采购费用分配率=12 500÷（1 000+1 500）=5（元/千克）

甲材料应分配的采购费用=1 000×5=5 000（元）

乙材料应分配的采购费用=1 500×5=7 500（元）

该业务引起资产和负债两个要素、三个项目发生变化：一方面，使资产要素项目原材料增加177 000元，应借记“原材料”账户，以及具有垫付性质并可抵扣的负债要素项目应交增值税（进项税额）增加22 510元，应借记“应交税费——应交增值税（进项税额）”账户；**另一方面，**使资产要素另一项目银行存款减少199 510元，应贷记“银行存款”账户。该业务为**付款业务，**应根据以下分录编制付款凭证：

借：原材料——甲材料	102 000		
——乙材料	75 000		付1，附件4张
应交税费——应交增值税（进项税额）	22 510		
贷：银行存款		199 510	

【业务5-10】材料验收入库，货款签发商业承兑汇票承付。12月15日，以商业汇票方式从东海市秋林机械公司购入乙材料并验收入库。❶收到东海市秋林机械公司开具的**数电“电子发票（增值税专用发票）”**上注明：乙材料2 000千克、单价44元、价款88 000元、税额11 440元；❷对方代垫运费并转来承运单位开具的“货物运输服务”的**数电“电子发票（增值税专用发票）”**上注明：运费6 400元、税额576元；❸材料已经验收入库，审核无误并报经有关负责人审核同意后，签发一张金额为106 416元、付款期限为6个月的商业承兑汇票。

该业务引起资产和负债两个要素、三个项目发生变化：一方面，使资产要素项目原材料增加94 400元，应借记“原材料”账户，以及具有垫付性质并可抵扣的负债要素项目应交增值税（进项税额）增加12 016元，应借记“应交税费——应交增值税（进项税额）”账户；另一方面，使负债要素另一项目应付票据增加106 416元，应贷记“应付票据”账户。该业务为转账业务，应根据以下分录编制转账凭证：

借：原材料——乙材料	94 400		
应交税费——应交增值税（进项税额）	12 016		转8，附件3张
贷：应付票据——秋林机械公司		106 416	

2.款项已经支付或已经开出并承兑商业汇票，但材料尚未到达或尚未验收入库

该类经济业务的发生，多数是企业向外地采购材料，产生的结算凭证等单据已到，已承付货款或开出并承兑商业汇票，但材料尚在运输途中。在会计上，将此项业务作为在途物资处理，通过“在途物资”账户核算。

【业务5-11】货款已付，但材料尚未验收入库。12月25日，从郑州市雪悦机械公司购入甲材料。❶收到郑州市雪悦机械公司开具的数电“电子发票（增值税专用发票）”上注明：甲材料800千克、单价102元、价款81 600元、税额10 608元；❷价税合计92 208元，经审核无误并报经有关负责人审核同意后，通过企业网银付讫。

该业务引起资产和负债两个要素、三个项目发生变化：一方面，使资产要素项目在途物资增加81 600元，应借记“在途物资”账户，以及具有垫付性质并可抵扣的负债要素项目应交增值税（进项税额）增加10 608元，应借记“应交税费——应交增值税（进项税额）”账户；另一方面，使资产要素另一项目银行存款减少92 208元，应贷记“银行存款”账户。该业务为付款业务，应根据以下分录编制付款凭证：

借：在途物资——雪悦机械公司	81 600		
应交税费——应交增值税（进项税额）	10 608		付18，附件3张
贷：银行存款		92 208	

【业务5-12】偿付到期票据款。12月9日，应付东海市秋林机械公司的票据到期，通过银行付讫。❶收到银行转来的东海市秋林机械公司托收票据款的“托收凭证（付款通知）”，上列托收金额为80 000元；❷经审核无误并报经有关负责人审核同意后，通知银行付款。

该业务引起资产和负债两个要素发生此增彼减变化：一方面，使负债要素项目应付票据减少80 000元，应借记“应付票据”账户；另一方面，使资产要素项目银行存款减少80 000元，应贷记“银行存款”账户。该业务为付款业务，应根据以下分录编制付款凭证：

借：应付票据——秋林机械公司	80 000		付6，附件1张
贷：银行存款		80 000	

【业务5-13】在途材料验收入库，计算并结转材料采购成本。12月11日，上月从太原市华峰机械公司购入的丙材料验收入库。经查“在途材料——华峰机械公司”明细账，发现数量为600件，金额为48 600元。

该业务引起资产要素两个项目之间发生此增彼减变化：一方面，使资产要素项目原材料增加48 600元，应借记“原材料”账户；另一方面，使资产要素另一项目在途物资减少48 600元，应贷记“在途物资”账户。该业务为转账业务，应根据以下分录编制转账凭证：

借：原材料——丙材料　　48 600
　贷：在途物资——华峰机械公司　　48 600
转5，附件1张

3.发票账单已到，材料已经验收入库，但货款暂未支付

在材料采购过程中，发生结算凭证已到且材料已经验收入库，但企业暂时无力支付或其他原因暂未付款的经济业务，构成了企业的一项流动负债，应通过“应付账款”账户核算。

【业务5-14】材料已经验收入库，货款暂未支付。12月15日，从苏州市碧华机械公司购入丙材料并验收入库。❶收到苏州市碧华机械公司开具的数电“电子发票（增值税专用发票）”上注明：丙材料1 200件、单价80元、价款96 000元、税额12 480元；❷材料已经验收入库，价税合计108 480元，承诺下月偿付。

该业务引起资产和负债两个要素、三个项目发生变化：一方面，使资产要素项目原材料增加96 000元，应借记“原材料”账户，以及具有垫付性质并可抵扣的负债要素项目应交增值税（进项税额）增加12 480元，应借记“应交税费——应交增值税（进项税额）”账户；**另一方面**，使负债要素项目应付账款增加108 480元，应贷记“应付账款”账户。该业务为**转账业务**，应根据以下分录编制转账凭证：

借：原材料——丙材料　　96 000
　　应交税费——应交增值税（进项税额）　　12 480
　贷：应付账款——碧华机械公司　　108 480
转9，附件2张

【业务5-15】偿还前欠货款。12月27日，通过企业网银偿还上月所欠苏州市碧华机械公司的货款38 000元。

该业务引起资产和负债两个要素发生同减变化：一方面，使负债要素项目应付账款减少38 000元，应借记“应付账款”账户；**另一方面**，使资产要素项目银行存款减少38 000元，应贷记“银行存款”账户。该业务为**付款业务**，应根据以下分录编制付款凭证：

借：应付账款——碧华机械公司　　38 000
　贷：银行存款　　38 000
付20，附件1张

4.以预付账款方式购进货物

为了保证货物能够及时供应，对于一些紧俏的物资，可采用预付部分货款或全部货款的方式排队等货，待货物验收入库后，再进行货款结算的长退短补。

【业务5-16】预付购货款。12月15日，按照购销合同规定，通过企业网银预付向太原市星海机械公司购买甲材料的货款90 400元。

该业务引起资产要素两个项目之间发生此增彼减变化：一方面，使资产要素项目预付账款增加90 400元，应借记“预付账款”账户；**另一方面**，使资产要素项目银行存款减少90 400元，应贷记“银行存款”账户。该业务为**付款业务**，应根据以下分录编制付款凭证：

借：预付账款——星海机械公司　　90 400
　贷：银行存款　　90 400
付12，附件1张

【提示】

如果预付款项情况不多的，也可以不设置“预付账款”账户，而将预付款项直接记入“应付账款”账户的借方。

【业务5-17】预付购货款的材料验收入库。12月19日，收到上月已预付货款给北海市华润机械公司购买的甲材料。❶收到北海市华润机械公司开具的数电“电子发票（增值税专用发票）”上注明：甲材料1 600千克、单价97元、价款155 200元、税额20 176元。❷对方代垫运费并转来承运单位开具的“货物运输服务”的数电“电子发票（增值税专用发票）”上注明：运费8 000元、税额720元。❸材料已经验收入库，价税合计184 096元，抵扣上月预付的175 000元，余款9 096元暂欠。

该业务引起资产和负债两个要素、三个项目发生变化：一方面，使资产要素项目原材料增加163 200元，应借记“原材料”账户，以及具有垫付性质并可抵扣的负债要素项目应交增值税（进项税额）增加20 896元，应借记“应交税费——应交增值税（进项税额）”账户；**另一方面，**使资产要素项目预付账款减少184 096元，应贷记“预付账款”账户。该业务为**转账业务，**应根据以下分录编制转账凭证：

借：原材料——甲材料	163 200		
应交税费——应交增值税（进项税额）	20 896		转12，附件3张
贷：预付账款——华润机械公司		184 096	

【提示】

在会计实务中，为简化记账手续，余款9 096元不再转入“应付账款”账户，“预付账款——华润机械公司”账户余额转为贷方余额，表示债务。

任务三　生产费用业务的核算

制造业企业的生产过程具有双重性，既是新产品新价值的形成过程，也是物化劳动（劳动对象、劳动手段）与活劳动的耗费过程。❶从资金运动的角度来观察，包括消耗材料、支付工资、固定资产折旧等活动，使货币资金、储备资金、固定资产转化为以在产品为载体的生产资金，随着产品完工入库并经过成本计算，生产资金又转化为以产成品为载体的成品资金。❷以上物化劳动与活劳动的耗费的货币表现，构成了生产过程的生产费用，为一定种类或特定产品生产发生的生产费用，构成了生产过程的成本计算。❸由此可见，生产费用业务核算及产品成本计算，构成了生产业务核算的主要内容。

特别说明：由于生产业务核算的内容较多且成本计算是会计核算方法之一，为便于均衡安排章节内容并组织教学活动，本书将生产业务核算分为“生产费用业务的核算”与“产品成本计算”两部分进行阐述。本任务主要介绍生产费用业务的核算。

一、生产费用业务的主要内容

（一）“生产费用”与“期间费用”

制造业企业在生产过程中发生的物化劳动（劳动对象、劳动手段）与活劳动的耗费，按其经济内容可划分为外购材料、外购燃料和动力、工资及职工福利费、折旧费、利息支出、税费、其他费用等七部分，在会计核算上统称为**“要素费用”**。

上述“要素费用”：❶从发生的地点考察，有些发生在生产车间，有些发生在有关职能部门；❷从发生的用途或目的考察，有些为产品生产而发生，有些为产品销售而发生，还有一些为管理和组织生产经营活动而发生。❸基于会计信息质量要求的**“谨慎性”**和成本核算的**“制造成本法”**，按照是否计入产品成本，可将其划分为**“生产费用”**和**“期间费用”**两大类。

发生在车间范围内并与产品生产直接相关或密切相关、可归属于产品成本资产耗费的货币表现，被称为**“生产费用”**。**“期间费用”**，是指要素费用中除生产费用以外并计入当期损益资产耗费的货币表现，包括管理费用、销售费用和财务费用。有关“期间费用”的概念及其核算，将在项目六任务二中加以介绍，此处主要阐述生产费用业务的核算。

【拓展阅读】

“制造成本法”与“完全成本法”

按照**“要素费用”**是否全部计入产品成本，成本核算方法分为“制造成本法”和“完全成本法”。❶**“制造成本法”**，是指只将发生在车间范围内的生产费用，归集和分配到一定种类的产品上去的产品成本核算方法。❷**“完全成本法”**，是指将生产过程中发生的全部要素费用，归集和分配到一定种类的产品上去的产品成本核算方法。❸“制造成本法”与“完全成本法”的比较见表5-4。

对“制造成本法”与“完全成本法”的理解

表5-4　制造成本法与完全成本法的比较

项　目	企业费用（300万元）		产品成本（产量1 000件）	
	生产车间内（200万元）	生产车间外（100万元）	总成本	单位成本
完全成本法	√	√	300万元	3 000元/件
制造成本法	√	×	200万元	2 000元/件

假设单位售价为5 000元，如果当期生产的产品全部销售，则完全成本法和制造成本法计算的销售利润相等，均为200万元。

完全成本法下销售利润计算=1 000×5 000−1 000×3 000=200（万元）

制造成本法下销售利润计算=1 000×5 000−1 000×2 000−1 000 000=200（万元）

如果当期生产的产品没有全部销售，假设销售800件，则完全成本法和制造成本法计算的销售利润不同，对当期的经营成果产生影响。

完全成本法下销售利润计算=800×5 000−800×3 000=160（万元）

制造成本法下销售利润计算=800×5 000−800×2 000−1 000 000=140（万元）

两种方法的销售利润相差20万元，所以，制造成本法体现了会计信息质量要求的**“稳健性”**。

所谓**“谨慎性”**，是指企业对不确定会计事项进行确认、计量和报告时，应持稳妥谨慎的态度，即企业在进行会计核算时，只要费用或损失的发生具有合理的可能性就要确认（预计损失），而只有当收入可以合理确定时才予以确认（不预计收益）。即不得多计资产或收益，不得少计负债或费用。因此，如果对未来不确定的数量有两种估计结果，并且两者发生的可能性相同，那么，在计量资产或收益时倾向于采纳较小的数据，而在计量负债或费用时则倾向于采纳较大的数据。**对应收账款计提“坏账准备”、对存货预计“跌价损失”、对固定资产采用“加速折旧法”，都是“谨慎性”的具体应用。**

如何理解“谨慎性”？

如何理解“生产费用”与“生产成本”?

（二）“生产费用”与“生产成本”

企业为生产某一种类与数量的产品所发生的生产费用，对象化于产品后就形成了这些产品的生产成本。生产费用按照计入产品成本的方式分为**“直接费用”**与**“间接费用”**。❶**“直接费用”**是企业为生产产品所发生的可直接计入产品制造成本的生产费用，包括直接材料和直接人工；❷**“间接费用”**是企业为生产产品所发生的不能直接计入产品制造成本的生产费用，包括车间固定资产折旧费、车间管理人员工薪费用、机物料消耗、办公费等，这些间接费用会计上称为**“制造费用”**。

综上所述，材料费用业务、人工费用业务和制造费用业务的核算，构成了生产费用业务核算的内容。

以上资产耗费所形成的生产费用的分类及产品成本归属，如图5-12所示。

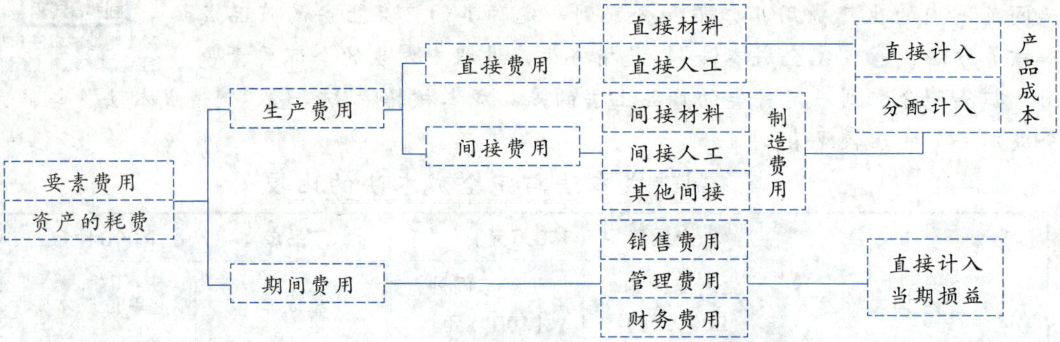

图5-12　生产费用的分类及产品成本归属

二、材料费用业务的核算

（一）材料费用业务的主要内容

生产部门根据生产计划及实际的投料情况，填制**“领料单”**从仓库领用材料，就形成了材料费用。❶仓库凭生产部门填制的领料单发放材料并进行必要的登记，然后定期将领料单交会计部门；❷会计部门在对领料单进行复核和计价后，应根据领料单区分车间、部门和不同用途进行汇总，并编制**“发出材料汇总表”**。

根据发出材料汇总表，按照确定的结果将发出材料的成本分别计入“生产成本”账户等有关成本费用账户。其中：❶对于直接用于某种产品生产的材料费，应直接计入该种产品“生产成本”明细账中的直接材料项目；❷对于为创造生产条件等需要而间接消耗的各种材料费，应先在“制造费用”账户中进行归集，然后再同其他间接费用一起分配计入有关产品成本。

材料费用采用实际成本计价核算时，因各批购入材料的单位成本不同，需要采用一定的存货计价方法来计算确定发出材料的实际成本。《企业会计准则第1号——存货》第十四条规定：“企业应当采用先进先出法、加权平均法或者个别计价法确定发出存货的实际成本”。本书的存货计价采用**“月末一次加权平均法”**。

“月末一次加权平均法”，是指以本月全部进货数量加上月初存货数量作为权数，去除本月全部进货成本加上月初存货成本，计算出存货的加权平均单位成本，以此为基础计算出本月发出存货成本和期末存货成本的一种方法。其计算公式如下：

$$\text{存货单位成本}=\left[\text{月初库存存货的实际成本}+\sum\left(\text{当月各批进货的实际单位成本}\times\text{当月各批进货的数量}\right)\right]\div\left(\text{月初库存存货的数量}+\text{当月各批进货的数量之和}\right)$$

当月发出存货成本=当月发出存货的数量×存货单位成本

月末库存存货成本=月末库存存货的数量×存货单位成本

存货计价方法的比较及选择

（二）材料费用业务核算应设置的主要账户

1.“生产成本”账户

该账户是用来核算产品生产过程中所发生的应计入产品成本的各项生产费用，并据以计算产品生产成本的“成本类”账户。❶应按产品品种设置明细账进行明细分类核算；❷账户结构，如图5-13所示。

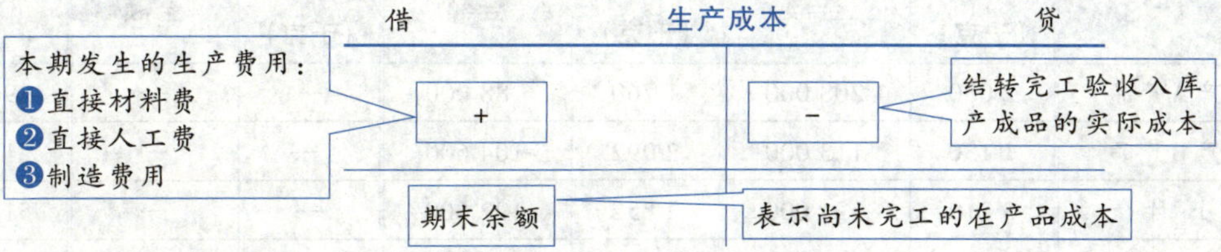

图5-13 “生产成本”账户结构

2.“制造费用”账户

该账户是用来核算在车间范围内为组织和管理产品生产所发生的，不便于直接记入“生产成本”账户的各项间接费用的“成本类”账户。❶应按生产车间分别设置明细账，并在账内按费用项目设置专栏，进行明细分类核算；❷账户结构，如图5-14所示。

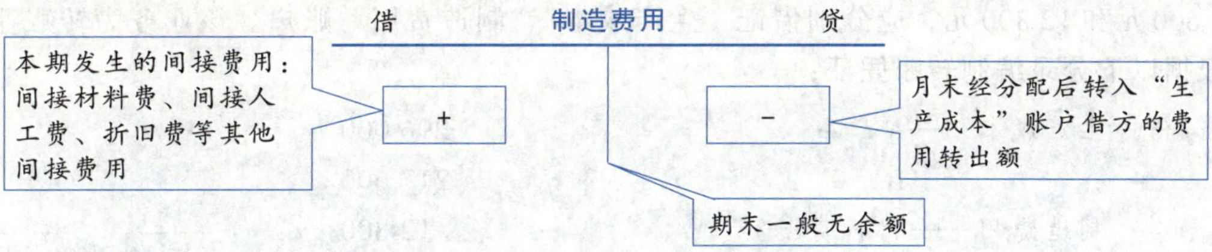

图5-14 “制造费用”账户结构

（三）材料费用业务核算举例

东海市光明机械公司2×23年12月份生产过程中发生的有关原材料费用经济业务如下：

【业务5-18】材料费用按照用途的核算。

（1）计算材料加权平均单价。12月31日，根据“原材料”明细账（期初结存数量与金额、本期收入数量合计与金额合计），按照“月末一次加权平均法”计算原材料加权平均单价见表5-5。

表5-5 原材料月末一次加权平均法单价计算表

2×23年12月31日　　金额单位：元

材料名称	期初结存		本期收入		合　计		加权平均单价
	数量（千克）	金额	数量（千克）	金额	数量（千克）	金额	
	❶	❷	❸	❹	❺=❶+❸	❻=❷+❹	❼=❻÷❺
甲材料	1 400	134 800	3 100	315 200	4 500	450 000	100
乙材料	1 000	55 600	3 500	169 400	4 500	225 000	50
丙材料	700	55 400	1 800	144 600	2 500	200 000	80
合　计	—	245 800	—	629 200	—	875 000	—

（2）**按照用途归集材料费用。**根据本月领用材料所填制的标明所领材料的名称、数量及用途的**“领料单”**和表5-5所计算的原材料加权平均单价，汇总编制**“发料凭证汇总表”**见表5-6。

表5-6　　　　　　　　　　**发料凭证汇总表**　　　　　　　　　　附件5张

2×23年12月31日　　　　　　　　　　金额单位：元

材料名称 用途	甲材料		乙材料		丙材料		金额合计
	数量（千克）	金额	数量（千克）	金额	数量（千克）	金额	
生产A产品	2 080	208 000	1 760	88 000	—	—	296 000
生产B产品	1 130	113 000	2 092	104 600	—	—	217 600
小　计	3 210	321 000	3 852	192 600	—	—	513 600
车间一般耗用	—	—	—	—	160	12 800	12 800
合　计	3 210	321 000	3 852	192 600	160	12 800	526 400

该业务引起资产和费用两个要素、三个项目发生变化：一方面，因仓库发出原材料，使存货项目原材料减少526 400元，应贷记“原材料”账户；**另一方面，**因生产产品、车间一般耗用消耗原材料，使直接费用、间接费用有关项目生产成本和制造费用分别增加513 600元和12 800元，应分别借记“生产成本”“制造费用”账户。该业务为**转账业务，**应根据以下分录编制转账凭证：

借：生产成本——A产品　　　　296 000
　　　　　　——B产品　　　　217 600
　　制造费用——材料费　　　　12 800
　贷：原材料——甲材料　　　　　　321 000
　　　　　　——乙材料　　　　　　192 600
　　　　　　——丙材料　　　　　　12 800

转16，附件11张

三、人工费用业务的核算

（一）人工费用业务的主要内容

职工薪酬的构成内容

职工为企业劳动，理应从企业获得一定的报酬。《企业会计准则第9号——职工薪酬》将职工薪酬界定为：**“企业为获得职工提供的服务或解除劳动关系而给予的各种形式的报酬或补偿。企业提供给职工配偶、子女、受赡养人、已故员工遗属及其他受益人等的福利，也属于职工薪酬。”**职工薪酬包括短期薪酬、离职后福利、辞退福利和其他长期职工福利。

短期薪酬的构成内容

1.短期薪酬

短期薪酬，是指企业在职工提供相关服务的年度报告期间结束后12个月内需要全部予以支付的职工薪酬，因解除与职工的劳动关系给予的补偿除外。短期薪酬具体包括：❶职工工资、奖金、津贴和补贴；❷职工福利费；❸医疗保险费；❹工伤保险费和生育保险费；❺住房公积金；❻工会经费和职工教育经费；❼短期带薪缺勤；❽短期利润分享计划；❾非货币性福利以及其他短期薪酬。

2. 离职后福利

离职后福利，是指企业为获得职工提供的服务而在职工退休或与企业解除劳动关系后，提供的各种形式的报酬和福利，短期薪酬和辞退福利除外。

3. 辞退福利

辞退福利，是指在企业与职工签订的劳动合同未到期之前，企业由于种种原因需要提前终止劳动合同而辞退员工，根据劳动合同，企业需要提供一笔资金作为对被辞退员工的补偿。

4. 其他长期职工福利

其他长期职工福利，是指除短期薪酬、离职后福利和辞退福利以外的其他所有职工福利。其他长期职工福利包括长期带薪缺勤、其他长期服务福利、长期残疾福利、长期利润分享计划和长期奖金计划等。

从性质上来说，凡是企业为获得职工提供的服务而给予或付出的各种形式的对价，都构成职工薪酬，作为一种耗费构成人工成本，与这些服务产生的经济利益相匹配；与此同时，企业与职工之间因职工提供服务形成的关系，大多数构成企业的现时义务，将导致企业未来经济利益的流出，从而形成企业的一项负债。

（二）人工费用业务核算应设置的主要账户

为了核算职工薪酬的发生和分配，除了用到前已述及的“生产成本”“制造费用”账户外，还需要设置“应付职工薪酬”账户。

“应付职工薪酬”账户，是用来核算根据有关规定应付给职工的各种薪酬的确认与实际发放情况的“负债类”账户。❶应按“工资”“职工福利”等职工薪酬项目设置明细账进行明细分类核算；❷账户结构，如图5-15所示。

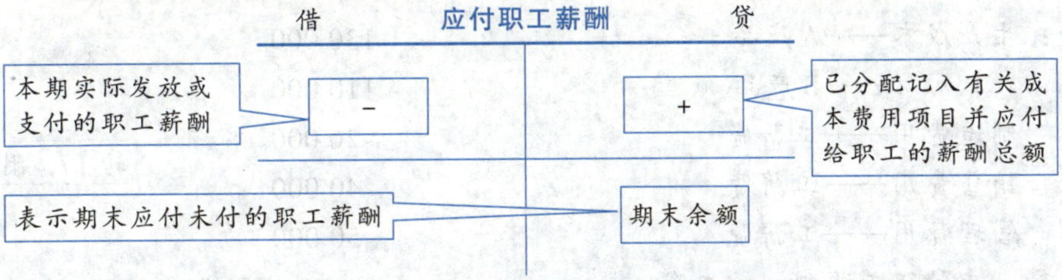

图5-15 “应付职工薪酬”账户结构

（三）人工费用业务核算举例

职工薪酬核算的具体程序包括支付职工薪酬、分配职工薪酬等环节。企业发生的职工薪酬的用途是不同的，有的直接用于产品生产，有的用于管理活动等。所以，在确定本月应负担的职工薪酬时，应按其用途分别在有关账户中进行核算，借记“生产成本”“制造费用”“销售费用”“管理费用”等账户，贷记“应付职工薪酬”账户及其所属的“工资”“职工福利”等明细账户。下面仅以短期薪酬中的工资、职工福利为例说明短期薪酬的确认与计量。

东海市光明机械公司2×23年12月份生产过程中发生的有关人工费用经济业务如下：

1. 职工工资、奖金、津贴和补贴业务核算

对于职工工资、奖金、津贴和补贴（简称“工资”）等货币性职工薪酬，企业应当在职工为其提供服务的期间，将实际应该发放的工资，根据职工提供服务的受益对象分别予

以确认，并同步计入相关资产成本或计入当期损益。

【业务5-19】工资费用的归集与分配。12月31日，根据统计部门和劳资部门的考勤记录和工资标准所编制的“工资结算汇总表”，编制“工资费用分配汇总表”见表5-7。

表5-7

工资费用分配汇总表

2×23年12月31日

单位：元

车间、部门及人员类别		应分配金额
车间生产人员	A产品	130 000
	B产品	110 000
	小计	240 000
车间管理人员		26 000
专设销售机构人员		40 000
行政管理部门人员		50 000
合计		356 000

该业务引起费用和负债两个要素、五个项目发生变化：一方面，因生产产品以及车间生产管理、销售管理、行政管理耗费职工劳动，应给予相应的劳动报酬——工资，使得直接费用项目生产成本、间接费用项目制造费用、期间费用项目销售费用和管理费用，分别增加240 000元、26 000元、40 000元、50 000元，应分别借记“生产成本”“制造费用”“销售费用”“管理费用”账户；**另一方面，**这一劳动报酬——工资，在实际支付给职工之前形成了企业对职工的负债，使得负债项目应付职工薪酬增加356 000元，应贷记“应付职工薪酬——工资”账户。该业务为**转账业务，**应根据以下分录编制转账凭证：

借：生产成本——A产品　　130 000
　　　　　　——B产品　　110 000
　　制造费用——工薪费　　26 000
　　销售费用——工薪费　　40 000
　　管理费用——工薪费　　50 000
　贷：应付职工薪酬——工资　　356 000

转17，附件1张

特别提示：关于专设销售机构人员和行政管理部门人员，【业务5-19】发生的工资费用以及【业务5-21】发生的职工福利费、【业务5-22】发生的折旧费、【业务5-23】发生的水电费，虽然不属于生产过程业务核算的范畴，但鉴于工资费用分配、职工福利费确认、折旧费计提和水电费支付的整体性，所以，【业务5-19】将专设销售机构人员和行政管理部门人员发生的工资费用，分别记入“销售费用”和“管理费用”账户。【业务5-21】发生的职工福利费、【业务5-22】发生的折旧费、【业务5-23】发生的水电费，账务处理同上。“销售费用”和“管理费用”账户的用途结构，参见项目六中的图6-1和图6-2。

【业务5-20】应付职工薪酬的发放。根据2×23年11月份的**“工资结算汇总表”**，12月5日，签发一张金额为310 560元的**“现金支票”**，由银行代发应付11月份职工工资并由银行直接转入职工个人工资账户。

该业务引起资产和负债两个要素发生变化：一方面，使负债要素项目应付职工薪酬减少

310 560元，应借记“应付职工薪酬——工资”账户；另一方面，使资产要素项目银行存款减少310 560元，应贷记“银行存款”账户。该业务为付款业务，应根据以下分录编制付款凭证：

借：应付职工薪酬——工资　　　　　　310 560
　贷：银行存款　　　　　　　　　　　　　310 560
付2，附件1张

2.职工福利业务核算

(1) 不能以计提方式确认为负债。 根据《企业会计准则第9号——职工薪酬》的有关规定：❶职工福利费属于职工薪酬；❷企业应将这一职工薪酬确认为负债；❸职工福利费不属于根据工资总额的一定比例计算的范围。所以，职工福利费应在实际使用时计入职工薪酬，不能以计提方式确认为负债。

(2) 职工福利费的列支范围与标准。 职工福利费的列支范围包括：❶职工医药费；❷职工的生活困难补助；❸职工及其供养直系亲属的死亡待遇；❹集体福利的补贴；❺其他福利待遇。《中华人民共和国企业所得税法实施条例》第四十条规定，企业发生的职工福利费支出，不超过工资薪金总额14%的部分，准予扣除。

(3) 职工福利费支出的有关凭据。 职工福利费属于企业必要和正常的支出，在实际工作中，企业要对具体事项具体对待。❶如职工困难补助费，合理职工福利费列支范围的人员工资、补贴，无法取得发票的，有关收据、凭证就可以作为合法凭据；❷对于购买属于职工福利费列支范围的实物资产和发生对外的相关费用，就应取得合法发票来作为列支凭证。

(4) 职工福利费的核算方法。 为便于所得税汇算清缴确定职工福利费扣除金额，应设置“应付职工薪酬——职工福利”账户。职工福利费支出，应在实际发生时，根据实际发生额冲销应付职工薪酬，借记“应付职工薪酬——职工福利”账户，贷记“银行存款”“主营业务收入”等有关账户；同时，根据职工提供服务的期间和受益对象分别计入相关资产成本或当期损益，借记“生产成本”“制造费用”“销售费用”“管理费用”等有关账户，贷记“应付职工薪酬——职工福利”账户。

【业务5-21】 职工福利费的确认与分配。12月23日：❶通过企业网银支付给东海市人民医院为职工进行体检的体检费，开具的**数电“电子发票（增值税普通发票）”**上注明：价款62 000元、增值税税额3 720元；❷按照职工体检费的受益对象，编制**“职工福利费计提或分配表”**见表5-8。

表5-8

职工福利费计提或分配表

2×23年12月23日

单位：元

职工福利费项目	车间、部门及人员类别		应分配金额
职工体检费	车间生产人员	A产品	18 200
		B产品	15 400
		小　计	33 600
	车间管理人员		3 500
	专设销售机构人员		9 000
	行政管理部门人员		19 620
合　计			65 720

（1）**职工福利费的支出——支付职工体检费。**

该业务引起资产和负债两个要素发生变化：一方面，使负债要素项目应付职工薪酬——职工福利减少65 720元，应借记“应付职工薪酬——职工福利”账户；另一方面，使资产要素项目银行存款减少65 720元，应贷记“银行存款”账户。该业务为付款业务，应根据以下分录编制付款凭证：

借：应付职工薪酬——职工福利	65 720		付17，附件4张
贷：银行存款		65 720	

【提示】

我国增值税相关法规规定，用于简易计税方法计税项目、免征增值税项目、集体福利或者个人消费的购进货物等，其进项税额不得从销项税额中抵扣。由于用于职工的体检费属于个人消费，所以其税额不能抵扣。

（2）**职工福利费的计提或分配——职工体检费。**

该业务引起费用和负债两个要素、五个项目发生变化：一方面，因生产产品以及车间生产管理、销售管理、行政管理耗费职工劳动，职工应享受一定的福利——职工福利，使得直接费用项目生产成本、间接费用项目制造费用、期间费用项目销售费用和管理费用，分别增加33 600元、3 500元、9 000元、19 620元，应分别借记“生产成本”“制造费用”“销售费用”“管理费用”账户；另一方面，这一劳动报酬——职工福利，应确认为对职工的负债，使得负债项目应付职工薪酬——职工福利增加65 720元，应贷记“应付职工薪酬——职工福利”账户。该业务为转账业务，应根据以下分录编制转账凭证：

借：生产成本——A产品	18 200		
——B产品	15 400		
制造费用——工薪费	3 500		转13，附件1张
销售费用——工薪费	9 000		
管理费用——工薪费	19 620		
贷：应付职工薪酬——职工福利		65 720	

四、制造费用业务的核算

（一）制造费用业务的主要内容

1.制造费用及其构成项目

制造费用包括的具体项目

制造费用，是指企业各个生产单位（车间、分厂）为组织和管理生产所发生的间接生产费用，也即除直接材料、直接人工之外的间接费用。其可以分为以下三类：❶**间接材料费用**，是指企业生产单位在生产过程中耗用的，但不能或无法归入某一特定产品的材料费用，如机器的润滑油、修理备件等。❷**间接人工费用**，是指企业生产单位不直接参与产品生产的或其他不能归入直接人工的那些人工成本，如修理工人工资、管理人员工资等。❸**其他间接费用**，是指除以上间接材料费用和间接人工费用以外的间接费用，主要包括：车间固定资产折旧费、固定资产日常修理费、水电费、办公费、设计制图费、劳动保护费等。

2. 制造费用的归集、分配与结转

对于在车间范围内发生的间接生产费用，由于其是为几种产品生产而发生的，在发生时理应进行分配并计入各项产品生产成本，但由于其发生的次数较频繁、金额较小，计算分配及登账的工作量较大，为减少计算分配及登账的工作量，通过设置“制造费用”账户进行归集与分配。**首先**，对发生的间接生产费用，通过“制造费用”账户进行归集，即记入“制造费用”账户的借方；**其次**，在期末，对“制造费用”账户借方归集的间接生产费用总额，选择一定的标准采用比例分配法在所生产的各产品之间进行分配，将间接费用转化为直接费用；**最后**，通过“制造费用”账户贷方转出，记入“生产成本”账户及其所属明细账的借方，与直接成本一起形成各产品的生产成本。

（二）制造费用业务核算应设置的主要账户

为了归集与分配制造费用，除了用到前已述及的“生产成本”“制造费用”账户外，还需要设置“累计折旧”账户。

固定资产折旧计算的四种方法

“累计折旧”账户，是用来核算固定资产在使用过程中累计损耗的价值的“资产类”账户。❶该账户由于是用来抵减固定资产的原始价值并计算固定资产的账面净值的，所以，其账户结构同“负债类”账户；❷该账户一般不进行明细分类核算；❸该账户结构，如图5-16所示。

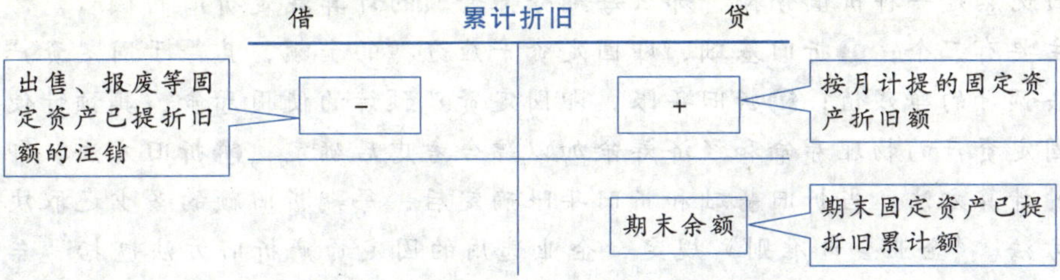

图5-16　“累计折旧”账户结构

（1）固定资产管理为何既要设置“固定资产”账户，又要设置“累计折旧”账户。❶为了给固定资产管理提供有用的会计信息，真实、准确地反映固定资产价值的增减变动及结存情况，在会计核算过程中设置“固定资产”账户。❷由于固定资产在其较长的使用期限内保持原有实物形态，而其价值却随着固定资产的损耗而逐渐减少，但其实物未被报废清理之前，总有一部分价值相对固定在实物形态上。❸固定资产管理要求原价与实物口径一致，以考核固定资产的原始投资规模，所以，固定资产由于损耗而减少的价值不能记入“固定资产”账户的贷方。❹基于固定资产的上述特点，为了使“固定资产”账户能够按照固定资产的取得成本（原始价值）反映其增减变动及结存情况，并便于计算和反映固定资产的账面净值（折余价值），还需要设置一个用来反映固定资产损耗价值（折旧额）的账户，即“累计折旧”账户。

（2）通过“固定资产”账户借方余额和“累计折旧”账户贷方余额以及二者之间的差额，满足固定资产管理要求提供固定资产原始价值、损耗而减少的价值以及账面价值的三个方面的信息。❶每月计提的固定资产折旧，记入“累计折旧”账户的贷方，表示固定资产因损耗而减少的价值。❷对于固定资产因出售、报废等原因引起的取得成本（原始价值）的减少，在注销固定资产的原始价值时，贷记“固定资产”账户，同时还应借记“累计折旧”账户，注销其已提取的折旧额。❸“累计折旧”账户应为贷方余额，表示现有固定资产已提取的累计折旧额。❹将“累计折旧”账户的贷方余额抵减“固定资产”账户的借方余额，即可求得固定资产的账面净值。

（3）**折旧是一种价值分摊，应计入资产成本或期间损益。**❶固定资产由于损耗而减少的价值就是固定资产的折旧，应该作为折旧费用计入资产成本或期间损益，这样做不仅是为了使企业在将来有能力重置固定资产，更主要的是为了实现期间收入与费用的正确配比。所以，折旧是指固定资产在使用过程中逐渐损耗而转移到商品或费用中去的那部分价值，也是企业在生产经营过程中由于使用固定资产而在其使用年限内分摊的固定资产价值耗费。❷从本质上讲，折旧也是一种费用，只不过这一费用在计提期间，没有付出实实在在的货币资金，但这种费用是已经发生的长期支出，而这种支出的收益在资产投入使用后的有效使用期内体现，无论是从权责发生制，还是从收入与费用配比上讲，计提折旧都是必要的。❸固定资产入账并投入使用后，根据对其预计的寿命周期，将其全部价值在一定时期内进行分摊，分摊到用于产品生产车间的固定资产折旧计入制造费用，构成产品成本的一部分，分摊到用于行政管理部门的固定资产折旧计入期间费用。

【拓展阅读】

固定资产折旧的计算方法

折旧既然是一种价值分摊，那么每期分摊金额的计算就是折旧的核心。影响折旧的因素主要有三个：❶**折旧基础**，即固定资产应分摊的金额，其等于固定资产的原始成本减去预计的净残值；❷**折旧年限**，即固定资产预计的使用寿命，其预计使用寿命应基于固定资产的物理寿命和经济寿命加以综合考虑后确定；❸**折旧方法**，即每期分摊金额的计算方法。当折旧基础和折旧年限确定后，每期折旧额的多少还取决于特定的折旧方法。《企业会计准则》规定，企业选用的固定资产折旧方法包括**“年限平均法”“工作量法”“双倍余额递减法”“年数总和法”**。其中，“年限平均法”假设固定资产是均衡使用的，每期所分摊的折旧额相等，在坐标中呈现一条直线，所以，人们又将其称为**“直线法”**，它是各种折旧方法的基础。下面主要介绍固定资产折旧的**“直线法”**。

按照直线法计算每期折旧额的公式如下：

年折旧额=（原始成本-预计净残值）÷预计使用年限

月折旧额=年折旧额÷12

利用折旧率计算每年折旧额的计算公式如下：

年折旧率=（1-预计净残值率）÷预计使用年限×100%

预计净残值率=预计净残值÷固定资产原值×100%

年折旧额=固定资产原值×年折旧率

固定资产折旧方法运用

（三）制造费用业务核算举例

东海市光明机械公司2×23年12月份发生的有关制造费用经济业务如下：

【业务5-22】固定资产折旧费用的计提与分配。12月31日，根据月初固定资产的原值和规定的折旧率计算并编制**“固定资产折旧计提表”**，本月车间固定资产折旧费38 100元、专设销售机构固定资产折旧费5 000元、行政管理部门固定资产折旧费19 600元。

该业务引起资产和费用两个要素、四个项目之间发生变化：一方面，因车间产品生产、专设销售机构及行政管理部门使用固定资产发生价值损耗，使生产费用中的间接费用项目制造费用增加38 100元，期间费用项目销售费用和管理费用分别增加5 000元和19 600元，应分别借记"制造费用""销售费用""管理费用"账户；另一方面，反映固定资产的价值损耗，使资产要素固定资产的抵减项目累计折旧增加62 700元，应贷记"累计折旧"账户。该业务为转账业务，应根据以下分录编制转账凭证：

借：制造费用——折旧费　　38 100
　　销售费用——折旧费　　5 000
　　管理费用——折旧费　　19 600
　贷：累计折旧　　62 700

转18，附件1张

【提示】

计提固定资产折旧，通常是根据期初固定资产的原值和规定的折旧率按月计算提取的。即本期增加的固定资产价值不提折旧，本期减少的固定资产价值照提折旧。

【业务5-23】水费、电费的归集与分配。

（1）12月31日，东海市自来水公司结算企业本月耗用的水费：❶收到自来水公司开具的数电"电子发票（增值税专用发票）"上注明：数量900立方米、单价5.00元、价款4 500元、税额405元；❷填制"付款审批表"报经有关部门负责人审核同意后，价税合计4 905元通过企业网银付讫，收到"中国工商银行业务回单（付款）"。

（2）12月31日，东海市供电公司结算企业本月耗用的电费：❶收到供电公司开具的数电"电子发票（增值税专用发票）"上注明：数量63 000度、单价0.80元、价款50 400元、税额6 552元；❷填制"付款审批表"报经有关部门负责人审核同意后，价税合计56 952元通过企业网银付讫，收到"中国工商银行业务回单（付款）"。

（3）根据统计部门报来的各车间、部门用水量和用电量记录，编制"水电费用计算分配表"见表5-9。

表5-9

水电费用计算分配表

2×23年12月31日　　　　金额单位：元

项目 / 部门	水费分配			电费分配		
	耗用量（立方米）	单价	金额	耗用量（度）	单价	金额
生产车间	400	5.00	2 000	42 000	0.80	33 600
行政管理部门	500	5.00	2 500	21 000	0.80	16 800
合　计	900	—	4 500	63 000	—	50 400

（1）**水费的支付与分配。该业务引起资产、负债和费用三个要素、四个项目之间发生变化：**一方面，使生产费用中的间接费用项目制造费用和期间费用项目管理费用分别增加2 000元和2 500元，以及具有垫付性质并可抵扣的负债要素项目应交增值税（进项税额）增加405元，应分别借记"制造费用""管理费用""应交税费——应交增值税（进项税

额）”账户；另一方面，使资产要素项目银行存款减少4 905元，应贷记“银行存款”账户。该业务为付款业务，应根据以下分录编制付款凭证：

借：制造费用——水费　　2 000
　　管理费用——水费　　2 500
　　应交税费——应交增值税（进项税额）　　405
　贷：银行存款　　4 905
付24，附件2张

（2）电费的支付与分配。该业务引起资产、负债和费用三个要素、四个项目之间发生变化：一方面，使生产费用中的间接费用项目制造费用和期间费用项目管理费用分别增加33 600元和16 800元，以及具有垫付性质并可抵扣的负债要素项目应交增值税（进项税额）增加6 552元，应分别借记“制造费用”“管理费用”“应交税费——应交增值税（进项税额）”账户；另一方面，使资产要素项目银行存款减少56 952元，应贷记“银行存款”账户。该业务为付款业务，应根据以下分录编制付款凭证：

借：制造费用——电费　　33 600
　　管理费用——电费　　16 800
　　应交税费——应交增值税（进项税额）　　6 552
　贷：银行存款　　56 952
付25，附件2张

【业务5-24】办公费的归集。12月13日：❶车间报销办公费填制“现金报销票签”，金额1 130元，以现金付讫；❷报销票签后附的数电“电子发票（增值税专用发票）”上注明：价款合计1 000元、税额合计130元。

该业务引起资产、负债和费用三个要素之间发生变化：一方面，使生产费用中的间接费用项目制造费用增加1 000元，应借记“制造费用”账户，以及具有垫付性质并可抵扣的负债要素项目应交增值税（进项税额）增加130元，应借记“应交税费——应交增值税（进项税额）”账户；另一方面，使资产要素项目库存现金减少1 130元，应贷记“库存现金”账户。该业务为付款业务，应根据以下分录编制付款凭证：

借：制造费用——办公费　　1 000
　　应交税费——应交增值税（进项税额）　　130
　贷：库存现金　　1 130
付10，附件2张

【业务5-25】固定资产日常修理费的归集。12月13日：❶车间报销机器设备日常修理费，收到双庆市大华机械修理厂开具的数电“电子发票（增值税专用发票）”上注明：价款3 000元、税额390元。❷填制“付款审批单”，报经有关领导审核无误后同意付款，收到开户银行转来的付款金额为3 390元的“中国工商银行业务回单（付款）”。

该业务引起资产、负债和费用三个要素之间发生变化：一方面，使生产费用中的间接费用项目制造费用增加3 000元，应借记“制造费用”账户，以及具有垫付性质并可抵扣的负债要素项目应交增值税（进项税额）增加390元，应借记“应交税费——应交增值税（进项税额）”账户；另一方面，使资产要素项目银行存款减少3 390元，应贷记“银行存款”账户。该业务为付款业务，应根据以下分录编制付款凭证：

借：制造费用——修理费　3 000
　应交税费——应交增值税（进项税额）　390　付 11，附件 2 张
　贷：银行存款　3 390

【业务 5-26】制造费用的分配与结转。12 月 31 日，将本月发生的制造费用总额分配转入“生产成本”账户。

通过“制造费用”账户借方发生额归集的制造费用总额，在期末选择一定的标准采用比例分配法在所生产的各产品之间进行分配后，应通过“制造费用”账户的贷方转出，记入“生产成本”账户及其所属明细账的借方。常用的分配标准有：生产工人工资、生产工人工时、机器设备运转台时（工时）等，相关计算公式如下：

制造费用分配率=制造费用总额÷∑制造费用分配标准

某产品应负担的制造费用=该产品的分配标准×制造费用分配率

上述【业务 5-18】【业务 5-19】【业务 5-21】【业务 5-22】【业务 5-23】【业务 5-24】【业务 5-25】所归集的制造费用总额为 120 000 元（材料费 12 800 元+工资费用 26 000 元+职工福利费 3 500 元+折旧费 38 100 元+水费 2 000 元+电费 33 600 元+办公费 1 000 元+修理费 3 000 元），即“制造费用”账户借方发生额为 120 000 元。假设本企业采用“生产工人工资比例法”（生产工人工资：A 产品为 130 000 元、B 产品为 110 000 元）对制造费用予以分配，其计算分配过程如下：

制造费用分配率=120 000÷（130 000+110 000）=0.50

A 产品应负担的制造费用=130 000×0.50=65 000（元）

B 产品应负担的制造费用=110 000×0.50=55 000（元）

制造费用的分配，一般应编制“制造费用分配表”见表 5-10。

表 5-10　**制造费用分配表**

2×23 年 12 月 31 日　　金额单位：元

项　目	分配标准（生产工人工资）	分配率	分配金额
A 产品	130 000	0.50	65 000
B 产品	110 000	0.50	55 000
合　计	240 000	—	120 000

该业务引起费用要素两个项目之间发生变化：因对“制造费用”账户归集的间接费用进行分配，将间接费用转化为直接费用，一方面，使直接费用项目生产成本增加 120 000 元（65 000+55 000），应借记“生产成本”账户；另一方面，从“制造费用”账户转出 120 000 元，应贷记“制造费用”账户。该业务为**转账业务**，应根据以下分录编制转账凭证：

借：生产成本——A 产品　65 000
　　　　　　——B 产品　55 000　转 19，附件 1 张
　贷：制造费用　120 000

任务四　产品成本计算

企业生产的产品经过各道工序的加工生产之后，就成为企业的完工产成品。在会计核算上，对制造费用进行分配并将其记入“生产成本明细账”后，“生产成本”账户的借方就归集了各产品所发生的直接材料、直接人工和制造费用等全部内容。在此基础上，就可以进行产品成本的计算了。

一、产品成本计算的基本程序与方法

（一）成本计算对象的确定以及“品种法”

进行成本计算，首先必须确定成本计算对象，才能按照确定的成本计算对象归集各种生产费用，计算各种产品成本。**所谓成本计算对象，是指生产费用归集和分配的对象。**通俗地讲，为产品生产而发生的生产费用由“谁”来负担，这一“谁”即为成本计算对象。按照产品品种确定产品成本计算对象，是确定成本计算方法最基本的做法，即“品种法”。本教材所讲的成本计算对象就是指某一产品并采用“品种法”的产品成本计算。有关成本计算对象的确定比较复杂，取决于企业生产组织、生产技术过程和成本管理的要求，其详细论述将在《成本会计学》教材中予以介绍。

（二）按照成本计算对象设置“生产成本明细账”并分成本项目归集生产费用

在“品种法”下，为了计算每一种产品成本，要按照产品品种所确定的成本计算对象设置“生产成本明细账”并分成本项目归集生产费用。**所谓成本项目，是指将计入成本计算对象的生产费用按其经济用途分类产生的项目，**包括直接材料、直接人工和制造费用。其具体反映计入产品成本的生产费用的各种用途，提供产品成本的经济构成。

（三）确定成本计算期

计算产品生产成本，在确定成本计算对象后，应确定成本计算期。**所谓成本计算期，是指间隔多长时间计算一次产品成本。**理论上，成本计算期应当同产品生产周期保持一致，但由于产品品种的多样性和生产周期的不确定性，使得大多数企业难以按照生产周期来计算产品生产成本。在会计实务中，成本计算期有会计期间和产品生产周期两种选择：❶在大批量生产并以产品品种为成本计算对象的企业，其产品生产周期通常短于会计期间，则选择会计期间作为成本计算期；❷在小批量生产并以单件产品为成本计算对象的企业，其产品生产周期通常比会计期间长，则选择产品生产周期作为成本计算期。

（四）编制“产品成本计算单”，计算各完工产品成本和在产品成本

在“品种法”下，由于按照会计期间确定成本计算期，所以，在期末产品生产可能有以下三种情况：

（1）**全部完工，**该种产品生产成本明细账中所归集的生产费用总额，就是该种完工产品的总成本；

（2）**全部未完工，**该种产品生产成本明细账中所归集的生产费用总额，就是该种产品的月末在产品总成本；

（3）**部分完工，**归集在该种产品生产成本明细账中的费用总额，还要采用适当的分配方法在完工产品和在产品之间进行分配，然后按照公式计算求得完工产品的总成本。

对于完工产品，应按照成本项目编制“产品成本计算单”（参见本项目表5-13和表5-14）。❶根据各成本计算对象设置的“生产成本明细账”，填列“产品成本计算单”的“月初在产品成本”与“本月生产费用”金额，并加计后填列“生产费用合计”金额；❷按照适当的月末在产品成本计算方法计算各成本项目月末在产品成本，并填列“产品成本计算单”的“月末在产品成本”的各成本项目金额；❸按照下列公式计算完工产品各成本项目金额，并填列“产品成本计算单”的“完工产品成本”的各成本项目金额。

年折旧率=（1-预计净残值率）÷预计使用年限×100%

完工产品成本=月初在产品成本+本月发生的生产费用-月末在产品成本

（五）生产费用在完工产品和在产品之间的分配

对生产费用在完工产品和在产品之间进行分配，主要是如何计算月末在产品成本。**期末在产品成本的计算有多种方法，而且其是成本计算中一个既重要又复杂的问题，这一问题将在《成本会计学》教材中详细论述。**为了对成本计算有一个较为完整的认识，本教材对期末在产品成本计算的“定额成本法”进行简单介绍。

生产费用在完工产品与在产品之间的分配方法

定额成本法，就是根据事先按成本项目核定的单位在产品成本定额和在产品数量计算月末在产品成本，倒挤确定本期完工产品成本的一种方法。其计算公式如下：

❶月末在产品定额成本=月末在产品数量×单位成本定额

❷本期完工产品总成本=月初在产品定额成本+本月发生的生产费用-月末在产品定额成本

❸本期完工产品单位成本=本期完工产品总成本÷本期完工产品数量

（六）编制“完工产品成本汇总表”，结转完工产品成本

❶根据“产品成本计算单”分成本项目填制“完工产品成本汇总表”的“总成本”和“单位成本”（参见本项目表5-15）；❷根据“完工产品成本汇总表”，编制结转完工产品成本的记账凭证，借记“库存商品”账户，贷记“生产成本”账户，同时应登记“生产成本明细账”。为了核算完工产品成本结转及其库存商品成本情况，需要设置**“库存商品”**账户。

“库存商品”账户，是用来核算库存商品的增减变动及其结存的实际成本的“资产类”账户。❶应按产品的种类、名称设置明细账进行明细分类核算；❷账户结构，如图5-17所示。

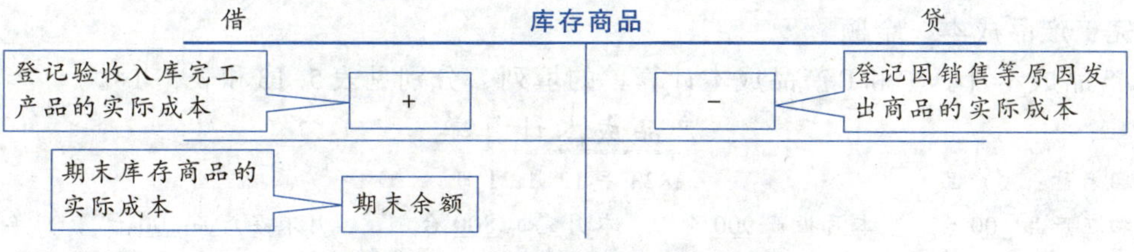

图5-17　“库存商品”账户结构

二、产品成本计算及完工产品结转举例

按照以上所述产品成本计算程序与方法，根据东海市光明机械公司2×23年12月份有关的生产费用资料，对该公司12月份的完工产品成本采用**“定额成本法”**计算如下：

（一）产品成本计算的有关资料

（1）期初在产品定额成本。根据“生产成本明细账”（参见项目七表7-8和表7-9）上月月末的“月末在产品定额成本”金额确定，经过整理后见表5-11。

表 5-11　　**期初在产品定额成本资料表**　　金额单位：元

产品名称	在产品数量	直接材料	直接人工	制造费用	合 计
A产品	100台	20 000	10 000	4 000	34 000
B产品	120台	18 000	9 600	3 600	31 200
合 计	—	38 000	19 600	7 600	65 200

（2）本月发生应计入成本计算对象的生产费用。根据【业务5-18】【业务5-19】【业务5-21】【业务5-26】所填制的记账凭证（转16、转17、转13、转19），登记A产品和B产品“生产成本明细账”的本期发生额（参见项目七表7-8和表7-9）。

（3）月末在产品定额成本。根据单位在产品各成本项目的成本定额及月末在产品数量，计算编制“月末在产品定额成本计算表”见表5-12。

表 5-12　　**月末在产品定额成本计算表**

2×23年12月31日　　金额单位：元

期末在产品		直接材料		直接人工		制造费用		定额成本合计
名称	数量	单位定额	定额成本	单位定额	定额成本	单位定额	定额成本	
A产品	40台	200	8 000	100	4 000	40	1 600	13 600
B产品	60台	150	9 000	80	4 800	30	1 800	15 600
合 计	—	—	17 000	—	8 800	—	3 400	29 200

（二）开设并填制“产品成本计算单”，计算完工产品成本

“产品成本计算单”应按照成本计算对象并分成本计算期开设，按照成本项目设置专栏，具体填制方法如下：

（1）“月初在产品定额成本”金额与“本月生产费用”金额，应根据“生产成本明细账”各成本项目专栏填列，同时加计填列“生产费用合计”金额。

（2）根据表5-12填制“产品成本计算单”的“月末在产品定额成本”金额；按照“生产费用合计”金额减去“月末在产品定额成本”金额，填制“产品成本计算单”的“本月完工产品成本”金额。

A产品成本计算单和B产品成本计算单的填列，分别见表5-13和表5-14。

表 5-13　　**产品成本计算单**

产品名称：A产品　　2×23年12月31日

月初在产品100台　　本月投产900台　　本月完工800台　　月末在产品200台　　单位：元

摘 要	成本项目			合 计
	直接材料	直接人工	制造费用	
月初在产品定额成本	20 000	10 000	4 000	34 000
本月生产费用	296 000	148 200	65 000	509 200
生产费用合计	316 000	158 200	69 000	543 200
月末在产品定额成本	8 000	4 000	1 600	13 600
本月完工产品成本	308 000	154 200	67 400	529 600

表 5-14

产品成本计算单

产品名称：B 产品　　　　2×23 年 12 月 31 日

月初在产品 120 台　　本月投产 830 台　　本月完工 800 台　　月末在产品 150 台　　单位：元

摘　要	成本项目			合　计
	直接材料	直接人工	制造费用	
月初在产品定额成本	18 000	9 600	3 600	31 200
本月生产费用	217 600	125 400	55 000	398 000
生产费用合计	235 600	135 000	58 600	429 200
月末在产品定额成本	9 000	4 800	1 800	15 600
本月完工产品成本	226 600	130 200	56 800	413 600

（三）编制“完工产品成本汇总表”，结转完工产品成本

（1）**填制“完工产品成本汇总表”**。根据“产品成本计算单”的“完工产品成本”金额除以“产品入库单”所提供的完工数量，分成本项目填制“完工产品成本汇总表”的“总成本”和“单位成本”（见表5-15）。

表 5-15

完工产品成本汇总表

附件 4 张

2×23 年 12 月 31 日　　单位：元

成本项目	A产品（800台）		B产品（800台）		总成本合计
	总成本	单位成本	总成本	单位成本	
直接材料	308 000	385.00	226 600	283.25	534 600
直接人工	154 200	192.75	130 200	162.75	284 400
制造费用	67 400	84.25	56 800	71.00	124 200
合　计	529 600	662.00	413 600	517.00	943 200

（2）**结转完工产品成本**。根据“完工产品成本汇总表”，编制结转完工产品成本的记账凭证并登记“生产成本明细账”。

【业务5-27】汇总结转完工产品成本。12月31日，根据“完工产品成本汇总表”，编制结转完工产品成本的记账凭证并登记“生产成本明细账”。

该业务引起资产和成本要素两个项目之间发生变化：因在产品变为产成品，生产资金转为成品资金，一方面，使资产要素项目库存商品增加943 200元（529 600+413 600），应借记“库存商品”账户；另一方面，经过成本计算的“生产成本”账户的使命完成，应将“生产成本”账户归集的生产费用943 200元（529 600+413 600）从“生产成本”账户中反方向转出，贷记“生产成本”账户。该业务为转账业务，应根据以下分录编制转账凭证：

借：库存商品——A 产品　　529 600
　　　　　　——B 产品　　413 600
　贷：生产成本——A 产品　　529 600
　　　　　　　——B 产品　　413 600

转 20，附件 9 张

任务五　销售过程业务的核算

一、销售过程业务的主要内容

对制造业企业而言，销售过程是企业通过对外提供劳务和服务、出售有形和无形资产，补偿生产耗费并实现利润的一个关键环节。从资金运动的角度观察，其是成品资金转化为货币资金的过程，在这一转化过程中发生：❶销售产成品、自制半成品等，统称为**产品销售**；❷除产品销售以外的材料销售、技术转让、固定资产出租等，统称为**其他销售**。

在销售过程中，企业按照合同向购买方发货、提供劳务或服务后：**首先，**要按照销售价格办理款项结算手续，以确认销售收入的实现和计算应缴纳的相关税额；**其次，**要计算并结转销售成本，因为销售收入的取得是以付出产品和提供劳务或服务为代价的，这一代价就是销售成本；**再次，**还会发生为销售而支付的包装费、运输费、装卸费、广告费、展览费等费用，这些费用被称为销售费用；**最后，**应按照国家的有关税法规定，计算并缴纳销售税费。由此可见，以下四个方面构成了销售过程核算的主要内容：❶确认销售收入的实现并结算款项；❷计算发出存货并结转销售成本；❸发生并支付销售费用；❹计算并缴纳销售税费。

由于销售费用和销售税费的确认与计量采用**"期间配比"**方式，且属于期间费用的一部分销售费用以及销售税费是财务成果构成的内容之一，为保证期间费用核算的整体性以及财务成果核算的完整性，有关销售费用业务和销售税费业务的核算，将在项目六任务二中进行介绍。本任务主要阐述**销售收入业务和销售成本业务的核算。**

二、销售收入业务的核算

（一）销售收入的概念及分类

销售收入，是指企业因产品销售和其他销售等所形成的经济利益的流入。销售收入按照是否属于企业的主营业务，分为主营业务收入和其他业务收入。

（1）主营业务收入，是指企业在其主要的经营活动中获得的经济利益的总流入。如制造业企业销售产品、半成品和提供工业性劳务作业的收入；商品流通企业的销售商品收入等。

（2）其他业务收入，是指企业主营业务收入以外的所有通过销售商品、提供劳务收入以及让渡资产使用权等日常活动中所形成的经济利益的流入。其包括材料销售、包装物销售、废旧物资出售、技术转让、固定资产出租、包装物出租等。

（二）销售收入的确认与计量

销售收入核算的关键问题是销售收入实现的确认，即解决何时入账的问题。在会计上，销售收入确认采用的是权责发生制和配比原则。❶在权责发生制下，各会计期间是以商品发出或劳务提供和收款权利的取得来确认收入的，即不论款项是否收到，只要能够确定企业已经取得收取款项的权利，就可确认为销售收入。❷配比原则，是指各会计期间所确认的收入必须与其相关的成本、费用相对应，以便合理计算本期损益。❸配比原则既是权责发生制在会计核算中的具体体现，同时也是对权责发生制的进一步补充和完善。

（三）销售收入业务核算应设置的主要账户

1.“主营业务收入”账户

该账户是用来核算因销售商品、提供劳务或服务等主营业务所实现的收入的“损益收入类”账户。❶应按主营业务类别或产品名称设置明细账进行明细分类核算；❷账户结构，如图5-18所示。

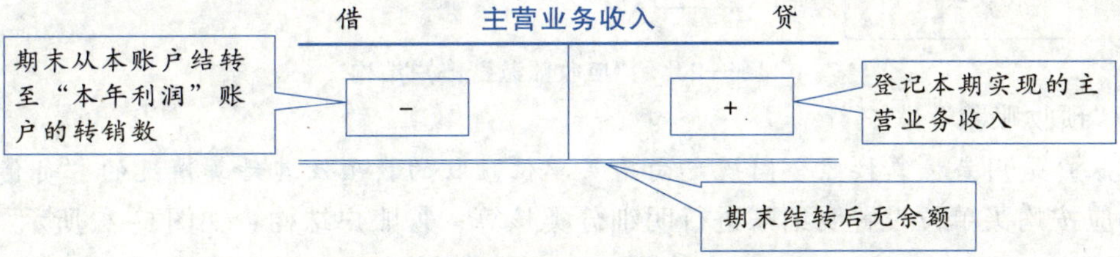

图5-18　“主营业务收入”账户结构

上述**“结转”**，即结束和转销的简称。结转是会计核算技巧的需要，是将某一账户的借方（或贷方）发生额由该账户的反方向贷方（或借方）转到另一账户的借方（或贷方），因而使该账户的借方（或贷方）发生额转出，而并非真正的减少。

2.“其他业务收入”账户

该账户是用来核算因其他销售或其他业务所实现的收入的“损益收入类”账户。❶应按其他业务类别设置明细账进行明细分类核算；❷账户结构，如图5-19所示。

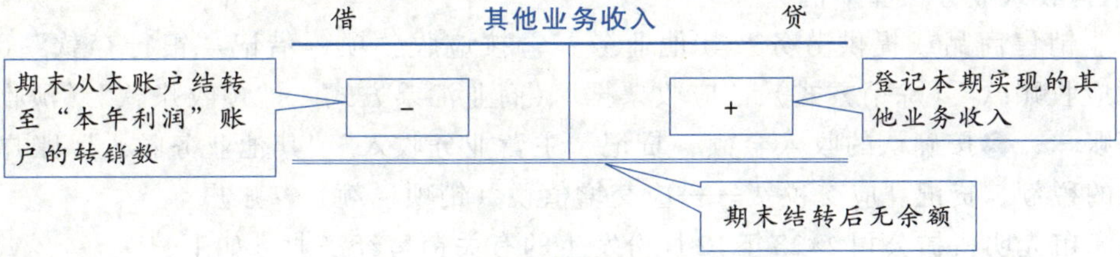

图5-19　“其他业务收入”账户结构

3.“应收票据”账户

该账户是用来核算因销售商品、提供劳务等而收到的商业汇票的增减变动及余额的“资产类”账户。❶应按票据承兑单位设置明细账进行明细分类核算；❷账户结构，如图5-20所示。

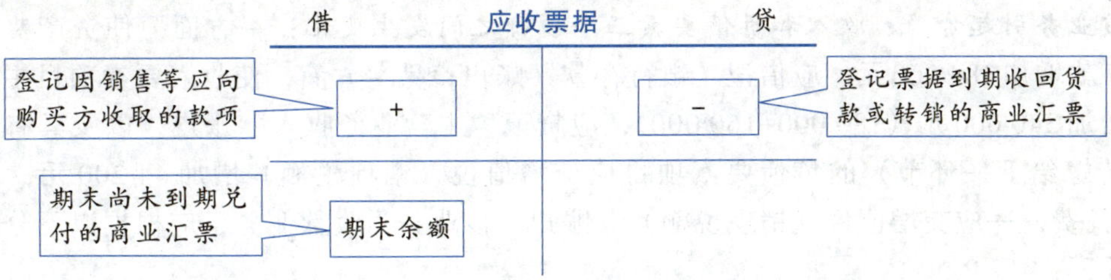

图5-20　“应收票据”账户结构

4.“应收账款”账户

该账户是用来核算因销售产品、提供劳务或服务等而应向购买方收取款项的增减变动及余额的“资产类”账户。❶应按债务单位或个人设置明细账进行明细分类核算；❷账户结构，如图5-21所示。

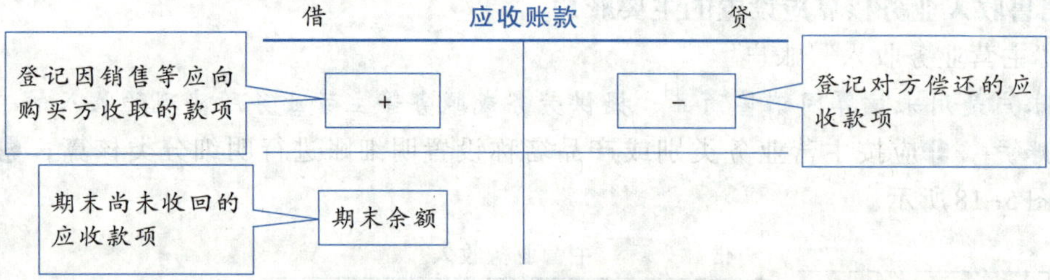

图5-21 “应收账款”账户结构

5.“预收账款”账户

该账户是用来核算按照合同规定向购买单位预收的款项及其结算情况的“负债类”账户。❶应按购买单位设置明细账进行明细分类核算；❷账户结构，如图5-22所示。

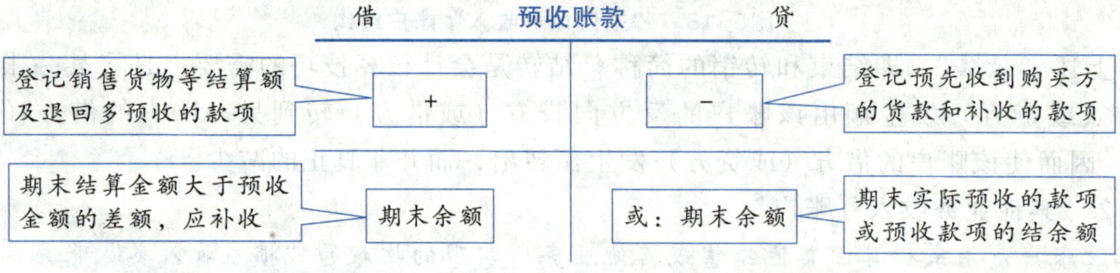

图5-22 “预收账款”账户结构

（四）销售收入业务核算举例

企业销售商品或提供劳务及其他业务：❶按应收款项，借记“银行存款”（现销方式）、“应收账款”（赊销方式）、“应收票据”（商业汇票方式）、“预收账款”（预收款项方式）等账户；❷按确认的收入金额，贷记“主营业务收入”“其他业务收入”账户；❸按应收取的税额，贷记“应交税费——应交增值税（销项税额）”账户。

东海市光明机械公司2×23年12月份发生的有关销售经济业务如下：

【业务5-28】采用现销方式销售商品，即按照购销合同发出商品，货款通过银行收讫，简称“钱货两清”。12月3日：❶向东海市联华机械公司销售产品，开具的**数电“电子发票（增值税专用发票）”**上注明：A产品150台、单价1 200元、价款180 000元、税额23 400元；B产品160台、单价1 000元、价款160 000元、税额20 800元；价税合计384 200元。❷货已发出，价税合计384 200元通过企业网银收讫。

该业务引起资产、收入和负债要素三个项目之间发生变化：一方面，使资产要素项目银行存款增加384 200元，应借记“银行存款”账户；另一方面，使收入要素项目主营业务收入增加340 000元（180 000+160 000），应贷记“主营业务收入”账户，以及具有预收性质（**转嫁给下一环节**）的负债要素项目应交增值税（销项税额）增加44 200元，应贷记“应交税费——应交增值税（销项税额）”账户。该业务为收款业务，应根据以下分录编制收款凭证：

借：银行存款	384 200		
贷：主营业务收入——A产品		180 000	收3，附件2张
——B产品		160 000	
应交税费——应交增值税（销项税额）		44 200	

【业务5-29】 采用赊销方式销售商品，即发出商品并代垫运费，款项暂未收到。12月9日：❶采用赊销方式向大理市锦龙机械公司销售产品，开具的数电“电子发票（增值税专用发票）”上注明：A产品300台、单价1 200元、价款360 000元、税额46 800元；B产品320台、单价1 000元、价款320 000元、税额41 600元。❷代垫运费4 080元并通过企业网银付讫。❸价税合计及代垫运费总计772 480元，对方承诺下月付款。

（1）货已发出，对方承诺下月付款。**该业务引起资产、收入和负债要素三个项目之间发生变化：**一方面，使资产要素项目应收账款增加768 400元，应借记“应收账款”账户；另一方面，使收入要素项目主营业务收入增加680 000元（360 000+320 000），应贷记“主营业务收入”账户，以及具有预收性质（**转嫁给下一环节**）的负债要素项目应交增值税（销项税额）增加88 400元，应贷记“应交税费——应交增值税（销项税额）”账户。该业务为转账业务，应根据以下分录编制转账凭证：

借：应收账款——锦龙机械公司	768 400		
贷：主营业务收入——A产品		360 000	转4，附件2张
——B产品		320 000	
应交税费——应交增值税（销项税额）		88 400	

（2）用银行存款支付代垫运杂费。**该业务引起资产要素两个项目之间发生此增彼减变化：**一方面，使资产要素项目应收账款增加4 080元，应借记“应收账款”账户；另一方面，使资产要素项目银行存款减少4 080元，应贷记“银行存款”账户。该业务为付款业务，应根据以下分录编制付款凭证：

借：应收账款——锦龙机械公司	4 080		付7，附件1张
贷：银行存款		4 080	

【业务5-30】 通过银行收到前欠货款。12月13日，通过企业网银收到大理市锦龙机械公司偿还前欠的货款446 000元。

该业务引起资产要素两个项目之间发生此增彼减变化：一方面，使资产要素项目银行存款增加446 000元，应借记“银行存款”账户；另一方面，使资产要素项目应收账款减少446 000元，应贷记“应收账款”账户。该业务为收款业务，应根据以下分录编制收款凭证：

借：银行存款	446 000		收5，附件1张
贷：应收账款——锦龙机械公司		446 000	

【业务5-31】 货已发出，收到对方签发并承兑的商业汇票。12月15日：❶采用商业汇票方式向青海市天虹机械公司销售产品（自己提货），开具的数电“电子发票（增值税专用发票）”上注明：A产品150台、单价1 200元、价款180 000元、税额23 400元；B产品96台、单价1 000元、价款96 000元、税额12 480元。❷货已发出，收到青海市天虹机械公司签发并承兑的期限为5个月、金额为311 880元的“商业承兑汇票”。

该业务引起资产、收入和负债要素三个项目之间发生变化：一方面，使资产要素项目应收票据增加311 880元，应借记“应收票据”账户；另一方面，使收入要素项目主营业务收入增加276 000元（180 000+96 000），应贷记“主营业务收入”账户，以及具有预收性质（**转嫁给下一环节**）的负债要素项目应交增值税（销项税额）增加35 880元，应贷记

"应交税费——应交增值税（销项税额）"账户。该业务为转账业务，应根据以下分录编制转账凭证：

借：应收票据——天虹机械公司　　311 880
　贷：主营业务收入——A产品　　180 000
　　　　　　　　——B产品　　96 000
　　应交税费——应交增值税（销项税额）　　35 880

转10，附件2张

【业务5-32】商业承兑汇票到期，委托银行收款。❶应收天虹机械公司6月29日签发的期限为6个月、金额为213 000元的商业承兑汇票到期；❷填制付款单位为天虹机械公司的"中国工商银行委托收款凭证"办理委托银行收款手续；❸12月29日，收到银行转来并加盖"收讫章"的"中国工商银行委托收款凭证（收账通知）"，上列金额为213 000元。

该业务引起资产要素两个项目之间发生此增彼减变化：一方面，使资产要素项目银行存款增加213 000元，应借记"银行存款"账户；另一方面，使资产要素项目应收票据减少213 000元，应贷记"应收票据"账户。该业务为收款业务，应根据以下分录编制收款凭证：

借：银行存款　　213 000
　贷：应收票据——天虹机械公司　　213 000

收8，附件2张

【业务5-33】按照合同规定预收货款。12月25日，收到金额为92 000元的"中国工商银行电汇凭证（收账通知）"，系北京市盛楠机械公司预付购买A产品的定金。

该业务引起资产和负债要素两个项目之间发生同增变化：一方面，使资产要素项目银行存款增加92 000元，应借记"银行存款"账户；另一方面，使负债要素项目预收账款增加92 000元，应贷记"预收账款"账户。该业务为收款业务，应根据以下分录编制收款凭证：

借：银行存款　　92 000
　贷：预收账款——盛楠机械公司　　92 000

收7，附件1张

【业务5-34】货已发出，货款冲抵预收账款。12月23日：❶填制"产品出库单"发出上月已预收北京市靓丽机械公司账款的产品。❷开具的数电"电子发票（增值税专用发票）"上注明：A产品250台、单价1 200元、价款300 000元、税额39 000元；B产品200台、单价1 000元、价款200 000元、税额26 000元。❸价税合计565 000元，抵扣上月预收的货款490 000元，余款75 000元，对方承诺下月支付。

该业务引起收入和负债要素三个项目之间发生变化：一方面，使负债要素项目预收账款减少565 000元，应借记"预收账款"账户；另一方面，使收入要素项目主营业务收入增加500 000元（300 000+200 000），应贷记"主营业务收入"账户，以及具有预收性质（**转嫁给下一环节**）的负债要素项目应交增值税（销项税额）增加65 000元，应贷记"应交税费——应交增值税（销项税额）"账户。该业务为转账业务，应根据以下分录编制转账凭证：

借：预收账款——靓丽机械公司　　565 000
　贷：主营业务收入——A产品　　300 000
　　　　　　　　——B产品　　200 000
　　应交税费——应交增值税（销项税额）　　65 000

转14，附件1张

【业务5-35】其他业务收入，即材料转让。12月29日，同在本市的宏光机械公司急需甲材料，本公司向宏光机械公司转让尚有富裕的甲材料。❶开具的数电“电子发票（增值税专用发票）”上注明：甲材料800千克、单价105元、价款84 000元、税额10 920元；❷填制用途为对外销售的“领料单”；❸价税合计94 920元，对方承诺下月付款。

该业务引起资产、收入和负债要素三个项目之间发生变化：一方面，因未收到款项，使资产要素项目应收账款增加94 920元，应借记“应收账款”账户；另一方面，因销售材料实现其他业务收入，使收入要素项目其他业务收入增加84 000元，应贷记“其他业务收入”账户，以及具有预收性质（**转嫁给下一环节**）的负债要素项目应交增值税（销项税额）增加10 920元，应贷记“应交税费——应交增值税（销项税额）”账户。该业务为转账业务，应根据以下分录编制转账凭证：

借：应收账款——宏光机械公司	94 920		
贷：其他业务收入——材料销售		84 000	转15，附件1张
应交税费——应交增值税（销项税额）		10 920	

三、销售成本业务的核算

（一）销售成本的确认与计量

《企业会计准则——基本准则》第二十五条规定：企业为生产产品、提供劳务等发生的可归属于产品成本、劳务成本等的费用，应当在确认产品销售收入、劳务收入等时，将已销售产品、已提供劳务的成本等计入当期损益。销售成本，是指已销售产品的生产成本或已提供劳务的劳务成本以及其他销售的业务成本。企业在销售过程中，为取得销售收入必然要付出一定数量的商品或提供一定数量的劳务、服务等。所以，在确认和计量销售收入的同时，必须对销售成本进行确认和计量。按照《企业会计准则》的规定，销售成本的确认与计量应采用“因果配比”方式，包括主营业务成本和其他业务成本两部分。

1.主营业务成本

主营业务成本，是指企业销售产品、半成品以及提供工业性劳务等业务所形成的成本。将销售一定数量产品的生产成本或提供一定劳务数量的劳务成本，与出售该产品或提供该劳务的销售收入配比，形成主营业务成本。其计算公式如下：

主营业务成本=产品销售数量或提供劳务数量×产品单位生产成本或单位劳务成本

就销售产品而言，上式中的产品单位生产成本可采用多种方法进行计算确定，如先进先出法、加权平均法和个别计价法等，但企业一经选定某一种方法后，不得随意变动。本书按照“月末一次加权平均法”计算本月的主营业务成本。

2.其他业务成本

其他业务成本，是指企业销售材料、出租固定资产、出租无形资产等业务所形成的成本。与其他业务收入配比的其他业务成本，包括销售材料的成本、出租固定资产的折旧额、出租无形资产的摊销额等。

（二）销售成本业务核算应设置的主要账户

1.“主营业务成本”账户

该账户是用来核算确认销售商品、提供劳务等与主营业务收入配比应结转的库存商品、提供劳务的实际成本的“损益费用类”账户。❶应按主营业务类别设置明细账进行明细分类核算；❷账户结构，如图5-23所示。

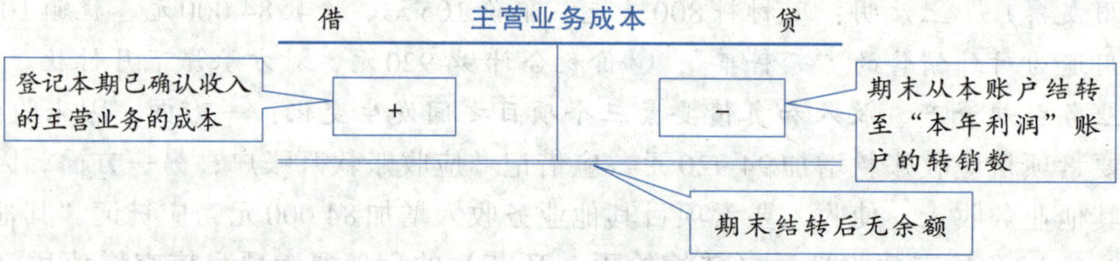

图5-23 “主营业务成本”账户结构

2.“其他业务成本”账户

该账户是用来核算确认销售材料、出租固定资产和无形资产等与其他业务收入配比应结转的材料成本、房屋折旧额和无形资产摊销额的“损益费用类”账户。❶应按其他业务类别设置明细账进行明细分类核算；❷账户结构，如图5-24所示。

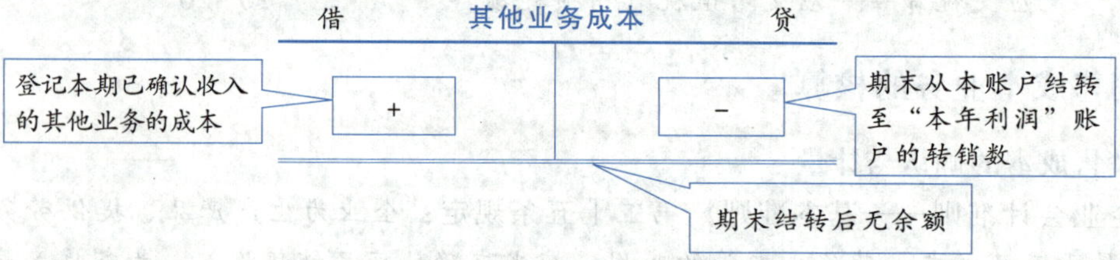

图5-24 “其他业务成本”账户结构

（三）销售成本业务核算举例

根据本期销售各种商品的实际成本，计算应结转的主营业务成本，借记“主营业务成本”账户，贷记“库存商品”账户；根据本期其他销售的实际成本，计算应结转的其他业务成本，借记“其他业务成本”账户，贷记“原材料”“累计折旧”“累计摊销”等账户。

东海市光明机械公司2×23年12月份发生的有关销售成本业务如下：

【业务5-36】期末，计算本月产品销售应结转的主营业务成本。月末，根据“库存商品明细账”整理的库存商品月初结存、本月收入和本月发出的有关资料及主营业务成本计算见表5-16。

表5-16　加权平均单位成本及主营业务成本计算表

2×23年12月31日

金额单位：元

产品名称	计量单位	期初结存		本期收入		加权平均单位成本	本期销售	
		数量	金额	数量	金额		数量	总成本
A产品	台	400	262 400	800	529 600	660	850	561 000
B产品	台	300	158 400	800	413 600	520	776	403 520
合 计	—	—	420 800	—	943 200	—	—	964 520

该业务引起资产和负债要素两个项目之间发生此增彼减变化：因销售发出库存商品，使与主营业务收入“因果配比”的主营业务成本增加，一方面，使费用要素项目主营业务成本增加964 520元（561 000+403 520），应借记“主营业务成本”账户；另一方面，使

资产要素项目库存商品减少964 520元（561 000+403 520），应贷记“库存商品”账户。该业务为**转账业务**，应根据以下分录编制转账凭证：

借：主营业务成本——A产品	561 000		转21，附件1张
——B产品	403 520		
贷：库存商品——A产品		561 000	
——B产品		403 520	

【业务5-37】期末，计算并结转本月对外转让材料的其他业务成本。月末，汇总“领料单”，本月对外转让甲材料800千克，根据“月末一次加权平均法”计算甲材料的加权平均单价为100元。

该业务引起资产和负债要素两个项目之间发生变化：因转让发出原材料，使与其他业务收入“因果配比”的其他业务成本增加，**一方面**，使费用要素项目其他业务成本增加80 000元，应借记“其他业务成本”账户；**另一方面**，使资产要素项目原材料减少80 000元，应贷记“原材料”账户。该业务为**转账业务**，应根据以下分录编制转账凭证：

借：其他业务成本——材料销售	80 000		转22，附件3张
贷：原材料——甲材料		80 000	

【会计论道与素质教育】

砌墙工人的命运——要有做财务总监（CFO）的抱负

三个工人在砌一堵墙。有人过来问：“你们在干什么？”第一个人没好气儿地说：“没看见吗？砌墙。”第二个人抬头笑了笑说：“我们在盖一幢高楼。”第三个人边干边哼着歌曲，笑容灿烂地说：“我们正在建设一个新城市。”10年后，第一个人在另一个工地上砌墙；第二个人坐在办公室里画图纸，他成了工程师；第三个人呢，是前两个人的老板。

资料来源　张健鹏，胡足青．心有灵犀（小中见大智慧文丛）[M]．北京：当代世界出版社，2005.

教授寄语：性格决定命运，态度决定高度。你手头的小工作其实正是大事业的开始，能否意识到这一点意味着你能否做成一项大事业。人们常说：“不想做将军的士兵不是好士兵”，那么，我说：“不想做财务总监（CFO）的财会专业的学生，也同样如此”。

东芝公司亏损造假
昔日500强跌落神坛

【重要概念】

成本计算；生产费用；生产成本；成本项目；成本计算对象；成本计算期；直接费用；间接费用。

【复习思考题】

1. 简述生产费用业务核算的主要内容。
2. 简述“生产成本”和“制造费用”账户的用途与结构以及二者之间的内在联系。
3. 简述产品成本计算的基本程序。

4. 何谓存货计价的“月末一次加权平均法”？

5. 简述增值税的计税原理及计税方法。

6. 以预付账款方式购进货物是如何核算的？

练习题在线

练习 5-1　单项选择题在线回答

单项选择题每小题给出的 4 个备选项中，只有 1 个符合题意。

要求：扫描“单项选择题”二维码进行在线回答，回答完毕并提交后可参看正确答案与答案解析。

单项选择题 1~10　　单项选择题 11~20

练习 5-2　多项选择题在线回答

多项选择题每小题给出的 5 个备选项中，至少有 2 个符合题意。

要求：扫描“多项选择题”二维码进行在线回答，回答完毕并提交后可参看正确答案与答案解析。

多项选择题 1~10　　多项选择题 11~20

练习 5-3　判断题在线回答

请判断各判断题每小题的正误，正确的用“√”表示，错误的用“×”表示。

要求：扫描“判断题”二维码进行在线回答，回答完毕并提交后可参看正确答案与答案解析。

判断题 1~7　　判断题 8~14

练习 5-4　资金筹集经济业务的核算

本练习要求编制的记账凭证（简易），包括：❶编制记账凭证核心内容的会计分录并列出明细科目；❷对记账凭证按照收、付、转进行编号。（同练习 5-5 至练习 5-9）

1. 资料：

运城市前进机械公司为有限责任公司，于 2×21 年成立，公司成立时的注册资本为 100 万元。2×23 年 3 月份发生下列资本投入的经济业务：

(1) 收到货币资金投资款。收到开户银行转来的“中国工商银行进账单”，系运城市国资委（股东）交来的剩余投资款 100 000 元。

(2) 收到实物作价投资款。收到华远公司（股东）以两台全新设备（直接交付车间使用）交来的剩余投资款，双方协商作价 22 600 元，收到的数电“电子发票（增值税专用发票）”上注明：价款 20 000 元、税额 2 600 元。

（3）增资扩股收到新股东增资款。收到新的投资者光辉公司投来的一项专利权，双方协商作价 318 000 元，收到的数电“电子发票（增值税专用发票）”上注明：价款 300 000 元、税额 18 000 元，光辉公司的投资占前进机械公司接受投资后全部有表决权资本的 25%。

（4）资本公积转增资本金。经有关部门批准，将资本公积金 350 000 元转增资本金。

（5）借入短期借款。从中国农业银行晋城支行（简称“农行晋支”）取得 6 个月的借款 100 000 元存入银行账户。

（6）偿还短期借款。前向中国建设银行晋城分行（简称“建行晋分”）借入的期限为 6 个月的借款到期，用银行存款偿还本金 50 000 元。

2. 要求：

（1）扫描“练习 5-4 答题表”二维码并下载空白表 5-1 电子表格。（2）根据所提供资料，在空白表 5-1 电子表格中，按照记账凭证的要求编制专用记账凭证。（3）根据“财济书院”网站注册的账号，提交完成的电子表格请授课教师批阅。

练习 5-4 答题表

练习 5-5　投资活动经济业务的核算

1. 资料：

长青机械公司 2×23 年 10 月份发生下列有关固定资产投资的经济业务：

（1）购进不需要安装的设备。收到的购买生产用机床的数电“电子发票（增值税专用发票）”上注明：数量 2 台、单价 150 000 元、价款 300 000 元、税额 39 000 元；对方代垫运费并转来承运单位神华物流公司开具的“货物运输服务”的数电“电子发票（增值税专用发票）”上注明：价款 3 000 元、税额 270 元；价税合计 342 270 元，已通过企业网银付讫，设备直接交付车间使用。

（2）购进需要安装的设备。收到的为 2 号生产线工程购买生产用 WH88 型车床的数电“电子发票（增值税专用发票）”上注明：数量 2 台、单价 250 000 元、价款 500 000 元、税额 65 000 元；对方代垫运费并转来承运单位开具的“货物运输服务”的数电“电子发票（增值税专用发票）”上注明：价款 4 000 元、税额 360 元；价税合计 569 360 元，已通过企业网银付讫，设备已经运抵企业并直接交付安装。

（3）在建工程领用原材料。生产线工程的土建工程企业自行组织力量进行产品仓库的建造，耗用生产用材料费 175 000 元，分配人工费 40 000 元。

（4）支付安装费。2 号生产线工程 WH88 型车床的安装委托通达机械安装公司进行，结算安装费收到的数电“电子发票（增值税专用发票）”上注明：价款 20 000 元、税额 1 800 元，价税合计 21 800 元已通过企业网银付讫。

（5）工程完工交付使用。2 号生产线工程安装完毕，经验收合格达到预定可使用状态，计算并结转工程成本。

（6）购进无形资产。从东方信息技术开发公司购入一项 D 专利的所有权，收到的数电“电子发票（增值税专用发票）”上注明：价款 240 000 元、税额 14 400 元，价税合计 254 400 元已通过企业网银付讫。

（7）增资扩股。为配电室工程接受星光电气公司投资，投入的 MN36 型变压器 4 台已交付安装，收到的数电“电子发票（增值税专用发票）”上注明：价款 2 000 000 元、税额 260 000 元，根据协议该投资占长青机械公司注册资本 800 万元的 20%。

2. 要求：

练习5-5答题表

(1) 扫描“练习5–5答题表”二维码并下载空白表5–2电子表格。(2) 根据所提供资料，在空白表5–2电子表格中，按照记账凭证的要求编制专用记账凭证。(3) 根据“财济书院”网站注册的账号，提交完成的电子表格请授课教师批阅。

练习5–6　供应过程经济业务的核算

1. 资料：

运城市前进机械公司2×23年2月份发生下列有关材料采购的经济业务：

(1) 采用网银结算方式向明远市永兴公司购入材料。❶收到的数电“电子发票（增值税专用发票）”上注明：甲材料2 000千克、单价30元、价款60 000元、税额7 800元；乙材料3 000千克、单价30元、价款90 000元、税额11 700元。❷对方代垫运费并转来承运单位开具的数电“电子发票（增值税专用发票）”上注明：运费7 000元、税额630元，运费按照材料的重量采用比例分配法进行分配。❸材料已验收入库，并填制“收料单”。❹经审核无误后，价税合计177 130元通过企业网银付讫，收到银行转来的“中国工商银行业务回单（付款）”。

(2) 采用赊购方式向大同市滨河公司购入材料。❶收到的数电“电子发票（增值税专用发票）”上注明：丙材料2 000千克、单价100元、价款200 000元、税额26 000元；❷对方代垫运费并转来承运单位开具的数电“电子发票（增值税专用发票）”上注明：运费4 000元、税额360元；❸材料已验收入库，并填制“收料单”；❹价税合计230 360元，经协商对方承诺下月支付。

(3) 采用商业汇票结算方式向云峰市兴华公司购入材料。❶收到的数电“电子发票（增值税专用发票）”上注明：甲材料2 000千克、单价32元、价款64 000元、税额8 320元；❷合同规定运费由对方负担，材料已验收入库，并填制“收料单”；❸价税合计72 320元，签发一张为期5个月的商业承兑汇票。

(4) 在途物资。从广元市圣元公司购入下列材料：❶收到的数电“电子发票（增值税专用发票）”上注明：A材料1 000千克、单价26元、价款26 000元、税额3 380元；B材料2 000千克、单价20元、价款40 000元、税额5 200元。❷价税合计74 580元，经审核无误后通过企业网银付讫，并收到银行转来的“中国工商银行业务回单（付款）”。

(5) 计算并结转在途物资验收入库的成本。上述A材料、B材料的运输委托太原市前进物流公司进行：❶收到的数电“电子发票（增值税专用发票）”上注明：运费1 200元、税额108元；❷价税合计1 308元，开出转账支票支付；❸上述材料验收入库，按照材料重量分配运费，填制“收料单”计算并结转采购成本。

(6) 预付购货定金。按照合同规定，通过企业网银预付向万荣市庆丰公司所购生铁款200 000元，收到银行转来的“中国工商银行业务回单（付款）”。

(7) 采用预付货款结算方式购进原材料。上月已预付货款向晋城市光庆公司购买的扁钢验收入库：❶收到的数电“电子发票（增值税专用发票）”上注明：扁钢20吨、单价3 000元、价款60 000元、税额7 800元，价税合计67 800元；❷填制“收料单”，合同规定运费由销售方负担；❸经审核无误后扣除前已预付的55 000元外，余款12 800元通过企业网银付讫（提示：应编制转账凭证和付款凭证各1张）。

(8) **通过银行偿还前欠货款。** 通过企业网银偿还上月所欠原平市光明公司的货款 46 800 元，收到银行转来的“中国工商银行业务回单（付款）”。

(9) **偿付到期商业承兑汇票款。** 前向大同市滨河公司购买材料所签发的一张金额为 351 000 元的商业承兑汇票到期，通过企业网银付讫。

2. 要求：

(1) 扫描“练习 5-6 答题表”二维码并下载空白表 5-3 电子表格。(2) 根据所提供资料，在空白表 5-3 电子表格中，按照记账凭证的要求编制专用记账凭证。(3) 根据“财济书院”网站注册的账号，提交完成的电子表格请授课教师批阅。

练习 5-6 答题表

练习 5-7 生产费用经济业务的核算

1. 资料：

永峰机械公司 2×23 年 3 月份发生下列有关生产费用的经济业务：

(1) **月末分配并结转材料费用。** 该公司原材料的收发采用“月末一次加权平均法”计价。**月初结存：** 甲材料 2 000 千克、总成本 76 000 元，乙材料 1 000 千克、总成本 34 000 元。**本月购进：** 甲材料 6 000 千克、总成本 244 000 元，乙材料 4 000 千克、总成本 116 000 元。**本月发出：** 根据“领料单”汇总编制的“发料凭证汇总表”显示：生产 A 产品领用甲材料 4 000 千克和乙材料 2 000 千克，生产 B 产品领用甲材料 3 000 千克和乙材料 1 500 千克，车间一般性消耗领用乙材料 400 千克，厂部一般性消耗领用乙材料 200 千克。

(2) **月末分配并结转工薪费用。** 根据各车间、部门的考勤记录和工资标准汇总编制的“工薪费用结算汇总表”显示：车间生产工人工资：A 产品 60 000 元、B 产品 40 000 元；管理人员工资：车间 10 000 元、行政管理部门人员 30 000 元、专设销售机构人员 6 000 元；配电室工程人员工资 4 000 元。

(3) **通过企业网银支付职工工资。** 收到“中国工商银行电子转账凭证”和“中国工商银行批量代付成功清单”，由银行代发职工工资 150 000 元，直接转入职工个人账户。

(4) **支付并分配职工体检费。** ❶收到本市人民医院体检中心开具的数电“电子发票（增值税普通发票）”上注明：职工体检费 20 000 元、税率 6%、税额 1 200 元。❷价税合计 21 200 元，通过企业网银付讫。❸根据受益对象编制的“职工体检费用分配表”显示：车间生产工人体检费：A 产品 6 000 元、B 产品 4 000 元；管理人员体检费：车间 3 000 元、行政管理部门人员 6 000 元、专设销售机构人员 2 200 元。

(5) **支付房屋修理费计入资产成本或期间损益。** ❶收到本市利源建筑公司开具的数电“电子发票（增值税专用发票）”上注明：车间房屋修缮费 10 000 元和办公大楼修理费 20 000 元、税额 2 700 元；❷价税合计 32 700 元，通过企业网银付讫。

(6) **办公室报销购买办公用品款。** ❶收到的数电“电子发票（增值税专用发票）”上注明：价款 8 100 元、税额 1 053 元；❷价税合计 9 153 元，通过企业网银付讫；❸编制的“办公用品领用分配表”显示：生产车间、专设销售机构、行政管理部门各负担 1/3。

(7) **计提并分配固定资产折旧费。** 月末，按照月初固定资产原值和规定的折旧率，计算编制的“固定资产折旧费用计提表”显示：生产车间折旧额 39 000 元、行政管理部门折旧额 13 000 元。

（8）支付并分配水费。❶收到本市自来水公司开具的数电“电子发票（增值税专用发票）”上注明：水费价款 16 000 元、税额 1 440 元，价税合计 17 440 元已通过企业网银付讫；❷按照各车间、部门水的耗用量编制的“水费计算分配表”显示：产品生产耗用 10 000 元、车间一般消耗 3 000 元、行政管理部门耗用 3 000 元。

（9）支付并分配电费。❶收到本市供电公司开具的数电“电子发票（增值税专用发票）”上注明：电费价款 34 000 元、税额 4 420 元，价税合计 38 420 元已通过企业网银付讫；❷按照各车间、部门电的耗用量编制的“电费计算分配表”显示：产品生产耗用 24 000 元、车间一般消耗 5 000 元、行政管理部门耗用 5 000 元。

（10）归集分配并结转制造费用。加计本月发生的上述制造费用为 84 700 元，按照生产工人工时（A 产品 6 000 小时、B 产品 4 000 小时）的比例分配，A 产品应分配 50 820 元、B 产品应分配 33 880 元。

2. 要求：

练习 5-7 答题表

（1）扫描“练习 5-7 答题表”二维码并下载空白表 5-4 电子表格。（2）根据所提供资料，在空白表 5-4 电子表格中，按照记账凭证的要求编制专用记账凭证。（3）根据“财济书院”网站注册的账号，提交完成的电子表格请授课教师批阅。

练习 5-8　产品成本计算经济业务的核算

1. 资料：

大同机械公司专门生产 A、B 两种产品，并采用“定额成本法”计算完工产品成本。2×23 年 9 月份有关 A、B 产品生产成本的资料，分别见练习表 5-1 和练习表 5-2。

练习表 5-1　在产品单位成本定额及月初在产品定额成本资料表

2×23 年 9 月　　金额单位：元

成本项目	A 产品（400 台）		B 产品（150 台）		定额成本合计
	单位成本定额	定额成本	单位成本定额	定额成本	
直接材料	185	74 000	320	48 000	122 000
直接人工	55	22 000	100	15 000	37 000
制造费用	35	14 000	60	9 000	23 000
合　计	—	110 000	—	72 000	182 000

练习表 5-2　本月在产品、完工产品数量及发生的生产费用汇总表

2×23 年 9 月　　金额单位：元

产品名称	本月在产品、完工产品数量				本月各成本项目发生额		
	月初在产品	本月投产	本月完工	月末在产品	直接材料	直接人工	制造费用
A 产品	400	2 600	2 500	500	480 000	280 000	243 600
B 产品	150	650	800	0	206 000	140 000	
合　计	—	—	—	—	686 000	420 000	243 600

2. 要求：

（1）扫描“练习 5-8 答题表”二维码并下载空白表 5-5 至空白表 5-9 电子表格。（2）根据所提供资料，在空白表 5-5 至空白表 5-9 电子表格中，回答以下 4 个问题：❶按照本月直接人工比例计算分配制造费用并编制“制造费用分配表”；❷计算并填制“产品成本计算单”；❸计算并编制“完工产品成本计算单”；❹计算并结转制造费用及完工产品成本以及编制相关的专用记账凭证。（3）根据“财济书院”网站注册的账号，提交完成的电子表格请授课教师批阅。

练习 5-8 答题表

练习 5-9 销售经济业务的核算

1. 资料：

南京市兴隆机械公司对存货的计价采用“月末一次加权平均法”，库存商品月初结存为：A 产品 60 件、总成本 99 000 元，B 产品 40 件、总成本 96 000 元。2×23 年 8 月份发生下列有关销售的经济业务：

（1）采用网银结算方式向本市红星公司销售产品。❶开具的数电“电子发票（增值税专用发票）”上注明：A 产品 50 件、单价 3 000 元、价款 150 000 元、税额 19 500 元，B 产品 40 件、单价 4 000 元、价款 160 000 元、税额 20 800 元；❷填制一式三联的“产品出库单”，并将“提货联”交由对方自提货物；❸价税合计 350 300 元，收到对方签发的转账支票，填制一式两联的“中国工商银行进账单”送存银行并收到“收账通知”。

（2）采用赊销方式向北京市新民公司销售产品。❶开具的数电“电子发票（增值税专用发票）”上注明：A 产品 50 件、单价 3 000 元、价款 150 000 元、税额 19 500 元，B 产品 50 件、单价 4 000 元、价款 200 000 元、税额 26 000 元；❷货已发出，价税合计 395 500 元，对方承诺下月付款；❸合同规定运费由销货方负担，本公司委托本市华远物流公司运输，收到物流公司开具的数电“电子发票（增值税专用发票）”上注明：运费 30 000 元、税额 2 700 元，价税合计 32 700 元通过企业网银付讫。

（3）采用商业汇票结算方式向天津市宏盛公司销售产品。❶开具的数电“电子发票（增值税专用发票）”上注明：A 产品 40 件、单价 3 000 元、价款 120 000 元、税额 15 600 元；❷填制一式三联的“产品出库单”，并将“提货联”交由对方自提货物；❸收到对方签发并承兑的期限为 6 个月、金额为 135 600 元的商业承兑汇票。

（4）采用预收账款方式向无锡市光明机床厂销售产品。❶开具的数电“电子发票（增值税专用发票）”上注明：A 产品 50 件、单价 3 000 元、价款 150 000 元、税额 19 500 元；❷产品已发出，通过企业网银支付代垫运费 4 360 元；❸价税合计及代垫运费结清前已预收的款项为 173 860 元。

（5）预收定金。收到开户银行转来的金额为 250 000 元的“中国工商银行业务回单（收款）”，为本市华源公司预付购买 A 产品交来的定金。

（6）采用预收账款方式向华阴市东祥机械公司销售产品。❶开具的数电“电子发票（增值税专用发票）”上注明：A 产品 40 件、单价 3 000 元、价款 120 000 元、税额 15 600 元；❷产品已发出，对方自提；❸价税合计 135 600 元，从原预收的 140 000 元中扣除，余款 4 400 元通过企业网银转出。

（7）采用预收账款方式向临潼市瑞华机械公司销售产品。❶开具的数电“电子发票（增值税专用发票）”上注明：B 产品 30 件、单价 4 000 元、价款 120 000 元、税额

15 600 元；❷填制一式三联的“产品出库单”，并将“提货联”交由对方自提货物；❸价税合计 135 600 元，扣除原预收的 135 000 元外，余款 600 元通过企业网银收讫。

(8) 计算并结转完工产品成本。根据“完工产品成本计算单”结转本月完工产品成本 764 000 元，其中：A 产品完工入库 240 件、总成本 408 000 元，B 产品完工入库 160 件、总成本 376 000 元。

(9) 月末计算并结转上述已销产品的生产成本。

(10) 向本市童莉公司转让多余的材料。❶开具的数电“电子发票（增值税专用发票）”上注明：甲材料 400 千克、单价 40 元、价款 16 000 元、税额 2 080 元；❷材料已发出，并填制“领料单”；❸收到对方提交金额为 18 080 元的“中国工商银行进账单（收账通知）”。

(11) 计算并结转转让材料的成本。甲材料 400 千克的采购成本，经计算，甲材料加权平均单价为 38 元。

2. 要求：

练习 5-9 答题表

(1) 扫描“练习 5-9 答题表”二维码并下载空白表 5-10 电子表格。(2) 根据所提供资料，在空白表 5-10 电子表格中，按照记账凭证的要求编制专用记账凭证。(3) 根据“财济书院”网站注册的账号，提交完成的电子表格请授课教师批阅。

6 项目六

制造业主要经济业务的核算（下）

【内容导读】

本项目内容是项目四中记账凭证填制内容的熟练掌握与运用，也是项目五的延续。本项目主要阐述**经营成果形成业务、利润分配业务**记账凭证的填制以及会计账户按照用途与结构的分类。其要求：❶熟悉各环节经济业务的文字描述与对应原始凭证及具体用途；❷理解并掌握各环节经济业务进行会计核算所涉及有关账户的用途与结构；❸重点掌握各环节经济业务记账凭证填制的核心内容——会计分录的编制；❹找出各账户之间存在的共性，理解账户的整体集合构成一个完整的有机体系；❺掌握账户设置与具体运用的规律性，在此基础上达到熟练应用前述会计理论与方法的目的。

任务一　经营成果的构成与计算

经营成果，亦称财务成果，是指企业在一定会计期间收入减去费用后的净额，表现为利润或亏损。企业实现的利润要按照《企业所得税法》的规定计算并缴纳所得税，缴纳所得税后的利润，称为净利润；对于净利润，要按照有关规定在投资者之间进行分配。

《企业会计准则——基本准则》第三十七条规定：**“利润是指企业在一定会计期间的经营成果，利润包括收入减去费用后的净额、直接计入当期利润的利得和损失等”。**按照利润的特质、作用和计算过程，有**营业利润、利润总额和净利润**之分。

一、营业利润的构成与计算

营业利润，是指企业通过组织日常营业活动获得的利润。即企业在某一会计期间的营业收入和为实现这些营业收入所发生的费用、成本比较的结果。营业利润是企业最基本的经营活动的成果，也是企业一定时期获得利润中最主要、最稳定的构成。其计算公式为：

营业利润=营业收入−营业成本−税金及附加−期间费用−资产减值损失−信用减值损失±资产处置净损益±公允价值变动净损益±投资净损益

其中：

❶**营业收入=主营业务收入+其他业务收入**

❷**营业成本=主营业务成本+其他业务成本**

❸**期间费用=销售费用+管理费用+财务费用**

二、利润总额的构成与计算

利润总额，是指企业在一定会计期间全部经营活动（包括日常经营活动和非日常经营活动）获得的利润，也称为**“会计利润”**。其计算公式为：

利润总额=营业利润+营业外收入−营业外支出

三、净利润的构成与计算

企业所得税
优惠政策解读

净利润，是指在企业利润总额的基础上减去按照税法规定应纳所得税形成的所得税费用后的利润，也称为“**税后利润**”。其计算公式为：

净利润=利润总额–所得税费用

式中：**所得税费用**，是指企业按照《企业所得税法》的有关规定，对利润总额进行调整而得到的应纳税所得额和适用税率计算的应纳所得税。

应纳所得税虽然不是企业生产经营资金的耗费，但其是企业为取得净利润这一最终目的而必须付出的代价，从这个意义上讲，**它是一种特殊的费用——所得税费用**。其计算公式为：

应纳所得税=应纳税所得额×适用税率（25%）

式中：**应纳税所得额**，是指企业按照《企业所得税法》的有关规定，对会计利润构成项目中因限制或鼓励而调增或调减后得到的金额。本书假定对会计利润不需要调整，即将会计利润视同于应纳税所得额。

任务二　利润总额形成业务的核算

利润总额是在营业利润的基础上，加减营业外收支净额后的金额。营业利润构成项目中，有关营业收入和营业成本的核算，前已专门述及，这里不再赘述。营业利润构成项目中的**资产减值损失**、**公允价值变动净损益**、**投资净损益**的核算，将在《中级财务会计学》教材中加以阐述。本任务主要对以下五个方面的内容进行阐述：❶期间费用业务的核算；❷销售税费业务的核算；❸信用减值损失业务的核算；❹营业外收支业务的核算；❺利润总额计算确定的核算。

费用的“期间配比”
与“因果配比”

一、期间费用业务的核算

（一）期间费用业务的主要内容

期间费用，是指不能直接归属于某个特定的产品成本，而应直接计入当期损益的各种费用。❶它是企业在经营过程中随着时间的推移而不断发生的与产品生产活动的管理和销售有一定的关系，但与产品的制造过程没有直接关系的各种费用。❷一般来说，我们能够较容易地确定期间费用应归属的会计期间，但难以确定其应归属的产品，也就是说，难以确定其直接的负担者，所以，期间费用不计入产品制造成本。❸期间费用的发生对企业取得收入有较大的作用，但很难与各类收入直接配比，所以将其视为与某一期间的营业收入相关的费用，按其实际发生额予以确认。❹期间费用按照经济用途可分为销售费用、管理费用和财务费用。

（二）期间费用业务核算应设置的主要账户

1.“销售费用”账户

该账户是用来核算为销售而发生的与一定会计期间的收入进行“期间配比”的各种费用的“损益费用类”账户。其包括保险费、包装费、展览费和广告费、商品维修费、运输费、装卸费以及为销售本企业的商品而专设的销售机构的职工薪酬、业务费、折旧费等。❶应按费用项目设置明细账进行明细分类核算；❷账户结构，如图6-1所示。

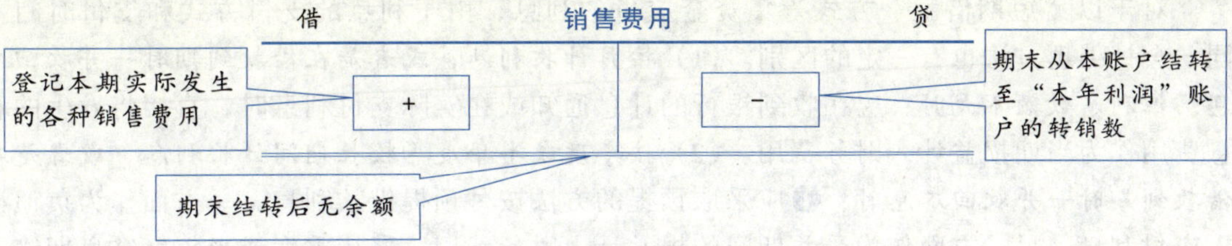

图6-1 "销售费用"账户结构

2."管理费用"账户

该账户是用来核算为组织和管理企业生产经营活动而发生的与一定会计期间的收入进行"期间配比"的各种费用的"损益费用类"账户。其包括行政管理部门的职工工资及福利费、物料消耗、水电费、办公费和差旅费、咨询费、业务招待费、报纸杂志费、固定资产折旧费、全厂的固定资产日常修理费、自用无形资产摊销、短期租赁固定资产的改良费用等。❶应按费用项目设置明细账进行明细分类核算；❷账户结构，如图6-2所示。

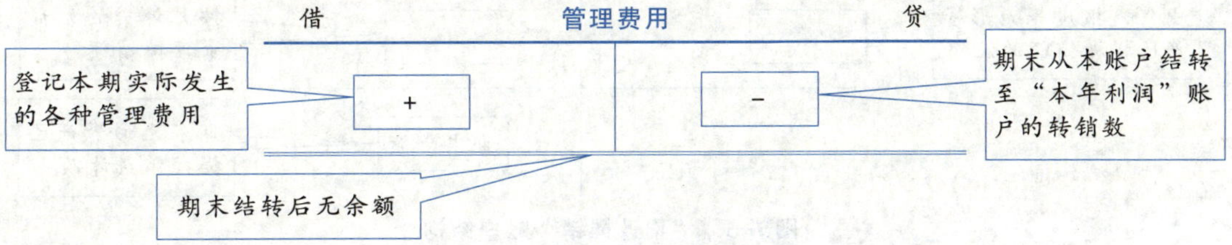

图6-2 "管理费用"账户结构

3."财务费用"账户

该账户是用来核算为筹集资金而发生的与一定会计期间的收入进行"期间配比"的各种费用的"损益费用类"账户。其主要包括利息支出（减利息收入）、汇兑损益及相关的手续费等。❶应按费用项目设置明细账进行明细分类核算；❷账户结构，如图6-3所示。

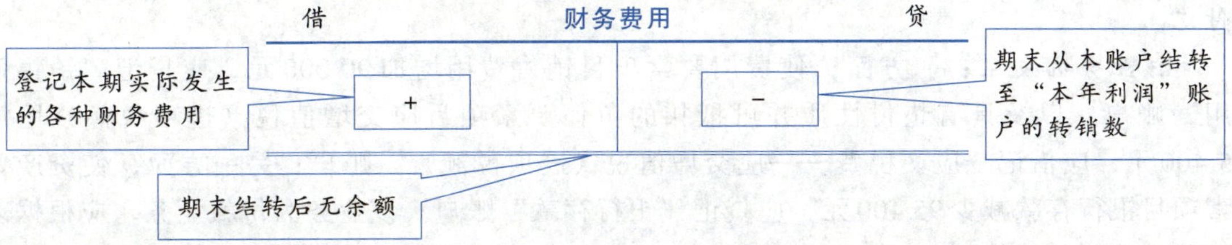

图6-3 "财务费用"账户结构

4."应付利息"账户

该账户是用来核算企业因借入资金而发生利息的应付、偿还及余额情况的"负债类"账户。❶应按存款人或债权人设置明细账进行明细分类核算；❷账户结构，如图6-4所示。

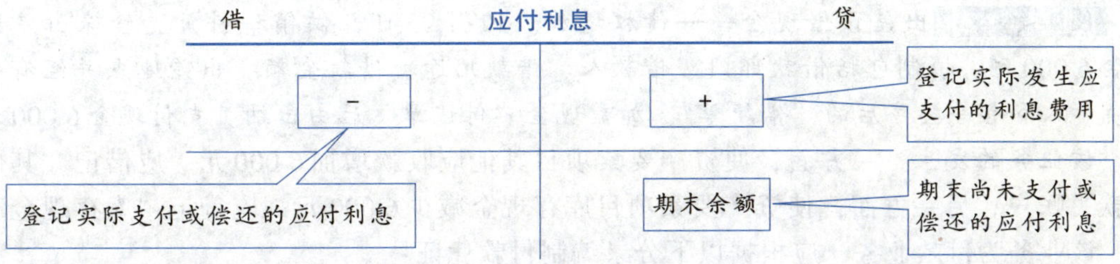

图6-4 "应付利息"账户结构

对于以“短期借款”方式筹集资金应付的利息，由于利息的支付方式和支付时间不同，会计处理方法也有一定的区别。(1) **按月计收利息，或者是在借款到期时一并收回本息，但利息数额不大时**：应在收到银行的计息通知或在实际支付利息时，直接将发生的利息费用作为当期损益计入财务费用。(2) **按季度或半年度等较长期间计收利息，或者是在借款到期时一并收回本息时**：❶应采取预提的方法按月预提借款利息，一方面作为负债计入应付利息，另一方面作为受益期间的损益计入财务费用；❷待季度或半年度结息期终了或到期支付利息时，再冲销应付利息。

5.“累计摊销”账户

该账户是用来核算无形资产在使用过程中累计损耗的价值的“资产类”账户。由于其是用来抵减无形资产的原始价值计算无形资产的账面净值的，所以，该账户结构同“负债类”。❶该账户一般不进行明细分类核算；❷账户结构，如图6-5所示。

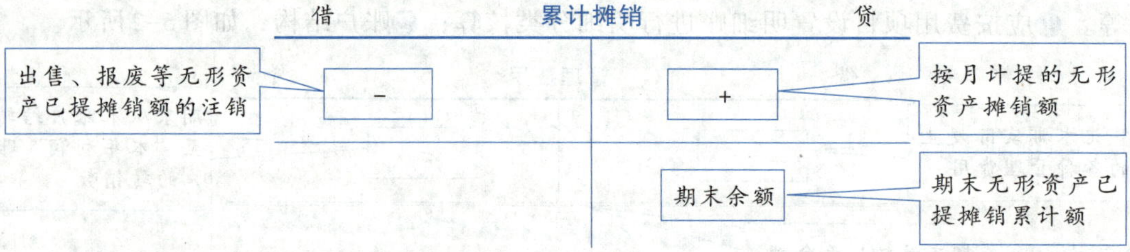

图6-5 “累计摊销”账户结构

(三) 期间费用业务核算举例

东海市光明机械公司2×23年12月份发生的有关期间费用业务如下：

【业务6-1】销售费用——广告费。12月17日，用银行存款支付阳明广告公司的广告费。❶收到的数电“电子发票（增值税专用发票）”上注明：价款90 000元、税率6%、税额5 400元；❷价税合计95 400元，报经有关部门负责人审核同意后，通过企业网银付讫。

该业务的发生：一方面，使费用要素项目销售费用增加90 000元，应贷记“销售费用”账户，以及具有垫付性质并可抵扣的负债要素项目应交增值税（进项税额）增加5 400元，应借记“应交税费——应交增值税（进项税额）”账户；另一方面，使资产要素项目银行存款减少95 400元，应贷记“银行存款”账户。该业务为付款业务，应根据以下分录编制付款凭证：

借：销售费用——广告费	90 000		
应交税费——应交增值税（进项税额）	5 400		付13，附件3张
贷：银行存款		95 400	

【业务6-2】出差预借现金——债权增加。12月25日，供销科科员史珍珠出差预借现金6 000元。填制包括借款部门、借款人、借款用途、借款金额、出差地点并经有关部门负责人和领导签字后的“借款单”，加盖现金“付讫章”后由出纳员支付现金6 000元。

该业务的发生：一方面，使资产要素项目其他应收款增加6 000元，应借记“其他应收款”账户；另一方面，使资产要素项目库存现金减少6 000元，应贷记“库存现金”账户。该业务为付款业务，应根据以下分录编制付款凭证：

借：其他应收款——史珍珠　　6 000
　贷：库存现金　　6 000
付19，附件1张

【业务6-3】**报销差旅费——实报金额小于原借款金额。**12月11日，供销科科长朱逸群出差归来，报销上月借款的差旅费。❶由出差人填制“差旅费报销单”（格式参见项目四表4-20），并经有关部门负责人审核同意后，实报金额为7 862元，包括伙食费、交通费包干1 200元（200元/天×6天）。❷后附有关发票4张：1张高铁旅客运输服务的数电“电子发票（增值税专用发票）”上注明：价款200元、税额18元；2张飞机旅客运输服务的数电“电子发票（增值税专用发票）”上注明：价款1 550元、税额135元；1张住宿费的数电“电子发票（增值税专用发票）”上注明：价款1 800元、税额108元。❸原借款金额为8 000元，退回余款并填制金额为138元的内部“收款收据”。

（1）报销差旅费，抵扣原借款。**该业务的发生：**一方面，实报金额7 862元扣除进项税额396元后为7 466元，使费用要素项目管理费用增加7 466元，应借记“管理费用”账户，以及具有垫付性质并可抵扣的负债要素项目应交增值税（进项税额）增加396元，应借记“应交税费——应交增值税（进项税额）”账户；另一方面，使资产要素项目其他应收款减少7 862元，应贷记“其他应收款”账户。该业务为转账业务，应根据以下分录编制转账凭证：

借：管理费用——差旅费　　7 466
　　应交税费——应交增值税（进项税额）　　396
　贷：其他应收款——朱逸群　　7 862
转6，附件1张

（2）交回余款现金，抵扣原借款。**该业务的发生：**一方面，使资产要素项目库存现金增加138元，应借记“库存现金”账户；另一方面，使资产要素项目其他应收款减少138元，应贷记“其他应收款”账户。该业务为收款业务，应根据以下分录编制收款凭证：

借：库存现金　　138
　贷：其他应收款——朱逸群　　138
收4，附件1张

请思考：假设【业务6-3】中原借款金额为7 000元，并以现金找付借款不足额，其他条件不变，该如何编制报销差旅费的会计分录？

【业务6-4】**非资本性支出的固定资产日常修理费，计入资产成本或期间损益——管理费用。**12月29日，通过银行支付办公大楼的修理费。❶收到东海市高峰建筑公司开具的“建筑服务”的数电“电子发票（增值税专用发票）”上注明：价款18 500元、税额1 665元；❷价税合计20 165元，报经有关部门负责人审核同意后，通过企业网银付讫。

该业务的发生：一方面，因这一支出按规定属于费用性支出，使费用要素项目管理费用增加18 500元，应借记“管理费用”账户，以及具有垫付性质并可抵扣的负债要素项目应交增值税（进项税额）增加1 665元，应借记“应交税费——应交增值税（进项税额）”账户；另一方面，使资产要素项目银行存款减少20 165元，应贷记“银行存款”账户。该业务为付款业务，应根据以下分录编制付款凭证：

借：管理费用——修理费　　18 500
　　应交税费——应交增值税（进项税额）　　1 665　　付22，附件3张
　　贷：银行存款　　20 165

【业务6-5】**按照平均年限法进行无形资产摊销。**月末，根据无形资产明细账编制的“无形资产摊销表”见表6-1。

表6-1

无形资产摊销表

2×23年12月31日

金额单位：元

名 称	入账时间	原 值	摊销年限	已摊销月数	累计已摊销金额	本月应摊销金额	用 途
H专利技术	2×20-12-18	180 000	10	36	54 000	1 500	自用
M专利技术	2×21-08-31	90 000	10	28	21 000	750	自用
N专利技术	2×23-12-01	102 000	10			850	自用
合 计		372 000	—	—	75 000	3 100	—

特别提示：与固定资产计提折旧比较，当月购进的无形资产，当月应进行价值摊销；当月报废的无形资产，当月不进行价值摊销。

该业务的发生：一方面，**自用无形资产**应摊销的金额，采用“**期间配比**”的方式，使费用要素项目管理费用增加3 100元，应借记“管理费用”账户；另一方面，无形资产摊销额的增加，使资产要素项目无形资产减少3 100元，贷记“无形资产”账户的备抵账户“累计摊销”账户。该业务为转账业务，应根据以下分录编制转账凭证：

借：管理费用——无形资产摊销　　3 100　　转23，附件1张
　　贷：累计摊销　　3 100

【业务6-6】**开户银行结算第四季度本公司的应付贷款利息，并从借款人的银行存款账户中转出。**12月21日，收到“中国工商银行东海市支行计收利息（付款通知）”并加盖银行“转讫章”的第一联（客户联），计息起讫日期为9月21日至12月20日，按照计息积数和贷款利率计算，本季度应付利息总额为19 100元。

短期借款利息的计算：短期借款利息的计算公式为：短期借款利息=借款本金×利率×时间。❶**“时间”与“利率”**：对于按月预提短期借款利息的，时间是1个月，但在实际工作中，借款或还款的当月不一定都是整月，所以，对于借款当月和还款月计息的起点，时间则应按实际经历天数计算并将月利率转化为日利率，在将月利率转化为日利率时，为简化起见，1年按360天计算，1个月按30天计算。❷**“借款本金”**：由于短期借款利息按照日利率计算，所以，借款本金应按照“天”换算为“计息积数”，就是按实际天数每日累计短期借款余额。

该业务的发生：一方面，使负债要素项目应付利息减少19 100元，应记入“应付利息”账户的借方；另一方面，使资产要素项目银行存款减少19 100元，应记入“银行存款”账户的贷方。该业务为付款业务，应根据以下分录编制付款凭证：

借：应付利息——工行东支　　19 100
　贷：银行存款　　19 100
付16，附件1张

【业务6-7】开户银行结算第四季度本公司的银行存款利息，并转入存款人的银行存款账户。12月21日，收到“中国工商银行东海市支行计付利息（收款通知）”并加盖银行“转讫章”的第一联（客户联），计息起讫日期为9月21日至12月20日，按照计息积数和存款利率计算，本季度应收存款利息为4 940元。

该业务的发生：一方面，使资产要素项目银行存款增加4 940元，应记入“银行存款”账户的借方；另一方面，使收入要素项目利息收入增加4 940元，按照会计信息质量要求的“**重要性**”，为简化核算，在实际工作中用于冲减**财务费用**，所以，应记入“财务费用”账户的贷方。该业务为收款业务，应根据以下分录编制收款凭证：

借：银行存款　　4 940
　贷：财务费用——利息收入　　4 940
收6，附件1张

【提示】

上述业务贷记“财务费用——利息收入”账户，在会计实务中是用“红字”记入“财务费用”账户的借方的。**您知道为什么吗？**

【业务6-8】计提应由本月负担的银行短期借款利息。12月31日，按照借款金额和借款利率，编制本月“银行短期借款利息计算表”，应计入本月财务费用的借款利息为7 800元。

该业务的发生：一方面，使费用要素项目利息支出增加7 800元，应记入“财务费用”账户的借方；另一方面，因按照季度结算的原因，使负债要素项目应付利息增加7 800元，应记入“应付利息”账户的贷方。该业务为转账业务，应根据以下分录编制转账凭证：

借：财务费用——利息支出　　7 800
　贷：应付利息——工行东支　　7 800
转24，附件1张

二、销售税费业务的核算

（一）销售税费业务的主要内容

1.应纳销售税费

销售税费，是指企业在销售环节应缴纳的各种价内税费，包括消费税、资源税、城市维护建设税、教育费附加和地方教育附加等。

（1）应交消费税，是指企业生产和销售应税消费品时按销售额或销售数量计算确定的应纳税费。

（2）应交资源税，是指以各种应税自然资源为课税对象，为了调节资源级差收入并体现国有资源有偿使用应缴纳的税费。

（3）应交城市维护建设税，是指纳税人按照本期实际缴纳的增值税、消费税的税额为计税依据和规定的税率（7%）计算确定的应纳税费。

（4）应交教育费附加，是指纳税人按照本期实际缴纳的增值税、消费税的税额为计税依据和规定的缴费率（3%）计算确定的应纳税费。

(5) 应交地方教育附加，是指纳税人按照本期实际缴纳的增值税、消费税的税额为计税依据和规定的缴费率（2%）计算确定的应纳税费。

2.应纳增值税

企业在购进应税货物或劳务时垫付的增值税形成了进项税额，在销售货物或劳务时预收的增值税形成了销项税额，一定时期（纳税期限）的销项税额与进项税额相抵后的差额，即为应纳增值税或待抵扣增值税。增值税虽然是价外税，但由于应纳增值税是计算应纳城市维护建设税和教育费附加的计税依据之一，所以，应纳销售税费的核算应当包括应纳增值税的核算。

应纳销售税费作为价内税，应作为销售收入的减项，采用**"期间配比"**方式并计入当期损益。而增值税作为价外税，其应纳增值税不应作为销售收入的减项。

(二) 销售税费业务核算应设置的主要账户

1.“税金及附加”账户

该账户是用来核算与一定会计期间的收入进行“期间配比”的各种销售税费的“损益费用类”账户。❶应按税费种类或名称设置明细账进行明细分类核算；❷账户结构，如图6-6所示。

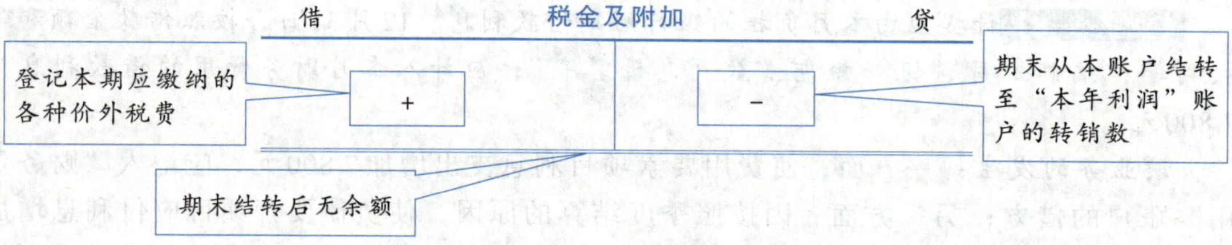

图6-6 “税金及附加”账户结构

2.“应交税费”账户

该账户是用来核算企业按税法规定应缴纳各种税费的应交、实交及未交税额，包括增值税、消费税、所得税、资源税、城市维护建设税、教育费附加、地方教育附加和印花税等的“负债类”账户。❶应按税费名称设置明细账进行明细分类核算；❷账户结构，如图6-7所示。

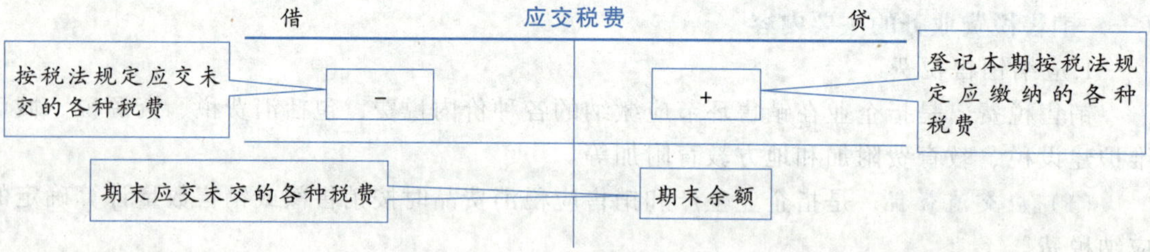

图6-7 “应交税费”账户结构

为了核算增值税的已交、未交、多交情况，在“应交税费——应交增值税”账户下除设置前述的“应交增值税（进项税额）”“应交增值税（销项税额）”账户外，还应设置以下账户：

3.“应交税费——应交增值税（已交税金）”账户

该账户属于“应交增值税”明细账户的借方专栏，专门用来核算纳税人按税法规定在月中已缴纳的增值税额。企业在月中实际缴纳时，借记“应交税费——应交增值税（已交税金）”账户，贷记“银行存款”账户。

4.“应交税费——应交增值税（转出未交增值税）”账户

该账户属于“应交增值税”明细账户的借方专栏，专门用来核算纳税人本月应纳增值税额（销项税额－进项税额）大于本月已交增值税额（已交税金）应转入下月缴纳的增值税额。企业在月末计算出本月应交未交的增值税时，借记“应交税费——应交增值税（转出未交增值税）”账户，贷记“应交税费——未交增值税”账户。

5.“应交税费——应交增值税（转出多交增值税）”账户

该账户属于“应交增值税”明细账户的贷方专栏，专门用来核算纳税人本月应纳增值税额（销项税额－进项税额）小于本月已交增值税额（已交税金）应转入下月抵缴的增值税额。企业在月末计算出本月多交的增值税时，借记“应交税费——未交增值税”账户，贷记“应交税费——应交增值税（转出多交增值税）”账户。

6.“应交税费——未交增值税”账户

该账户用来核算纳税人应交而未交的增值税额。❶其贷方登记本月应纳增值税大于本月已交增值税（已交税金）转入下月缴纳的增值税，与“转出未交增值税”对应；❷其借方登记实际缴纳的上月未交增值税；❸期末贷方余额，反映企业应交未交的增值税。

（三）销售税费业务核算举例

东海市光明机械公司2×23年12月份发生的销售税费有关经济业务如下：

【业务6-9】应交增值税——已交税金。12月17日，通过“银行电子缴税付款平台”缴纳本月1至15日的应交增值税7 006元，收到“中国工商银行电子缴税付款凭证”的第二联（“付款回单”）。

该业务引起资产和负债两个要素发生同减变化：因按照纳税期限计算并缴纳本月1至15日的应交增值税，一方面，使负债要素项目应交增值税（已交税金）减少7 006元，应借记“应交税费——应交增值税（已交税金）”账户；另一方面，使资产要素项目银行存款减少7 006元，应贷记“银行存款”账户。该业务为付款业务，应根据以下分录编制付款凭证：

借：应交税费——应交增值税（已交税金）　　7 006
　贷：银行存款　　7 006

付14，附件1张

【业务6-10】应交税费——计算本月应交增值税和转出未交增值税。月末，根据应交增值税明细账的专栏“进项税额”“销项税额”“已交税金”所记录的发生额，编制“应纳增值税及未交增值税计算表”见表6-2，计算并结转本月应纳增值税及应转出的未交增值税。

表 6-2

应纳增值税及未交增值税计算表

2×23 年 12 月 31 日

单位：元

项 目	当期销项税额	当期进项税额	当期应纳增值税	已交增值税	转出未交增值税
计算过程	❶	❷	❸=❶-❷	❹	❺=❸-❹
金 额	244 400	207 000	37 400	7 006	30 394

该业务引起负债要素两个项目之间发生此增彼减变化：为了分别反映增值税一般纳税人欠缴增值税和待抵扣增值税的情况，确保企业及时足额地上缴增值税，避免出现企业用以前月份欠缴增值税抵扣以后月份未抵扣增值税的情况，对本月销项税额大于进项税额和已交税金的差额，应从"应交税费——应交增值税"账户中转出。一方面，对本月未交增值税30 394元，应从"应交增值税"账户的贷方反方向转出，应借记"应交税费——应交增值税（转出未交增值税）"账户；另一方面，使负债要素项目应交税费——未交增值税增加30 394元，应贷记"应交税费——未交增值税"账户。该业务为转账业务，应根据以下分录编制转账凭证：

借：应交税费——应交增值税（转出未交增值税） 30 394

　贷：应交税费——未交增值税 30 394

转 25，附件 1 张

【业务6-11】**销售税费——应交城市维护建设税和应交教育费附加的计算。**月末，编制"应纳销售税费计算表"见表6-3，计算并结转应纳城市维护建设税和教育费附加。

表 6-3

应纳销售税费计算表

2×23 年 12 月 31 日

金额单位：元

项 目	计税依据	金 额	税（费）率	应纳税额
城市维护建设税	本月应纳增值税与消费税之和	37 400	7%	2 618
教育费附加	本月应纳增值税与消费税之和	37 400	3%	1 122
地方教育附加	本月应纳增值税与消费税之和	37 400	2%	748
合 计	—	—	—	4 488

该业务引起负债和费用两个要素发生同增变化：一方面，因销售而发生纳税义务，使负债要素项目应交税费增加4 488元，应贷记"应交税费"账户；另一方面，城市维护建设税和教育费附加是价内税，应作为销售税费，使费用要素项目税金及附加增加4 488元，应借记"税金及附加"账户。该业务为转账业务，应根据以下分录编制转账凭证：

借：税金及附加——城市维护建设税 2 618

　　　　　　——教育费附加 1 122

　　　　　　——地方教育附加 748

　贷：应交税费——应交城市维护建设税 2 618

　　　　　　——应交教育费附加 1 122

　　　　　　——应交地方教育附加 748

转 26，附件 1 张

【业务6-12】应交税费的实际缴纳。12月9日，收到开户银行转来的税收“电子缴款凭证”，缴纳上月未交增值税60 000元、上月应交所得税46 000元、上月应交城市维护建设税9 800元、上月应交教育费附加4 200元、上月应交地方教育附加2 800元。

该业务引起资产和负债两个要素发生同减变化：一方面，使负债要素项目未交增值税、应交所得税、应交城市维护建设税、应交教育费附加、应交地方教育附加分别减少60 000元、46 000元、9 800元、4 200元、2 800元，应借记“应交税费”账户；另一方面，使资产要素项目银行存款减少122 800元，应贷记“银行存款”账户。该业务为付款业务，应根据以下分录编制付款凭证：

借：应交税费——未交增值税	60 000		
——应交所得税	46 000		
——应交城市维护建设税	9 800		付8，附件1张
——应交教育费附加	4 200		
——应交地方教育附加	2 800		
贷：银行存款		122 800	

【业务6-13】不记入“应交税费”账户并实行“三自”缴纳的印花税。12月27日，报税员报销购买购销合同应贴印花税票360元（购销金额1 200 000元×0.3‰）。❶收到“印花税票销售凭证”的第二联（“购买单位记账”）；❷填制“付款审批表”报经有关部门负责人审核同意后，以现金付讫。

该业务引起费用和资产两个要素发生此增彼减变化：一方面，印花税是价内税，应作为销售税费，使费用要素项目税金及附加增加360元，应借记“税金及附加”账户；另一方面，使资产要素项目库存现金减少360元，应贷记“库存现金”账户。该业务为付款业务，应根据以下分录编制付款凭证：

借：税金及附加——印花税	360		付21，附件2张
贷：库存现金		360	

三、信用减值损失业务的核算

（一）信用减值损失业务的主要内容

减值损失，是指企业在资产负债表日，经过对资产的测试，判断资产可回收金额低于账面价值而计提资产减值准备所确认的相应损失。按照现行《企业会计准则》，减值损失包括“资产减值损失”和“信用减值损失”。

根据《〈企业会计准则第22号——金融工具确认和计量〉应用指南》的解释，企业应当在资产负债表日计算金融工具预期信用损失。如果该预期信用损失大于该金融工具当前减值准备的账面金额，企业应当将其差额确认为减值损失，借记“信用减值损失”账户，根据金融工具的种类，贷记“坏账准备”“贷款损失准备”“债权投资减值准备”等账户。

本教材主要阐述应收款项减值损失的核算，并采用“余额百分比法”计提坏账准备。其他减值损失将在《中级财务会计学》和《高级财务会计学》教材中进行阐述。

（二）信用减值损失业务核算应设置的主要账户

坏账准备的计提方法

1.“坏账准备”账户

该账户是用来核算固定资产在使用过程中累计损耗的价值的“资产类”账户。❶由于该账户是用来抵减应收款项的原始价值并计算固定资产的账面净值的，所以，账户结构同“负债类”；❷应按应收款项项目设置明细账进行明细分类核算；❸账户结构，如图6-8所示。

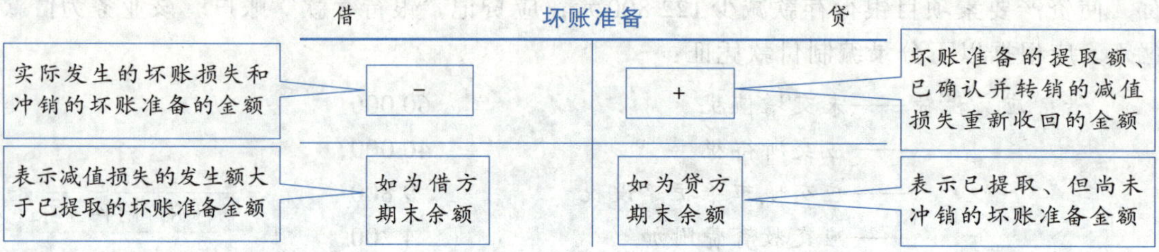

图6-8 “坏账准备”账户结构

2.“信用减值损失”账户

该账户是用来核算计提各项金融工具减值准备所形成的预期信用损失并与一定会计期间的收入进行“期间配比”的“损益类”账户。❶应按坏账准备等金融工具种类或名称设置明细账进行明细分类核算；❷账户结构，如图6-9所示。

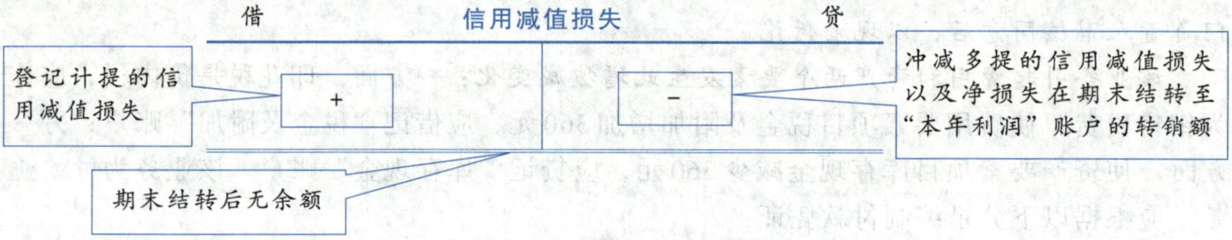

图6-9 “信用减值损失”账户结构

（三）信用减值损失业务核算举例

东海市光明机械公司2×23年12月份发生的有关信用减值损失业务如下：

【业务6-14】2×23年3月份入账的应收光华公司的货款55 000元，12月31日，经确认该款项已无法收回，按照有关规定作为坏账注销处理。

该交易或事项的发生：一方面，因实际发生坏账使企业计提的应收款项的抵减项目——坏账准备减少55 000元，应借记“坏账准备”账户；**另一方面，**使企业的资产项目——应收账款减少55 000元，应贷记“应收账款”账户。

该业务属于**转账业务**，应填制转账凭证如下：

借：坏账准备　　55 000
　贷：应收账款——光华公司　　55 000
转27，附件1张

【业务6-15】12月31日，收到上年度已转诚信物流公司的一笔坏账5 000元，已存入银行。

该交易或事项的发生：一方面，因收到款项使企业的资产项目——银行存款增加5 000元，应借记“银行存款”账户；**另一方面，**使企业计提的应收款项的抵减项目——坏账准备得以恢复（增加）5 000元，应贷记“坏账准备”账户。

该业务属于收款业务，应填制收款凭证如下：

借：银行存款　　5 000
　贷：坏账准备　　5 000
收10，附件1张

【业务6-16】按照资产减值损失的历史数据，确定本年度应计提的坏账准备比例为应收款项余额的3%。根据本月月末“应收账款”账户余额（942 400元）和“坏账准备”账户年末计提坏账准备前的有关记录（本月月初贷方余额12 086元、本月发生坏账损失55 000元、已确认并转销的减值损失本月重新收回的金额5 000元），编制“坏账准备提取计算表”见表6-4。

表6-4

坏账准备提取计算表

2×23年12月31日

金额单位：元

账户名称	期　末账面余额	计提比例	期末“坏账准备”账户应有贷方余额	计提前“坏账准备”账户		本期计提金额	
				借方余额	贷方余额	应补提	应冲销
计算过程	❶	❷	❸	❹	❺	❻=❸+❹	❼=❸-❺
应收账款	942 400	3%	28 272	37 914		66 186	
预付账款							
其他应收款							
合　计						66 186	

注：❹=期初贷方余额12 086元-本期发生坏账损失55 000元+本期收回已确认并注销坏账金额5 000元。

该交易或事项的发生：一方面，因计提坏账准备使企业用来抵减利润的项目——信用减值损失增加66 186元，应借记“信用减值损失”账户；**另一方面，**使企业计提的应收款项的抵减项目——坏账准备增加66 186元，应贷记“坏账准备”账户。

该业务属于转账业务，应填制转账凭证如下：

借：信用减值损失——坏账准备　　66 186
　贷：坏账准备——应收账款　　66 186
转28，附件1张

四、营业外收支业务的核算

（一）营业外收支业务的主要内容

企业的营业外收支，是指与企业正常的生产经营业务没有直接关系的各项收入和支出，包括营业外收入和营业外支出。（1）**营业外收入，是指与企业正常的生产经营活动没有直接关系的各项收入。**其包括处置非流动资产利得、债务重组利得、盘盈利得、捐赠利得、罚没收入等。营业外收入不是由企业经营资金耗费所产生的，不需要企业付出代价，因而无法与有关的费用支出相配比。（2）**营业外支出，是指与企业正常的生产经营活动没有直接关系的各项支出。**其包括处置非流动资产损失、债务重组损失、盘亏损失、捐赠支出、罚没支出、非常损失等。**需要特别指出的是：**营业外支出并非是为取得营业外收入而发生的，两者之间不存在配比关系，不能以营业外支出直接冲减营业外收入；同样地，也不能以营业外收入直接抵冲营业外支出。发生营业外收入（支出）时，应按其净额进行核算，并直接增加（冲销）企业的利润总额。

（二）营业外收支业务核算应设置的主要账户

1.“营业外收入”账户

该账户是用来核算企业各项营业外收入的发生及其结转情况的“损益收入类”账户。❶应按收入项目设置明细账进行明细分类核算；❷账户结构，如图6-10所示。

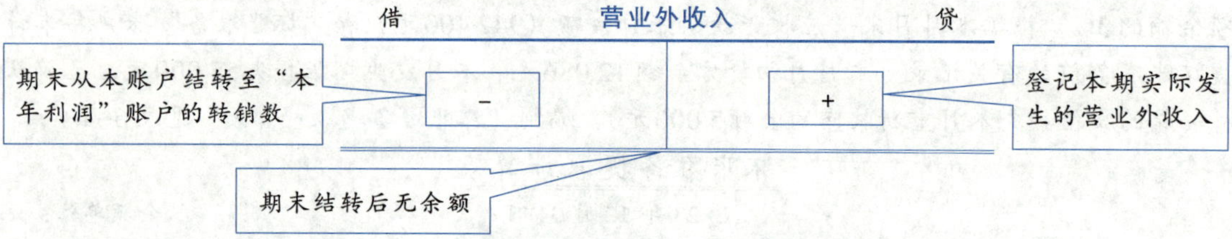

图6-10 “营业外收入”账户结构

2.“营业外支出”账户

该账户是用来核算企业各项营业外支出的发生及其结转情况的“损益费用类”账户。❶应按支出项目设置明细账进行明细分类核算；❷账户结构，如图6-11所示。

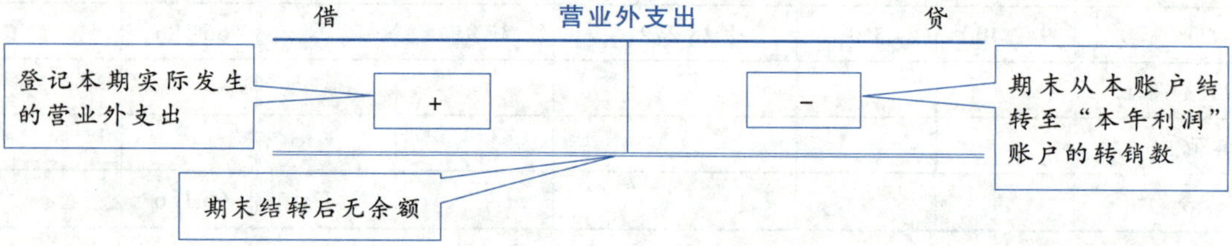

图6-11 “营业外支出”账户结构

（三）营业外收支业务核算举例

东海市光明机械公司2×23年12月份发生的有关营业外收支业务如下：

【业务6-17】**无法支付的应付款项——不再符合负债的定义。**3年前应付大同市浩杰机械公司的货款6 000元，因浩杰机械公司倒闭，12月13日，按照有关规定将其确认为营业外收入。填制“无法支付应付款项确认单”，并经公司董事会讨论决定按照有关规定作为营业外收入处理。

该业务引起负债和利得两个要素发生此增彼减变化：一方面，使负债要素项目应付账款减少6 000元，应借记“应付账款”账户；另一方面，使利润要素的利得项目营业外收入增加6 000元，应贷记“营业外收入”账户。

该业务为转账业务，应根据以下分录编制转账凭证：

借：应付账款——浩杰机械公司　　6 000
　贷：营业外收入——无法支付应付款项　　6 000

转7，附件1张

【业务6-18】**捐赠支出与罚没支出。**12月17日，通过企业网银向中国红十字会捐赠86 000元。

该业务引起资产和损失两个要素发生此增彼减变化：一方面，因公益性捐赠这一非日常活动，使利润要素的损失项目营业外支出增加86 000元，应借记“营业外支出”账户；另一方面，使资产要素项目银行存款减少86 000元，应贷记“银行存款”账户。

该业务为付款业务，应根据以下分录编制付款凭证：

借：营业外支出——捐赠支出　　86 000
　贷：银行存款　　86 000

付 15，附件 2 张

五、利润总额计算确定的核算

本期发生的各项收入和费用，已在各有关收入类账户的贷方和有关费用类账户的借方进行了记录：❶汇总各收入类账户的贷方发生额，即为收入总额；❷汇总各费用类账户的借方发生额，即为费用总额；❸收入总额减去费用总额，即为利润总额。

按照现行《企业会计准则》的要求，企业一般应当按月核算利润，按月核算利润有困难的，经批准，也可按季或者按年核算利润。在会计核算中，汇总收入总额、汇总费用总额以及计算确定利润总额，是通过设置“本年利润”账户来完成的。

（一）“本年利润”账户设置及结构

该账户是用来核算企业在一定时期内实现的利润总额或发生的亏损总额，净利润形成或净亏损发生情况以及结转“本年利润——未分配利润”账户的“所有者权益类”账户。

（1）该账户的登记应分为三个阶段：❶**计算确定利润总额或亏损总额，即**在月末，汇总登记企业在一定时期内实现的各项收入和发生的各项费用（不包括所得税费用），并计算确定本期实现的利润总额（包括累计实现的利润总额）或发生的亏损总额（包括累计发生的亏损总额）；❷**计算确定净利润或净亏损，即**在月末或季末，汇总登记发生的所得税费用（在实现利润的情况下），计算并确定本期实现的净利润或发生的净亏损；❸**结转净利润或净亏损至“本年利润——未分配利润”账户，即**在年末，结转净利润或净亏损至“本年利润——未分配利润”账户的贷方（或借方）。（2）结转至“本年利润——未分配利润”账户后，该账户无余额。（3）该账户结构，如图6-12所示。

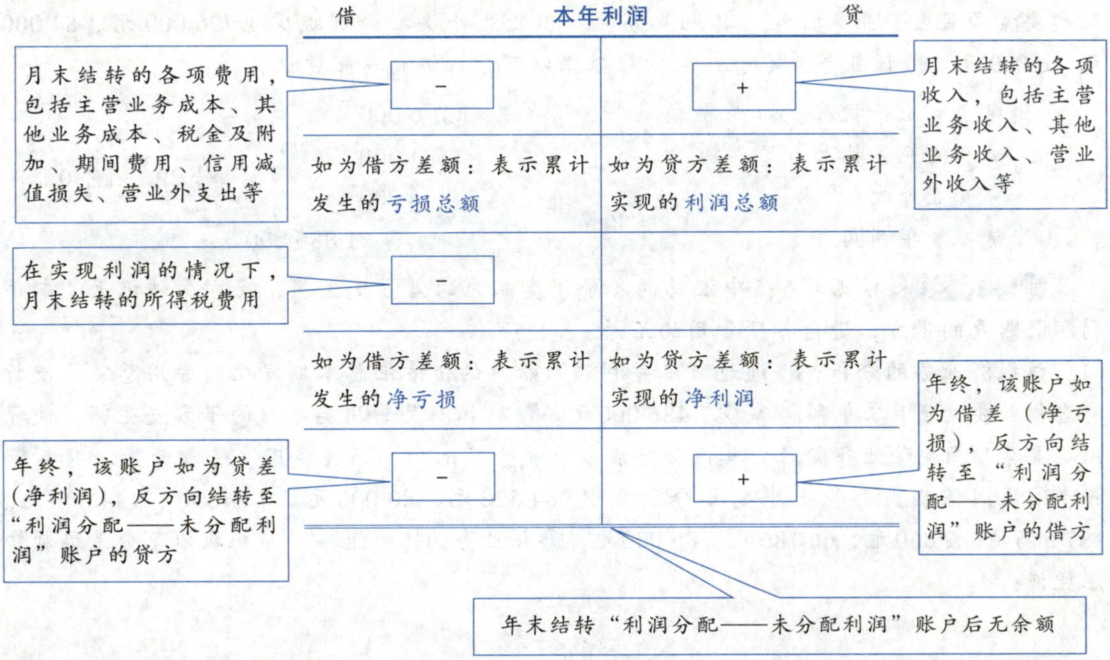

图6-12　“本年利润”账户结构

（二）利润总额计算确定核算举例

首先，登记“本年利润”账户的第一阶段。根据项目五【业务5-1】至【业务5-37】和本项目【业务6-1】至【业务6-18】中有关损益类账户的记录，汇总整理后的本月各损益类账户的发生额见表6-5。

表6-5 本月各损益类账户发生额汇总表

2×23年12月31日　　单位：元

收入类账户	贷方发生额	费用类账户	借方发生额	费用类账户	借方发生额
主营业务收入	1 796 000	主营业务成本	964 520	管理费用	137 586
其他业务收入	84 000	其他业务成本	80 000	财务费用	2 860
营业外收入	6 000	税金及附加	4 848	信用减值损失	66 186
—	—	销售费用	144 000	营业外支出	86 000
收入合计：1 886 000		费用合计：1 486 000			
利润总额=1 886 000−1 486 000=400 000（元）					

【业务6-19】根据表6-5中汇总的各收入类账户的贷方发生额，反方向转记至“本年利润”账户的贷方，进行各项收入的汇总。

该经济业务的分析：❶通过“本年利润”账户的贷方汇总本期发生的收入总额，使所有者权益要素项目**本年利润**增加1 886 000元。❷转销有关收入类账户的贷方发生额，使收入类要素项目**主营业务收入、其他业务收入、营业外收入**分别减少1 796 000元、84 000元、6 000元。❸该业务为**转账业务**，应根据以下分录编制转账凭证：

借：主营业务收入　　1 796 000
　　其他业务收入　　84 000
　　营业外收入　　6 000
　贷：本年利润　　1 886 000

转29，附件0张

【业务6-20】根据表6-5中汇总的各费用类账户的借方发生额，反方向转记至“本年利润”账户的借方，进行各项费用的汇总。

该经济业务的分析：❶通过“本年利润”账户的借方汇总本期发生的费用总额，使所有者权益要素项目**本年利润**减少1 486 000元。❷转销有关费用类账户的借方发生额，使费用类要素项目**主营业务成本、其他业务成本、税金及附加、销售费用、管理费用、财务费用、信用减值损失、营业外支出**分别减少964 520元、80 000元、4 848元、144 000元、137 586元、2 860元、66 186元、86 000元。❸该业务为**转账业务**，应根据以下分录编制转账凭证：

借：本年利润	1 486 000		
贷：主营业务成本		964 520	
其他业务成本		80 000	
税金及附加		4 848	
销售费用		144 000	转30，附件0张
管理费用		137 586	
财务费用		2 860	
信用减值损失		66 186	
营业外支出		86 000	

根据项目五表5-1中“本年利润”账户的期初余额2 100 000元（截至11月月末扣除所得税费用后实现的净利润）和本项目【业务6-19】【业务6-20】所编制的记账凭证，登记“本年利润”账户，如图6-13所示。

借	本年利润		贷
		12月月初余额：	2 100 000
【业务6-20】转30结转本月费用及损失	1 486 000	【业务6-19】转29结转本月收入及利得	1 886 000
		本月利润总额：	400 000
		本年累计余额：	2 500 000

图6-13 “本年利润”账户第一阶段记录

任务三 净利润及其分配业务的核算

一、净利润业务的核算

净利润是利润总额扣除所得税费用后的结果，有关利润总额构成的收入总额（包括“利得”）的核算与费用总额（包括“损失”）的核算前已述及。所以，净利润业务的核算主要是所得税费用的核算及本年净利润的计算。

1.企业所得税的计缴方法

根据《企业所得税法》的规定，企业应纳所得税采取**“按年计算、分期据实预缴、年终汇算清缴”**的方式。其中：❶**“按年计算”**，是指按照一个会计年度作为所得税的纳税期限；❷**“分期据实预缴”**，是指按月或按季（分期）实现的利润总额（据实）和规定的所得税税率计算应纳所得税，并在下月（或下季）月初（或季初）实际缴纳；❸**“年终汇算清缴”**，是指对企业按照《企业会计准则》计算的利润总额（会计利润），按照《企业所得税法》的规定进行调整后的应纳税所得额和适用税率计算的应纳所得税，扣除已据实预缴的所得税，计算应补缴或应退还的所得税；❹**特别提示：**应纳税所得额的税前调整项目，及其在下一年度进行并完成的年终汇算清缴的内容，将在《中级财务会计学》教材中加以阐述。

2.“所得税费用”账户

企业按月（或按季）应预缴的所得税所形成的所得税费用，应通过**“所得税费用”**账户进行核算。该账户：❶借方登记按照应纳税所得额计算的应纳所得税形成的从会计利润中扣除的所得税费用；❷贷方登记期末转入“本年利润”账户的所得税费用转销；❸经过结转后，账户期末无余额；❹账户结构，如图6-14所示。

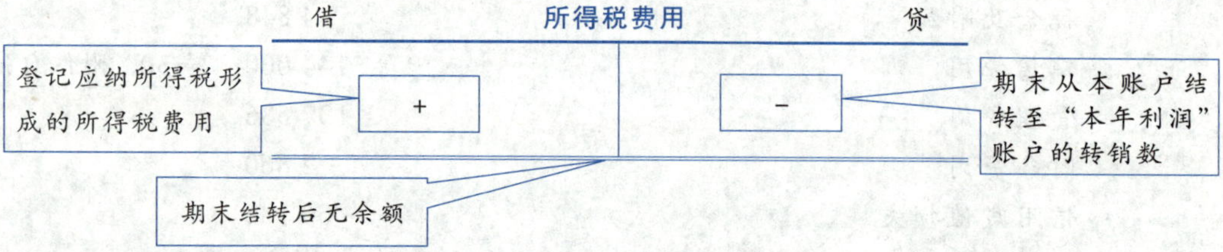

图6-14 “所得税费用”账户结构

3.所得税费用业务核算举例

东海市光明机械公司2×23年12月份发生的有关所得税费用业务如下：

【业务6-21】按月据实预缴企业所得税申报及所得税费用的计算。❶根据本年度各损益类账户所属明细账结账后的“本年累计金额”，编制“损益类账户全年累计发生额汇总表”（见表6-6）；❷根据“损益类账户全年累计发生额汇总表”，结合有关明细账，按照所得税申报表的填制要求，填列该公司12月份“企业所得税按月（季）度预缴纳税申报表（A类）简易”（见表6-7），本期应补所得税额为100 000元。

表6-6 损益类账户全年累计发生额汇总表

12月份计算预缴所得税前

单位：元

账户名称	金 额	借或贷	账户名称	金 额	借或贷
主营业务收入	9 253 000	贷	销售费用	548 350	借
其他业务收入	449 000	贷	管理费用	804 300	借
营业外收入	87 100	贷	财务费用	20 960	借
主营业务成本	4 430 520	借	信用减值损失	66 186	借
其他业务成本	300 500	借	营业外支出	386 814	借
税金及附加	31 470	借	所得税费用	700 000	借

表6-7 企业所得税按月（季）度预缴纳税申报表（A类）简易

税款所属期间：2×23年12月1日至2×23年12月31日

纳税人识别号：9 1 5 0 0 1 0 0 3 4 7 7 0 2 3 8 4 2

纳税人名称：东海市光明机械公司　　金额单位：人民币元（列至角分）

预缴方式	☐ 按照实际利润额预缴	☐ 按照上一纳税年度应纳税所得额平均额预缴
企业类型	☐ 一般企业	☐ 跨地区经营汇总纳税企业总机构

预缴税款计算

行 次	项 目	本年累计金额
1	营业收入	9 702 000
2	营业成本	4 731 020

续表

行次	项目	本年累计金额
3	利润总额	3 200 000
4	加：特定业务计算的应纳税所得额	0
5	减：不征税收入	0
6	减：免税收入、减计收入、所得减免等优惠金额	0
7	减：固定资产加速折旧（扣除）调整额	0
8	减：弥补以前年度亏损	0
9	实际利润额（3+4-5-6-7-8）	3 200 000
10	税率（25%）	25%
11	应纳所得税额（9×10）	800 000
12	减：减免所得税额	0
13	减：实际已缴纳所得税额	700 000
14	减：特定业务预缴（征）所得税额	0
15	本期应补（退）所得税额（11-12-13-14）	100 000
谨声明：此纳税申报表是根据《中华人民共和国企业所得税法》《中华人民共和国企业所得税法实施条例》以及有关税收政策和国家统一会计制度的规定填报的，是真实的、可靠的、完整的。		
法定代表人（签章）：（略）	2×23 年 12 月 31 日	

注：本表中的营业收入、营业成本项目仅填企业发生的主营业务和其他业务，与利润总额计算无关。

（1）预缴所得税税额计算——产生负债并形成所得税费用。该经济业务的发生：一方面，使负债要素项目应交税费增加100 000元，应贷记“应交税费”账户；另一方面，使费用要素项目所得税费用增加100 000元，应借记“所得税费用”账户。

该业务为转账业务，应根据以下分录编制转账凭证：

借：所得税费用　　　　100 000

　贷：应交税费——应交所得税　　　　100 000

转 31，附件 2 张

（2）结转本月所得税费用——反方向转记至“本年利润”账户，计算企业的净利润。该经济业务的发生：一方面，使利润要素项目本年利润减少100 000元，应借记“本年利润”账户；另一方面，转销有关损益费用类账户的借方发生额反方向转入“本年利润”账户的借方，使费用要素项目所得税费用减少100 000元，应贷记“所得税费用”账户。

该业务为转账业务，应根据以下分录编制转账凭证：

借：本年利润　　　　100 000

　贷：所得税费用　　　　100 000

转 32，附件 0 张

摘要：附件 2 张附在转 31 凭证上

当所得税费用转入“本年利润”账户后，就可以根据“本年利润”账户的借方、贷方记录的各项收入利得和费用损失，计算确定企业的净利润。T形“本年利润”账户的记录，如图6-15所示。

借	本年利润		贷
		12月月初余额：	2 100 000
【业务6-20】转30结转本月费用及损失	1 486 000	【业务6-19】转29结转本月收入及利得	1 886 000
【业务6-21】转32结转本月所得税费用	100 000		
		本月月末余额：	2 400 000

图6-15　“本年利润”账户第二阶段记录

“本年利润”账户的期末余额2 400 000元，即为东海市光明机械公司的本年净利润（税后利润）。

【拓展阅读】

本年利润结转计算的“账结法”和“表结法”

企业计算确定本年利润，包括本期利润总额、净利润和本年累计利润总额、累计净利润，具体方法有“账结法”和“表结法”两种。

1.本年利润结计的“账结法”

账结法，是指在会计期末（一般是指月末）将各损益类账户发生额全部转入“本年利润”账户，通过“本年利润”账户借方发生额与贷方发生额的记录，结算出本期损益总额和本年累计损益总额的方法。在这种方法下，需要在每个会计期末通过编制结账分录，结清各损益类账户。上述【业务6-19】【业务6-20】【业务6-21】就是“账结法”的具体运用。

2.本年利润结计的“表结法”

“账结法”与“表结法”的比较

表结法，是指在会计期末（一般是指月末）对各损益类账户余额不进行转账处理，而是通过编制利润表进行利润的结算，根据各损益类账户的变迁发生额、本年累计发生额填报利润表，在利润表中直接计算确定利润总额和净利润。年终，在年度会计决算时再用“账结法”，将各损益类账户全年累计发生额通过编制结账分录转入“本年利润”账户。

二、利润分配业务的核算

（一）利润分配的分配顺序

利润分配，是指企业在实现利润的情况下，对净利润按照《公司法》及公司章程的有关规定和程序在有关方面进行分配。

在不需要用当年利润弥补亏损的情况下，净利润一般按照下列顺序进行分配：

1.提取法定盈余公积

法定盈余公积，是指企业根据《公司法》的规定，按照本年税后利润的10%提取的公共积累。提取法定盈余公积的目的主要是培根固基，抵消物价变动的影响以及弥补亏损或转增资本等。当企业法定盈余公积金达到企业注册资本的50%时，可不再提取。转增资本后的企业盈余公积的数额，不得少于其注册资本的25%。

2.提取任意盈余公积

任意盈余公积，是指企业按照公司董事会、股东大会或者类似权力机构的决议，按照所批准的比例从净利润中提取的公共积累。通过任意盈余公积的提取，减少了当期可以分派股利的利润，其目的是保持财力以应对特殊情况。如果企业估计将来有足够的现金流入，也可以不提取任意盈余公积。

3.向投资者分配利润或股利

企业当年提取盈余公积后的净利润，加上年初未分配利润，为当年可供分配的利润，可在各投资者之间按照投资比例进行分配。

4.未分配利润

未分配利润，是指可供投资者分配的利润在扣除实际向投资者分配的利润后的部分。未分配利润是企业留待以后年度进行分配的利润，是企业所有者权益的一个重要部分。相对于所有者权益的其他部分来说，企业对未分配利润的安排有较大的自主权。

（二）利润分配业务核算应设置的主要账户

1.“利润分配”账户

该账户是核算企业按规定的项目进行利润分配（或亏损弥补）和历年分配（或弥补）后的积存余额的“所有者权益类”账户。该账户：❶借方登记本期以提取盈余公积、向投资者分红形式进行的利润分配，以及年末由“本年利润”账户转来的本年累计亏损额等；❷贷方登记盈余公积弥补亏损额，以及年末从“本年利润”账户转入的本年累计净利润额等；❸期末如为贷方余额，反映历年积存的未分配利润；❹期末如为借方余额，反映历年积存的未弥补亏损；❺应按利润分配项目设置明细账进行明细分类核算；❻账户结构，如图6-16所示。

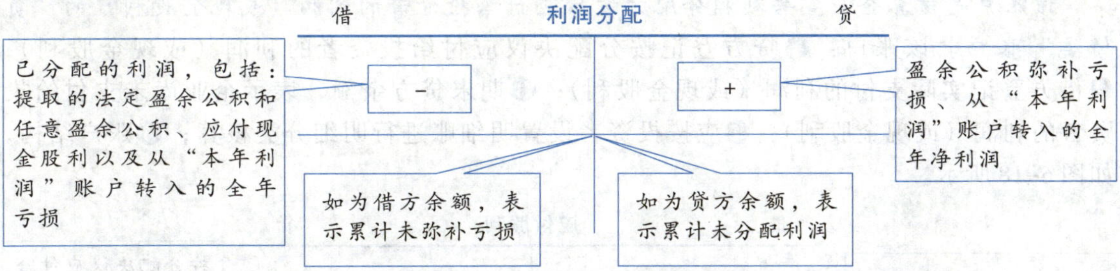

图6-16 “利润分配”账户结构

由于“利润分配”账户核算的项目较多且各项目之间差异较大，所以，该账户的结构可分为以下几个明细账户进行说明：

（1）**“利润分配——提取法定盈余公积”账户：**❶借方登记年末按规定提取的法定盈余公积；❷贷方登记年末转入“利润分配——未分配利润”账户借方的已提取的法定盈余公积；❸年终结转后，该明细账户无余额。

（2）**“利润分配——提取任意盈余公积”账户：**❶借方登记年末按规定提取的任意盈余公积；❷贷方登记年末转入“利润分配——未分配利润”账户借方的已提取的任意盈余公积；❸年终结转后，该明细账户无余额。

（3）**“利润分配——应付股利”账户：**❶借方登记年末按规定已分配给投资者的利

润；❷贷方登记年末转入“利润分配——未分配利润”账户借方的本年度已分配给投资者的利润；❸年终结转后，该明细账户无余额。

(4)“利润分配——未分配利润”账户：核算企业本年度实现的净利润（或发生的亏损）与已分配利润，并确定未分配利润（或未弥补亏损）以及历年积存的未分配利润（或未弥补亏损）。年终：❶借方登记由“利润分配——各分配项目明细账”账户转来的已分配利润，或者由“本年利润”账户转来的本年度亏损；❷贷方登记年末由“本年利润”账户转来的本年度实现的净利润；❸年末如为贷方余额，表示历年累计的未分配利润；❹年末如为借方余额，表示历年累计的未弥补亏损。

2.“盈余公积”账户

该账户是核算企业按规定从净利润中计提及其使用的盈余公积金的“所有者权益类”账户。该账户：❶贷方登记从税后利润中提取的盈余公积；❷借方登记盈余公积的减少，如弥补亏损、转增资本金等；❸期末贷方余额，表示盈余公积金结余额；❹应按“法定盈余公积”和“任意盈余公积”设置账户进行明细分类核算；❺账户结构，如图6-17所示。

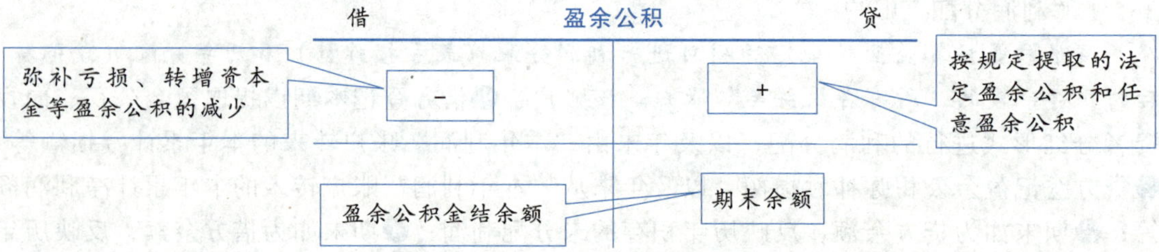

图6-17 “利润分配”账户结构

3.“应付股利”账户

该账户是核算企业宣告利润分配方案后应付给投资者的利润（或现金股利）的“负债类”账户。该账户：❶贷方登记按分配决议应付给投资者的利润（或现金股利）；❷借方登记实际支付的利润（或现金股利）；❸期末贷方余额，表示企业尚未支付给投资者的利润（或现金股利）；❹应按投资者设置明细账进行明细分类核算；❺账户结构，如图6-18所示。

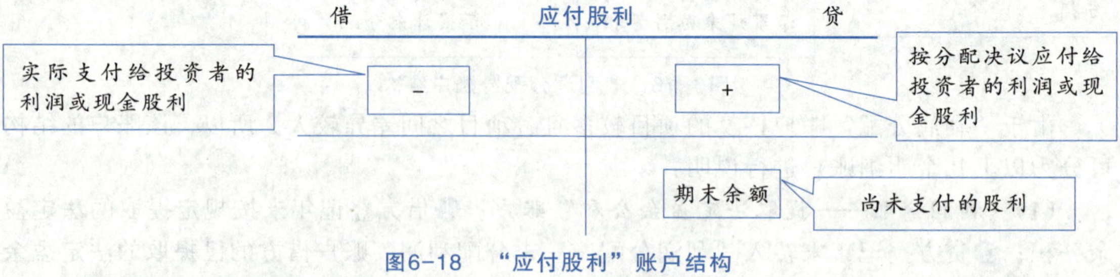

图6-18 “应付股利”账户结构

（三）利润分配业务核算举例

东海市光明机械公司2×23年12月份发生的有关利润分配业务如下：

【业务6-22】**可供分配利润的计算及利润分配。**❶本年度实现净利润2 400 000元，应按规定提取盈余公积；❷扣除盈余公积后的利润加上年初未分配利润为可向投资者分配的利润；❸公司董事会决议批准分配利润1 800 000元；❹按照年末各投资者投资额比例

（港城公司占45%、强生公司占45%、祥云公司占10%）进行利润分配。根据上述资料，整理编制**“可供对外分配利润计算及利润分配表”**见表6-8。

表6-8 **可供对外分配利润计算及利润分配表**

2×23年12月31日 单位：元

项 目	金 额	项 目	金 额
全年预计净利润	2 400 000	应付股利（董事会决议批准分配）	1 800 000
减：全年应提取法定盈余公积（10%）	240 000	其中：港城公司（占45%）	810 000
扣除盈余公积后的本年净利润	2 160 000	强生公司（占45%）	810 000
加：年初未分配利润	169 500	祥云公司（占10%）	180 000
可供对外分配的净利润	2 329 500	本年度的未分配利润	360 000

该经济业务的发生：因提取法定盈余公积、任意盈余公积和向投资者分配利润，**一方面，**使抵减利润要素项目利润分配增加2 040 000元，应借记“利润分配”账户；**另一方面，**❶使所有者权益要素的留存收益项目盈余公积增加240 000元，❷使负债要素项目应付股利增加1 800 000元，应分别贷记“盈余公积”和“应付股利”账户。

该业务为**转账业务，**应根据以下分录编制转账凭证：

借：利润分配——提取法定盈余公积　　240 000
　　　　　　——应付股利　　1 800 000
　贷：盈余公积——法定盈余公积　　240 000
　　　应付股利——港城公司　　810 000
　　　　　　　——强生公司　　810 000
　　　　　　　——祥云公司　　180 000

转33，附件1张

【业务6-23】已实现利润和已分配利润的结转及未分配利润的计算。查找有关账户记录：❶本年已实现净利润为“本年利润”账户贷方余额2 400 000元；❷本年已分配利润为“利润分配”账户所属“提取法定盈余公积”和“应付股利”明细账借方余额，分别为240 000元和1 800 000元；❸本年已实现净利润2 400 000元扣除本年已分配利润2 040 000元，本年度的未分配利润360 000元，加上年初未分配利润169 500元，即为累计结存的未分配利润529 500元。

本年实现的净利润表现为“本年利润”账户的贷方期末余额，本年已分配的利润表现为“利润分配”账户及其所属“提取法定盈余公积”和“应付股利”明细账的借方期末余额，本年实现的净利润减去本年已分配的利润，即为本年未分配利润，而未分配利润的计算及体现，是通过“利润分配——未分配利润”账户来完成的。所以，**首先，**应将已实现净利润由“本年利润”账户的贷方余额反方向转记至“利润分配——未分配利润”账户的贷方；**其次，**将已分配利润由“利润分配”账户及其所属明细账的借方余额反方向转记至“利润分配——未分配利润”账户的借方；**最后，**通过“利润分配——未分配利润”账户本期借方发生额与贷方发生额的比较，即可求得本年未分配利润，再加上年初未分配利润，即为历年积存的未分配利润。将以上账务处理资料整理后见表6-9。

表6-9 已实现和已分配利润结转及累计未分配利润计算表

2×23 年 12 月 31 日

单位：元

账户名称＼结转情况		结转前余额		实际结转		结转后余额	
		借方	贷方	借方	贷方	借方	贷方
本年利润			2 400 000	2 400 000		无	无
利润分配	提取法定盈余公积	240 000			240 000	无	无
	应付股利	1 800 000			1 800 000	无	无
	未分配利润		169 500	2 040 000	2 400 000		529 500

（1）结转本年已实现净利润，由“本年利润”账户转至“利润分配——未分配利润”账户。该经济业务的发生：一方面，用来计算本年实现的净利润的“本年利润”账户已登记完毕，应予以反方向结平，即借记“本年利润”账户；**另一方面，**用来计算未分配利润的“利润分配——未分配利润”账户增加，应贷记“利润分配——未分配利润”账户。

该业务为**转账业务**，应根据以下分录编制转账凭证：

借：本年利润　　2 400 000

　贷：利润分配——未分配利润　　2 400 000

转 34，附件 1 张

（2）结转本年已分配利润，由“利润分配”账户所属“提取法定盈余公积”和“应付股利”明细账转至“利润分配——未分配利润”账户，计算累计未分配利润。该经济业务的发生：一方面，反映已分配利润的“提取法定盈余公积”和“应付股利”等明细账的登记已完毕，应予以反方向结平，即贷记“利润分配”账户及其所属明细账；**另一方面，**将已分配的利润结转至“利润分配——未分配利润”账户，以抵减本年已实现的利润，借记“利润分配——未分配利润”账户，通过该账户计算累计未分配利润。

男人婚后一生的会计分录

该业务为**转账业务**，应根据以下分录编制转账凭证：

借：利润分配——未分配利润　　2 040 000

　贷：利润分配——提取法定盈余公积　　240 000

　　　　　　——应付股利　　1 800 000

转 35，附件 0 张

摘要：原始凭证 1 张附在转 34 凭证上

任务四　理解并掌握账户按用途结构的分类

通过项目五和本项目任务一至任务三并结合制造业主要经济业务的处理，阐述了一系列具有代表性的账户及其应用，清楚了每个账户都是从某一个侧面反映和监督会计要素的变化过程和变化结果的，每个账户都有既定的适用范围和专门用途，各账户之间具有明显的区别，这对于正确使用每个账户所反映的不同经济业务是十分必要的。但是，账户彼此之间并不是孤立的，而是相互关联地形成了一个完整的账户体系。由于经济业务内容的内在联系和某些账户在使用方法上的共同点，决定了各账户之间又是相互联系的。为此，**要从账户的特性中概括出共性**，以便掌握各类账户在设置和提供会计指标方面的规律性，并从实践操作上了解账户的内容、用途及结构。

一、账户按用途和结构分类的意义

账户按经济内容分类，对于在会计核算中正确区分账户的经济性质、科学设置账户并提供信息使用者管理与决策需要的各种核算指标具有重要的意义，以及为编制会计分录确定借、贷方向提供了便利。但是，要想深入地理解和掌握账户在提供核算指标方面的规律性，正确地设置和运用账户来记录经济业务，还有必要掌握账户按用途和结构的分类。

账户的用途，是指设置和运用账户的目的，即通过账户记录能够提供哪些会计核算指标。账户的结构，是指账户如何记录经济业务并提供会计核算指标。在借贷记账法下，其是指账户的借方和贷方记录什么增减内容，期末有无余额并在账户的哪一方，表示什么经济含义。

账户的经济内容决定了账户的本质，它是账户分类的基础和出发点，账户的用途和结构直接或间接地依存于账户的经济内容，其一般规律是反映同类经济内容的账户，其账户的用途也应当是相通的。例如，企业的资产类账户，其用途是提供各种资产的实有数额及其增减变化情况，因此，它们的结构是借方登记增加数，贷方登记减少数，期末余额在借方，表示期末资产的实际结存数。但是，受管理要求的影响，账户并不完全是按其反映的经济内容设置的，两者的分类不可能完全一致。**一方面，经济内容属于相同类别的账户，可能具有不同的用途和结构**，如“固定资产”和“累计折旧”账户都属于资产类账户，都是用来核算企业的固定资产的，但它们的用途和结构却不相同；**另一方面，经济内容属于不同类别的账户，却可能具有相同或相似的用途和结构**，如“应收账款”和“预收账款”账户虽然经济内容分别属于资产类账户和负债类账户，但它们的用途和结构却是相同的。由此可见，账户按经济内容的分类虽然是最基本的分类，但其不能代替账户按用途和结构的分类。账户按用途和结构的分类，就是在账户按经济内容分类的基础上，对用途和结构基本相同的账户进行归类，是对账户按经济内容分类的必要补充，以便更加准确地掌握和熟练地运用账户来记录企业的经济业务。

二、账户按用途和结构的具体分类

以制造业企业为例，在借贷记账法下，账户按用途和结构进行分类，一般可分为盘存账户、结算账户、所有者投资账户、集合分配账户、跨期摊配账户、成本计算账户、收入账户、费用账户、财务成果计算账户、调整账户、计价对比账户等11类。

（一）盘存账户

盘存账户，是用来核算企业各项现金资产、货币性资产、实物资产的增减变动及其结存情况的账户。其主要包括：“库存现金”“银行存款”“交易性金融资产”“原材料”“库存商品”“在建工程”“固定资产”等账户。该类账户的结构：❶借方登记增加数；❷贷方登记减少数；❸期末余额在借方，表示实际结存数。盘存类账户的基本结构，如图6-19所示。

盘存类账户	
期初余额：期初现金资产、货币性资产和实物资产的结存金额	
发生额：本期现金资产、货币性资产和实物资产的增加金额	发生额：本期现金资产、货币性资产和实物资产的减少金额
期末余额：期末现金资产、货币性资产和实物资产的结存金额	

图6-19　盘存类账户基本结构

盘存账户的特点：其一，可以通过实物盘点或对账的方法确定其实有数，并通过实有数与账面数进行核对，以查明实存的财产物资和货币资金在管理上及使用上存在的问题；**其二，**盘存类账户，除“库存现金”“银行存款”“交易性金融资产”账户外，其余账户的明细账都可以提供金额和实物数量两种指标。

（二）结算账户

结算账户，是用来核算企业与其他单位或个人之间发生的债权、债务结算业务的账户。由于结算业务性质的不同，决定了结算账户具有不同的用途和结构，一般可分为债权结算账户、债务结算账户以及债权债务结算账户等3类。

1.债权结算账户

债权结算账户，亦称资产结算账户，是用来核算企业与各债务单位或个人之间的债权（应收、暂付）结算业务的账户。其主要包括：“应收票据”“应收账款”“预付账款”“其他应收款”等账户。该类账户的结构：❶借方登记增加数；❷贷方登记减少数；❸期末余额一般在借方，表示期末尚未收回或冲销的债权实有数。债权结算类账户的基本结构，如图6-20所示。

债权结算类账户	
期初余额：期初尚未收回的应收款项及未结算的预付款项	
发生额：本期应收款项及预付款项的增加金额	发生额：本期应收款项及预付款项的减少金额
期末余额：期末尚未收回的应收款项及未结算的预付款项	

图6-20　债权结算类账户基本结构

2.债务结算账户

债务结算账户，亦称负债结算账户，是用来核算企业与各债权单位或个人之间的债务（应付、暂收）结算业务的账户。其主要包括：“短期借款”“应付票据”“应付账款”“预收账款”“应付职工薪酬”“应交税费”“应付股利”“其他应付款”“长期借款”等账户。该类账户的结构：❶贷方登记增加数；❷借方登记减少数；❸期末余额一般在贷方，表示期末尚未偿还的债务实有金额。债务结算类账户的基本结构，如图6-21所示。

债务结算类账户

	期初余额：期初尚未偿还的应付款项及未结算的预收款项
发生额：本期应付款项及预收款项的减少金额	发生额：本期应付款项及预收款项的增加金额
	期末余额：期末尚未偿还的应付款项及未结算的预收款项

图6-21　债务结算类账户基本结构

3.债权债务结算账户

如何理解“债权债务结算账户”?

债权债务结算账户，亦称往来结算账户，是用来核算企业与其他单位或个人之间的往来结算业务的账户。企业在实际经营活动中，常常与某些企业发生往来业务，在与同一单位发生往来业务的过程中，企业有时充当债权人的角色，有时又充当债务人的角色。于是，为了便于集中反映企业与同一单位发生的债权、债务的往来结算情况，就有必要设置和运用既属于债权结算，又属于债务结算的往来账户，即资产和负债双重性账户。

如果企业不单独设置“预收账款”账户，可按规定将预收货款的业务并入“应收账款”账户核算，于是“应收账款”账户就形成债权债务结算账户，既要反映债权的发生及收回，又要反映债务的发生及偿还。

对于不单独设置“预付账款”账户，而将预付货款的业务并入“应付账款”账户核算的单位，“应付账款”账户就属于债权债务结算账户。除此之外，企业在经济业务处理中所运用的“其他往来”“待处理财产损溢”等账户，也均属于债权债务结算账户。

债权债务结算类账户的结构：❶借方登记债权的增加数及债务的减少数；❷贷方登记债务的增加数及债权的减少数；❸期末余额如在借方，表示期末尚未收回的债权大于期末尚未偿还的债务的差额；❹期末余额如在贷方，表示期末尚未偿还的债务大于期末尚未收回的债权的差额。债权债务结算类账户的基本结构，如图6-22所示。

债权债务结算类账户

期初余额：期初债权大于债务的差额	或期初余额：期初债务大于债权的差额
发生额：本期债权的增加金额	发生额：本期债务的增加金额
期末余额：期末债权大于债务的差额	或期末余额：期末债务大于债权的差额

图6-22　债权债务结算类账户基本结构

需要特别注意的是：❶债权债务结算类账户的期末余额，无论是在借方，还是在贷方，并不表示债权或债务的实存额，而只表示期末债权、债务增减变动后的差额；❷该类账户所属明细账的借方余额之和与贷方余额之和的差额，应当与总分类账户的余额相等；❸月末在填制资产负债表时，不能根据总账账户余额的方向来判断余额的性质，而应根据明细分类账户余额的方向来判断是资产还是负债，从而真实地反映债权债务的实际情况。下面以“应收账款”和“预收账款”账户合二为一的“应收账款”账户为例，说明该类账户的用途和结构。

【业务6-24】M公司11月月初应收甲公司的货款为50 000元，上月预收乙公司的货款为30 000元。本月发生的经济业务为：❶向甲公司赊销商品50 000元；❷向甲公司收回货款60 000元；❸向丙公司预收货款90 000元；❹向乙公司发货40 000元。

M公司“应收账款”账户登记的内容，如图6-23所示。

应收账款

期初余额	20 000		
❶本期应收款增加数	50 000	❷本期应收款减少数	60 000
❹本期预收款减少数	40 000	❸本期预收款增加数	90 000
借方发生额合计	90 000	贷方发生额合计	150 000
		期末余额	40 000

图6-23 M公司“应收账款”账户结构

结算账户的特点：一是必须按照发生结算业务的对方单位或个人名称设置明细分类账户；二是只提供金额指标。

（三）所有者投资账户

所有者投资账户，亦称资本账户，是用来核算企业投资者投入的原始资本以及生产经营过程中形成的归投资者享有的权益的增减变动及其实有数额情况的账户。其主要包括：“实收资本”“资本公积”“盈余公积”等账户。该类账户的结构：❶贷方登记增加额；❷借方登记减少额；❸期末余额在贷方，表示所有者权益的实有额。所有者投资类账户的基本结构，如图6-24所示。

所有者投资类账户

	期初余额：所有者投资的期初实有额
发生额：所有者投资的本期减少额	发生额：所有者投资的本期增加额
	期末余额：所有者投资的期末实有额

图6-24 所有者投资类账户基本结构

所有者投资账户的特点：按照投资人设置明细账进行明细分类核算，且只记录金额。

（四）集合分配账户

集合分配账户，是用来归集和分配生产经营过程中某个阶段所发生的各种间接生产费用的账户。其较为典型的是“制造费用”账户。企业在生产经营过程中，往往会发生一些不能或不便于直接计入某一成本计算对象，而应由多个成本计算对象共同负担的生产费用，为减少计算分配的工作量及加强各生产车间间接生产费用的预算控制，对这些费用先按其发生的地点进行归类集中，月末再按一定的标准分配计入各成本计算对象。于是，就决定了这些费用先集合汇总其增加的发生额，再于期末分配到各成本计算对象。该类账户的结构：❶借方登记生产车间各种间接生产费用的发生额；❷贷方登记期末按一定标准分配计入各成本计算对象的转出额；❸期末经转出后无余额。集合分配类账户的基本结构，如图6-25所示。

集合分配类账户	
发生额：生产车间各种间接生产费用的增加额	发生额：分配计入各成本计算对象的转出额

图6-25　集合分配类账户基本结构

集合分配账户的特点：具有过渡性质，由于各项间接生产费用在期末要全部分配到各有关成本计算对象，因而月末没有期末余额。

（五）跨期摊配账户

跨期摊配账户，是用来核算一次性支付并应由超过一个会计年度的会计期间共同负担的费用的发生、分期摊销及摊余情况的账户。企业在生产经营过程中发生的受益期限超过1年的费用，按照权责发生制原则的要求，必须严格划分费用的归属期并合理地分摊到几个会计年度，以正确计算各个会计期间的损益。该类账户的结构：❶借方登记费用的实际发生数或支付数；❷贷方登记应由各个会计期间负担的费用摊配数；❸期末为借方余额，反映已发生或支付但尚未摊销的预付费用。跨期摊配类账户的基本结构，如图6-26所示。

跨期摊配类账户	
期初余额：以前各期已支付但尚未摊销的预付费用	
发生额：本期实际预付的金额	发生额：预付费用的本期摊销金额
期末余额：已经支付但尚未摊销的期末预付费用	

图6-26　跨期摊配类账户基本结构

（六）成本计算账户

成本计算账户，是用来核算生产经营过程中为生产或取得某一资产而发生的应计入成本的全部费用，并据以确定该资产（或成本计算对象）实际成本情况的账户。其主要包括："材料采购""生产成本""在建工程"等账户。该类账户的结构：❶借方登记应计入成本计算对象的全部费用（包括可直接计入各成本计算对象的费用和分配转入各成本计算对象的费用）；❷贷方登记已完工转出的各成本计算对象的实际成本；❸期末若有余额一定在借方，表示尚未完成某一过程的成本计算对象的实际成本，如在途材料、在产品等。成本计算类账户的基本结构，如图6-27所示。

成本计算类账户	
期初余额：上期尚未完工的某成本计算对象的实际成本	
发生额：归集应计入成本计算对象的全部费用	发生额：经计算转出已完工的某成本计算对象的实际成本
期末余额：期末尚未完工的某成本计算对象的实际成本	

图6-27　成本计算类账户基本结构

成本计算账户的特点：其一，均以各成本计算对象设置明细分类账户，进行明细分类核算；**其二，**各明细分类账户既要进行数量记录，也要进行金额记录；**其三，**若有余额，亦可列入盘存账户。

（七）收入账户

收入账户，是用来核算企业在一定时期内取得的全部收入的确认及结转情况的账户。其主要包括："主营业务收入""其他业务收入""投资收益""营业外收入"等账户。该类账户的结构：❶贷方登记本期收入的增加额和用"红字"登记本期收入的冲销额；❷借方登记期末结转入"本年利润"账户的收入转出数额；❸期末结转后无余额。收入类账户的基本结构，如图6-28所示。

收入类账户

发生额：期末转入"本年利润"账户的收入转出额	发生额：❶本期确认的收入增加额 ❷用"红字"登记销货退回收入的冲销额

图6-28　收入类账户基本结构

收入账户的特点：只需用金额记录且在期末结转入"本年利润"账户后无余额，所以，收入账户具有明显的过渡性质。

（八）费用账户

费用账户，是用来核算企业在一定时期内所发生的应当计入本期损益的各种费用的确认及结转情况的账户。其主要包括："主营业务成本""其他业务成本""税金及附加""销售费用""管理费用""财务费用""信用减值损失""营业外支出""所得税费用"等账户。该类账户的结构：❶借方登记本期费用的增加额和用"红字"登记本期费用的冲销额；❷贷方登记期末结转入"本年利润"账户的费用转出数额；❸期末结转后无余额。费用类账户的基本结构，如图6-29所示。

费用类账户

发生额：❶本期确认的费用增加额 ❷用"红字"登记费用的冲销额	发生额：期末转入"本年利润"账户的费用转出额

图6-29　费用类账户基本结构

费用账户的特点：只需用金额记录且在期末结转入"本年利润"账户后无余额，所以，费用账户具有明显的过渡性质。

（九）财务成果计算账户

财务成果计算账户，是用来核算（归集和汇总）企业在一定时期内全部收入和费用并计算确定税前利润（或亏损）和净利润及其结转情况的账户。其较为典型的账户是"本年利润"账户。该类账户的结构：❶贷方登记期末从各收入账户反方向结转记入的本期收入额；❷借方登记期末从各费用账户反方向结转记入的本期费用额；❸期末余额若为贷方，则表示一定时期内收入大于费用的差额，即本期实现的利润总额或净利润；❹期末余额若为借方，则表示一定时期内收入小于费用的差额，即本期发生的亏损总额；❺年末如为净利润，则需将"本年利润"账户的贷方余额反方向结转至"利润分配——未分配利润"账户的贷方；❻年末如为亏损，则需将"本年利润"账户的借方余额反方向结转至"利润分配——未分配利润"账户的借方；❼期末结转后无余额。财务成果计算类账户的基本结构，如图6-30所示。

财务成果计算类账户	
发生额：❶期末从各费用账户转入的费用额（不包括所得税费用）	发生额：❶期末从各收入账户转入的收入额
或差额：发生的亏损总额（借方>贷方） 发生额：❷从“所得税费用”账户转入的所得税费用	差额：实现的利润总额（贷方>借方）
或差额：本年累计发生的净亏损 发生额：❸结转至“利润分配——未分配利润”账户贷方的净利润转出额	差额：本年累计实现的净利润 或发生额：❷结转至“利润分配——未分配利润”账户借方的净亏损转出额

图6-30 财务成果计算类账户基本结构

财务成果计算账户的特点：其一，体现会计核算的配比原则，将一定时期发生的收入，与形成这些收入的耗费在空间上、时间上通过该账户实行配比，反映经营结果；**其二，**任何一个报告期末的余额，均为累计发生额；**其三，**只需提供价值指标；**其四，**年末结转其累计余额后，该账户无余额。

（十）调整账户

调整账户，是用来调整某些资产和权益账户（被调整账户）账面余额，以求得某些资产和权益账户（被调整账户）的实际余额的账户。该类账户的设置和运用，需要明确两个问题：**一是**调整的对象仅限于某些资产或权益账户，需要调整的账户称为被调整账户，调整账户与被调整账户的结合，才能确定某些资产或权益的实际数额；**二是**某些资产或权益账户之所以需要调整，主要是由于管理上对某些会计要素项目需要用两种数字从不同的方面进行记录，这就需要设置两个账户，其中一个账户设置原始数字，反映其原始状况，而另一个账户则设置对原始数字的调整数字，反映其调整状况，将原始数字同调整数字相加或相减后，则可求得某些资产或权益的实际余额。调整账户按其调整方式的不同，可分为**备抵账户、附加账户和备抵附加账户**三类。

1. 备抵账户

备抵账户，亦称抵减账户，是用来抵减被调整账户的余额，以求得被调整账户的实际余额的账户。其调整计算公式如下：

被调整账户的实际余额=被调整账户的账面余额-备抵账户的账面余额

可见，备抵账户与其被调整账户之间存在着反方向关系，即当被调整账户的余额为借方（或贷方）时，则备抵账户的余额为贷方（或借方）。所以，备抵账户按被调整账户性质的不同，又可分为**资产备抵账户和权益备抵账户**两类。

（1）资产备抵账户，是用来抵减某一资产账户（即被调整账户）的余额，以求得该资产账户实际余额的账户。例如，“累计折旧”账户就是“固定资产”账户的备抵调整账户。

固定资产会随着生产经营过程中的使用而发生损耗，使其价值不断减少，按照账户的一般结构应记入“固定资产”账户的贷方，由此引发的结果是“固定资产”账户的借方余额只能提供固定资产的净值。从管理的角度出发：❶既需要提供固定资产的原始价值，以考察原有的投资或生产规模；❷又需要提供固定资产的净值，并通过与固定资产原始价值的对比以衡量固定资产的新旧程度和提供企业生产能力置换的决策依据；③为满足以上要求，就需要“固定资产”账户必须始终保持其原始价值，而固定资产因损耗而减少的价值（即提取的折旧额）则记入“累计折旧”账户。

由于“累计折旧”账户核算的是固定资产的磨损情况，因而其属于资产类账户，又由于折旧是固定资产价值的减少，按照资产类账户的结构应记入“累计折旧”账户的贷方。期末，将“固定资产”账户的借方余额（即现有固定资产原值）减去“累计折旧”账户的贷方余额（即现有固定资产已累计提取的折旧额），即可求得固定资产的净值或折余价值，从而形成“累计折旧”和“固定资产”账户之间的调整与被调整关系。“累计折旧”账户对“固定资产”账户的备抵调整方式，如图6-31所示。

被调整账户（固定资产）		调整账户（累计折旧）	
期末余额：某一会计事项（固定资产）原始价值 960 000			期末余额：该会计事项（固定资产）累计损耗价值 240 000

固定资产原始价值	960 000
减：固定资产累计损耗价值	240 000
固定资产净值（账面价值）	720 000

图6-31　“固定资产”与“累计折旧”账户调整方式

此外，“坏账准备”账户也是一个资产备抵账户。“应收账款”账户的借方余额减去“坏账准备”账户的贷方余额，其差额表示应收账款的实有数额（即预计可收回金额）。

（2）权益备抵账户，**是用来抵减某一所有者权益账户（即被调整账户）的余额，以求得该权益账户实际余额的账户**。例如，“利润分配”账户就是“本年利润”账户的备抵调整账户。

前已述及，“本年利润”账户年终结转前的贷方余额，反映企业期末累计实现的利润数，“利润分配”账户期末的借方余额，反映已分配的利润数，用“本年利润”账户的贷方余额减去“利润分配”账户的借方余额，其差额反映期末尚未分配的利润数。“利润分配”账户对“本年利润”账户的抵减调整方式，如图6-32所示。

被调整账户（本年利润）		调整账户（利润分配）	
	期末余额：某一会计事项（本年已实现利润）的实际数额 1 860 000	期末余额：该会计事项（本年已分配利润）的实际数额 1 340 000	

本年已累计实现的利润额	1 860 000
减：本年已累计分配的利润额	1 340 000
未分配的利润额	520 000

图6-32　“本年利润”与“利润分配”账户调整方式

2. 附加账户

附加账户，**亦称增加账户，是用来增加被调整账户的余额，以求得被调整账户实际余额的账户**。附加账户对被调整账户的调整方式，可用下列计算公式表示：

被调整账户的实际余额=被调整账户的账面余额+附加账户的账面余额

可见，附加账户与被调整账户的结构相同，余额方向也相同。在实际会计核算工作中，附加账户的运用较少。

如何理解"备抵附加账户"？

3. 备抵附加账户

备抵附加账户，是指既可用来抵减，又可用来附加被调整账户的余额，以求得被调整账户实际余额的账户。该账户兼有备抵账户与附加账户的双重功能，**属于双重性质的账户**。但是，备抵附加账户不能对被调整账户同时起到两种作用，只能起到附加作用或者抵减作用。❶当其余额与被调整账户余额方向相同时，属于附加调整账户；❷而当其余额与被调整账户余额方向相反时，属于备抵调整账户。较为典型的是制造业企业对材料的日常核算采用计划成本计价时，所设置的"材料成本差异"账户就属于备抵附加账户。

【业务6-25】某企业甲材料的计划成本为每吨900元，本次采购甲材料100吨。采购甲材料的实际总成本为85 000元，计划总成本为90 000元。采购过程中的实际成本较计划成本节约5 000元。编制的会计分录如下（暂不考虑增值税进项税额因素的影响）：

分析1：采购材料，按照实际采购成本记入"材料采购"账户的借方。

借：材料采购　　85 000
　贷：银行存款　　85 000

分析2：原材料入库，按照计划成本记入"原材料"账户的借方，并由"材料采购"账户的贷方转出。

借：原材料　　90 000
　贷：材料采购　　90 000

分析3：材料采购过程结束，形成材料采购节约差异（即贷差）5 000元（实际成本85 000元-计划成本90 000元），应由其反方向（即借方）转出，转入"材料成本差异"账户的贷方，表示购入材料的节约差异。

借：材料采购　　5 000
　贷：材料成本差异　　5 000

此时，购入原材料的实际成本85 000元，分别登记为"原材料"账户的借方90 000元（计划成本）和"材料成本差异"账户的贷方5 000元（节约额）。由于"材料成本差异"账户的发生额在贷方，"原材料"账户的发生额在借方，于是，"材料成本差异"账户就对"原材料"账户起到备抵调整作用。其调整方式，如图6-33所示。

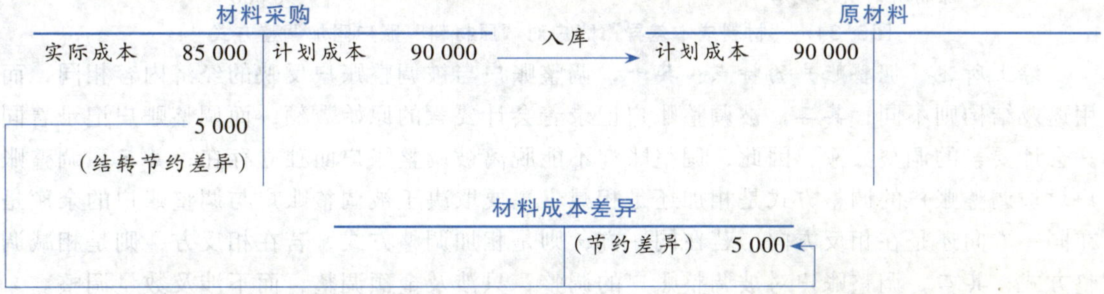

"原材料"账户的借方数额（计划成本）　　90 000
减："材料成本差异"账户的贷方数额（节约额）　　5 000
原材料的实际成本　　85 000

图6-33　"材料成本差异"账户对"原材料"账户备抵调整方式

【业务6-26】假定【业务6-25】所购材料的实际总成本为96 000元，其他条件不变，则采购过程中超支6 000元。编制的会计分录如下（暂不考虑增值税进项税额因素的影响）：

分析1：采购材料，按照实际采购成本记入“材料采购”账户的借方。

借：材料采购　　　　96 000
　贷：银行存款　　　　96 000

分析2：原材料入库，按照计划成本记入“原材料”账户的借方，并由“材料采购”账户的贷方转出。

借：原材料　　　　90 000
　贷：材料采购　　　　90 000

分析3：材料采购过程结束，形成材料采购超支差异（即借差）6 000元（实际成本96 000元−计划成本90 000元），应由其反方向（即贷方）转出，转入“材料成本差异”账户的借方，表示购入材料的超支差异。

借：材料成本差异　　　　6 000
　贷：材料采购　　　　6 000

此时，购入原材料的实际成本96 000元，分别登记为“原材料”账户的借方90 000元（计划成本）和“材料成本差异”账户的借方6 000元（超支额）。由于“材料成本差异”账户的发生额和“原材料”账户的发生额同时在借方，于是，“材料成本差异”账户就对“原材料”账户起到附加调整作用。其调整方式，如图6-34所示。

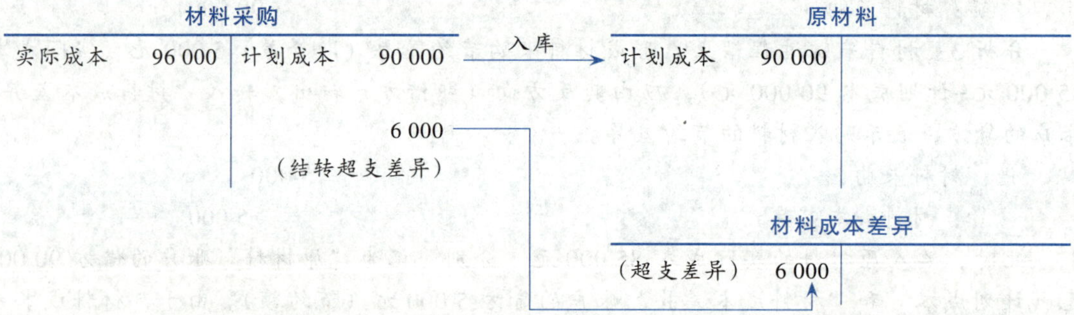

“原材料”账户的借方数额（计划成本）　　90 000
加：“材料成本差异”账户的借方数额（超支额）　　6 000
原材料的实际成本　　96 000

图6-34　“材料成本差异”账户对“原材料”账户附加调整方式

综上所述，调整账户的特点：**其一，**调整账户与被调整账户反映的经济内容相同，而用途及结构则不同；**其二，**被调整账户记录着会计要素的原始数额，而调整账户记录着同一会计要素的调整数额，因此，调整账户不能脱离被调整账户而独立存在；**其三，**调整账户对被调整账户的调整方式是相加还是相减，主要取决于被调整账户与调整账户的余额是在同一方向还是在相反方向，若在同一方，则是相加调整方式，若在相反方，则是相减调整方式；**其四，**调整账户对被调整账户的调整，只涉及金额调整，而不涉及数量调整。

（十一）计价对比账户

计价对比账户，是指对某一要素的记录中，按照两种不同的计价标准进行计价、对比，确定其业务成果的账户。该类账户的结构：❶借方以一种计价标准记录某项计价业务；❷贷方以另一种计价标准记录同项经济业务；❸期末将贷方和借方进行对比，据以确定业务成果。计价对比类账户的基本结构，如图6-35所示。

计价对比类账户

发生额：❶核算业务的第一种计价	发生额：❷核算业务的第二种计价
借差：第一种计价大于第二种计价的差额 发生额：❸贷差反方向结转到差异账户的贷方	或贷差：第二种计价大于第一种计价的差额 或发生额：❸借差反方向结转到差异账户的借方

图6-35　计价对比类账户基本结构

典型的计价对比账户有："材料采购""本年利润""固定资产清理""待处理财产损溢"等账户。下面以"材料采购"账户为例说明计价对比账户的基本结构。

按照计划成本对企业材料进行日常核算的企业，应设置"材料采购"账户：❶借方登记采购材料的实际成本；❷贷方登记入库材料的计划成本；❸借方发生额和贷方发生额比较后的差额，表示为节约额或超支额。"材料采购"这一计价对比账户的基本结构，如图6-36所示。

计价对比账户——"材料采购"账户

发生额：❶外购材料的实际成本	发生额：❷外购材料的计划成本
借差：实际成本大于计划成本的超支差异 发生额：❸材料采购节约差异转入"材料成本差异"账户的贷方	或贷差：实际成本小于计划成本的节约差异 或发生额：❸材料采购超支差异转入"材料成本差异"账户的借方

图6-36　"材料采购"账户基本结构

计价对比账户的特点：借方和贷方分别按照不同的计价标准记录，其差额表示业务成果在相反的方向转出，同时只提供金额核算指标。

【会计论道与素质教育】

君子"报仇"——另一种进取途径

有一个人很不满意自己的工作，他忿忿地对朋友说："我的老板一点儿也不把我放在眼里，改天我要对他拍桌子，然后辞职不干了。""你对于这家贸易公司完全清楚了吗？对于公司国际贸易的窍门完全搞通了吗？"他的朋友反问。"没有！"他回答。"君子报仇三年不晚，我建议你好好地把公司的一切贸易技巧、商业文书和组织结构完全搞通，甚至连如何修理影印机的小故障都学会，然后辞职不干。"他的朋友建议，"你利用这家公司，通过免费学习，任何东西都搞通了之后，再一走了之，不是既出了气，又有许多收获吗？"他听从了朋友的建议，从此便开始默默学习，甚至下班还留在办公室研究写商业文书的方法。一年之后，那位朋友偶然遇到他问道："你现在大概多半都学会了，可以准备拍桌子不干了吧。"他回道："可是我发现近半年来，老板对我刮目相看了，最近更总是委以重任，又升职、又加薪，我已经成为公司的红人了。""这是我早就料到的！"他的朋友笑着说，"当初你的老板不重视你，是因为你的能力不足，却又不努力学习，而后你痛下苦功，担当日巨，当然会令他对你刮目相看了。只知道抱怨老板的态度，却不反省自己的能力，这是人们常犯的毛病啊！"

资料来源　张健鹏，胡足青．心有灵犀（小中见大智慧文丛）［M］．北京：当代世界出版社，2005.

左右倒手关联交易
青鸟华光被处罚

教授寄语：如果你不被老板重视，不妨试试这种"报仇"方法。

【重要概念】

营业利润；利润总额；净利润；结算账户；调整账户；计价对比账户；集合分配账户；跨期摊配账户；盘存账户。

【复习思考题】

1. 简述“利润分配”账户在性质、用途及结构方面的特点。
2. 简述“累计折旧”账户在性质、用途及结构方面的特点。
3. 简述净利润核算的“账结法”与“表结法”。
4. 跨期摊配账户的用途及结构如何？
5. 调整账户的特点有哪些？

练习题在线

练习 6-1　单项选择题在线回答

单项选择题每小题给出的 4 个备选项中，只有 1 个符合题意。

要求： 扫描“单项选择题”二维码进行在线回答，回答完毕并提交后可参看正确答案与答案解析。

单项选择题 1~9　　单项选择题 10~18　　单项选择题 19~27

练习 6-2　多项选择题在线回答

多项选择题每小题给出的 5 个备选项中，至少有 2 个符合题意。

要求： 扫描“多项选择题”二维码进行在线回答，回答完毕并提交后可参看正确答案与答案解析。

多项选择题 1~10　　多项选择题 11~20　　多项选择题 21~30

练习 6-3　判断题在线回答

请判断各判断题每小题的正误，正确的用“√”表示，错误的用“×”表示。

要求： 扫描“判断题”二维码进行在线回答，回答完毕并提交后可参看正确答案与答案解析。

判断题 1~8　　判断题 9~16　　判断题 17~24

练习 6-4　销售税费经济业务的核算

1. 资料：

郑州市华清机械公司为增值税一般纳税人并兼营运输业务，2×23 年 9 月份发生下列有关增值税及销售税费的经济业务：

(1) 从宏兴冶炼公司购入有色金属：❶收到的数电"电子发票（增值税专用发票）"上注明：黄铜12 400千克、单价60元、价款744 000元、税额96 720元；❷对方代垫运费并转来承运单位开具的数电"电子发票（增值税专用发票）"上注明：运费18 000元、税额1 620元；❸材料已验收入库，填制"收料单"，黄铜采购成本为762 000元；❹价税合计860 340元，通过企业网银付讫。

(2) 缴纳上月未交增值税49 000元、应交城市维护建设税5 600元、应交教育费附加2 400元和应交地方教育附加1 600元，收到银行转来的"电子缴款凭证"。

(3) 采用赊销方式向耀光机械公司销售产品：❶开具的数电"电子发票（增值税专用发票）"上注明：WH型机床20台、单价45 000元、价款900 000元、税额117 000元；❷货物已发出并由本公司的运输队代为运输，开具的数电"电子发票（增值税专用发票）"上注明：运费40 000元、税额3 600元；❸价税合计1 060 600元，对方承诺下月付款。

(4) 缴纳本月1至15日应交增值税22 260元，收到银行转来的"电子缴款凭证"。

(5) 采用商业汇票结算方式向外地宝源钢铁公司购入钢材：❶收到的数电"电子发票（增值税专用发票）"上注明：扁钢50吨、单价5 000元、价款250 000元、税额32 500元；槽钢50吨、单价6 000元、价款300 000元、税额39 000元。❷对方代垫运费并转来承运单位开具的数电"电子发票（增值税专用发票）"上注明：运费54 000元、税额4 860元。❸材料已验收入库，运费按照材料的重量进行分配并填制"收料单"，上列扁钢采购成本为277 000元、槽钢采购成本为327 000元。❹价税合计680 360元，公司签发一张为期5个月的商业承兑汇票。

(6) 采用商业汇票结算方式向外地盛强机械公司销售产品：❶开具的数电"电子发票（增值税专用发票）"上注明：WA型车床30台、单价30 000元、价款900 000元、税额117 000元；❷货物已发出并由本公司的运输队代为运输，开具的数电"电子发票（增值税专用发票）"上注明：运费50 000元、税额4 500元；❸价税合计1 071 500元，公司签发一张期限为6个月并由购货方承兑的商业汇票。

(7) 按照上述发生的进项税额、已交税金和销项税额，计算并结转本月未交增值税。

(8) 按照本月应交增值税的7%、3%和2%，分别计算并结转应交城市维护建设税、应交教育费附加和应交地方教育附加。

2. 要求：

(1) 扫描"练习6-4答题表"二维码并下载空白表6-1电子表格。(2) 根据所提供资料，在空白表6-1电子表格中编制专用记账凭证。(3) 根据"财济书院"网站注册的账号，提交完成的电子表格请授课教师批阅。

练习6-4答题表

练习6-5　期间费用及营业外收支经济业务的核算

1. 资料：

上海市东方机械公司2×23年12月份发生下列有关期间费用及营业外收支的经济业务：

(1) 经批准，生产部主任赵全章参加新技术交易博览会，填制金额为6 000元的"借款单"，出纳员以现金付讫。

(2) 报销差旅费——实报金额小于原借款金额。12月11日，供销科科长朱逸群出差归来，报销上月借款的差旅费。❶由出差人填制"差旅费报销单"（格式参见项目四

表 4-20），并经有关部门负责人审核同意后，实报金额 7 862 元，包括伙食费、交通费包干 1 200 元（200 元/天×6 天）。❷后附有关发票 4 张：1 张高铁旅客运输服务的数电“电子发票（增值税专用发票）”上注明：价款 200 元、税额 18 元；2 张飞机旅客运输服务的数电“电子发票（增值税专用发票）”上注明：价款 1 550 元、税额 135 元；1 张住宿费的数电“电子发票（增值税专用发票）”上注明：价款 1 800 元、税额 108 元。❸原借款金额 8 500 元，退回余款并填制金额为 638 元的内部“收款收据”。

（3）向本市翔远油品公司购进润滑油并验收入库。❶收到的数电“电子发票（增值税专用发票）”上注明：数量 50 桶、单价 20 元、价款 1 000 元、税额 130 元；❷价税合计 1 130 元，开出转账支票支付；❸填制“现金报销单”，报销市内运杂费 180 元，并以库存现金付讫。

（4）办公室主任报销购买的办公用品 678 元。❶收到的数电“电子发票（增值税专用发票）”上注明（并附办公用品清单）：价款 600 元、税额 78 元；❷填制的“办公用品领用表”上列明：车间 200 元、生产科 300 元、专设销售机构 100 元；❸填制“现金报销单”，并以库存现金付讫。

（5）采购员王格平填制“现金报销单”，报销市内交通费 380 元，并以库存现金付讫。

（6）通过企业网银预付购买宝山钢铁公司钢材的定金 500 000 元，开户银行转来“中国工商银行业务回单（付款）”，直接扣除手续费 25 元。

（7）收到开户银行转来的“中国工商银行计收借款利息单（付款通知）”，银行直接扣除本季度借款利息 75 000 元。

（8）收到开户银行转来的“中国工商银行计付存款利息单（收款通知）”，存入本季度存款利息 15 200 元。

（9）月末计提应由本月负担的银行短期借款利息 24 800 元。

（10）应付强生公司的货款 23 000 元，因该公司已被注销，按照规定将其确认为营业外收入。

（11）按照平均年限法计算并结转无形资产摊销。月末根据无形资产明细账的记录，编制“无形资产摊销表”见练习表 6-1。

练习表 6-1

无形资产摊销表

2×23 年 12 月 31 日

金额单位：元

名称	入账时间	原值	摊销年限	已摊销月数	累计已摊销金额	本月应摊销金额	用途
H 专利技术	2×19-12-31	300 000	10	48	120 000	2 500	自用
M 专利技术	2×19-12-31	900 000	10	48	360 000	7 500	自用
N 专利技术	2×23-12-01	585 000	10			4 875	自用
合计		1 785 000	—	—	480 000	14 875	—

2. 要求：

（1）扫描“练习 6-5 答题表”二维码并下载空白表 6-2 电子表格。（2）根据所提供资料，在空白表 6-2 电子表格中编制专用记账凭证。（3）根据“财济书院”网站注册的账号，提交完成的电子表格请授课教师批阅。

练习 6-5 答题表

练习 6-6　本年利润“表结法”的具体应用

1. 资料：

永盛机械公司的企业所得税采取“按年计算、按月据实预缴并在下月实际缴纳、年终汇算清缴”的方式，本年利润的结转采用“表结法”。

（1）2×23 年 10 月月末“所得税费用”账户的借方累计发生额为 34 万元；

（2）2×23 年各收入类及费用类账户的累计发生额（在结转 12 月份预缴所得税之前）见练习表 6-2。

练习表 6-2　收入类及费用类账户累计发生额

2×23 年度

单位：万元

账户名称	11月月末“本年累计”金额		12月份发生额		12月月末“本年累计”金额	
	借方	贷方	借方	贷方	借方	贷方
主营业务收入		360		93		453
其他业务收入		48		10		58
投资收益		2		9		11
营业外收入		10		4		14
主营业务成本	160		45		205	
其他业务成本	30		3		33	
税金及附加	10		3		13	
销售费用	20		5		25	
管理费用	34		6		40	
财务费用	4		4		8	
信用减值损失	0		5		5	
营业外支出	2		4		6	
所得税费用	40					
合　计	300	420	75	116	335	536

2. 要求：

（1）扫描“练习 6-6 答题表”二维码并下载空白表 6-3 电子表格。（2）根据所提供资料，在空白表 6-3 电子表格中，回答以下 4 个问题：❶计算 11 月份实现的利润总额及应据实预缴的所得税税额，以及 12 月上旬实际缴纳 11 月份的应交所得税；❷编制反方向结转全年费用类账户累计发生额至“本年利润”账户的记账凭证；❸编制反方向结转全年收入类账户累计发生额至“本年利润”账户的记账凭证；❹计算 12 月份应据实预缴的所得税税额，同时，编制结转“所得税费用”账户至“本年利润”账户借方的记账凭证。（3）根据“财济书院”网站注册的账号，提交完成的电子表格请授课教师批阅。

练习 6-6 答题表

练习 6-7　本年利润“账结法”的具体应用

1. 资料：

承练习 6-6 中练习表 6-2 的有关资料，假设永盛机械公司的本年利润结转采用“账结法”，12 月月初“本年利润”账户的贷方余额为 160 万元，其他条件不变。

2. 要求：

练习 6-7 答题表

（1）扫描“练习 6-7 答题表”二维码并下载空白表 6-4 电子表格。（2）根据所提供资料，在空白表 6-4 电子表格中，回答以下 5 个问题：❶计算 11 月份实现的利润总额；❷编制结转 12 月份收入类账户发生额至“本年利润”账户的记账凭证；❸编制结转 12 月份费用类账户发生额至“本年利润”账户的记账凭证；❹计算 12 月份应据实预缴的所得税税额，同时，编制结转“所得税费用”账户至“本年利润”账户借方的记账凭证；❺思考“表结法”与“账结法”的异同。（3）根据“财济书院”网站注册的账号，提交完成的电子表格请授课教师批阅。

练习 6-8　利润分配经济业务的核算

1. 资料：

希望机械公司的有关资料如下：

（1）2×23 年年初“利润分配”账户贷方余额 100 万元；

（2）2×23 年年末“本年利润”账户贷方余额 300 万元（税后利润）；

（3）根据《公司法》的规定，按照净利润的 10% 计提法定盈余公积；

（4）根据董事会的决定，拿出可供分配利润的 60% 向投资者进行分配；

（5）甲、乙、丙三位投资者的投资比例分别为 40%、35%、25%。

2. 要求：

练习 6-8 答题表

（1）扫描“练习 6-8 答题表”二维码并下载空白表 6-5 电子表格。（2）根据所提供资料，在空白表 6-5 电子表格中，回答以下 3 个问题：❶按照本年实现净利润的 10% 计算并结转提取法定盈余公积；❷按照投资比例分配并结转应付给各投资者的利润；❸计算并结转未分配利润。（3）根据“财济书院”网站注册的账号，提交完成的电子表格请授课教师批阅。

练习 6-9　“本年利润”和“利润分配”账户的结构

1. 资料：

（1）C 公司的企业所得税采取“按年计算、按月据实预缴、年终汇算清缴”的方式，企业所得税税率为 25%，本年利润采用“账结法”，该公司年初资产总额为 400 万元、负债总额为 100 万元，年末所有者权益总额为 316 万元。2×23 年，10 月月末“本年利润”账户为贷方余额 82.5 万元，12 月月初“本年利润”账户为贷方余额 72.5 万元，12 月份实现会计利润 20 万元。2×23 年年末，按 10% 的比例提取盈余公积金，董事会决定分配给投资者利润 65 万元。

（2）N 公司 2×23 年“利润分配”账户的有关记录如下：“利润分配”总账账户年初贷方余额为 68 万元，本年借方全年发生额（包括年末结账发生额）为 310 万元，年末贷方余额（结账后）为 125 万元。该公司“利润分配”账户下设三个明细账户，分别为提取法定盈余公积、应付股利、未分配利润，上述明细账户经过年末的最终结账，除了“未分配利润”明细账户有余额外，其他的明细账户均没有余额。

2. 要求：

（1）扫描“练习 6-9 答题表”二维码并下载空白表 6-6 电子表格。（2）根据所提供资料，在空白表 6-6 电子表格中，回答以下 4 个问题：❶计算 1 至 10 月份 C 公司的利润总额；❷计算 11 月份 C 公司的利润总额；❸计算 C 公司本年度所有者权益增加额并分析其原因；❹计算 N 公司本年度实现的净利润并列出计算过程。（3）根据“财济书院”网站注册的账号，提交完成的电子表格请授课教师批阅。

练习 6-9 答题表

7 项目七 会计账簿

【内容导读】

在项目五和项目六中，根据原始凭证运用借贷记账法编制以会计分录为核心内容的记账凭证，虽然对企业发生的经济业务进行了分类处理，但反映在记账凭证上的信息资料比较分散且不够系统，为此，必须将这些分散的信息资料通过完善的账簿系统，按照归属分门别类地记录并加以集中反映。会计账簿设置与登记是会计核算方法之一，对填制会计凭证与编制会计报表起着承前启后的作用。本项目主要阐述：❶认识与了解会计账簿；❷熟悉会计账簿启用与登记的规则；❸掌握序时账簿设置与登记的方法；❹掌握分类账簿设置与登记的方法；❺了解对账内容及错账的查找方法，并掌握错账的更正方法；❻掌握期末结账的程序、内容及结账方法。在此基础上，进一步理解会计账簿是为会计报告存储信息数据的簿籍。

任务一 认识与了解会计账簿，熟悉其启用与登记规则

一、会计账簿及其设置与登记的意义

（一）会计账簿及其应具备的基本要素

会计账簿，亦称“账簿”，是指由具有专门格式并连结在一起的若干账页所组成，以会计凭证为依据，用来序时、连续、系统、全面地记录和反映经济业务的簿籍。对会计账簿概念的理解，应注意把握以下三点：❶账户是根据会计科目开设的，任何一个会计主体应该为每一个会计科目开设相应的账户，即会计科目的名称就是会计账户的名称。❷一旦将会计科目填入具有一定格式的账页中，该账页就成为记录该会计科目所规定内容的账户，即账页是账户的实质内容和载体。❸由一系列具有专门格式且相互连结的账页所组成的簿籍就是会计账簿，即账簿是若干账页的集合。

作为集中与存储会计信息数据的会计账簿，一般应具备以下基本要素：(1) **封面**。标明单位名称和账簿名称并保护扉页和账页。(2) **扉页**。记载与账簿使用有关的事项，包括：❶账簿启用及交接表；❷账户目录。(3) **账页**。用来记录具体经济业务的载体，包括：❶账户名称——填写总账科目或某些科目；❷日期栏——填写经济业务登记的日期；❸凭证字号栏——填写记账凭证的种类和编号；❹摘要栏——填写经济业务的简要内容；❺金额栏——填写经济业务项目增减的金额；❻总页次和分户页次。

（二）会计账簿的种类

会计账簿的种类繁多，不同的会计账簿，其用途、格式、内容和登记方法各不相同。为了具体地认识各种账簿的特点，更好地运用账簿的功能，应对会计账簿从不同的角度进行分类。

1. 会计账簿按其用途不同的分类

会计账簿的用途主要是就其对会计报表编制的作用而言的，主要分为序时账簿、分类账簿和备查账簿三类。

（1）**序时账簿**。序时账簿也称日记账，是指按照经济业务发生的时间先后顺序，逐日逐笔连续登记的会计账簿。我国目前主要有**库存现金日记账**和**银行存款日记账**。

（2）**分类账簿**。分类账簿是指对所有的交易或事项按照会计科目开设账户并进行分类登记的会计账簿。分类账簿按照提供的会计信息的详略程度不同，又可以分为两种：❶**总分类账簿**，简称总账，是根据总分类科目（即一级会计科目）开设账户，用来分类记录全部经济业务，提供总括核算资料的账簿；❷**明细分类账簿**，简称明细账，是根据总账科目所属明细科目开设账户，用来分类记录某一类经济业务，提供明细核算资料的账簿。

（3）**备查账簿**。备查账簿是指对一些在序时账簿和分类账簿中不能记载或记载不全的交易或事项进行补充登记的账簿。相对于序时账簿和分类账簿这两种主要账簿而言，备查账簿属于辅助性账簿，它可以为经营管理提供参考资料，如“委托加工材料登记簿”“租入固定资产登记簿”等。

2. 会计账簿按其外表形式不同的分类

会计账簿的外表形式，主要是就其账簿登记的方便性和保管的安全性而言的，主要分为订本式账簿、活页式账簿和卡片式账簿三类。

（1）**订本式账簿**。订本式账簿简称订本账，这种账簿在启用前就已经将账页按顺序编号并装订成册。❶**优点**：可以避免账页的散失，防止账页被人为抽换，保证账簿的安全完整；❷**缺点**：使用起来不够灵活，因其事先已连续编号，不易确定为每个账户预留多少账页，或多预留造成账页浪费，或少预留不能保证账户记录的连续性；❸**适用范围**：一些具有统驭作用的账簿及记录交易或事项特别重要的账簿，都应采用订本式账簿，例如，对明细账具有统驭作用的总分类账，发生频次较高且容易出现问题的库存现金日记账、银行存款日记账等。

（2）**活页式账簿**。活页式账簿简称活页账，是在启用前既不进行账页装订，也不按顺序连续编号，其账页放在账页夹中，记账人员可根据设置的账户和记账的需要随时取用和补充空白账页。❶**优点**：账页使用灵活方便，可根据需要选择账页用量的多少以减少其浪费，同时也便于记账人员的分工；❷**缺点**：账页平时散置，容易造成账页的散失或被人为抽换；❸**适用范围**：明细分类账因其对经济业务逐项、逐笔记录且比较频繁，所以一般采用活页式账簿。

（3）**卡片式账簿**。卡片式账簿简称卡片账，是指用印有记账格式的卡片登记交易或事项的账簿。❶卡片账是一种特殊的活页式账簿，对于某些可以跨年度使用，或无须经常更换的明细账，如固定资产明细账、低值易耗品明细账等，可采用卡片式账簿。❷为了保证账簿安全完整、经久耐用，可以用有一定格式的硬纸卡片组成账簿，放置在卡片箱内保管和使用。❸**优点和缺点**：与活页式账簿基本相同。

（三）设置和登记会计账簿的意义

设置账簿是会计工作的一个重要环节，登记账簿则是会计核算的一种专门方法。科学地设置账簿和正确地登记账簿对于全面完成会计核算工作具有重要意义。

（1）**将分散在记账凭证中的资料进行汇总**。❶就某一个特定账户来看，可用于连续记录某一特定方面的交易或事项；❷就其所设置的全部账户来看，可以对企业发生的全部交易或事项进行分门别类的全面记录。

（2）**为会计报告提供数据加工和信息存储**。会计报告所需要的数据资料，绝大部分来源于会计账簿。账簿的记录是否及时、详尽，数字是否真实、可靠，直接关系到会计报表的质量。所以说，正确地设置并登记账簿，为会计报表的及时、准确编制提供了依据和保障。

（3）**有利于开展会计检查和会计分析**。会计账簿既是汇集、加工会计信息的工具，也是积累、储存经济活动情况的数据库。企业的一切财务收支、经营过程和结果都体现在账簿中。因此，利用账簿提供的资料，可以有效地开展会计检查和会计分析，加强会计监督，保护财产的安全和完整，提高企业的经营管理水平。

二、会计账簿启用与登记的规则

会计账簿是记录经济业务的载体。❶不同的会计主体应根据经济业务的特定内容和管理上的需要设置不同的会计账簿；❷为保证会计信息的质量，会计账簿必须按照规定的启用规则和登记规则进行记录。

（一）会计账簿的启用规则

新的会计年度开始时，每个会计主体都应启用新的会计账簿。为保证会计账簿的合法性及账簿资料的完整性，在启用新账簿时，应在账簿的有关位置记录以下相关信息：

（1）**设置账簿的封面与封底**。除订本式账簿不设封面外，各种活页式账簿都应设置封面和封底，并在封面登记单位名称、账簿名称和所属会计年度。

（2）**填写"账簿启用及交接表"（见表7-1）**。❶在启用新的会计账簿时，应首先填写"账簿启用及交接表"中的启用说明，包括单位名称、账簿名称、起止日期、单位负责人、会计主管、审核人员和记账人员等项目，并加盖公章。❷在会计人员发生变更，尤其是记账人员调离岗位时，必须与接管人员办理交接手续，在交接记录栏内填写交接日期、交接人员和监交人员姓名，并由交接双方签字并盖章。❸会计人员办理交接手续，一般由会计机构负责人监交，由会计机构负责人办理交接手续，由单位负责人监交，必要时主管单位可以派人会同监交。

（3）**填写"账户目录"（见表7-2）**。在启用新的会计账簿时，为了查找与方便登账，应填写"账户目录"。❶总分类账簿应按照会计科目的编号顺序填写科目名称，并启用页号。❷活页式明细分类账簿应按照所属会计科目填写科目名称和页码；在年度结账后，撤掉空白账页，填写所使用的页码。

（4）**粘贴"印花税票"**。❶纳税人（立账簿人）应按照规定的应缴税额，购买相同金额的印花税票并粘贴在账簿的右上角，并且划线注销。❷对于记录资金的账簿，由于其金额较大，一般使用缴款书缴纳印花税，这样就应在账簿的右上角注明"印花税已缴"字样及缴款金额。

表 7-1

账簿启用表及经管人员一览表

监制号：00210

单位名称	天齐电子设备有限责任公司	公章
账簿名称	库存现金日记账	天齐电子设备有限责任公司 财务专用章
账簿编号	NO.20230101	
账簿页数	100 页	
启用日期	2023 年 1 月 1 日	

经管人员	单位主管		财务主管		复核		记账	
	姓名	盖章	姓名	盖章	姓名	盖章	姓名	盖章
	赵宝伟	赵宝伟	章玉芬	章玉芬	王惠玲	王惠玲	徐玲玲	徐玲玲

接交记录	经管人员		接管人员				交出人员				监交人员			
	职别	姓名	年	月	日	盖章	年	月	日	盖章	年	月	日	盖章
备注														

表 7-2

账户目录

账页起页	总账科目	明细科目	账页起页	总账科目	明细科目

（二）会计账簿的登记规则

（1）**登账依据**。会计人员应根据审核无误的会计凭证及时登记会计账簿。❶登记会计账簿时，应当将会计凭证的日期、编号、业务内容摘要、金额和其他有关资料逐项记入账内。❷登记完毕后，记账人员要在记账凭证上签名或盖章，在记账凭证上的“过账”栏注明已经登账的标记（打“√”等），表示已经登记入账，避免重记或漏记。

（2）**使用蓝黑墨水，特殊记账使用红字**。登记账簿必须用蓝黑墨水或碳素墨水书写，不允许使用铅笔或圆珠笔记账。下列情况可以用红色墨水记账：❶按照红字冲账的记账凭证，冲销错误记录；❷在不设借贷的多栏式账页中，登记减少数；❸在三栏式账户的余额栏前，如未印明余额方向的，在余额栏内登记负数余额；❹用于月末结账划线。在会计工作中，红色数字表示对蓝色数字的冲销、冲减，或表示数字为负数。

(3) **账页连续登记**。各种账簿应按账户页次顺序连续登记，不得跳行、隔页。如果发生跳行、隔页现象，应在空行、空页处用红色墨水划对角线注销，注明“此页空白”或“此行空白”字样，并由记账人员签章。

(4) **书写适当留格**。账簿中书写的文字或数字不能顶格书写，一般只应占格距的1/2。

(5) **顺序连续登记**。各种账簿应按账户页次顺序连续登记，不得跳行、隔页。如果发生跳行、隔页现象，应将空行、空页划线注销，并注明“此行空白”或“此页空白”字样，同时由记账人员签章，不得将账页随意抽调或撕毁。

(6) **结出余额**。凡需要结出余额的账户，结出余额后，应在“借或贷”栏内写明“借”或“贷”字样；没有余额的账户，应在“借或贷”栏内写明“平”字样并在“余额”栏内画“0”标记。

(7) **账页结转处理**。各账户在一张账页登记完毕结转下页时，应当结出本页合计数和余额，写在本页最后一行和下页第一行有关栏目内，并在本页最后一行的“摘要”栏内用红笔注明“转次页”字样，在下页第一行的“摘要”栏内用红笔注明“承前页”字样。

(8) **规范更正错账**。对于登错的账簿记录，不得刮擦、挖补、涂改或用药水消除字迹等手段更正错误，也不允许重抄。发生错误时，应采用正确的错账更正方法进行更正。

任务二　认识序时账簿，掌握其设置与登记方法

序时账簿，是指按照经济业务发生的时间先后顺序，逐日逐笔连续登记的会计账簿。我国目前主要有库存现金日记账和银行存款日记账。

一、库存现金日记账的设置与登记

(一) 库存现金日记账的设置及作用

库存现金日记账，是指由出纳人员根据记录现金收付的收款凭证、付款凭证，按交易或事项发生的时间先后顺序逐日逐笔连续登记的一种日记账。按照《现金管理暂行条例》及其实施细则中对企业库存现金收支的管理规定，库存现金日记账除应提供企业每日库存现金收入、支出及余额的信息外，还应提供反映库存现金收支是否符合国家对库存现金收支的管理规定方面的信息。因此，在库存现金日记账上应设置“对方科目”栏。

(二) 库存现金日记账的格式及登记方法

库存现金日记账一般采用“借、贷、余”或“收、付、余”三栏式账簿。❶对于从银行提取现金的业务，一般只填制银行存款付款凭证，不再填制库存现金收款凭证，库存现金的收入数，应根据银行存款付款凭证登记；❷根据账款分管原则，由会计人员根据收、付款凭证，汇总登记总分类账；❸库存现金日记账必须“日清月结”，每日收、付款项逐笔登记完毕后，应分别计算库存现金收入和支出的合计数及账面结余额，并将其账面余额与库存现金实存数相核对，借以检查每日库存现金收入、支出和结余情况。

【业务7-1】以ABC公司2×23年1至3月份发生的部分有关库存现金收付的经济业务所编制的记账凭证（暂不考虑增值税因素，见表7-3）为例，介绍三栏式库存现金日记账的格式（见表7-4）和具体登记方法。

表 7-3

记账凭证（简易）

单位：元

2×23年 月	日	摘 要	会计分录	借方金额	贷方金额	凭证字号
1	31	现金报销修理费	借：管理费用 贷：库存现金	2 810	2 810	现付 19
	31	收回欠款	借：库存现金 贷：应收账款	400	400	现收 13
	31	收到上月货款	借：银行存款 贷：应收账款	15 000	15 000	银收 28
	31	偿还前欠货款	借：应付账款 贷：银行存款	16 000	16 000	银付 35
2	1	王尧报销交通费	借：管理费用 贷：库存现金	45	45	现付 1
	1	收到上月账款	借：银行存款 贷：应收账款	17 000	17 000	银收 1
	1	从银行提现备用	借：库存现金 贷：银行存款	500	500	银付 1
	1	购买办公用品	借：管理费用 贷：库存现金	165	165	现付 2
	1	销售产品	借：银行存款 贷：主营业务收入	20 000	20 000	银收 2
	2	向个人销售产品	借：库存现金 贷：主营业务收入	12 000	12 000	现收 1
	2	收回前欠货款余款	借：库存现金 贷：应收账款	150	150	现收 2
	2	将现金送存银行	借：银行存款 贷：库存现金	12 000	12 000	现付 3
	2	偿还前欠货款	借：应付账款 贷：银行存款	31 500	31 500	银付 2
	28	提现备发工资	借：库存现金 贷：银行存款	19 400	19 400	银付 20
	28	用现金发放工资	借：应付职工薪酬 贷：库存现金	19 400	19 400	现付 11
	28	收回前欠货款余款	借：库存现金 贷：应收账款	420	420	现收 18
	28	常梅报销差旅费	借：管理费用 贷：库存现金	600	600	现付 12
	28	偿还前欠货款	借：应付账款 贷：银行存款	18 900	18 900	银付 21
	28	支付销售运费	借：销售费用 贷：银行存款	3 200	3 200	银付 22
	28	销售产品	借：银行存款 贷：主营业务收入	30 000	30 000	银收 20
3	1	报销差旅费	借：管理费用 贷：库存现金	3 100	3 100	现付 1
	1	提现备用	借：库存现金 贷：银行存款	3 500	3 500	银付 1
	1	销售产品	借：银行存款 贷：主营业务收入	19 000	19 000	银收 1
	1	购进原材料	借：原材料 贷：银行存款	11 000	11 000	银付 2

表 7-4

库存现金日记账

第 1 页

填写收款凭证、付款凭证上的日期

填写分录中与"库存现金"对应的科目

2×23年 月	日	凭证字号	摘要	对方科目	收入	支出	余额
1	1		上年结转				3 985
	31	现付19	现金报销修理费	管理费用		2 810	
	31	现收13	收回欠款	应收账款	400		
	31		本日合计		400	2 810	1 555
	31		月 结		29 020	30 230	1 555
2	1	现付1	王尧报销交通费	管理费用		45	
	1	银付1	从银行提现备用	银行存款	500		
	1	现付2	购买办公用品	管理费用		165	
	1		本日合计		500	210	1 845
	2	现收1	向个人销售产品	主营业务收入	12 000		
	2	现收2	收回前欠货款余款	应收账款	150		
	2	现付3	将现金送存银行	银行存款		12 000	
	2		本日合计		12 150	12 000	1 995
	28	银付20	提现备发工资	银行存款	19 400		
	28	现付11	用现金发放工资	应付职工薪酬		19 400	
	28	现收18	收回前欠货款余款	应收账款	420		
	28	现付12	常梅报销差旅费	管理费用		600	
	28		本日合计		19 820	20 000	3 350
	28		月 结		97 450	95 655	3 350
3	1	现付1	报销差旅费	管理费用		3 100	
	1	银付1	提现备用	银行存款	3 500		
			转次页		3 500	3 100	3 750

填写收款凭证、付款凭证上的编号

账页结转处理

简要说明经济业务的内容

根据收、付款凭证全额及本日合计数填列

每日终了计算填列

（1）“**日期**”栏，是指记账凭证的日期，应与库存现金实际收付日期一致。

（2）“**凭证字号**”栏，是指登记入账的收、付款凭证的种类和编号，以便于查账和核对。库存现金收款凭证简称“现收”、库存现金付款凭证简称“现付”、银行存款收款凭证简称“银收”、银行存款付款凭证简称“银付”。

（3）“**摘要**”栏，简要说明入账的交易或事项的内容并要求文字简洁。

（4）“**对方科目**”栏，是指与库存现金发生对应关系的账户的名称，其作用是揭示企业库存现金收入的来源和支出的用途是否符合国家规定。**提醒与鉴别：当与“库存现金”账户对应的有几个科目时，一般应填写主要的科目，所谓主要科目的判断，其鉴别以金额最大者为准。**

（5）“**收入**”与“**支出**”栏，是指企业库存现金实际收付的金额。每日终了，应结出本日的余额，记入“余额”栏，并将余额与出纳员的库存现金核对，即通常所说的“日清”。如账款不符，应查明原因，并记录备案。

（6）“**月结**”行，月终要计算本月库存现金收入、支出的合计数，即加计各“本日合计”得出本月收入合计金额和本月支出合计金额；同时，根据月初余额+本月收入合计金额-本月支出合计金额，结出本月月末余额，本月月末余额与本月最后一日的余额相等。这项工作通常称为“月结”。

二、银行存款日记账的设置与登记

（一）银行存款日记账的设置及作用

银行存款日记账，是指由出纳人员根据记录银行存款收付的收款凭证、付款凭证，按交易或事项发生的时间先后顺序逐日逐笔连续登记的一种日记账。银行存款日记账除应提供每日银行存款的增减金额及其余额的信息外，还应反映企业的银行存款收付是否符合《支付结算办法》等的有关规定。因此，银行存款日记账应设置“结算凭证种类、号数”栏和“对方科目”栏。

（二）银行存款日记账的格式及登记方法

银行存款日记账一般采用“借、贷、余”或“收、付、余”三栏式账簿。❶对于将库存现金存入银行的业务，一般只填制库存现金付款凭证，不再填制银行存款收款凭证，银行存款的收入数，应根据库存现金付款凭证登记。❷银行存款日记账必须“日清月结”，每日结出账面结余额，以防止签发“**空头支票**”，同时便于定期同银行转来的“**对账单**”逐笔核对。❸银行存款日记账的“**日期**”“**凭证字号**”“**摘要**”“**对方科目**”“**收入**”“**支出**”各栏的登记方法与库存现金日记账基本相同；“**结算凭证**”栏，应在栏内填明所采用的结算方式及结算凭证的号数，如现金支票、转账支票和委托收款等。

【业务7-2】仍以ABC公司2×23年1至3月份发生的部分有关银行存款收付的经济业务所编制的记账凭证（暂不考虑增值税因素，见表7-3）为例，介绍三栏式银行存款日记账的格式（见表7-5）和具体登记方法。

表 7-5

银行存款日记账

第 1 页

2×23年		凭证字号	摘 要	结算凭证		对方科目	收 入	支 出	余 额
月	日			种类	号数				
1	1		上年结转	（略）	（略）				38 000
	31	银收 28	收到上月货款			应收账款	15 000		
	31	银付 35	偿还前欠货款			应付账款		16 000	
	31		本日合计				15 000	16 000	26 000
	31		月 结				112 000	124 000	26 000
2	1	银收 1	收到上月账款			应收账款	17 000		
	1	银付 1	从银行提现备用			库存现金		500	
	1	银收 2	销售产品			主营业务收入	20 000		
	1		本日合计				37 000	500	62 500
	2	现付 3	将现金送存银行			库存现金	12 000		
	2	银付 2	偿还前欠货款			应付账款		31 500	
	2		本日合计				12 000	31 500	43 000
	28	银付 20	提现备发工资			库存现金		19 400	
	28	银付 21	偿还前欠货款			应付账款		18 900	
	28	银付 22	支付销售运费			销售费用		3 200	
	28	银收 20	销售产品			主营业务收入	30 000		
	28		本日合计				30 000	41 500	17 400
	28		月 结				312 000	330 600	17 400
3	1	银付 1	提现备用			库存现金		3 500	
	1	银收 1	销售产品			主营业务收入	19 000		
	1	银付 2	购进原材料			原材料		11 000	
			转次页				19 000	14 500	21 900

任务三　认识分类账簿，掌握其设置与登记方法

分类账簿包括总分类账簿和明细分类账簿两类。由于两类账簿的作用与目的不同，因而其账簿（页）格式的差异也较大，其登记方法也不尽相同。

一、总分类账簿的设置与登记

（一）总分类账簿的设置及作用

总分类账簿，简称“总账”，是按总分类账户开设并分类登记全部交易或事项的账簿。在总账中，应按照总账账户的编码顺序分别开设账户，由于总账一般都采用订本式账簿，因此，应事先为每一个账户预留若干账页。总账不仅能够全面、总括地反映交易或事项情况，并为会计报表的编制提供资料，同时也对其所属的各明细账起到控制和统驭作用，因此，任何单位都必须设置总账。

（二）三栏式总账的格式及登记方法

总账的格式，一般采用三栏式订本账簿。**三栏式总账，按照一个账户占用一张或几张账页来设置，其账页要求设置借方、贷方和余额三个栏次，分别记录账户的增加额、减少额和余额。**三栏式总账的格式和具体登记见表7-6。

填写记账凭证上的日期

根据记账凭证上所列的金额填写

表7-6　　原材料　总账　　第 25 页

2×23年 月	日	凭证 种类	号数	摘要	借方	贷方	借或贷	余额
1	1			上年结转			借	32 000
		付	1	购进甲材料	67 000			
		转	1	生产领用		83 000		
	31	付	25	购进乙材料	45 000			
	31			月结	458 000	431 000	借	59 000
2	1	付	3	购进丙材料	72 000			

填写记账凭证上的种类、编号

简要说明经济业务的内容

月末加计借方、贷方发生额，并计算期末余额

根据余额性质填写，无余额时写“平”字

总账的登记方法主要有两种：❶**逐日逐笔登记**，根据所填制的专用记账凭证或通用记账凭证，按照经济业务发生的时间顺序逐笔登记；❷**汇总登记**，将一定时期的专用记账凭证或通用记账凭证，定期汇总编制成“汇总记账凭证”（包括收、付、转）或“科

目汇总表”，再据以登记总账。总之，总分类账的登记方法与登记依据取决于所采用的**会计核算组织程序**，这一内容将在项目十中加以介绍。总账账页中各栏目的登记方法如下：

(1)“日期”栏，填写所依据的凭证的日期。❶在逐日逐笔登记总账的方式下，应填写交易或事项发生的具体日期，即记账凭证的日期；❷在汇总登记总账的方式下，应填写汇总凭证上的日期。

(2)“凭证”栏，填写登记总账所依据的记账凭证的种类和编号。❶依据记账凭证登记的，填写“现收1”“现付1”“银收1”“银付1”“转1”等；❷依据科目汇总表登记的，填写“科汇1”等；❸依据汇总记账凭证登记的，填写“现汇收1”“银汇收1”“现汇付1”“银汇付1”“汇转1”等。

(3)“摘要”栏，填写所依据的凭证的简要内容。❶对于依据记账凭证登记总账的，应与记账凭证中的摘要内容一致；❷对于依据科目汇总表登记总账的，应填写“×日至×日发生额”字样；❸对于依据汇总记账凭证登记总账的，应填写每一张汇总记账凭证的汇总依据，即所依据的记账凭证的号数。

(4)“借方”与“贷方”栏，填写所依据的凭证上记载的各总账账户的借方或贷方发生额。

(5)“借或贷”栏，表示余额的方向。❶如余额在借方，则写“借”字；❷如余额在贷方，则写“贷”字；❸如期末余额为零，则写“平”字，并在“余额”栏的中间位置画“θ”符号。

二、明细分类账簿的设置与登记

明细分类账簿，简称“明细账”，是根据总账科目所属二级或明细科目开设的账户，分类、连续地登记经济业务以提供明细核算资料的账簿。根据各单位的实际需要，可以按照二级科目或三级科目开设账户，用来分类、连续地记录有关资产、负债、所有者权益、收入、费用及利润的详细情况，提供编制会计报表所需要的数据。因此，各单位在按照总分类账户设置总账的同时，还应按照明细分类账户设置明细账。明细账一般应采用活页式或卡片式，并按照交易或事项发生的时间顺序逐笔登记。根据管理的需要和各明细账记录内容的不同，明细账一般采用**三栏式、数量金额式和多栏式**等。

（一）三栏式明细账的格式及登记方法

三栏式明细账，亦称“甲式账”，是在账页上设有借方、贷方和余额三个栏目的账簿。为区别于总分类账中的三栏式，在实际工作中，将明细分类账中的三栏式称为**“甲式账”**。三栏式明细账适用于只提供价值核算指标，只反映金额变化情况的明细分类账簿，如应收账款、应付账款、短期借款等**债权债务结算类账户**的明细账和实收资本、资本公积等**资本类账户**的明细账。

三栏式明细账是由会计人员根据审核后的记账凭证，按照经济业务发生的时间顺序逐笔进行登记，其格式与各栏目的具体登记见表7-7。

表 7-7

应收账款 明细账

户名：华明公司　　　　　　　　　　　　　　　　　　　　　　第 25 页　分第 1 页

填写记账凭证上的种类、编号

根据记账凭证上所列的金额填写

2×23年 月	日	凭证 种类	号数	摘要	借方	贷方	借或贷	余额
1	1			上年结转			借	13 000
		收	1	收回前欠货款		13 000	平	θ
	3	转	8	销售A产品货款暂欠	36 800		借	36 800
	31	转	25	销售B产品货款暂欠	15 000		借	35 000
	31			月结	253 000	231 000	借	35 000
2	1	转	3	销售A产品货款暂欠	11 000		借	46 000

填写记账凭证上的日期

简要说明经济业务的内容

月末加计借方、贷方发生额，并计算期末余额

根据余额性质填写，无余额时写“平”字

（二）数量金额式明细账的格式及登记方法

1.数量金额式明细账的格式及适用范围

数量金额式明细账，亦称“乙式账”，是在账页上设有收入、发出和结存三大栏次，并在每一大栏目下分别设置数量、单价和金额三个小栏目的账簿。由于明细账中有了“甲式账”，在实际工作中，将数量金额式明细账称为“乙式账”。数量金额式明细账适用于既要进行金额核算，又要进行数量核算的各种财产物资类账户的明细账，如“原材料”“库存商品”等账户的明细分类核算。

2.数量金额式明细账的登记方法

数量金额式明细账一般由会计人员和业务人员（如仓库保管员），根据原始凭证按照经济业务发生的时间先后顺序逐日逐笔登记。

（1）**“凭证字号”栏**，一般按照证明业务发生的原始凭证进行登记，如收料单的“收”字、领料单的“领”字、限额领料单的“限领”字、产品入库单的“入”字、产品出库单的“出”字等。

（2）**“收入”栏**，序时登记实际入库原材料的数量、单价和金额。

（3）**“发出”栏**，序时登记实际出库原材料的数量；而“单价”和“金额”栏，根据计算出的加权平均单价和实际出库数量计算的总额，填列在“本月合计”行的“单价”和“金额”栏内。

（4）**“结存”栏**，序时逐笔登记结存数量。“结存”栏的“单价”和“金额”栏的登记方法与“发出”栏的相应栏目相同。

数量金额式明细账其余各栏目的登记方法与三栏式明细账相同，其格式与各栏目的具体登记参见本项目表7-14和表7-15。

（三）多栏式明细账的格式及登记方法

多栏式明细账，是在账页上的借方、贷方或借贷双方设置若干个专栏，以集中反映某一总分类账户或某一明细分类账户全部明细项目的信息的账簿。❶它适用于登记明细项目较多且相对固定、记账方向单一或平时记账方向单一月末反方向只登记一次的经济业务所设置的账户。❷根据经济业务的特点和经营管理的需要，多栏式明细账又可分为**借方多栏式、贷方多栏式、借贷方多栏式**三种。

1.借方多栏式明细账的格式及登记方法

借方多栏式明细账，是在账页中设有借方、贷方和余额三个金额栏，并在借方按照明细科目或明细项目分设若干个专栏，或者单独开设借方金额分析栏，分别记录增减发生额及余额的账簿。**借方多栏式明细账的特点：**❶适用于借方需要设置多个明细项目的成本费用类账户，如“生产成本明细账”“管理费用明细账”“制造费用明细账”等。❷依据记账凭证按照经济业务发生的时间顺序逐笔进行登记。❸一般应为每一明细项目设置一个借方金额栏，登记各明细项目借方发生额，对于各明细项目贷方发生额，则在借方金额栏内用“红字”记录，以表示该项目金额的减少数或转出数。❹这些明细项目平时只有借方发生额（增加），只有在月末结转有关账户时，才出现贷方发生额（减少或转销），为减少账页长度，不设置贷方专栏，其减少或转销可在登记增加额的栏目内用“红字”进行登记。

【业务7-3】以项目五中东海市光明机械公司2×23年12月份发生的产品生产经济业务为例，说明“生产成本明细账”的格式及登记方法。

❶期初在产品成本资料：A产品直接材料20 000元、直接人工10 000元、制造费用4 000元；B产品直接材料18 000元、直接人工9 600元、制造费用3 600元，参见项目五表5-11所给资料。

❷本月发生的经济业务：参见项目五【业务5-18】【业务5-19】【业务5-21】【业务5-26】【业务5-27】所填制的记账凭证（转13、转16、转17、转19、转20）。

❸期末在产品成本资料：A产品直接材料8 000元、直接人工4 000元、制造费用1 600元；B产品直接材料9 000元、直接人工4 800元、制造费用1 800元，参见项目五表5-12所给资料。

根据以上资料所登记的“生产成本明细账”见表7-8和表7-9。

【业务7-4】以项目五和项目六中东海市光明机械公司2×23年12月份发生的管理费用经济业务为例，阐述借方多栏式“管理费用明细账”的格式及登记方法。其具体经济业务参见项目五【业务5-19】【业务5-21】【业务5-22】【业务5-23】和项目六【业务6-3】【业务6-4】【业务6-5】【业务6-20】所填制的记账凭证（转6、转13、付22、转17、转18、付24、付25、转23、转30），根据以上资料所登记的“管理费用明细账”见表7-10。

表 7-8　　**生产成本　明细账**　　第 12 页

产品名称：A 产品

2×23年 月	日	凭证字号	摘要	借方发生额	借方（成本项目）直接材料	直接人工	制造费用	借或贷	余额
11			承前页	425 140	246 800	123 540	54 800	借	457 680
	30	转 25	完工产品成本转出	423 680	246 400	123 360	53 920		
11	30		月末在产品定额成本		20 000	10 000	4 000	借	34 000
12	23	转 13	确认职工体检费	18 200		18 200			
	31	转 16	分配材料费用	296 000	296 000				
		转 17	分配工薪费用	130 000		130 000			
		转 19	分配制造费用	65 000			65 000		
		转 20	完工产品成本转出	529 600	308 000	154 200	67 400		
12	31		月末在产品定额成本		8 000	4 000	1 600	借	13 600
			结转下年					借	13 600

表 7-9　　**生产成本　明细账**　　第 14 页

产品名称：B 产品

2×23年 月	日	凭证字号	摘要	借方发生额	借方（成本项目）直接材料	直接人工	制造费用	借或贷	余额
11			承前页	358 200	195 840	112 860	49 500	借	403 440
	30	转 25	完工产品成本转出	372 240	203 940	117 180	51 120		
11	30		月末在产品定额成本		18 000	9 600	3 600	借	31 200
12	23	转 13	确认职工体验费	15 400		15 400			
	31	转 16	分配材料费用	217 600	217 600				
		转 17	分配工薪费用	110 000		110 000			
		转 19	分配制造费用	55 000			55 000		
		转 20	完工产品成本转出	413 600	226 600	130 200	56 800		
12	31		月末在产品定额成本		9 000	4 800	1 800	借	15 600
			结转下年					借	15 600

注：表中金额“红字”为冲销（下同），因为“生产成本明细账”只为“直接材料”“直接人工”“制造费用”设置借方专栏。

表 7-10

管理费用 明细账

第 28 页

2×23年		凭证字号	摘要	借方发生额	（借）方金额分析							
月	日				差旅费	工薪费用	修理费	折旧费	水电费	研究费用	无形资产摊销	其他
11			承前页	93 953	6 670	45 600	3 240	18 500	12 823	7 120		
11	30	转 27	摊销无形资产	2 250							2 250	
11	30	转 30	结转费用至本年利润	96 203	6 670	45 600	3 240	18 500	12 823	7 120	2 250	
11	30		本年累计	666 714	53 360	396 555	9 920	111 450	38 850	21 450	24 750	10 379
12	11	转 6	报销差旅费	7 466	7 466							
	23	转 13	分配职工体检费	19 620		19 620						
	29	付 22	支付办公大楼修理费	18 500			18 500					
	31	转 17	分配并结转工薪费用	50 000		50 000						
	31	转 18	计提折旧费	19 600				19 600				
	31	付 24	支付并分配水费	2 500					2 500			
	31	付 25	支付并分配电费	16 800					16 800			
	31	转 23	无形资产摊销	3 100							3 100	
	31	转 30	结转费用至本年利润	137 586	7 466	69 620	18 500	19 600	19 300	0	3 100	
12	31		本年累计	804 300	60 826	466 175	28 420	131 050	58 150	21 450	27 850	10 379

2.贷方多栏式明细账的格式及登记方法

贷方多栏式明细账，是在账页中设有借方、贷方和余额三个金额栏，并在贷方按照明细科目或明细项目分设若干个专栏，或者单独开设贷方金额分析栏，分别记录增减发生额及余额的账簿。**贷方多栏式明细账的特点：**❶适用于贷方需要设置多个明细项目的收入利得类账户，如“主营业务收入明细账”“营业外收入明细账”等。❷依据记账凭证按照经济业务发生的时间顺序逐笔进行登记。❸一般应为每一明细项目设置一个贷方金额栏，登记各明细项目贷方发生额，对于各明细项目借方发生额，则在贷方金额栏内用“红字”记录，以表示该项目金额的减少数或转出数。❹这些明细项目平时只有贷方发生额（增加），只有在月末结转有关账户时，才出现借方发生额（减少或转销），为减少账页长度，不设置借方专栏，其减少或转销可在登记增加额的栏目内用“红字”登记。

【业务7-5】以项目五和项目六中东海市光明机械公司2×23年12月份发生的主营业务收入经济业务为例，说明“主营业务收入明细账”的格式及登记方法。其具体经济业务参见项目五【业务5-28】【业务5-29】【业务5-31】【业务5-34】和项目六【业务6-19】所填制的记账凭证（收3、转4、转10、转14、转29），根据以上资料所登记的“主营业务收入明细账”见表7-11。

表7-11　　主营业务收入　明细账　　第 16 页

2×23年		凭证字号	摘　要	对方科目	贷　方发生额	（贷）方金额分析		
月	日					A产品	B产品	C产品
11			承前页		877 000	492 000	355 000	30 000
11	29	转18	销售冲销预收账款	预收账款	200 000	120 000	50 000	30 000
11	30	转32	结转收入至本年利润	本年利润	1 077 000	612 000	405 000	60 000
11	30		本年累计		7 457 000	3 974 000	2 583 000	900 000
12	3	收3	销售并收到款项	银行存款	340 000	180 000	160 000	
	9	转4	销售并办妥托收手续	应收账款	680 000	360 000	320 000	
	15	转10	销售并收到商业汇票	应收票据	276 000	180 000	96 000	
	23	转14	销售冲销预收账款	预收账款	500 000	300 000	200 000	
	31	转29	结转收入至本年利润	本年利润	1 796 000	1 020 000	776 000	
12	31		本年累计		9 253 000	4 994 000	3 359 000	900 000

3.借贷方多栏式明细账的格式及登记方法

借贷方多栏式明细账，是在账页中设有借方、贷方和余额三个金额栏，并同时在借方和贷方栏目下设置若干个明细科目或明细项目进行登记的账簿。它适用于借方、贷方均需要设置多个栏目进行登记的账户，如“材料采购明细账”“材料成本差异明细账”“应交税费——应交增值税明细账”（见表 7-12）。

表 7-12 应交税费——应交增值税 明细账 第 24 页

年		凭证字号	摘 要	借 方				贷 方				借或贷	余 额
月	日			进项税额	已交税金	转出未交增值税	合计	销项税额	出口退税	转出多交增值税	合计		

注：“应交税费——应交增值税明细账”**借方一般设置**“进项税额”“已交税金”“减免税款”“出口抵减内销产品应纳税额”“转出未交增值税”5 个专栏；**贷方一般设置**“销项税额”“进项税额转出”“出口退税”“转出多交增值税”4 个专栏。

三、总分类账与明细分类账的平行登记

（一）总分类账与明细分类账的平行登记要点

如前所述，总分类账是按照总分类账户开设的，概括核算企业的全部经济业务，并提供总括价值核算指标的账簿。明细分类账是按照明细分类账户设置的，具体核算某项经济业务，并提供某一总分类账户的详细核算指标的账簿。

总分类账和明细分类账之间的统驭与被统驭、控制与被控制、说明和被说明的关系，决定了在登记经济业务时必须采用平行登记的方法。所谓平行登记，**是指交易或事项发生后，应根据有关会计凭证（包括原始凭证和记账凭证）登记相关的总分类账户，而后登记该总分类账户所属的各有关明细分类账户**。平行登记的要求可概括为以下三点：

（1）**同时登记**，对发生的每一笔交易或事项，要根据同一会计凭证，在同一会计期间，既要在相关的总分类账中进行登记，又要在该总分类账所属的各明细分类账中进行逐笔登记。

（2）**方向相同**，对于每一笔经济业务，依据同一会计凭证登记总分类账户的借贷方向与登记其所属的各明细分类账户的借贷方向必须一致。

（3）**金额相等**，记入总分类账中的金额必须与记入其所属的各明细分类账中的金额之和相等。

（二）总分类账与明细分类账的平行登记举例

下面以“原材料”账户和“应付账款”账户为例，说明总分类账与明细分类账的平行登记。

【业务 7-6】强华机械公司（假设为增值税小规模纳税人）2×23 年 12 月份的有关资料：**“原材料”**总账月初余额 7 040 元，所属各明细账户：甲材料 40 千克、单价 149 元、金额 5 960 元，乙材料 10 千克、单价 108 元、金额 1 080 元。**“应付账款”**总账月初余额 4 560 元，所属各明细账户：茂华公司 2 160 元、龙翔公司 2 400 元。本月发生有关材料收发和往来结算的经济业务如下：

（1）12 月 5 日，从茂华公司购入下列材料：甲材料 70 千克，单价 148 元，金额

10 360元；乙材料40千克，单价98元，金额3 920元。材料已验收入库，并填写**“收料单”**（编号为101），贷款尚未支付。填制编号为**“转1”**的记账凭证如下（以会计分录代替，下同）：

借：原材料——甲材料　　10 360
　　　　　——乙材料　　3 920　　转1
　贷：应付账款——茂华公司　　14 280

（2）12月7日，车间产品生产领用材料，填制的**“领料单”**（编号为1201）上列明：甲材料60千克，乙材料30千克。由于该公司材料发出的计价采用“月末一次加权平均法”，因而生产领料只登记“原材料明细账”发出栏的数量，由于没有金额，所以不编制记账凭证（下同）。

（3）12月12日，车间一般消耗领用材料，填制的**“领料单”**（编号为1202）上列明：甲材料10千克，乙材料10千克。

（4）12月13日，用银行存款偿还茂华公司的货款7 600元，偿还龙翔公司的货款2 400元。填制编号为**“付1”**和**“付2”**的两张记账凭证如下：

借：应付账款——茂华公司　　7 600
　贷：银行存款　　7 600　　付1

借：应付账款——龙翔公司　　2 400
　贷：银行存款　　2 400　　付2

（5）12月15日，从龙翔公司购入下列材料：甲材料90千克，单价152元，金额13 680元；乙材料50千克，单价100元，金额5 000元。材料已验收入库，并填写**“收料单”**（编号为102），贷款尚未支付。填制编号为**“转2”**的记账凭证如下：

借：原材料——甲材料　　13 680
　　　　　——乙材料　　5 000　　转2
　贷：应付账款——龙翔公司　　18 680

（6）12月18日，车间产品生产领用材料，填制的**“领料单”**（编号为1203）上列明：甲材料70千克，乙材料40千克。

（7）12月26日，车间一般消耗领用材料，填制的**“领料单”**（编号为1204）上列明：甲材料22千克，乙材料6千克。

（8）12月29日，用银行存款偿还茂华公司的货款5 500元，偿还龙翔公司的货款9 500元。编制编号为**“付3”**和**“付4”**的两张记账凭证如下：

借：应付账款——茂华公司　　5 500
　贷：银行存款　　5 500　　付3

借：应付账款——龙翔公司　　9 500
　贷：银行存款　　9 500　　付4

（9）编制“发料凭证汇总表”，结转发出材料成本。该公司材料发出的计价采用“月末一次加权平均法”计算，根据“原材料明细账”所记录的期初结存数量、金额与本月收入数量、金额，按照下列方法计算加权平均单价为：

月末加权平均单价=（月初结存金额+本月收入金额）÷（月初结存数量+本月收入数量）

甲材料加权平均单价=（5 960+24 040）÷（40+160）=150（元/千克）

乙材料加权平均单价=（1 080+8 920）÷（10+90）=100（元/千克）

发出材料的实际成本为：

生产产品领用=［（60+70）×150］+［（30+40）×100］=26 500（元）

车间一般耗用=［（10+22）×150］+［（10+6）×100］=6 400（元）

根据上述计算，12月31日结转本月耗用材料费用时，填制编号为“转3”的记账凭证如下：

借：生产成本	26 500		
制造费用	6 400		转 3
贷：原材料——甲材料		24 300	
——乙材料		8 600	

根据上述“收料单”“领料单”和所编制的记账凭证，按照总分类账和明细分类账的平行登记要点，登记“原材料”和“应付账款”总分类账及其所属明细分类账见表7-13至表7-18。

表7-13 原材料 总账 第 28 页

2×23年 月	日	凭证字号	摘要	对方科目	借方金额	贷方金额	借或贷	余额
11			承前页		31 150	0	借	36 530
	26	付6	购进并付款	银行存款	6 100			
	30	转5	结转发出材料成本	生产成本		35 590		
11	30		本月合计		37 250	35 590	借	7 040
12	5	转1	购进材料，货款未付	应付账款	14 280			
	15	转2	购进材料，货款未付	应付账款	18 680			
	31	转3	结转发出材料成本	生产成本		32 900		
12	31		本月合计		32 960	32 900	借	7 100
			本年合计		338 100	331 010	借	7 100
12	31		结转下年				借	7 100

表 7-14 **原材料 明细账** 总第 30 页

明细科目：甲材料　计量单位：千克　储备定额：　存储地点：原材料库　分第 20 页

2×23年		凭证字号	摘要	收入			发出			结存		
月	日			数量	单价	金额	数量	单价	金额	数量	单价	金额
11			承前页	150		22 490	150			30		
	27	收 103	购进	30	147	4 410				60		
	28	领 1109	车间一般耗用				20			40		
11	30		本月合计	180		26 900	170	149	25 330	40	149	5 960
12	5	收 101	购进	70	148	10 360				110		
	7	领 1201	生产产品领用				60			50		
	12	领 1202	车间一般耗用				10			40		
	15	收 102	购进	90	152	13 680				130		
	18	领 1203	生产产品领用				70			60		
	26	领 1204	车间一般耗用				22			38		
12	31		本月合计	160		24 040	162	150	24 300	38	150	5 700
	31		结转下年							38	150	5 700

注：发出甲材料的单价为采用“月末一次加权平均法”计算的结果：(5 960+24 040)÷(40+160)=150（元/千克）。

表 7-15 **原材料 明细账** 总第 30 页

明细科目：乙材料　计量单位：千克　储备定额：　存储地点：原材料库　分第 25 页

2×23年		凭证字号	摘要	收入			发出			结存		
月	日			数量	单价	金额	数量	单价	金额	数量	单价	金额
11			承前页	88		9 126	87			6		
	27	收 103	购进	12	102	1 224				18		
	28	领 1109	车间一般耗用				8			10		
11	30		本月合计	100		10 350	95	108	10 260	10	108	1 080
12	5	收 101	购进	40	98	3 920				50		
	7	领 1201	生产产品领用				30			20		
	12	领 1202	车间一般耗用				10			10		
	15	收 102	购进	50	100	5 000				60		
	18	领 1203	生产产品领用				40			20		
	26	领 1204	车间一般耗用				6			14		
12	31		本月合计	90		8 920	86	100	8 600	14	100	1 400
	31		结转下年							14	100	1 400

注：发出乙材料的单价为采用“月末一次加权平均法”计算的结果：(1 080+8 920)÷(10+90)=100（元/千克）。

表 7-16

应付账款 总账

第 36 页

2×23年		凭证字号	摘要	对方科目	借方金额	贷方金额	借或贷	余额
月	日							
11			承前页		23 800	26 600	贷	12 680
	24	转 4	应付购进翔龙公司货款	原材料		2 300		
	29	付 9	偿还茂华公司和翔龙公司货款	银行存款	10 420			
11	30		本月合计		34 220	28 900	贷	4 560
12	5	转 1	应付购进茂华公司货款	原材料		14 280		
	13	付 1	偿还茂华公司货款	银行存款	7 600			
	13	付 2	偿还翔龙公司货款	银行存款	2 400			
	15	转 2	应付购进翔龙公司货款	原材料		18 680		
	29	付 3	偿还茂华公司货款	银行存款	5 500			
	29	付 4	偿还翔龙公司货款	银行存款	9 500			
12	31		本月合计		25 000	32 960	贷	12 520
			本年合计		249 500	286 600	贷	12 520
12	31		结转下年				贷	12 520

注：表中“本年合计”为 12 个月的“本月合计”之和。

表 7-17

应付账款 明细账

总第 25 页

户名：茂华公司

分第 7 页

2×23年		凭证字号	摘要	对方科目	借方金额	贷方金额	借或贷	余额
月	日							
11			承前页		11 800	14 920	贷	7 760
11	29	付 9	偿还前欠货款		5 600		贷	2 160
11	30		本月合计		17 400	14 920	贷	2 160
12	5	转 1	应付购进甲、乙材料款	原材料		14 280	贷	16 440
	13	付 1	偿还前欠货款	银行存款	7 600		贷	8 840
	29	付 3	偿还前欠货款	银行存款	5 500		贷	3 340
12	31		本月合计		13 100	14 280	贷	3 340
12	31		结转下年				贷	3 340

表 7-18 应付账款 明细账 总第 33 页

户名：翔龙公司 分第 7 页

2×23年 月	日	凭证字号	摘 要	对方科目	借方金额	贷方金额	借或贷	余 额
11			承前页		12 000	13 980	贷	7 220
11	29	付9	偿还前欠货款		4 820		贷	2 400
11	30		本月合计		16 820	13 980	贷	2 400
12	13	付2	偿还前欠货款	银行存款	2 400		平	θ
	15	转2	应付购进甲、乙材料款	原材料		18 680	贷	18 680
	29	付4	偿还前欠货款	银行存款	9 500		贷	9 180
12	31		本月合计		11 900	18 680	贷	9 180
12	31		结转下年				贷	9 180

（三）总分类账与所属明细分类账的核对

总分类账与所属明细分类账的平行登记，其记录结果必然使总分类账户与所属明细分类账户之间存在如下平衡关系：

❶总账期初借（或贷）方余额=所属明细账期初借（或贷）方余额之和

❷总账本期借方发生额=所属明细账本期借方发生额之和

❸总账本期贷方发生额=所属明细账本期贷方发生额之和

❹总账期末借（或贷）方余额=所属明细账期末借（或贷）方余额之和

通过以上平衡关系，可以检查总分类账户和明细分类账户的记录是否正确。❶但由于有些总分类账户的所属明细分类账户较多，为方便验证平行登记的结果是否正确，一般是按月为每一总分类账户，通过编制“总账与所属明细账本期发生额及余额对照表”来进行验证。❷根据上述“原材料”和“应付账款”总分类账户及其所属明细分类账户的记录结果，分别编制“总账与所属明细账本期发生额及余额对照表”见表7-19和表7-20。

表 7-19 “原材料”总账与所属明细账本期发生额及余额对照表

2×23 年 12 月 31 日 单位：元

账户名称		期初余额 借方	期初余额 贷方	本期发生额 借方	本期发生额 贷方	期末余额 借方	期末余额 贷方
“原材料”总账		7 040		32 960	32 900	7 100	
明细账	合 计	**7 040**		**32 960**	**32 900**	**7 100**	
	甲材料	5 960		24 040	24 300	5 700	
	乙材料	1 080		8 920	8 600	1 400	

表 7-20 “应付账款”总账与所属明细账本期发生额及余额对照表

2×23 年 12 月 31 日　　　　单位：元

账户名称		期初余额		本期发生额		期末余额	
		借 方	贷 方	借 方	贷 方	借 方	贷 方
“应付账款”总账			4 560	25 000	32 960		12 520
明细账	合 计		**4 560**	**25 000**	**32 960**		**12 520**
	茂华公司		2 160	13 100	14 280		3 340
	翔龙公司		2 400	11 900	18 680		9 180

通过表7-19和表7-20的计算可知，“原材料”和“应付账款”总分类账户的期初余额、本期借方发生额、本期贷方发生额、期末余额，与其所属明细分类账户的期初余额、本期借方发生额、本期贷方发生额、期末余额的合计数完全相等，说明总分类账户和明细分类账户的平行登记是正确的。如果不符，应当查明原因并予以更正。

任务四　熟悉对账内容，掌握错账更正方法

借贷记账法的**“试算平衡”**和账簿记录的**“平行登记”**，是检查和保证会计记录是否正确与完整的一种机制安排。通过编制“总分类账户发生额及余额试算平衡表”和“总账与所属明细账本期发生额及余额对照表”，观察借贷是否平衡和总账与所属明细账登记是否相符，如果不平衡或不相符，则说明会计记录有差错，也就是说，“试算平衡”和“平行登记”具有天然的**查错机制**。在会计工作中，由于种种原因会出现一些账簿记录差错和账实不符的情况，所以，对账簿记录要进行核对，即**“对账”**。通过对账发现差错并找出差错的原因，然后采用正确的错账更正方法予以更正。

一、对账及其内容

对账，是指定期地对各种账簿的记录进行核对，以做到账证相符、账账相符、账实相符，保证账簿记录和会计报表数字的真实性。如果将会计账簿记录比喻为构成会计报表这一“产成品”的“零部件”，则对账就如同对构成“产成品”各“零部件”的质量检查与修复。

（一）账证核对

账证核对，是指对各种账簿的记录与记账凭证及其所附的原始凭证相核对。❶它是将原始凭证、记账凭证与账簿中的对应经济业务进行核对，以查明其时间、凭证字号、内容、数量、金额和会计科目是否一致，记账方向是否相符。❷这种核对通常是在日常核算中进行的，以使错账能够及时得到更正。❸月终，如果出现账账不符的情况，则应回过头来对账簿记录与会计凭证重新复核并予以纠正，以确保账证相符。

（二）账账核对

账账核对，是指对各种账簿之间的有关数字进行核对。其主要包括：

（1）**总分类账簿的核对**。❶总分类账中各账户本期的借方发生额合计数与贷方发生额合计数、期末的借方余额合计数与贷方余额合计数分别核对相符。❷这项核对工作可通过编制“总分类账户发生额及余额试算平衡表”来完成。

（2）**总分类账簿与所属明细分类账簿的核对**。❶总分类账中的本期借、贷方发生额和期末余额，与所属明细分类账中的本期借、贷方发生额合计数和期末余额合计数核对相符。❷这项核对工作可通过编制“总账与所属明细账本期发生额及余额对照表”来完成。

（3）**总分类账簿与序时账簿的核对**。库存现金总账、银行存款总账，分别与库存现金日记账、银行存款日记账进行核对，核对内容同样包括余额核对和发生额核对。

（4）**会计部门的财产物资明细账与财产物资保管或使用部门的有关明细账定期核对**。❶会计部门的各种财产物资明细账的收入、发出、结存数，应与财产物资保管或使用部门的有关明细账的相应数据记录核对相符。❷这项核对工作一般是由**财产物资保管或使用部门定期编制收发结存汇总表报会计部门进行核对的**。❸账账核对，最终的要求是做到账账相符，以便进行账物、账款之间的核对。

（三）账实核对

账实核对，是指在账账核对的基础上，将各种财产物资的账面余额与实有数额核对相符。其主要包括：

（1）库存现金日记账的账面余额与现金实际库存数相核对。

（2）银行存款日记账的账面余额与开户银行对账单相核对。

（3）各种债权、债务明细分类账的账面余额与有关债务、债权单位的账目相核对。

（4）存货、固定资产等实物资产明细账的账面结存数与实存数相核对。

账实核对，一般要结合财产清查进行，其详细内容将在项目八中专门介绍。

【拓展阅读】

错账查找的“差数法”“二除法”“九除法”

利用借贷复式记账法的自动平衡机制，根据试算平衡表中借、贷方的差额，按照其差额的某些特征，可以提供错账类型的线索，从而找出错误之所在。

（1）**过账错误造成的差错**。过账错误造成的差错可通过下列方法予以查找：❶**差数法**，是指根据试算平衡表中借方发生额与贷方发生额的差数来查找漏记金额错账的一种方法。❷**二除法**，是指通过将试算平衡表中借方发生额与贷方发生额的差数除以2，来查找将应记入借方（或贷方）的金额错记到贷方（或借方）后，其差额一定是偶数的一种方法。❸**九除法**，是指通过将试算平衡表中借方发生额与贷方发生额的差数除以9，来查找数字错位或倒码记错账的一种方法，包括数字错位和倒码情况、金额记大或记小等所产生的差额均可被9整除。

（2）**非过账错误造成的差错**。❶如果通过以上方法仍找不出错误，则可能是非过账错误造成的差错，如记账凭证编制错误，以及几种错误交叉影响造成的，这就需要采用其他查错方法进行查找，主要有顺查法、逆查法和抽查法三种。❷这三种方法的使用，主要依靠会计人员的职业经验和判断，如果前半月精力不集中，错误可能出现在上半月，则采用“顺查法”；反之，则采用“逆查法”。

二、错账更正方法

通过以上账证核对和账账核对，如果发现有差错，虽然其引起的原因有多方面，但大多都可以从编制记账凭证和登记账簿两个环节中找出问题的所在，主要包括以下两种类型：❶记账凭证正确，仅在登记账簿时发生错误；❷记账凭证错误，造成账簿登记的错误。

按照《会计基础工作规范》的规定，错账更正不准使用涂改、挖补、刮擦或者使用药水消除字迹，也不准重新抄写，而必须采用规定的方法进行更正。由于错账的性质和发现的时间不同，更正的方法也有所不同。常用的错账更正方法主要有三种：**划线更正法、红字更正法和补充登记法**。

（一）划线更正法（又称红线更正法）

销账更正的“划线更正法”

每月结账前，如果发现账簿记录中的文字或数字有错误，而其所依据的记账凭证没有错误，即纯属记账时的笔误或计算错误，则应采用**划线更正法**进行更正。其具体做法如下：

首先，在错误的文字或数字上划一条红色横线予以注销，但必须使原有文字或数字清晰可认，以备查阅；**然后，**在划线文字或数字的上方用蓝字（或黑字，下同）将正确的文字或数字填写在同一行的上方位置，并由更正人员在更正处签章，以明确责任。

【业务7-7】会计人员张一帆将“应付账款”总账中的一笔未付购进材料货款12 780元，错记为17 280元。其具体的更正方法见表7-21。

表7-21　　应付账款　总账　　第____页

摘要	借方 百	十	万	千	百	十	元	角	分	贷方 百	十	万	千	百	十	元	角	分
偿还前欠货款				9	8	2	0	0	0	张一帆								
购进材料货款未付												1 ~~1~~	2 ~~7~~	7 ~~2~~	8 ~~8~~	0 ~~0~~	0 ~~0~~	0 ~~0~~
												1	2 ~~7~~	7 ~~2~~	8	0	0	0

沿底线占1/2空格

更正人员签章以示负责

错误数字上方写正确数字

将错误数字用红线整体注销

不规范的更正方法

特别提示：对于文字差错，只需划去错误的文字，并相应地予以更正；对于数字差错，应在错误的数额上全部划线，而不能只在错误数额的个别数字上划线。

（二）红字更正法（又称红字冲销法）

红字更正法是用红字冲销原有记录后再予以更正的方法。其主要适用于以下两种情况：

1.记账凭证中应借、应贷账户名称或借、贷方向有误并已据以登记账簿

其更正的方法如下：❶用红字金额填制一张与原错误记账凭证内容完全一致的记账凭

证，并据以用红字登记入账，以冲销原错误记录。❷用蓝字填制一张正确的记账凭证，并据以用蓝字登记入账。❸在摘要栏内注明“注销某年某月某日某号凭证”。

销账更正的“红字更正法1”

【业务7-8】2×23年5月6日，生产车间领用材料35 920元，直接用于产品生产。根据会计分录填制记账凭证，并已据以登记入账。

借：制造费用　　35 920
　贷：原材料　　35 920　　转16

经查发现所填记账凭证上的“制造费用”会计科目用错，应为“生产成本”会计科目。发现以上错误并进行更正时：

（1）**注销原错误记录。**❶用红字填制一张与原错误记账凭证内容完全相同的记账凭证；❷在填制的“红字”记账凭证的摘要栏内注明“注销2×23年5月6日转字16号凭证”，并重新编号为“转32”；❸该记账凭证上的填制日期为“2×23年5月31日”。

借：制造费用　　35 920
　贷：原材料　　35 920　　转32
摘要：注销2×23年5月6日转字16号凭证。

（2）**重新编制正确的记账凭证。**❶用蓝字填制一张正确的记账凭证；❷在重新填制的“蓝字”记账凭证的摘要栏内注明“订正2×23年5月6日转字16号凭证”，并重新编号为“转33”；❸该记账凭证上的填制日期为“2×23年5月31日”。

借：生产成本　　35 920
　贷：原材料　　35 920　　转33
摘要：订正2×23年5月6日转字16号凭证。

（3）**登记账簿。**❶根据所填制的“红字”记账凭证（转32），用红字金额登记入账，这样原有的错账记录便得以冲销；❷根据所填制的“蓝字”记账凭证（转33），用蓝字金额登记入账。经过上述处理，原来的错账就得到了更正。

以上错账的更正方法以“T形”账户简示，如图7-1所示。

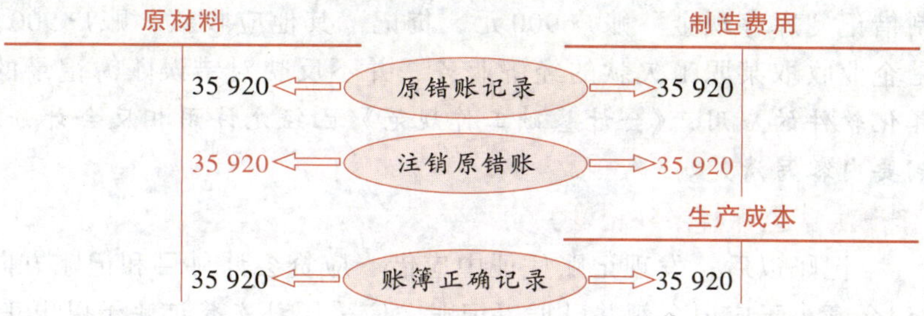

图7-1　记账凭证错记账户或借贷方向更正法示意图

2.记账凭证中账户名称及借、贷方向正确，但所记金额大于应记金额并已据以登记账簿

其更正的方法如下：❶编制“红字”差额记账凭证，即将多记金额用红字填制一张与原错误记账凭证会计科目、记账方向相同的记账凭证；❷根据该“红字”差额记账凭证登记入账，以冲销多记金额，并求得正确的金额。

销账更正的“红字更正法2”

【业务7-9】2×23年5月15日，企业职工艾楚才预借差旅费1 200元，以库存现金付讫。根据该项经济业务填制记账凭证，并已据以登记入账。

借：其他应收款　　2 100
　贷：库存现金　　2 100　　付26

经查发现所填记账凭证上的应借、应贷账户名称及记账方向正确，但所记金额大于应记金额的差额为900元。发现以上错误并进行更正时：

（1）**编制冲销原错误记录中多记金额的记账凭证。**❶将多记金额用红字填制一张与上述会计分录中应借、应贷科目一致的记账凭证；❷在填制的“红字”差额记账凭证的摘要栏内注明“冲减2×23年5月15日付字26号凭证多记金额”，并重新编号为“付35”；❸该记账凭证上的填制日期为“2×23年5月31日”。

借：其他应收款　　900
　贷：库存现金　　900　　付35
　摘要：冲减2×23年5月15日付字26号凭证多记金额。

（2）**登记账簿。**根据所填制的“红字”差额记账凭证（付35），用红字金额登记入账，这样冲销原错账记录的多记金额。

以上错账的更正方法以“T形”账户简示，如图7-2所示。

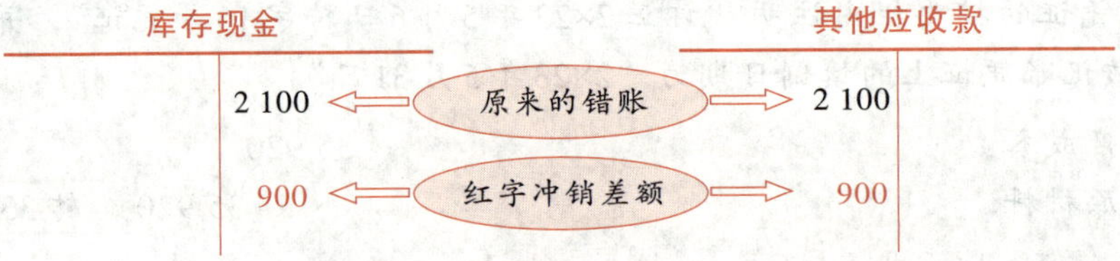

图7-2　记账凭证金额多记错账更正法示意图

采用红字更正法，以更正金额多记的错账记录时，应特别注意：**一般不得以蓝字金额填制与原错误记账凭证记账方向相反的记账凭证，达到冲销原错误金额之目的。**因为蓝字记账凭证反方向记录的会计分录，虽然能够达到冲销原错误金额的效果，但反映的交易或事项与反映错账更正的内容完全不同。例如，【业务7-9】中多记的金额900元，用蓝字填制借记“库存现金”账户900元，贷记“其他应收款”账户900元的记账凭证，则反映的是企业收取某职工欠款的经济业务，并不反映对错误账簿记录的更正内容。**由于会计电算化软件的应用，《会计基础工作规范》已经允许用相反会计分录冲减原记录，但必须将摘要内容写清楚。**

（三）补充登记法（也称蓝字补记法）

销账更正的补充登记法

记账以后，发现记账凭证中应借、应贷会计科目和记账方向正确，只是所记金额小于应记金额并已据以记账，应采用**补充登记法**予以更正。

其更正的方法如下：❶编制“蓝字”差额记账凭证，即将少记金额用蓝字填制一张与原错误记账凭证科目名称和方向一致的记账凭证；❷根据该“蓝字”差额记账凭证登记入账，以补足少记金额，并求得正确的金额。

【业务7-10】2×23年6月25日，销售科职工杨光美出差借款，所填制的“借款单”中的借款金额为2 000元，已通过有关审批手续并加盖“现金付讫”戳记。根据该项经济业务填制记账凭证，并已据以登记入账。

借：其他应收款　　200
　贷：库存现金　　200　　付 35

经查发现所填记账凭证上的应借、应贷会计科目及借贷方向正确，但所记金额小于应记金额的差额为 1 800 元。发现以上错误并进行更正时：

（1）**编制补记原错误记录中少记金额的记账凭证。** ❶将少记金额用蓝字填制一张与上述会计分录中应借、应贷科目一致的记账凭证；❷在填制的“蓝字”差额记账凭证的摘要栏内注明“补记 2×23 年 6 月 25 日付字 35 号凭证少记金额”，并重新编号为“付 57”；❸该记账凭证上的填制日期为“2×23 年 6 月 30 日”。

借：其他应收款　　1 800
　贷：库存现金　　1 800　　付 57

摘要：补记 2×23 年 6 月 25 日付字 35 号记账凭证少记金额。

（2）**登记账簿。** 根据所填制的“蓝字”差额记账凭证（付 57），用蓝字金额登记入账，这样补记原错账记录的少记金额。

以上错账的更正方法以“T 形”账户简示，如图 7-3 所示。

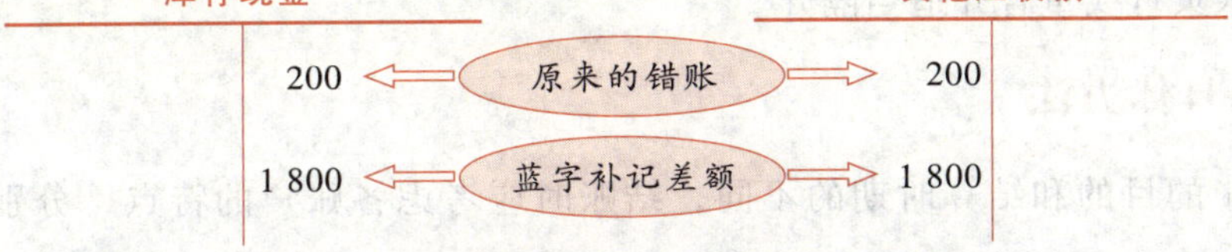

图 7-3　记账凭证金额少记错账更正法示意图

以上所介绍的均属于账簿记录与其所依附的记账凭证内容完全一致时所出现的错账的更正方法。当账簿记录与其所依据的记账凭证不一致时，应首先采用划线更正法更正账簿记录，使之与原记账凭证相符，然后采用相应的更正方法予以更正。

任务五　掌握账簿结账方法，了解账簿更换与保管

账簿登记并经过对账与更正错账后，为了计算确定一定期间内实现的损益，并为期末编制会计报表提供必要的数据资料，需要定期对企业“持续性”的经营活动及其成果进行总结，具体来说，就是在会计期末结计各个账户的本期发生额合计数和余额，并将期末余额结转下期。对各个账户的本期发生额合计数和余额进行结计的工作，称为“结账”。如果在年末，还应更换账簿并将期末余额转入下年新账，同时，对上年账簿按照账簿保管的有关规定进行存档保管。

一、结账及其主要内容

结账，是指将一定时期内发生的经济业务在全部登记入账的基础上，结计出各种账簿的本期发生额及期末余额，并将余额结转下期或者转入新账的一种方法。结账的内容主要包括以下几个方面：

(1) **按照权责发生制的要求调整有关账项**。其包括：❶应计预收收入和应计预付费用等应计项目的确认；❷应计未收收入和应计未付费用等递延项目的确认。

(2) **“虚账户”结转**。由于会计核算技巧的需要，要进行收入利得与费用损失的结转，即结转损益类账户至“本年利润”账户，结平所有损益类账户。其包括“账结法”与“表结法”两种结计方法。

(3) **“实账户”结计**。计算资产、负债和所有者权益类账户本期发生额和期末余额，并结转下期。

(4) **“月结”“季结”“年结”**。计算各类账户本期发生额和期末余额的工作：❶一般按月进行，称为**“月结”**；❷有的账户需要按季结账，称为**“季结”**；❸年度终了时进行年度结账，称为**“年结”**。

(5) **标明余额方向**。❶结出余额后，应在“余额”栏前的“借或贷”栏内写明“借”或“贷”字样；❷没有余额的账户，应在“余额”栏前的“借或贷”栏内写“平”字，并在“余额”栏内写“θ”符号。

(6) **划出结账标志线**。结账除了结计本期发生额和期末余额外，还应划出结账标志线：❶平时结账划单红线，称为**“结账线”**；❷年末结账划双红线，称为**“封账线”**；❸结账标志线应划通栏红线，不能只在账页中的金额栏部分划线；❹划结账标志线时，注意不要和账页行线重合并适当隔开。

二、结账的具体方法

由于结账的目的和结算时期的不同，结账时应考虑各账户的特点，分别采用不同的方法。

（一）月度结账

所谓**月度结账**，简称月结，是指在月末结计出全部账户的本期借、贷方发生额及期末余额。由于各类账户的特点、作用和结账目的各不相同，所以，月度结账方法也有所不同。

1.既需要结计本期发生额合计，又需要结计期末余额的结账方法

(1) **具体结账步骤**：每月结账时，计算出本月借、贷方发生额和期末余额，在“摘要”栏内注明**“本月合计”**或**“月结”**字样，并在其上、下方各划一条通栏单红线，既表示本月账簿记录的结束，也表示下月经济业务登记的开始（下同）。

(2) **适用范围**：❶库存现金日记账、银行存款日记账及有关成本费用类明细账的结账，参见表7-4、表7-5、表7-8和表7-9；❷资产、负债和所有者权益类明细账的结账，参见表7-14、表7-15、表7-17和表7-18；❸总分类账的结账，参见表7-13和表7-16。

(3) **特别说明**：对于债权债务结算类明细账和财产物资类明细账，每次记账后，都要随时结出余额（至少每日要结出余额），所以，每月最后一笔记录的余额即为月末余额，可以不再结计一次余额，但为了便于编制“总账与所属明细账本期发生额及余额对照表”，仍应结计本期借、贷方发生额和期末余额。

2.损益类明细账的结账方法

(1) **“表结法”下损益类明细账的结账方法**：❶每月结账时，计算出本月借、贷方发

生额和期末余额，在“摘要”栏内注明“本月合计”字样；❷计算出本年累计发生额（自年初始至本月月末止的累计发生额，下同），在“摘要”栏内注明“本年累计”字样；❸在“本月合计”行上方和“本年累计”行下方各划一条通栏单红线；❹在年末，应编制结转各损益类账户本年累计金额反方向结转“本年利润”账户的记账凭证，以结平各损益类明细账。

承【业务7-5】所提供的资料（收3、转4、转10、转14、转29），下面以“主营业务收入明细账”为例，说明“表结法”下损益类明细账的结账方法（见表7-22）。

表7-22　　主营业务收入　明细账　　第 16 页

2×23年		凭证字号	摘要	贷方发生额	借或贷	余额	（贷）方金额分析		
月	日						A产品	B产品	C产品
11			承前页	877 000	贷	7 257 000	492 000	355 000	30 000
11	29	转18	销售冲销预收账款	200 000			120 000	50 000	30 000
11	30		本月合计	1 077 000	贷	7 457 000	612 000	405 000	60 000
11	30		本年累计	7 457 000	贷	7 457 000	3 974 000	2 583 000	900 000
12	3	收3	销售并收到款项	340 000			180 000	160 000	
	9	转4	销售并办妥托收手续	680 000			360 000	320 000	
	15	转10	销售并收到商业汇票	276 000			180 000	96 000	
	23	转14	销售冲销预收账款	500 000			300 000	200 000	
12	31		本月合计	1 796 000	贷	9 253 000	1 020 000	776 000	
12	31		本年累计	9 253 000	贷	9 253 000	4 994 000	3 359 000	900 000
12	31	转29	年终结转本年利润	9 253 000	平	θ	4 994 000	3 359 000	900 000

（2）**“账结法”下损益类明细账的结账方法**：❶既需要结计本期发生额，又需要结计本年累计发生额；❷损益类账户在期末都需要反方向结转至“本年利润”账户，所以期末没有余额，其账页格式一般采用“借方多栏式”（不设贷方专栏）和“贷方多栏式”（不设借方专栏）；❸损益类账户在每月月末反方向结转至“本年利润明细账”时，因账页格式决定了应用“红字”进行登记，这一“红字”金额既是本期借方发生额合计，又是本期贷方发生额合计，因而不需要再结计一次发生额；❹计算出本年累计发生额，在“摘要”栏内注明“本年累计”字样，并在其上、下方各划一条通栏单红线；❺“管理费用明细账”和“主营业务收入明细账”的结账方法，参见表7-10和表7-11。

（二）季度结账

所谓**季度结账**，简称季结，是指在季末结计出本季度有关账户的本期借、贷方发生额及期末余额。对于需要进行季结的各有关账户，其结账方法与月结基本相同。通常在每季度的最后一个月月结的下一行，在“摘要”栏内注明“本季合计”字样，同时计算出借、贷方发生额合计及季末余额，然后，在这一行的下方划一条通栏单红线，表示季结的结束。

（三）年度结账

所谓年度结账，简称年结，是指在年末结计出全年各账户的借、贷方发生额及期末余额，并将年末余额转入下一会计年度的新账，作为下一会计年度新账的年初余额。

（1）**总分类账的年度结账方法**。为总括反映全年财务状况与经营成果增减变动的全貌，便于核对账目，所有总账账户都应当结计出全年发生额和年末余额，具体做法如下：❶在12月月结或第四季度季结的下一行结计出本年度的借、贷方发生额和期末余额，即加计12个月的月结金额或四个季度的季结金额，在“摘要”栏内注明“本年合计”字样；❷如果没有余额，直接在“本年合计”行的下方划通栏双红线予以封账；❸如果有余额，应将其余额结转到下一会计年度，并在“本年合计”行下一行的“摘要”栏内注明“结转下年”字样，并将余额记入同一行的“余额”栏内，然后在“结转下年”行的下方划通栏双红线予以封账；❹在下一会计年度新建有关会计账簿的第一行的“余额”栏内填写上年结转的余额，并在“摘要”栏内注明“上年结转”字样；❺特别强调的是，上年余额的结转，既不需要编制记账凭证，也不必将某账户的借方（或贷方）余额再记入本年该账户的贷方（或借方），使本年有余额的账户的余额为零；❻“原材料总账”和“应付账款总账”的年度结账方法，参见表7-13和表7-16。

（2）**日记账及明细分类账的年度结账方法**。❶损益类账户明细账，由于各月都需要进行本年累计，所以，12月月末的“本年累计”就是全年累计发生额，不需要再结计一次全年累计发生额，只需在全年累计发生额的下方通栏划双红线封账即可，其年度结账方法参见“管理费用明细账”（表7-10）和“主营业务收入明细账”（表7-11）的结账方法；❷库存现金日记账、银行存款日记账及除损益类明细账以外的其余明细账，由于不需要结计本年合计及本年累计发生额，所以，这类账户应在12月月结或第四季度季结的基础上，只进行“结转下年”与“上年结转”的处理即可，其处理方法与总分类账相同；❸“原材料明细账”和“应付账款明细账”的年度结账方法，参见表7-14、表7-15、表7-17和表7-18。

三、结束旧账

（一）会计账簿的更换

会计账簿的更换，**是指在年度结账完毕后，以新账代替旧账**。为了便于账簿的使用和管理，一般情况下：❶总分类账、库存现金日记账和银行存款日记账以及大部分明细账都应每年更换一次；❷对于在年度内业务发生量较少、账簿变动不大的部分明细账，如固定资产明细账和固定资产卡片账，由于连续记录的要求比较强，可以跨年度连续使用，因此不必每年更换；❸各种备查账簿也可以跨年度连续使用。

（二）会计账簿的保管

会计账簿是各单位的重要会计档案资料，每个单位都必须健全账簿管理制度，妥善保管单位的各种账簿。年度结账后，对需要更换新账的账簿，应将旧账按规定程序整理并装订成册，归档保管。

(1) **旧账装订时应注意以下事项：**❶装订活页账时，一般按账户分类装订成册，一个账户装订一册或数册，某些账户账页较少，也可以几个账户合并装订成一册，但应分别按资产、负债及所有者权益类账户装订；❷装订时，应检查账簿扉页的内容是否填列齐全，要将账簿经管人员一览表及账户目录附在账页前面，并加具封面、封底；❸装订时，应将账页整齐牢固地装订在一起，并将装订线用纸封口，由经办人员及装订人员、会计主管人员在封口处签章。

(2) **旧账装订完毕后，交由会计档案保管人员造册归档。**❶造册归档时，应在各种账簿的封面上注明单位名称、账簿种类、会计年度、账簿册数、第几册及本账簿总页数，并由会计主管人员和经办人员签章；❷将全部账簿按册数顺序或保管期限统一编写“会计账簿归档登记表”（见表7-23）。

表 7-23　会计账簿归档登记表

账簿名称	册　数	页　数	经管人员	批准销毁			备　注
				批准人员	批准日期	销毁日期	

(3) **账簿应按照规定期限保管。**❶《会计档案管理办法》规定，会计档案的保管期限分为永久、定期两类。定期保管期限一般分为10年和30年。该办法明确指出，需要定期保管的企业和其他组织的会计档案中，原始凭证、记账凭证等保管期限为30年，银行对账单等保管期限为10年。❷保管期满后，要按照《会计档案管理办法》的规定由财会部门和档案部门共同鉴定，报经批准后进行处理。❸账簿日常应由各自分管的记账人员专门保管，未经领导和会计负责人或有关人员批准，不允许非经管人员翻阅、查看、摘抄和复制。❹会计账簿除非特殊需要或司法介入要求，一般不允许携带外出。

【会计论道与素质教育】

自己建造的房子——会计工作要善始善终

有个老木匠准备退休，他告诉老板，要离开建筑行业，回家与妻子儿女享受天伦之乐。老板舍不得这位做得一手好活计的老木匠，再三挽留，老木匠决心已下不为所动。老板只得答应，但问他是否可以帮忙再建造一座房子，老木匠答应了。在盖房的过程中，大家都看得出来，老木匠的心已不在工作上了，用料也不那么严格了，做出的活计也全无往日的水准。老板并没有说什么，只是在房子建好后，把钥匙交给了老木匠。“这是你的房子。”老板说，“我送给你的礼物。”老木匠愣住了，同样，他的后悔与羞愧大家也都看出来了。他这一生盖了多少好房子，最后却为自己建了这样一幢粗制滥造的房子。

资料来源　张健鹏，胡足青．并非偶然（小中见大智慧文丛）［M］．北京：当代世界出版社，2005.

教授寄语：其实，我们每时每刻都在为自己建造着生命的归宿，今天的任何一个不负责任的后果，都会在以后的某个地方等着你。

谎言连环套中套
物流账单露出马脚

【重要概念】

会计账簿；序时账簿；结账与对账；平行登记；分类账簿；备查账簿。

【复习思考题】

1. 简述明细分类账账页格式的种类及其适用范围。
2. 简述错账的三种更正方法及其适用范围。
3. 简述总账与明细账平行登记的要点。
4. 什么是结账？包括哪些内容？
5. 什么是对账？内容有哪些？

练习题在线

练习 7-1　单项选择题在线回答

单项选择题每小题给出的 4 个备选项中，只有 1 个符合题意。

要求：扫描“单项选择题”二维码进行在线回答，回答完毕并提交后可参看正确答案与答案解析。

单项选择题 1~10　　单项选择题 11~20

练习 7-2　多项选择题在线回答

多项选择题每小题给出的 5 个备选项中，至少有 2 个符合题意。

要求：扫描“多项选择题”二维码进行在线回答，回答完毕并提交后可参看正确答案与答案解析。

多项选择题 1~9　　多项选择题 10~18

练习 7-3　判断题在线回答

请判断各判断题每小题的正误，正确的用“√”表示，错误的用“×”表示。

要求：扫描“判断题”二维码进行在线回答，回答完毕并提交后可参看正确答案与答案解析。

判断题 1~10　　判断题 11~20

练习 7-4　设置并登记银行存款日记账

1. 资料：

宏大公司 2×23 年 12 月月初“银行存款”账户借方余额为 136 200 元。该公司 12 月份发生的涉及银行存款收付的经济业务所编制的记账凭证（简易）见练习表 7-1。

练习表 7-1

记账凭证（简易）

单位：元

序号	2×23年		凭证字号	摘要	会计分录
	月	日			
(1)	12	2	银付1	购入甲材料	借：原材料 4 000 应交税费 520 贷：银行存款 4 520
(2)		2	现付1	存现	借：银行存款 4 520 贷：库存现金 4 520
(3)		2	银付2	支付安源公司货款	借：应付账款 2 000 贷：银行存款 2 000
(4)		13	银付3	发放工资	借：应付职工薪酬 35 000 贷：银行存款 35 000
(5)		15	银收1	收到大名公司欠款	借：银行存款 169 500 贷：应收账款 169 500
(6)		15	银收2	收到华远公司欠款	借：银行存款 73 450 贷：应收账款 73 450
(7)		15	银付4	支付光明公司货款	借：应付账款 62 150 贷：银行存款 62 150
(8)		15	现付4	存现	借：银行存款 6 780 贷：库存现金 6 780
(9)		26	银收3	收到光盛公司欠款	借：银行存款 5 200 贷：应收账款 5 200
(10)		26	银付5	购买丙材料	借：原材料 20 000 应交税费 2 600 贷：银行存款 22 600
(11)		26	银收4	销售B产品	借：银行存款 45 200 贷：主营业务收入 40 000 应交税费 5 200
(12)		26	银付6	提现	借：库存现金 6 000 贷：银行存款 6 000

2. 要求：

(1) 扫描“练习7-4答题表”二维码并下载空白表7-1和空白表7-2（银行存款日记账）电子表格。(2) 根据所提供资料，在空白表7-1和空白表7-2（银行存款日记账）电子表格中，开设并登记三栏式银行存款日记账（提示：包括进行当日合计并结出当日余额，月末进行月结，年末结转下年）。

练习7-4答题表

(3) 根据“财济书院”网站注册的账号，提交完成的电子表格请授课教师批阅。

练习 7-5　设置并登记三栏式总账及其所属明细账

1. 资料：

(1) 青胜蓝公司 2×23 年 12 月 1 日有关“应收账款”和“应付账款”账户所属明细账户的余额如下：❶“应收账款——光明公司”账户借方余额为 80 000 元，“应收账款——耀华公司”账户借方余额为 32 000 元。❷“应付账款——红星公司”账户贷方余额为 46 800 元，“应付账款——吉安公司”账户贷方余额为 82 000 元。

(2) 该公司 2×23 年 12 月份发生的涉及“应收账款”和“应付账款”账户的经济业务所编制的记账凭证（简易）见练习表 7-2。

练习表 7-2

记账凭证（简易）

单位：元

2×23年		凭证字号	摘 要	会计分录		
月	日					
12	1	收 1	收到光明公司前欠货款	借：银行存款 贷：应收账款——光明公司	80 000	 80 000
	2	收 2	收到耀华公司前欠货款	借：银行存款 贷：应收账款——耀华公司	12 000	 12 000
	2	转 2	赊销 A 产品给光明公司	借：应收账款——光明公司 贷：主营业务收入——A 产品 应交税费——应交增值税（销项税额）	79 100	 70 000 9 100
	10	收 3	收到光明公司前欠货款	借：银行存款 贷：应收账款——光明公司	79 100	 79 100
	18	转 4	赊销 B 产品给光明公司	借：应收账款——光明公司 贷：主营业务收入——B 产品 应交税费——应交增值税（销项税额）	67 800	 60 000 7 800
	18	转 5	赊销 A 产品给耀华公司	借：应收账款——耀华公司 贷：主营业务收入——A 产品 应交税费——应交增值税（销项税额）	90 400	 80 000 10 400
	24	收 4	收到耀华公司前欠货款	借：银行存款 贷：应收账款——耀华公司	90 400	 90 400
	30	收 5	收到光明公司前欠货款	借：银行存款 贷：应收账款——光明公司	33 900	 33 900
	30	转 9	赊销 A 产品给耀华公司	借：应收账款——耀华公司 贷：主营业务收入——A 产品 应交税费——应交增值税（销项税额）	56 500	 50 000 6 500

2. 要求：

练习 7-5 答题表

(1) 扫描“练习 7-5 答题表”二维码并下载空白表 7-3（应收账款总账）、空白表 7-4（应收账款——光明公司明细账）、空白表 7-5（应收账款——耀华公司明细账）电子表格。(2) 根据所提供资料，在空白表 7-3、空白表 7-4、空白表 7-5 电子表格中，按照平行登记的要求，设置并登记三栏式应收账款总账及其所属明细账（提示：包括进行月结和年结）。(3) 根据“财济书院”网站注册的账号，提交完成的电子表格请授课教师批阅。

练习7-6 设置并登记数量金额式明细账

1. 资料：

风帆机械公司的有关资料：❶原材料的收发计价采用实际成本法，发出材料的计价采用"月末一次加权平均法"（提示：生产领用材料所填制的"领料单"只有数量，没有金额）。❷2×23年12月月初"原材料"总分类账户及其所属明细分类账户借方余额如下："原材料"总分类账户借方余额为89 800元，其中，甲材料5 000千克，单价9.95元，金额49 750元；乙材料4 500千克，单价8.90元，金额40 050元。❸该公司本月发生的涉及"原材料"账户增减的经济业务（以文字描述代替原始凭证）如下：

(1) 1日，车间生产A产品，从仓库领料，填制"领料单"（编号："领"字201号），上列甲材料2 000千克、乙材料2 000千克（提示：由于发出材料的计价采用"月末一次加权平均法"，因此生产领用材料不编制记账凭证，只根据"领料单"登记"原材料明细账"，下同）。

(2) 5日，车间生产A产品，从仓库领料，填制"领料单"（编号："领"字202号），上列甲材料1 500千克、乙材料1 500千克。

(3) 8日，从本市大华公司购入甲、乙两种材料。❶收到的数电"电子发票（增值税专用发票）"上注明：甲材料5 000千克、单价9.80元、价款49 000元、税额6 370元；乙材料6 000千克、单价8.50元、价款51 000元、税额6 630元。❷材料验收入库，并填制"收料单"（编号："收"字101号）。

(4) 11日，车间生产A产品，从仓库领料，填制"领料单"（编号："领"字203号），上列甲材料2 000千克、乙材料2 500千克。

(5) 15日，车间生产A产品，从仓库领料，填制"领料单"（编号："领"字204号），上列甲材料2 000千克、乙材料2 000千克。

(6) 18日，从外地光源公司购进甲、乙两种材料。❶收到的数电"电子发票（增值税专用发票）"上注明：甲材料5 500千克、单价9.40元、价款51 700元、税额6 721元；乙材料6 500千克、单价8.20元、价款53 300元、税额6 929元。❷对方代垫运费并转来承运单位开具的数电"电子发票（增值税专用发票）"上注明：运费6 000元、税额540元。❸材料验收入库，并按照材料重量分配运费，填制"收料单"（编号："收"字102号），上列甲材料采购总成本54 450元、单位成本9.90元；乙材料采购总成本56 550元、单位成本8.70元。❹价税合计125 190元，已通过企业网银付讫。

(7) 21日，车间生产A产品，从仓库领料，填制"领料单"（编号："领"字205号），上列甲材料3 500千克、乙材料4 000千克。

(8) 25日，车间生产A产品，从仓库领料，填制"领料单"（编号："领"字206号），上列甲材料4 000千克、乙材料3 500千克。

(9) 28日，从本市大华公司购入甲、乙两种材料。❶收到的数电"电子发票（增值税专用发票）"上注明：甲材料4 500千克、单价9.60元、价款43 200元、税额5 616元；乙材料5 000千克、单价8.80元、价款44 000元、税额5 720元。❷材料验收入库，并填制"收料单"（编号："收"字103号）。❸价税合计98 536元，已通过企业网银付讫。

(10) 月末，根据"原材料明细账"期初余额（数量、金额）和本期收入发生额（数量、金额），按照"月末一次加权平均法"计算甲材料和乙材料的加权平均单价；根据

“领料单”和加权平均单价计算并结转生产A产品发生的材料费用。

2. 要求：

练习7-6答题表

(1) 扫描“练习7-6答题表”二维码并下载空白表7-6（编制记账凭证用纸）和空白表7-7（原材料——甲材料明细账）电子表格。(2) 根据所提供资料：❶在空白表7-6中编制记账凭证；❷在空白表7-7中设置并登记原材料——甲材料数量金额式明细账（提示：为节约篇幅仅设置并登记原材料——甲材料明细账）。(3) 根据“财济书院”网站注册的账号，提交完成的电子表格请授课教师批阅。

练习7-7 设置并登记多栏式明细账

1. 资料：

2×23年12月，原平机械公司发生的涉及“主营业务收入”和“管理费用”账户的经济业务所编制的记账凭证（简易，暂不考虑增值税有关因素）见练习表7-3。

练习表7-3 记账凭证（简易） 单位：元

2×23年		凭证字号	摘要	会计分录		
月	日					
12	1	付1	开出转账支票支付车间房屋修理费	借：管理费用——修理费 贷：银行存款	20 000	 20 000
	1	收1	现销前进公司产品	借：银行存款 贷：主营业务收入——A产品 ——B产品	99 000	 62 000 37 000
	10	转1	车间主任报销差旅费，结清原借款	借：管理费用——差旅费 贷：其他应收款——李光明	3 000	 3 000
	10	转2	商业汇票销售明远公司产品	借：应收票据——明远公司 贷：主营业务收入——A产品 ——B产品	80 000	 42 000 38 000
	20	付2	办公室购买办公用品，开出转账支票支付	借：管理费用——办公费 贷：银行存款	2 000	 2 000
	20	转3	冲销宏达公司预收账款销售产品	借：预收账款——宏达公司 贷：主营业务收入——A产品 ——B产品	73 000	 39 000 34 000
	29	收2	现销强华公司产品	借：银行存款 贷：主营业务收入——A产品 ——B产品	95 000	 60 000 35 000
	30	转4	月末计提并结转行政管理部门固定资产折旧费	借：管理费用——折旧费 贷：累计折旧	14 000	 14 000
	30	转5	月末分配并结转材料费	借：管理费用——物料费 贷：原材料	5 000	 5 000
	30	转6	月末计算并结转应付职工薪酬	借：管理费用——工薪费 贷：应付职工薪酬——工资	30 000	 30 000
	30	转7	计提并结转职工福利费	借：管理费用——工薪费 贷：应付职工薪酬——职工福利	4 200	 4 200
	31	转8	期末结转收入至“本年利润”账户	借：主营业务收入——A产品 ——B产品 贷：本年利润	203 000 144 000	 347 000
	31	转9	期末结转费用至“本年利润”账户	借：本年利润 贷：管理费用	78 200	 78 200

2. 要求：

(1) 扫描“练习 7-7 答题表”二维码并下载空白表 7-8（主营业务收入明细账）和空白表 7-9（管理费用明细账）电子表格。(2) 根据所提供资料：❶在空白表 7-8 中设置并登记贷方多栏式主营业务收入明细账；❷在空白表 7-9 中设置并登记借方多栏式管理费用明细账。(3) 根据“财济书院”网站注册的账号，提交完成的电子表格请授课教师批阅。

练习 7-7 答题表

8 项目八 财产清查

【内容导读】

财产清查是会计核算的七种方法之一，是对项目七任务四中“对账——账实核对”的具体说明，是在编制会计报表前对财产物资账簿记录真实性和准确性的质量保证。通过对货币资金、实物资产和债权债务的清查：❶了解财产清查的内容并理解财产清查的概念及意义；❷掌握存货盘存制度及其应用，熟悉实物资产的清查方法并掌握实物资产清查结果的账务处理；❸熟悉库存现金及往来款项的清查方法及其清查结果的账务处理；❹重点掌握银行存款的清查方法及其清查结果的账务处理。

任务一　认识财产清查，掌握存货盘存制度

一、财产清查及其种类

（一）财产清查及其作用

1.财产清查的原因及其概念

幽默会计给女友的情书

企业的货币资金、存货、固定资产和债权资产等各项财产物资以及各项应付债务的增减变动和结余情况，一般通过填制会计凭证和登记会计账簿等方法可以得到正确的反映。但是，在实际工作中，由于多方面的原因使账面数与实际数产生差异，即账实不符。产生账实不符主要有以下几个方面的原因：❶财产收发时，由于计量不准确而发生品种或数量上的差错；❷财产物资在运输和保管过程中的自然损耗或自然升溢；❸因管理不善而出现财产的腐烂变质及毁损；❹贪污盗窃、徇私舞弊等违法行为造成财产的短缺；❺财产物资的增减变动出现漏记、重记和计算错误等原因而产生差异；❻因未达账项而引起的账实不符。

为了保证会计账簿记录的真实性和准确性，进一步建立健全财产物资的管理制度，确保企业财产的完整无损，就必须运用财产清查这一行之有效的会计核算方法。财产清查，是指通过对各种财产物资如现金资产、实物资产和往来款项的实地盘点、账项核对或查询，查明某一时期的实际结存数并与账存数核对，确定账实是否相符的一种会计核算方法。

2.财产清查的作用

财产清查既是会计核算的一种方法，又是单位内部实施会计控制和会计监督的一种活动。其作用主要表现为以下几个方面：

（1）**保证会计核算资料的真实可靠。**通过财产清查，可以查明财产物资有无盈亏以及发生盈亏的原因，确定财产物资的实有数，并通过账项的调整达到账实相符，保证会计核算资料的真实性，为编制会计报表奠定基础。

（2）**充分挖掘财产物资的潜力。**通过财产清查，可以查明财产物资的利用情况，发现其有无超储积压或储备不足以及不配套等现象，以便采取措施，对储备不足的设法补足，

对呆滞积压和不配套的及时处理，充分挖掘财产物资潜力，提高资产的使用效果。

（3）**强化财产管理的内部控制制度。**通过财产清查，可以发现财产管理工作中存在的各种问题，如收发手续不健全、保管措施不得力、控制手续不严密等，以便采取对策加以改进，从而健全内部控制制度，保护财产的安全与完整。

（4）**完善财产管理的岗位责任制。**通过财产清查，可以促使财产保管人员吸取教训，总结经验，不断学习先进的管理技术，增强敬业精神，提高业务素质。

（二）财产清查的种类

1.按清查的对象和范围分类

（1）**全面清查，**是指对一个单位的全部财产物资，包括实物资产、现金资产以及债权债务等进行的全面彻底的盘点与核对。其特点是：清查范围大、投入人力多、耗费时间长。一般只在下述情况下实施全面清查：❶年终编制决算会计报表前；❷企业撤销、合并或改变隶属关系时；❸企业更换主要负责人时；❹企业改制等需要进行资产评估时。

（2）**局部清查，**是指对一个单位的部分实物资产、现金资产或债权债务等进行的盘点或核对。其特点是：清查范围小、专业性强、人力与时间的耗费较少。其清查对象主要是流动性较强、易发生损耗以及比较贵重的财产，主要包括以下情况：❶年中对材料、商品、在产品、产成品等存货进行轮流盘点或重点清查；❷对贵重物资进行的经常性盘点；❸对库存现金于每日营业终了进行的实地盘点；❹企业与银行之间进行的账项核对；❺企业与有关单位进行的债权和债务查询。

2.按清查的时间分类

（1）**定期清查，**是指根据事先计划安排的时间，对一个单位的全部或部分财产进行的清查。定期清查常在月末、季末和年末结账时进行：❶可以是全面清查，如年终决算前的清查；❷也可以是局部清查，如对一些贵重物资的清查。

（2）**不定期清查，**是指事前未规定清查时间，而是由某种特殊需要进行的临时清查。其主要有以下情况：❶更换财产物资经管人员（如出纳员、仓库保管员）时；❷财产物资遭受自然或其他损失时；❸单位合并、迁移、改制和改变隶属关系时；❹财政、审计、税务等部门进行会计检查时；❺按规定开展临时性清产核资工作时。发生上述情况时，可以根据不同需求进行全面清查或局部清查。

二、存货的盘存制度

存货盘存制度的进一步理解

存货资产清查的重要环节是盘点其实存数量，为使盘点工作顺利进行，需要建立存货资产的盘存制度。企业确定存货资产期末结存数量的方法，通常有“永续盘存制”和“实地盘存制”两种。在不同的盘存制度下，账簿中记录存货的方法和清查盘点存货的目的都不相同。

（一）永续盘存制

1.永续盘存制及其应用

永续盘存制，也称“账面盘存制”，是指平时对存货资产的增加数和减少数都要根据会计凭证记入有关账簿，并随时结出账面结存数的一种盘存制度。其计算公式如下：

期末结存数=期初结存数+本期增加数-本期减少数

本期销售或耗用成本=本期销售或耗用数量×单位成本

期末结存成本=期初结存成本+本期购进或收入成本-本期销售或耗用成本

从以上公式可以看出，永续盘存制一般是先确认本期销售或耗用成本，再确认期末库存商品的数量和成本。存货计价方法可以采用“个别辨认法”“月末一次加权平均法”“先进先出法”等。存货计价方法一旦选定，不得随意变动。

永续盘存制下的存货计价采用“月末一次加权平均法”的具体应用，参见项目七【业务7-6】表7-14和表7-15，此处不再赘述。这里仅说明“先进先出法”存货期末成本与本期发出成本的确定。

【业务8-1】承项目七【业务7-6】强华机械公司2×23年12月份有关“原材料——甲材料”的期初结存数量与金额、本月购进数量与金额、本月发出数量及期末结存数量。

在永续盘存制下，采用“先进先出法”计算本期发出甲材料成本和期末结存甲材料成本如下：

本期发出甲材料成本=40×149+20×148+10×148+40×148+30×152+22×152=24 224（元）

期末结存甲材料成本=（5 960+24 040）-24 224=5 776（元）

永续盘存制下的存货采用“先进先出法”计价，“原材料——甲材料”明细账的登记方法与结果见表8-1。

表 8-1　原材料　明细账　总第 30 页

明细科目：甲材料　计量单位：千克　储备定额：　存储地点：原材料库　分第 20 页

2×23年		凭证字号	摘要	借方金额			贷方金额			余额		
月	日			数量	单价	金额	数量	单价	金额	数量	单价	金额
11			承前页	180		25 330	150		20 940	60	149	8 940
	28	领1109	车间一般耗用				20	149	2 980	40		
11	30		月结	180		25 330	170		23 920	40	149	5 960
12	5	收101	购进	70	148	10 360				40	149	
										70	148	
	7	领1201	生产产品领用				40	149	5 960			
							20	148	2 960	50	148	
	12	领1202	车间一般耗用				10	148	1 480	40	148	
	15	收102	购进	90	152	13 680				40	148	
										90	152	
	18	领1203	生产产品领用				40	148	5 920			
							30	152	4 560	60	152	
	26	领1204	车间一般耗用				22	152	3 344	38	152	
12	31		月结	160		24 040	162		24 224	38	152	5 776
	31		结转下年							38	152	5 776

在永续盘存制下，仍需定期或不定期地对存货资产进行实地盘点，其目的是查明账实是否相符以及账实不符的原因，从而加强对存货资产的管理。

2.永续盘存制的优缺点及适用范围

优点：核算手续比较严密，通过账簿记录能够随时了解存货资产的增减变动情况，有利于加强存货资产的管理，保证存货资产的安全与完整。缺点：如果存货资产的品种繁多、规格复杂，核算的工作量就比较大。适用范围：一般适用于营利性的企业单位。

（二）实地盘存制

实地盘存制，是指平时只在账簿中记录存货资产的增加数，不登记减少数，期末以实地盘点数作为结存数，倒挤存货资产的减少数并据以登记账簿的一种盘存制度。其计算公式如下：

本期减少数=期初结存数+本期增加数-期末结存数

在实地盘存制下，对各项存货资产进行清查盘点的目的，不是为了查明账实是否相符，而是以清查盘点的结果作为期末结存数，从而计算本期减少数。

优点：核算手续比较简单，工作量较小。缺点：核对手续不够严密，除盘存外的所有存货资产都被认为已耗用或售出，不能随时反映存货资产的收入、发出和结存的动态情况，不利于财产物资的日常监督和管理。适用范围：只适用于一些单价低、品种杂、进出频繁的商品，以及数量不稳定、损耗大且难以控制的鲜活商品流通企业。

任务二　熟悉财产清查对象，掌握财产清查方法

由于财产物资的种类较多，特点各异，因此针对不同的清查对象，应采用不同的清查方法。

诡辩——理解会计职业判断

一、库存现金的清查

（一）库存现金清查的方法

对库存现金的清查，主要采用实地盘点的方法。除出纳人员于每日结账后对其经管的库存现金进行清点外，清查小组还应对库存现金进行定期和不定期的清查。既要清点库存现金实存数并与库存现金日记账余额相核对，查明盈亏，又要严格检查库存现金限额的遵守情况，以及有无“白条抵库”的现象。

（二）库存现金清查的手续

盘点完毕后，应根据盘点结果和库存现金日记账的结存余额填制“库存现金盘点报告表”，并将盈亏情况及其原因如实填入。该表兼有“盘存单”和“实存账存对比表”的双重作用，是对库存现金进行差异分析和用以调整账项的原始凭证，其格式见表8-2。

表 8-2　库存现金盘点报告表

年　月　日　　　　单位：元

实存金额	账存金额	对比结果		备　注
		盘盈（长款）	盘亏（短款）	

负责人：（签章）　　盘点人：（签章）　　出纳员：（签章）

二、银行存款的清查

（一）银行存款清查的方法

对银行存款的清查，主要采用账项核对的方法，即将本单位银行存款日记账账簿记录与开户银行转来的银行对账单逐笔进行核对，以查明银行存款实有金额，检查其账实是否相符。

1.核对银行存款日记账与银行对账单具体业务

以银行存款日记账与银行对账单上的“结算凭证种类、号数”栏和对应金额为依据，逐日、逐笔核对。凡是双方都有记录的，用铅笔在金额栏旁打“√”。

2.核对银行存款日记账与银行对账单余额

如果核对后双方余额相等，一般说明无错误。如果余额不相符，其原因主要有两个：❶某方（尤其是存款单位）账簿登记发生差错，对于这种情况应查明原因，及时予以更正；❷多数是由“**未达账项**”所造成的。

3.查找未达账项

银行存款日记账与银行对账单上没有打“√”的款项即为未达账项。❶银行存款日记账上没有打“√”的款项，表示银行的未达账项；❶银行对账单上没有打“√”的款项，表示企业的未达账项。**所谓未达账项，是指企业与开户银行之间因结算凭证传递时间的差别，发生的一方已经记账，而另一方尚未接到有关凭证没有记账的款项。**其具体包括以下四种情况：

第一，银行已收款记账，企业尚未记账的款项。如企业委托银行收取货款已收回及银行支付给企业存款利息，银行已登记企业银行存款增加，但企业尚未收到收账通知而未记账的账项。

第二，银行已付款记账，企业尚未记账的款项。如企业的借款利息或委托银行代扣的水电费，银行已从企业银行存款中扣付，但企业尚未收到付款通知而未记账的账项。

第三，企业已收款记账，银行尚未记账的款项。如企业因销售产品收到支票并在银行存款日记账上登记增加，而银行则要等到款项收妥后才能记账的款项。

第四，企业已付款记账，银行尚未记账的款项。如企业因购买材料开出支票并在银行存款日记账上登记减少，而银行由于尚未收到支付款项的付款凭证而未记账的款项。

以上未达账项的账簿记录情况，如图8-1所示。

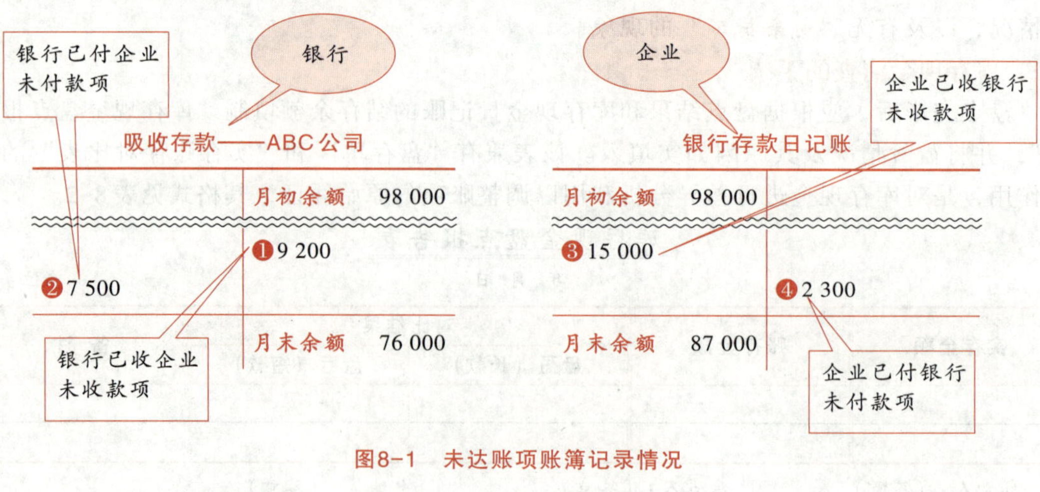

图8-1 未达账项账簿记录情况

图8-1显示：在记录①和④两种情况下，会使企业的银行存款日记账余额小于银行对账单余额；而在记录②和③两种情况下，则会使企业的银行存款日记账余额大于银行对账单余额。

（二）未达账项的调整方法

企业的银行存款日记账与银行对账单核对后，对未达账项则要通过编制“银行存款余额调节表”的方法加以揭示并进行调整，并以此来确定企业与开户银行的账目记录是否正确。

“银行存款余额调节表”编制的基本原理，是以双方调节前的账面余额为基础，各自补记对方已入账而本方尚未入账的未达账项，计算并观察双方调节后的余额是否相等，如果相等则说明双方记账没有错误。其计算公式如下：

银行对账单余额 + 企业已收银行未收款项 + 银行已付企业未付款项 − 企业已付银行未付款项 − 银行已收企业未收款项 = 企业银行存款日记账余额

【业务8-2】ABC公司2×23年10月31日银行存款日记账余额为87 000元，开户银行转来的对账单余额为76 000元。经逐笔核对，发现有以下未达账项：①企业委托银行代收的销货款9 200元，银行已于29日收妥入账，企业未接到收款通知单；②银行于31日代企业支付水电费7 500元并已登记入账，企业未接到付款通知单；③企业29日送存银行转账支票一张，金额为15 000元，银行尚未入账；④企业30日开出支票一张计2 300元支付广告费用，银行尚未收到支票。

根据上述未达账项，编制“银行存款余额调节表”见表8-3。

表8-3

银行存款余额调节表

2×23年10月31日

单位：元

项 目	金 额	项 目	金 额
企业银行存款日记账余额	87 000	银行对账单余额	76 000
加：银行已作存款增加，企业未入账款	9 200	加：企业已作存款增加，银行未入账款	15 000
减：银行已作存款减少，企业未入账款	7 500	减：企业已作存款减少，银行未入账款	2 300
调节后的银行存款余额	88 700	调节后的银行存款余额	88 700

除上述调整方法外，还可以企业“银行存款日记账”的余额为标准，对“银行对账单”进行独立调整，使其在调整所有应调整的账项后，与“银行存款日记账”的余额保持一致。其计算公式如下：

银行对账单余额 + 企业已收银行未收款项 + 银行已付企业未付款项 − 企业已付银行未付款项 − 银行已收企业未收款项 = 企业银行存款日记账余额

承【业务8-2】资料，“银行存款日记账”的余额计算如下：

76 000+15 000+7 500−2 300−9 200=87 000（元）

“银行存款余额调节表”有两个作用：①核对银行存款账目的工具并确定银行存款的账实是否相符；②**“调节后的银行存款余额”**是企业该时点可以实际动用的银行存款数额，以避免签发**“空头支票”**。

特别注意：由于未达账项不是错账、漏账，因此，不能根据“银行存款余额调节表”

做出任何账务处理；对于其中所涉及的全部未达账项，都必须在收到有关结算凭证后方可登记入账。

三、存货的清查

（一）存货清查的方法

由于存货的种类较多、特点各异，因而，针对不同的清查对象，应采用不同的清查方法。其主要有**实地盘点法、技术推算盘点法、抽样盘点法和查询核实法**四种。

（1）**实地盘点法**，是指运用度、量、衡等工具，通过点数，逐一确定被清查实物资产实有数量的一种方法。该方法适用范围较广且易于操作，大部分实物资产均可采用。

（2）**技术推算盘点法**，是指通过技术推算（如量方、计尺等）测定实物资产实有数量的一种方法。该方法适用于大堆存放、物体笨重、价值低廉、不便逐一盘点的实物资产，如水泥、砂石等数量庞大、价值低廉的物资的清查。从本质上讲，它是实地盘点法的一种补充方法。

（3）**抽样盘点法**，是指对于数量多、价值小、重量均匀的财产物资，采用从中抽取少量样品，以确定其数量的一种方法。

（4）**查询核实法**，是指通过向对方单位发函调查，并与本单位的账存数相核对的一种方法。如出租的固定资产、包装物、委托加工材料等。

（二）存货清查的要求与手续

1.填制“盘存单”

对存货资产进行盘点时：❶实物保管人必须在场，并与有关人员认真核实，及时记录；❷对清查中发现的异常情况如腐烂、破损、过期失效等，致使不能使用或销售的实物资产，应详细注明并提出处理意见；❸盘点结果应由相关人员如实填制“盘存单”，并由盘点人和实物保管人签字或盖章。“盘存单”是用来记录实物盘点结果，反映实物资产实存数额的原始凭证，其格式见表8-4。

表 8-4 盘存单

财产类别：　　存放地点：　　盘点日期：　年　月　日　　编号：

编号	名 称	规 格	计量单位	盘点数量	单 价	金 额	备 注

盘点人签章：　　保管人签章：

2.填制“实存账存对比表”

存货资产盘点完毕：❶若发现某些实物资产账实不符时，应根据“盘存单”和有关账簿记录，填制“实存账存对比表”，以便确定各种账实不符资产的具体盈亏数额。❷“实存账存对比表”是用来反映实物资产实存数与账存数之间的差异并作为调整账簿记录的一种自制原始凭证，其格式见表8-5。

表 8-5

实存账存对比表

部门名称：______ 年 月 日 编号：

存货名称	规格型号	计量单位	单价	实存		账存		对比结果				备注
								盘盈		盘亏		
				数量	金额	数量	金额	数量	金额	数量	金额	

主管： 会计： 制表：

四、往来款项的清查

往来款项的清查，即债权债务的清查，是指企业对各项应收应付款项、预收预付款项等债权债务的核实和查对。对往来款项的清查，一般采用函证核对法，与债权债务企业核对账目。在清查过程中，不仅要查明债权债务的余额，还要查明其形成的原因，尤其应注意查明有无双方发生争议的款项、无法收回的款项以及无法支付的款项。

（一）检查核对账簿记录并编制“往来款项对账单”

会计人员应将清查截止日本企业的债权债务全部登记入账，保证账簿记录的完整性，并通过与有关凭证核对账簿，保证账簿记录准确无误。

在确保本企业应收、应付款项余额正确的基础上：❶按债权债务人逐个编制“往来款项对账单”，并送交对方单位进行核对，确认债权债务情况。❷“往来款项对账单”一般有两联，其中一联由对方留存，另一联作为回单，要求对方核对后注明确认或不确认的意见并盖章退回。❸“往来款项对账单”的一般格式见表 8-6。

表 8-6

往来款项对账单

清华机械公司：

贵公司 2×23 年 8 月 25 日购进我公司 A 产品 20 件，已付货款 60 000 元，尚欠 50 000 元，请核对后将回单联寄回我公司。谢谢！

清查单位：ABC 公司（盖章）

2×23 年 12 月 24 日

沿此虚线裁下，将以下回单联寄回！

往来款项对账单（回单）

ABC 公司：

你单位寄来的“往来款项对账单”已收到，经核对无误。

清华机械公司（盖章）

2×23 年 12 月 28 日

（二）编制债权债务清查结果报告表

清查结束后，清查人员应根据清查的具体情况，及时编制**“往来款项清查结果报告表”**。对于本单位同对方单位或个人有争议的款项，收回希望较小和无法支付的款项，应当在报告中尽可能详尽地说明，以便有关部门及时采取措施，减少不必要的坏账损失。

“往来款项清查结果报告表”的一般格式见表8-7。

表 8-7　往来款项清查结果报告表

总分类账户名称：　　　　　　年　月　日　　　　　　编号：

明细分类账户		清查结果		核对账实不符原因			备注
名称	账面余额	核对相符金额	核对不符金额	未达账项金额	有争议款项金额	其他	

主管：　　　　会计：　　　　制表：

任务三　理解清查结果处理程序，掌握其账务处理

一、财产清查结果的处理程序

为了保证会计核算资料的准确性，对财产清查中发现的盘盈、盘亏及毁损的财产，应及时在账簿中予以反映，做到账实相符。其账务处理的步骤一般分为以下两步：

一个会计女神的恋爱笔记

1.调整账簿记录并做到账实相符

根据实存账存对比表、库存现金盘点报告表，按照各项财产物资的盘盈、盘亏及毁损数额，编制记账凭证并登记入账，使通过调整后的账面结存数与财产物资的实存数趋于一致，并将盘亏数额记入“待处理财产损溢”账户。同时，将盈亏情况、查明的原因及处理建议向单位领导或有关部门办理报批手续。

2.根据批复意见核销待处理盈亏

根据财产物资盘盈、盘亏的性质及原因，分别编制向责任人索赔、转入管理费用、营业外支出、营业外收入等的记账凭证；同时，核销“待处理财产损溢”账户的记录。

二、设置“待处理财产损溢”账户

由于财产清查结果的处理分报批和批复两个步骤，因此，会计核算上必须有一个过渡性的账户衔接报批前后的相关记录，即**“待处理财产损溢”账户，用来核算财产清查过程中各种财产物资的盘盈、盘亏或毁损的发生及其处理情况**。该账户：❶**借方**登记盘亏、毁损的增加数和盘盈报批后的注销数；❷**贷方**登记盘盈的增加数和盘亏、毁损报批后的注销数；❸处理前的借方余额，反映尚未处理的各种待处理净损失；❹处理前的贷方余额，反映尚未处理的各种待处理净溢余；❺处理后应无余额；❻应设置“待处理流动资产损溢”和“待处理非流动资产损溢”两个明细账户进行明细分类核算；❼账户结构，如图8-2所示。

借　　待处理财产损溢	贷
❶待处理盘亏和毁损的增加发生额 ❷报经批复后待处理盘盈的转销额	❶待处理盘盈的增加发生额 ❷报经批复后待处理盘亏和毁损的转销额

报经批复处理后应无余额

图8-2　“待处理财产损溢”账户结构

特别说明：按照现行财务制度和会计制度的规定：❶对于清查中发现的各种清查损溢，应于月末前查明原因并根据企业的管理权限，经股东大会或董事会、经理（厂长）会议或类似机构批准后，在期末结账前处理完毕。❷如果在月末结账前尚未批准的，应在对外提供财务报告时先按上述规定进行账务处理，使“待处理财产损溢”账户月末无余额；❸待下月月初，用“红字”分录冲回，待批准后按文件规定再行处理。

三、财产清查结果的账务处理举例

（一）库存现金盘盈、盘亏的账务处理

（1）**对发生的现金短缺金额**：❶在原因不明时，应责成责任人（出纳员）赔偿，作为其他应收款处理；❷因非常事故（如抢劫等）造成的损失，应列作营业外支出。

（2）**对发生的现金长余金额**：❶在确定少支付的情况下，作为其他应付款处理；❷如果原因不明，应列作营业外收入。

【业务8-3】现金清查结束后，发现库存现金短缺280元。

报经批复前，按规定调整增加“库存现金”账户。编制如下会计分录：

借：待处理财产损溢——待处理流动资产损溢　　280
　贷：库存现金　　280

报经批复后，其中100元应由出纳员王格英承担责任，另外180元无法查明原因，列入营业外支出。编制如下会计分录：

借：其他应收款——王格英　　100
　　营业外支出——现金短缺　　180
　贷：待处理财产损溢——待处理流动资产损溢　　280

【业务8-4】现金清查结束后，发现库存现金较账面余额长款200元。

报经批复前，按规定调整减少“库存现金”账户。编制如下会计分录：

借：库存现金　　200
　贷：待处理财产损溢——待处理流动资产损溢　　200

报经批复后，库存现金长款原因不明，转作营业外收入处理。编制如下会计分录：

借：待处理财产损溢——待处理流动资产损溢　　200
　贷：营业外收入——现金溢余　　200

（二）存货盘盈的账务处理

（1）**报经批复前**：❶应及时根据“实存账存对比表”所取得的盘盈数额入账，调整账面结存数，以免形成账外资产；❷按照存货资产的重置成本，借记“原材料”“库存商品”等存货类账户，贷记“待处理财产损溢——待处理流动资产损溢”账户。

（2）**报经批复后**：如果确定是由于收发计量差错造成的或无法查明原因的，应冲销管理费用。

【业务8-5】在存货资产清查中，发现库存A材料盈余180千克，该材料目前市场价格为70元/千克。经查明原因，为发出材料时计量不准而少发。

报经批复前，应进行存货调增账簿记录并编制如下会计分录：

借：原材料　　12 600
　贷：待处理财产损溢——待处理流动资产损溢　　12 600

报经批复后，应编制如下会计分录：

借：待处理财产损溢——待处理流动资产损溢　　12 600
　贷：管理费用——存货盘盈　　12 600

（三）存货盘亏及毁损的账务处理

（1）**报经批复前**：应按盘亏及毁损存货的实际成本，贷记“原材料”“库存商品”等账户，借记“待处理财产损溢——待处理流动资产损溢”账户。

（2）**报经批复后**：❶如属定额内自然损耗造成的，作为增加管理费用处理。❷如属收发计量差错和管理不善造成的短缺或毁损，应先扣除应由责任人（如保管员）的赔偿（增加债权），然后将净损失作为增加管理费用处理。❸如属自然灾害或意外事故造成的短缺或毁损，应先扣除可以收回的保险赔偿（增加债权），然后将净损失转作营业外支出。❹对于以上除定额内自然损耗造成的盘亏外，其余原因造成的短缺或毁损等非正常损失，按照增值税暂行条例，非正常损失材料相应的进项税额不允许抵扣，应作为“进项税额转出”处理，贷记“应交税费——应交增值税（进项税额转出）”账户。

【业务8-6】在存货资产清查中，发现库存乙材料短缺100千克，单价为50元/千克，金额为5 000元，应转出的进项税额为650元（5 000×13%）。

报经批复前，应进行存货调减账簿记录并按全部盘亏或毁损金额转出进项税额，编制如下会计分录：

借：待处理财产损溢——待处理流动资产损溢　　5 650
　贷：原材料——乙材料　　5 000
　　　应交税费——应交增值税（进项税额转出）　　650

报经批复后，应分别不同的原因并根据批准的处理意见，从“待处理财产损溢”账户转入有关账户。

（1）如果经查实上述盘亏乙材料5 650元属定额内自然损耗，原转出的进项税额650元（5 000×13%）应用“红字”冲销，冲销后的金额5 000元计入管理费用。编制如下会计分录：

借：管理费用——材料盘亏　　5 000
　贷：应交税费——应交增值税（进项税额转出）　　650
　　　待处理财产损溢——待处理流动资产损溢　　5 650

（2）如果经查实上述盘亏乙材料5 650元属管理人员管理不善造成，其中应由保管员赔偿2 260元（5 650×40%），其余的3 390元（5 650×60%）作为增加管理费用处理。编制如下会计分录：

借：其他应收款——××保管员　　2 260
　　管理费用——材料盘亏　　3 390
　贷：待处理财产损溢——待处理流动资产损溢　　5 650

（3）如果经查实上述盘亏乙材料5 650元属自然灾害造成，损失的80%应向保险公司索赔4 520元，其余的20%作为营业外支出处理。编制如下会计分录：

借：其他应收款——××保险公司　　4 520
　　营业外支出——材料盘亏　　1 130
　贷：待处理财产损溢——待处理流动资产损溢　　5 650

（四）往来款项清查结果的账务处理

（1）**对于确实无法支付的应付款项**：直接确认为营业外收入，借记“应付账款”账户，贷记“营业外收入”账户。

（2）**对于确实无法收回的应收款项**：《企业会计准则》规定，应采用“备抵法”。❶每年年末要按照一定的方法计提坏账准备金，借记“信用减值损失”账户，贷记“坏账准备”账户；❷待确认坏账发生时，借记“坏账准备”账户，贷记“应收账款”账户。有关应收账款“信用减值损失”账户的核算，将在《中级财务会计学》教材中加以介绍。

【会计论道与素质教育】

天堂和地狱——会计工作强调分工协作

有人和上帝谈论天堂和地狱的问题。上帝对这个人说：“来吧，我让你看看什么是地狱。”他们走进一个房间，屋里有一群人围着一大锅肉汤。每个人看起来都营养不良，且绝望又饥饿。每个人都有一个可以够到锅子的汤匙，但汤匙的柄比他们的手臂还要长，自己根本无法将汤送进嘴里。他们看上去是那样的悲苦。“来吧，我再让你看看什么是天堂。”上帝把这个人领入另一个房间。这里的一切和上一个房间没什么不同。一锅汤、一群人、一样的长柄汤匙，但大家都在快乐地歌唱。“我不懂，”这个人说，“为什么一样的待遇与条件，而他们快乐，另一个房间的人们却很悲惨？”上帝微笑着说：“很简单，在这儿他们会喂别人。”

资料来源 张健鹏，胡足青．天堂地狱（小中见大智慧文丛）[M]．北京：当代世界出版社，2005.

教授寄语：助人就是助己，生存就是共存。社会分工越细，每个人对他人的依存度就越高，不会与他人合作，就相当于把自己送入困境。

会计内部牵制缺失
蚂蚁搬家挪走公款600万元

【重要概念】

财产清查；永续盘存制；未达账项；实地盘存制。

【复习思考题】

1. 简述财产清查结果账务处理的一般规定。
2. 比较永续盘存制与实地盘存制的优缺点。
3. 如何进行现金的清查？
4. 如何进行债权债务的清查？

练习题在线

练习 8-1 单项选择题在线回答

单项选择题每小题给出的 4 个备选项中，只有 1 个符合题意。

要求：扫描“单项选择题”二维码进行在线回答，回答完毕并提交后可参看正确答案与答案解析。

单项选择题 1~10　　单项选择题 11~20

练习 8-2　多项选择题在线回答

多项选择题每小题给出的 5 个备选项中，至少有 2 个符合题意。

要求： 扫描“多项选择题”二维码进行在线回答，回答完毕并提交后可参看正确答案与答案解析。

多项选择题 1~9　　多项选择题 10~18

练习 8-3　判断题在线回答

请判断各判断题每小题的正误，正确的用“√”表示，错误的用“×”表示。

要求： 扫描“判断题”二维码进行在线回答，回答完毕并提交后可参看正确答案与答案解析。

判断题 1~6　　判断题 7~12

练习 8-4　未达账项的确定与银行存款余额调节表的编制

1. 资料：

W 公司 2×23 年 9 月份银行存款日记账与银行对账单的部分有关记录如下：

(1) 企业银行存款日记账 9 月 22 日以后有关的账面记录如下：①23 日，存入销售货款转账支票 18 000 元。②24 日，开出 1024 号转账支票，支付委托外单位加工费 3 400 元。③24 日，开出 1025 号转账支票，支付购入材料价款 12 524 元。④28 日，M 公司自带银行汇票金额 26 000 元向 W 公司购买原材料，W 公司已将该银行汇票送交银行。⑤29 日，收到销售货款转账支票，金额为 21 120 元，已送存银行。⑥29 日，开出 1026 号转账支票，支付购买原材料运费 5 270 元。⑦29 日，开出 1207 号转账支票，支付燃料费 7 800 元。⑧30 日，开出 2025 号现金支票，支付王科长出差预借差旅费 6 000 元。⑨30 日，银行存款账面余额为 80 540 元。

(2) 银行对账单 9 月 23 日以后有关的账面记录如下：①24 日，转账收入 18 000 元。②26 日，代交应付电费 2 800 元。③27 日，开出 1024 号支票，支付加工费 3 400 元。④28 日，开出 1025 号支票，支付材料款 12 524 元。⑤29 日，存款利息收入 828 元。⑥29 日，“见票即付”的社会保障金 18 200 元。⑦30 日，开出 1027 号支票，支付燃料费 7 800 元。⑧30 日，收到托收销货款 36 000 元并入账。⑨30 日，银行对账单余额为 60 518 元。

2. 要求：

练习 8-4 答题表

(1) 扫描“练习 8-4 答题表”二维码并下载空白表 8-1 和空白表 8-2 电子表格。(2) 根据所提供资料，在空白表 8-1 和空白表 8-2 电子表格中回答以下 2 个问题：①查明并分 4 种类型，写出企业银行存款日记账与银行对账单不符的业务有哪些（只写出序号与金额）；②编制“银行存款余额调节表”。(3) 根据“财济书院”网站注册的账号，提交完成的电子表格请授课教师批阅。

练习 8-5　财产清查结果的账务处理

1. 资料：

华瑞公司 2×23 年 8 月份发生下列与财产清查相关的经济业务：

(1)“盘存单”和“实存账存对比表”显示：盘盈甲材料 3 000 元，按规定先转入“待处理财产损溢”账户。

(2) 上述盘盈的甲材料：❶因自然升溢盘盈 2 000 元；❷因计量器具不准确盘盈 1 000 元。报经批准后，按有关规定冲销管理费用。

(3)“盘存单”和“实存账存对比表”显示：盘亏乙材料 9 000 元，按规定先转入“待处理财产损溢”账户。

(4) 上述盘亏的乙材料，其原因已查明，并已报经批准按有关规定处理：❶因定额内自然损耗盘亏 1 800 元和因计量器具不准确盘亏 1 200 元，计入管理费用；❷部分盘亏是由于保管员王马虎失职造成的，责令其赔偿 1 000 元，从下月工资中扣除；❸因自然灾害损失 5 000 元，按规定平安保险公司应赔偿 4 000 元，其余计入营业外支出（非常损失）。

(5)“盘存单”和“实存账存对比表”显示：盘亏机床 1 台，账面价值为 43 000 元，已提折旧 13 000 元，按规定先转入“待处理财产损溢”账户。

(6) 经查明，上述盘亏的固定资产系自然灾害造成的，按规定应向平安保险公司索赔 25 000 元，尚未收到款项，其余部分计入营业外支出，已报经批准处理。

(7)“盘存单”和“实存账存对比表”显示：盘盈机器设备 1 台，同类固定资产的市场价格为 10 000 元，经鉴定为七成新，按规定先转入“待处理财产损溢”账户。

(8) 上述盘盈的固定资产，经查属原未入账设备，按照《小企业会计准则》的规定，报经批准处理后转入“营业外收入”账户。

(9)“库存现金盘点报告表”显示：短缺现金 200 元。

(10) 上述盘亏的库存现金：❶应由出纳员赔偿 80 元，尚未收到赔款；❷无法查明原因的 120 元，报经批准处理后计入营业外支出。

(11) 因双林食品公司破产倒闭，前欠的货款 650 元无法支付，报经批准后转作营业外收入。

2. 要求：

(1) 扫描“练习 8-5 答题表”二维码并下载空白表 8-3 电子表格。(2) 根据所提供资料，在空白表 8-3 电子表格中编制报批前和报批后的会计分录。(3) 根据“财济书院”网站注册的账号，提交完成的电子表格请授课教师批阅。

练习 8-5 答题表

练习 8-6　错账的判断与更正

1. 资料：

2×23 年 12 月，太阳机械公司在结账前，经逐笔核对发现如下错账（包括编制的记账凭证和根据记账凭证进行的账簿登记）：

(1) 银行通知前托收的到期应收票据款 35 100 元已入账。❶所编制的记账凭证（以会计分录代替，下同）为：“借：银行存款 35 100，贷：应收票据 35 100”；❷根据记账凭证已过入“银行存款”总账借方 53 100 元和“应收票据”总账贷方 53 100 元。

(2) 以银行存款支付本月车间房屋修理费 1 276 元。❶所编制的记账凭证为：“借：

管理费用 1 276，贷：银行存款 1 276”；❷根据记账凭证已过入“管理费用”总账借方 1 267 元和“银行存款”总账贷方 1 276 元。

(3) 用银行存款支付前欠月亮塑料公司的货款 16 800 元。❶所编制的记账凭证为：“借：应付账款 18 600，贷：银行存款 18 600”；❷根据记账凭证已过入“应付账款”总账借方 18 600 元和“银行存款”总账贷方 18 600 元。

(4) 该公司接到银行通知，收到企业存款利息 7 000 元。❶所编制的记账凭证为：“借：银行存款 700，贷：财务费用 700”；❷根据记账凭证已过入“银行存款”总账借方 700 元和“财务费用”总账贷方 700 元。

2. 要求：

练习 8-6答题表

(1) 扫描“练习 8-6 答题表”二维码并下载空白表 8-4 电子表格。(2) 根据所提供资料，在空白表 8-4 电子表格中回答以下 3 个问题：❶判断错账的性质（判断属于何种错误类型）；❷指出应采用的错账更正方法；❸说明错账的更正过程。(3) 根据“财济书院”网站注册的账号，提交完成的电子表格请授课教师批阅。

9 项目九 财务报告

【内容导读】

财务报告编制是会计循环的最后一个环节，也是会计核算的七种方法之一。这种方法的应用，是根据前述各项目会计核算方法的应用成果，对外提供财务会计信息并最终实现财务会计目标的主要手段。本项目的主要内容包括：❶了解会计信息的产生流程并理解会计信息的质量要求，了解财务报告的构成及列报要求并理解财务报告的概念；❷理解资产负债表的编制原理并熟悉其格式与构成内容，掌握资产负债表的编制方法，尤其是几个特殊项目的列报方法，通过对资产负债表的初步解读理解其重要作用；❸理解利润表的编制原理并熟悉其格式与构成内容，掌握利润表的编制方法，通过对利润表的初步解读理解其重要作用；❹了解财务会计报告的报送、汇总和审批的有关内容。

任务一 理解财务报告概念与作用，熟悉其构成与编制要求

一、会计信息的产生流程与质量要求

（一）会计信息的产生流程与报告方式

会计作为一种信息系统，就是通过对企业纷繁复杂的经济业务，依据《企业会计准则》并按照会计处理的程序与方法——确认、计量、记录、分类、汇总，向会计信息使用者提供一幅全景式的画面——财务报告。与其他信息系统一样，会计信息系统亦包括**输入—处理—输出**过程。

（1）**输入——会计确认与计量**。根据会计信息系统的要求，通过审核经济数据所代表的企业活动，确认并计量能够进入会计信息系统处理的有关经济业务。即以能否进行货币计量为标准对企业活动进行筛选，对能以货币计量的部分，按照《企业会计准则》确认会计要素项目并予以定量化反映。关于这一内容已在项目二中进行了阐述。

（2）**处理——会计记录**。通过会计信息系统进行处理的经济业务，按照会计处理程序要求和方法进行加工并为有关信息输出做准备。即将进入会计信息系统的经济业务，通过计量、分类、汇总、登账、调整和结账等方法进行会计记录，将其转化为满足会计信息使用者进行决策和管理需求的相关信息。关于这一内容已在项目三至项目七中进行了阐述。

（3）**输出——会计报告**。按照规定的格式和特定的要求，将会计记录所形成的会计信息传送给会计信息使用者。会计信息的输出并非是对上述会计记录结果的简单罗列，而是要根据会计信息的具体内容和特点（性质或功能），并结合会计信息使用者的要求和目的，对会计记录的结果进行分析和再整理并以规定的格式加以表现，然后按照规定的程序传递给会计信息使用者。**按照规定的格式对会计记录的结果进行分析和再整理后的表现形式，即为财务报告。这一内容也就是本项目所要阐述的核心内容。**

如何理解会计信息的质量要求?

（二）会计信息的质量要求

会计目标不论是“受托责任观”，还是“决策有用观”，或是两者的结合，都是向会计信息使用者报告有用的会计信息，这一有用的会计信息，即为会计信息质量要求。所以，会计信息质量要求是对企业财务报告中所提供会计信息质量的基本要求，是使财务报告所提供的会计信息对投资者、债权人等会计信息使用者有用应具备的基本特征。《企业会计准则——基本准则》规范的会计信息质量要求，包括以下八个方面：

（1）**可靠性**，是指企业应当以实际发生的经济业务为依据进行会计确认、计量和报告，如实反映符合确认和计量要求的各项会计要素及其他相关信息，保证会计信息真实可靠、内容完整。根据这一标准所产生的会计信息不受提供信息者个人偏见或判断的影响。可靠性隐含着客观性、可信性和可验证性等内容。

（2）**相关性**，是指企业提供的会计信息应当与财务会计报告使用者的经济决策需要相关，有助于财务会计报告使用者对企业过去、现在或者未来的情况做出评价或者预测。相关性要求企业在确认、计量和报告会计信息的过程中，以可靠性为前提，在此基础上要尽量使提供的信息有助于使用者决策或提高决策水平，有助于使用者评价企业过去的决策和证实或修正过去的有关预测，有助于使用者预测企业未来的财务状况、经营成果和现金流量。

（3）**可理解性**，是指企业提供的会计信息应当清晰明了、通俗易懂地反映企业的财务状况和经营成果，便于财务会计报告使用者正确理解和有效使用。但是，强调会计信息的可理解性并非要求会计信息完全丧失其专业性，因为会计信息毕竟是一种专业性较强的信息产品，要求或假定会计信息使用者具有一定的专业知识并愿意为此付出努力。

（4）**可比性**，是指应当按照规定的会计处理方法进行会计核算，会计指标应当口径一致，保证会计信息在同一企业的不同时期和不同企业的同一时期可以相互进行比较和利用。根据这一标准所产生的会计信息不受不同企业和时期的影响，使会计信息使用者对企业的经济活动做出客观的考核和评价。

（5）**实质重于形式**，是指在对经济业务进行确认、计量和报告时，应以其“实质”而不应当仅仅按照其法律形式进行会计核算。经济业务的经济实质和法律形式在大多数情况下是一致的，但也可能出现不一致的现象。例如，企业按照销售合同销售商品但又签订了售后回购协议，虽然从法律形式上看是实现了收入，但如果企业没有将商品所有权上的主要风险转移给购货方，没有满足收入确认的各项条件，即使签订了商品销售合同或者已将商品交付给购货方，也不应当确认为销售收入。会计处理时，应当优先考虑经济业务的实质，这主要是由于法规制度存在制定过程中的主观性和实施时间上的滞后性。因此，企业的会计核算，如果只是按照经济业务的有关法规进行，而不考虑经济业务的实质意义或现实要求，其结果不仅不会满足会计信息需求者的需要，而且可能会导致会计信息使用者的决策出现错误。

（6）**重要性**，是指与企业财务状况、经营成果和现金流量有关的重要经济业务应当充分揭示，而非主要经济业务则应当在不影响会计信息质量的前提下予以适当简化或合并反映。重要性是决定经济业务如何处理和提供的关键，被认为是会计确认的门槛。是否具有重要性要依赖职业判断能力，主要是依据其所处环境和实际情况，从经济业务的性质和金额大小两个方面加以判断。同一经济业务在不同企业之间、同一企业的不同会计期间，其重要性的判断也可能不尽相同。

（7）**谨慎性**，是指企业对不确定经济业务进行确认、计量和报告时，应持稳妥谨慎的态度，即企业在进行会计核算时，只要费用或损失的发生具有合理的可能性就要确认（预计损失），而只有当收入可以合理确定时才予以确认（不预计收益）。即不得多计资产或收益，不得少计负债或费用。经营者要对其负责主体的经营情况做出有利的报告，一方面是基于推迟所得税缴纳的需要，另一方面是基于经理人市场竞争和为自己留有余地减少风险的需要，经营者大多在收入和费用的确认与报告上采用谨慎的态度。这个概念经常被阐述为一种倾向，即在衡量不确定性时，会计工作者宁愿低估净收益与净资产，也不愿对其高估。因此，如果对未来不确定的数量有两种估计结果，并且两者发生的可能性相同，那么，在计量资产或收入时倾向于采纳较小的数据，而在计量负债或费用时则倾向于采纳较大的数据。

（8）**及时性**，是指企业对于已经发生的经济业务，应当及时进行确认、计量和报告，不得提前或者延后，以保证会计信息的时效性。根据这一标准所产生的会计信息可使会计信息使用者避免因时过境迁而出现判断决策失误。

以上会计信息的质量要求：❶可靠性、相关性、可理解性和可比性，属于会计信息的**首要质量要求**，是企业财务会计报告所提供会计信息应具备的基本质量特征；❷实质重于形式、重要性、谨慎性和及时性，属于会计信息的**次级质量要求**，是对以上首要质量要求的补充和完善。

需要特别注意的是：❶实质重于形式、重要性和谨慎性，主要是针对某些特殊会计事项进行处理时必须把握的；❷及时性，则是对会计信息相关性和可靠性的制约因素，企业需要在相关性和可靠性之间寻求一种平衡，以确定信息及时披露的时间。

二、财务报告的定义及构成

（一）财务报告的定义及作用

财务报告，亦称财务会计报告，是指企业对外提供的反映企业某一特定日期的财务状况和某一会计期间的经营成果、现金流量等会计信息的报告文件。财务报告的主要作用是向财务报告使用者提供真实、公允的信息，用于落实和考核企业负责人经济责任的履行情况，并有助于包括所有者在内的财务报告使用者的经济决策。《企业财务会计报告条例》规定：❶企业不得编制和对外提供虚假的或隐瞒重要事实的财务会计报告；❷企业负责人对本企业财务会计报告的真实性、完整性负责。

（二）财务报告的构成

关于财务报告应包括哪些内容，《企业会计准则——基本准则》第四十四条规定：**财务会计报告包括会计报表及其附注和其他应当在财务会计报告中披露的相关信息和资料。**企业对外提供的财务报告的内容、会计报表的种类和格式、会计报表附注的主要内容等，由《企业会计准则》规定；企业内部管理需要的会计报表，由企业自行规定。

（1）**会计报表**。根据《企业会计准则第30号——财务报表列报》的规定，财务报表是对企业财务状况、经营成果和现金流量的结构性表述。**财务报表，亦称会计报表，是以日常会计核算资料为主要依据，按照一定的格式加以汇总整理，用以总括反映企业财务状**

况、经营成果和现金流量的一种书面报告文件。企业对外提供的财务报表至少包括：❶从整体上反映企业财务状况的“资产负债表”；❷从整体上反映企业经营成果的“利润表”；❸从现金流入和现金流出方面反映企业财务状况的“现金流量表”；❹从所有者权益增减变动及余额方面反映企业财务状况的“所有者权益变动表”。

（2）**会计报表附注**。会计报表附注，是对在资产负债表、利润表、现金流量表和所有者权益变动表等报表中列示项目的文字描述或明细资料，以及对未能在这些报表中列示项目的说明等。会计报表附注是财务会计报告的重要组成部分，应当按照一定的方式披露，有关信息应当与会计报表项目相互参照。

三、会计报表的种类及编制要求

（一）会计报表的种类

《企业财务会计报告条例》规定：企业的财务报告分为年度、半年度、季度和月度财务报告。❶月度、季度财务报告，是指月度和季度终了提供的财务报告（**简称月报、季报**），主要包括资产负债表和利润表。❷半年度财务报告，是指在每个会计年度的前6个月结束后对外提供的财务报告（**简称半年报**）。❸年度财务报告，是指年度终了对外提供的财务报告（**简称年报、年终决算报表**），包括资产负债表、利润表、现金流量表、所有者权益变动表和附注。❹以上月报、季报和半年报都属于中期报表；年报至少应反映两个会计年度或者相关两个会计期间的比较数据。

（二）财务报表的编制要求

为保证财务报表的质量，充分发挥其在经营管理和决策中的作用，各单位在编制财务报表时应当根据真实的交易或事项以及完整、准确的账簿记录等资料进行。

（1）**内容完整**。在编制财务报表时，必须按照国家规定的报表种类和内容填报，不得漏填、漏报。每份财务会计报告应填列的内容，无论是表内项目，还是报表附注资料，都应一一填列齐全。

（2）**数字真实**。数字真实是指财务报表应与报表编制单位的客观财务状况、经营成果和现金流量相吻合。为保证财务报表的真实性，财务报表中各项目数字必须以报告期的实际数字来填列，不能使用计划数、估计数代替实际数，更不允许弄虚作假、篡改和伪造数字。

（3）**计算准确**。各财务报表项目的金额主要来自日常的账簿记录，但并非完全是账簿数字的简单转抄，有很多项目需要进行专门计算才能加以填列，而且这些项目之间也存在着一定的数量勾稽关系，必须根据规定的计算口径、计算方法和计算公式进行，不得任意删减和增加，以使提供的各项指标具有可比性，包括不同企业在同一会计期间的横向比较和同一企业在不同时期的纵向比较。

（4）**编报及时**。财务报表是向各信息使用者提供与经济决策有关的会计信息，而经济决策又具有强烈的时间性，企业应按照规定的时间编报财务报表，以便报表使用者能够及时、有效地利用财务资料。为此，企业应科学地组织好会计的日常核算工作，选择适合本企业具体情况的账务处理程序，认真做好记账、算账和按期结账工作。

任务二　理解资产负债表编制原理，掌握其结构与编制方法并解读

一、资产负债表编制原理与结构

（一）资产负债表编制原理

资产负债表属于静态报表，是总括反映企业某一特定日期全部资产、负债和所有者权益状况的财务报表，可以从以下两个方面加以理解：❶特定日期一般是指月末、季末和年末，因为是时点，故资产负债表所表达的金额属于静态“存量”概念；❷资产负债表是以**“资产-负债=所有者权益”**这一会计恒等式为理论依据设计的，根据资产、负债和所有者权益之间的相互关系，按照一定的分类标准和一定的排列顺序，将企业某一特定日期的资产、负债和所有者权益项目予以适当排列编制而成的。

（二）资产负债表结构

资产负债表结构，是指其格式和构成的内容。资产负债表的格式有**报告式**和**账户式**两种：❶**报告式资产负债表，**是按照“资产-负债=所有者权益”会计恒等式的基本原理进行设计，将资产、负债和所有者权益要素各项目以自上而下的次序予以列示。❷**账户式资产负债表，**是按照“资产=负债+所有者权益”会计恒等式的基本原理进行设计，将资产与负债和所有者权益各要素分列左右两方，左边列示资产，右边列示负债和所有者权益。目前，我国的资产负债表采用“账户式”结构，即按照“T形”账户设计，分为左右两方。账户式资产负债表的格式及其构成内容如下：

1.资产要素各项目并按其流动性强弱顺序依次排列

资产要素各项目按其流动性大小或变现能力强弱，一般分为流动资产和非流动资产。❶先列示各流动资产项目及排列顺序依次为：货币资金、交易性金融资产、应收票据、应收账款、预付款项、其他应收款、存货和一年内到期的非流动资产等；❷再列示非流动资产项目及排列顺序依次为：债权投资、其他债权投资、长期应收款、长期股权投资、固定资产、在建工程和无形资产等。

2.负债要素各项目并按其偿还期限长短顺序依次排列

负债要素各项目按其偿还期限长短，一般分为流动负债和非流动负债。❶先列示流动负债项目及排列顺序依次为：短期借款、应付票据、应付账款、预收款项、应付职工薪酬、应交税费、其他应付款和一年内到期的非流动负债等；❷再列示非流动负债项目及排列顺序依次为：长期借款、应付债券、长期应付款和其他非流动负债等。

3.所有者权益要素各项目并按其永久性顺序依次排列

所有者权益要素各项目按其永久性或稳定性的顺序依次排列为：实收资本（或股本）、其他权益工具、资本公积、其他综合收益、盈余公积和未分配利润等。

资产负债表现行格式

二、资产负债表编制方法

现行资产负债表在制造业企业中涉及的项目有50多项，由于本教材所阐述的是会计学的基本原理，很多内容和项目并未涉及，所以，下面关于资产负债表各项目的具体填列

方法仅阐述本教材所涉及的项目，其他项目的填列方法将在《中级财务会计学》教材中进行阐述。

《企业会计准则第30号——财务报表列报》第十二条规定，**当期财务报表的列报，至少应当提供所有列报项目上一个可比会计期间的比较数据。**也就是说，企业需要提供比较资产负债表，以便报表使用者通过比较不同时期资产负债表的数据，判断企业的财务状况并预测其未来发展趋势。所以，资产负债表各项目需要分为**“期末数”**和**“年初数”**两栏分别填列。

（一）资产负债表“期末数”栏的填列方法

资产负债表中的“期末数”，是指各项目在某一会计期末的金额，包括月末、季末、半年末或年末的金额。由于企业某一特定日期资产和权益的分布状况及其金额，在账户记录中表现为各资产类账户和权益类账户的期末余额，所以，**资产负债表中各项目的金额总体上讲来源于资产类账户和权益类账户的期末余额。**

1.根据有关总账账户的期末余额直接抄列

资产负债表中有关项目与总账账户的名称及包括的内容完全一致，就可以根据有关总账账户的期末余额直接抄列。例如，“短期借款”“应付票据”“应付职工薪酬”“应交税费”“预计负债”“实收资本”“资本公积”“盈余公积”等项目。

2.根据有关总账账户的期末余额计算填列

资产负债表中有关项目分散在几个总账账户的记录中，则需要根据有关总账账户的期末余额计算填列。例如：❶**“货币资金”项目，**应根据“库存现金”“银行存款”“其他货币资金”账户的期末余额合计数填列；❷**“存货”项目，**应根据“在途物资”“原材料”“材料成本差异”“生产成本”“库存商品”等账户的期末余额合计数填列；❸**“其他应付款”项目，**应根据“应付利息”“应付股利”“其他应付款”账户的期末余额合计数填列。

3.根据明细分类账户的期末余额分析计算填列

资产负债表中有关项目分散在几个明细分类账户的记录中，则需要根据有关明细分类账户的期末余额分析计算填列。其主要针对“应收账款”“预收款项”“应付账款”“预付款项”四个项目。**其一，**在企业会计实务中，当预付款与预收款业务不多时，可以不设“预付账款”和“预收账款”账户，而将预收和预付款项分别记入“应付账款”账户的借方和“应收账款”账户的贷方。**其二，**即使在设置“预付账款”和“预收账款”账户时，由于结算双方经常发生往来：❶有时支付的款项大于应付款项，使得“应付账款”和“预收账款”账户所属明细账户出现借方余额并表示债权；❷有时收到的款项大于应收款项，使得“应收账款”和“预付账款”账户所属明细账户出现贷方余额并表示债务。**其三，**为了反映真实的债权、债务，不能仅仅根据“应收账款”“预收账款”“应付账款”“预付账款”总账账户的余额直接填列。

（1）**“应收账款”项目和“预收款项”项目。**当“应收账款”（或“预收账款”）账户所属明细账户的余额方向不一致时，则应具体认定各明细账户余额的经济实质，之后再确定应填列于“应收账款”项目还是“预收款项”项目。❶根据“应收账款”和“预收账款”账户所属明细账户的借方余额之和，填列资产负债表中的“应收账款”项目金额；❷根据“预收账款”和“应收账款”账户所属明细账户的贷方余额之和，填列资产负债表中的“预收款项”项目金额。

【业务9-1】强中华公司2×23年12月月末“应收账款”和“预收账款”总分类账户及其所属明细分类账户的余额情况如下：(1)**“应收账款”总账账户借方余额100 000元**，所属各明细账户：❶“应收账款——甲公司”借方余额80 000元；❷“应收账款——丙公司”借方余额60 000元；❸“应收账款——乙公司”贷方余额40 000元。(2)**“预收账款”总账账户贷方余额110 000元**，所属各明细账户：❶“预收账款——H企业”贷方余额70 000元；❷“预收账款——M企业”贷方余额82 000元；❸“预收账款——N企业”借方余额42 000元。

由于以上两个总账所属明细账都存在相反方向的期末余额，因此，资产负债表中的“应收账款”项目和“预收款项”项目金额，不能直接根据这两个总账的期末余额填列，而应根据其所属明细账的余额性质填列。其具体计算如下：

“应收账款”项目金额 = “应收账款”账户所属“甲公司明细账”借方余额80 000元 + “丙公司明细账”借方余额60 000元 + “预收账款”账户所属“N企业明细账”借方余额42 000元

=182 000（元）

“预收款项”项目金额 = “预收账款”账户所属“H企业明细账”贷方余额70 000元 + “M企业明细账”贷方余额82 000元 + “应收账款”账户所属“乙公司明细账”贷方余额40 000元

=192 000（元）

(2)**“应付账款”项目和“预付款项”项目**。当“应付账款”（或“预付账款”）账户所属明细账户的余额方向不一致时，则应具体认定各明细账户余额的经济实质，之后再确定应填列于“应付账款”项目还是“预付款项”项目。❶根据“应付账款”和“预付账款”账户所属明细账户的贷方余额之和，填列资产负债表中的“应付账款”项目金额；❷根据“预付账款”和“应付账款”账户所属明细账户的贷方余额之和，填列资产负债表中的“预付款项”项目金额。

【业务9-2】强中华公司2×23年12月月末“应付账款”和“预付账款”总分类账户及其所属明细分类账户的余额情况如下：(1)**“应付账款”总账账户贷方余额50 000元**，所属各明细账户：❶“应付账款——A公司”贷方余额40 000元；❷“应付账款——B公司”借方余额20 000元；❸“应付账款——C公司”贷方余额30 000元。(2)**“预付账款”总账账户借方余额55 000元**，所属各明细账户：❶“预付账款——D企业”借方余额35 000元；❷“预付账款——E企业”借方余额41 000元；❸“预付账款——F企业”贷方余额21 000元。

由于以上两个总账所属明细账都存在相反方向的期末余额，因此，资产负债表中的“应付账款”项目和“预付款项”项目金额，不能直接根据这两个总账的期末余额填列，而应根据其所属明细账的余额性质填列。其具体计算如下：

“应付账款”项目金额 = “应付账款”账户所属“A公司明细账”贷方余额40 000元 + “C公司明细账”贷方余额30 000元 + “预付账款”账户所属“F企业明细账”贷方余额21 000元

=91 000（元）

“预付款项”项目金额 = “预付账款”账户所属“D企业明细账”借方余额35 000元 + “E企业明细账”借方余额41 000元 + “应付账款”账户所属“B公司明细账”借方余额20 000元

=96 000（元）

4.根据调整账户和被调整账户的期末余额计算分析填列

资产负债表中有关项目应反映其账面净值，而在账户记录中是通过几个账户对其进行反映的。例如：❶**“固定资产”项目**，应根据“固定资产”账户期末借方余额减去“累计折旧”和“固定资产减值准备”账户期末贷方余额后的净额填列；❷**“无形资产”项目**，应根据“无形资产”账户期末借方余额减去“累计摊销”和“无形资产减值准备”账户期末贷方余额后的净额填列；❸如果“应收票据”“应收账款”“其他应收款”项目计提了坏账准备，**这些项目**还应根据减去“坏账准备”账户期末余额后的金额填列；❹如果“存货”项目计提了存货跌价准备，**该项目**还应根据减去“存货跌价准备”账户期末余额后的金额填列；❺**“未分配利润”项目**，应根据“本年利润”账户减去“利润分配”账户后的余额填列。

5. 根据总账和明细账余额分析计算填列

资产负债表中的有些项目，既不能按总账账户余额直接或分析计算填列，也不能按明细账户余额直接或分析计算填列，而需要总账账户和明细账户余额后再计算填列。例如：❶**“长期借款”项目**，应根据“长期借款”总账期末余额，扣除“长期借款”总账所属明细账中反映的、将于1年内到期的长期借款部分填列。❷**“一年内到期的非流动负债”项目**，反映企业非流动负债项目中将于1年内到期的应归类到流动负债范畴的项目，应根据“长期借款”和“应付债券”账户中将于1年内（含1年）到期的有关明细账户余额填列。

【业务9-3】强中华公司2×23年年末“长期借款”账户贷方余额200万元，其中：❶“长期借款——甲借款”账户贷方余额120万元（该借款于2×18年1月1日借入，期限为5年，到期日为2×23年12月31日）；❷“长期借款——乙借款”账户贷方余额80万元（该借款于2×18年1月1日借入，期限为6年，到期日为2×24年12月31日）。❸期末，“应付债券——清远公司”账户贷方余额300万元，将于2×23年12月31日到期。

“长期借款”项目金额=200-120=80（万元）

“一年内到期的非流动负债”项目金额=120+300=420（万元）

（二）资产负债表“年初数”栏的填列方法

资产负债表中的“年初数”，应根据上年年末资产负债表中的“期末数”栏内的所列数字抄列。如果本年度资产负债表规定的各项目的名称和内容同上年度不相一致，应对上年年末资产负债表各项目的名称和数字按照本年度的规定进行调整，将调整后的数字填入资产负债表中的“年初数”栏内。

（三）资产负债表编制举例

【业务9-4】编制东海市光明机械公司2×23年12月份的资产负债表。

（1）月终，根据核对无误的总分类账户记录：❶编制的**“总分类账户发生额及余额试算平衡表”**见表9-1；❷经过整理后的**“部分明细分类账户期末余额表”**见表9-2。

表9-1　　总分类账户发生额及余额试算平衡表

2×23年12月31日

单位：元

序号	账户名称	期初余额		本期发生额		期末余额	
		借方	贷方	借方	贷方	借方	贷方
1	库存现金	19 500		138	7 490	12 148	
2	银行存款	1 857 552		1 389 760	1 640 628	1 606 684	

续表

序号	账户名称	期初余额		本期发生额		期末余额	
		借方	贷方	借方	贷方	借方	贷方
3	应收票据	578 000		311 880	213 000	676 880	
4	应收账款	483 000		867 400	501 000	849 400	
5	预付账款	155 000		90 400	184 096	61 304	
6	其他应收款	8 000		6 000	8 000	6 000	
7	坏账准备		12 086	55 000	71 186		28 272
8	在途物资	48 600		81 600	48 600	81 600	
9	原材料	245 800		629 200	606 400	268 600	
10	库存商品	420 800		943 200	964 520	399 480	
11	固定资产	7 027 000		902 000		7 929 000	
12	累计折旧		973 806		62 700		1 036 506
13	在建工程	288 000		83 000	207 000	164 000	
14	无形资产	270 000		102 000		372 000	
15	累计摊销		75 000		3 100		78 100
16	短期借款		700 000	200 000	80 000		580 000
17	应付票据		80 000	80 000	106 416		106 416
18	应付账款		8 000	44 000	108 480		72 480
19	预收账款		486 000	565 000	92 000		13 000
20	应付职工薪酬		310 560	376 280	421 720		356 000
21	应交税费		122 800	367 200	379 282		134 882
22	应付利息		11 840	19 100	7 800		540
23	应付股利				1 800 000		1 800 000
24	实收资本		5 000 000		2 000 000		7 000 000
25	资本公积		970 760	970 760	34 500		34 500
26	盈余公积		446 100		240 000		686 100
27	利润分配		169 500	4 080 000	4 440 000		529 500
28	本年利润		2 100 000	3 989 000	1 889 000		
29	生产成本	65 200		907 200	943 200	29 200	

续表

序 号	账户名称	期初余额		本期发生额		期末余额	
		借 方	贷 方	借 方	贷 方	借 方	贷 方
30	制造费用			120 000	120 000		
31	主营业务收入			1 796 000	1 796 000		
32	其他业务收入			84 000	84 000		
33	营业外收入			6 000	6 000		
34	主营业务成本			964 520	964 520		
35	其他业务成本			80 000	80 000		
36	税金及附加			4 848	4 848		
37	销售费用			144 000	144 000		
38	管理费用			137 586	137 586		
39	财务费用			2 860	2 860		
40	信用减值损失			66 186	66 186		
41	营业外支出			86 000	86 000		
42	所得税费用			100 000	100 000		
	合 计	11 466 452	11 466 452	20 649 118	20 649 118	12 456 296	12 456 296

表 9-2

部分明细分类账户期末余额表

2×23 年 12 月 31 日

单位：元

总账账户	明细账户	借 方	贷 方	总账账户	明细账户	借 方	贷 方
应收账款		849 400		应付账款			72 480
	锦龙机械公司	772 480			碧华机械公司		108 480
	明盛机械公司		18 000		绣玥机械公司	36 000	
	华光机械公司	94 920					
预付账款		61 304		预收账款			13 000
	星海机械公司	70 400			靓丽机械公司	75 000	
	华润机械公司		9 096		盛楠机械公司		88 000

（2）根据以上“总分类账户发生额及余额试算平衡表”中的“期末余额”栏和经过整理后的“部分明细分类账户期末余额表”，编制的“资产负债表（简表）”见表 9-3。需要特别说明的是：由于“基础会计学”主要讲授的是会计学的基本原理，且本书所涉及的经济业务有限，所以，本书给出的资产负债表构成项目较少，与最新资产负债表构成项目略有差异。

表 9-3

资产负债表（简表）

会企 01 表

编制单位：东海市光明机械公司　　2×23 年 12 月 31 日　　单位：元

资　产	期末数	年初数	负债及所有者权益（或股东权益）	期末数	年初数
流动资产：		（略）	流动负债：		（略）
货币资金	1 618 832		短期借款	580 000	
交易性金融资产			交易性金融负债		
衍生金融资产			衍生金融负债		
应收票据	676 880		应付票据	106 416	
应收账款	914 128		应付账款	117 576	
预付款项	106 400		预收款项	106 000	
其他应收款	6 000		合同负债		
存货	778 880		应付职工薪酬	356 000	
合同资产			应交税费	134 882	
持有待售资产			其他应付款	1 800 540	
一年内到期的非流动资产			持有待售负债		
其他流动资产			一年内到期的非流动负债		
流动资产合计	4 101 120		其他流动负债		
非流动资产：			流动负债合计	3 201 414	
债权投资			非流动负债：		
其他债权投资			长期借款		
长期应收款			应付债券		
长期股权投资			长期应付款		
其他权益工具投资			预计负债		
投资性房地产			其他非流动负债		
固定资产	6 892 494		非流动负债合计		
在建工程	164 000		负债合计	3 201 414	
生产性生物资产		（略）	所有者权益（或股东权益）：		（略）
油气资产			实收资本（或股本）	7 000 000	
无形资产	293 900		其他权益工具		
开发支出			资本公积	34 500	
商誉			其他综合收益		
长期待摊费用			盈余公积	686 100	
其他非流动资产			未分配利润	529 500	
非流动资产合计	7 350 394		所有者权益合计	8 250 100	
资产总计	11 451 514		负债及所有者权益（或股东权益）总计	11 451 514	

单位负责人：姚颖莉　　财务负责人：莫奎遥　　会计主管：甄仁珍

资产负债表的初步解读

三、资产负债表作用初步解读

（1）负债与资产之比——资产负债率，衡量企业偿债能力，即企业偿还到期债务之能力。对于债权人来说，偿债能力强，意味着收回本息的安全性较高，风险较低；偿债能力弱，意味着收回本息的安全性较低，风险较高。而偿债能力又是基于资产的流动性之强弱，因此，偿债能力与资产的流动性互为因果关系。其主要有以下两个指标：❶**资产负债率=负债÷资产**。该指标代表企业依赖外来资金的程度，资产负债率愈高，表示企业财务风险愈高，债务到期债主无法收回本息的可能性越大。❷**流动比率=流动负债÷流动资产**。之所以要考量流动比率，是因为负债总是要以货币性资产来偿还的，而不能依靠诸如变卖固定资产等不易变现的长期资产来偿还负债。

（2）净利润与资产之比——资产报酬率，用以评估管理者的绩效。资产报酬率代表企业资源的使用效率，资产报酬率高，表明在净利润一定的情况下，企业运用较少的资产取得了较多的利润；或者在资产一定的情况下，企业获得了更多的利润，表示企业的获利能力较强。

（3）净利润与所有者权益之比——所有者权益报酬率，衡量企业经营绩效的终极指标，据以评估企业的获利能力以及为股东创造财富的能力。该指标代表企业运用所有者托付的资本为其创造利润的水平，既反映了企业的盈利能力，也总结了企业管理层的表现。就管理者、债权人及所有者三者之间的关系而言：❶所有者是企业最后风险的承担者，当然也是最终利益的享有者；❷债权人仅就其本息部分拥有优先请求权，并无享有超额利益的权利；❸管理者乃受所有者之托，负有资本保值与增值的责任，并将创造的利润回归于所有者。资产报酬率和所有者权益报酬率，虽然都可以衡量企业的获利能力，但前者侧重于资产的使用效率，后者侧重于为股东创造了多少财富。

任务三　理解利润表编制原理，掌握其结构与编制方法并解读

一、利润表编制原理与结构

（一）利润表编制原理

利润表，亦称损益表，是总括反映企业一定会计期间的经营成果（包括实现的利润和发生的亏损）的会计报表。❶一定会计期间，可以是一个月、一个季度、半年，也可以是一年，因此将利润表称为“动态”报表。❷它是以“**收入-费用=利润**”这一平衡公式，按照利润形成的过程、构成要素和最终结果，将企业一定时期内的收入、费用和利润项目予以适当排列编制而成的。

利润表现行格式

（二）利润表结构

利润表结构，是指其格式和构成的内容。利润表的格式有**单步式**和**多步式**两种。

1.利润表的格式

（1）**单步式利润表**，是将当期所有的收入列在一起，然后将所有的费用列在一起，两

者相减得出当期净利润。这种表式完全体现了“**收入–费用=利润**”的计算公式，编制程序比较简单方便；但是，这种表式中的收入与费用之间缺乏配比性，不能反映各项收入和费用在利润总额中所处的地位和净利润的形成过程。

（2）**多步式利润表**，是通过对当期的收入、费用、支出项目按性质或功能加以归类，按利润形成的主要环节列示一些中间性利润指标，分步计算当期净利润。这种表式注意了收入与费用配比的层次性，有利于对企业生产经营情况进行分析，有利于不同企业之间的比较，更重要的是有利于预测企业未来的盈利能力，因而被普遍采用。

2.利润表的内容

《企业会计准则第30号——财务报表列报》规定，企业应当采用**多步式利润表**。一般情况下，多步式利润表的格式及其反映的主要内容如下：

（1）**构成营业利润的各项要素**，从营业收入出发，减去营业成本、税金及附加、销售费用、管理费用、财务费用等项目后得出。

（2）**构成利润总额的各项要素**，在营业利润的基础上，加上营业外收入，减去营业外支出等项目后得出。

（3）**构成净利润的各项要素**，在利润总额的基础上，减去所得税费用项目后得出。

二、利润表编制方法

《企业会计准则第30号——财务报表列报》第十二条规定，**当期财务报表的列报，至少应当提供所有列报项目上一个可比会计期间的比较数据。**也就是说，企业需要提供比较利润表，以便报表使用者通过比较不同期间利润表的数据，判断企业经营成果的未来发展趋势。所以，利润表还就各项目再分为“**本期金额**”和“**上期金额**”两栏分别填列。

（一）利润表“本期金额”栏的填列方法

由于企业某一时期实现的收入、利得和发生的费用、损失，在账簿记录中表现为有关损益类账户的本期发生额，所以，**利润表中各项目的金额总体上讲来源于各损益类账户的本期净发生额。**

1.根据有关总账账户本期发生额直接抄列或计算填列

（1）**根据有关总账账户本期发生额直接抄列**。利润表中有关项目与总账账户的名称及包括的内容完全一致，就可以根据有关总账账户本期发生额直接抄列。例如，“税金及附加”“销售费用”“财务费用”“投资收益”“公允价值变动损益”“信用减值损失”“资产减值损失”“营业外收入”“营业外支出”“所得税费用”等项目。

（2）**根据有关总账账户本期发生额（净额）之和计算填列**。例如：❶“**营业收入**”**项目**，应根据“主营业务收入”和“其他业务收入”账户贷方发生额合计填列；❷“**营业成本**”**项目**，应根据“主营业务成本”和“其他业务成本”账户借方发生额合计填列。

2.根据有关总账账户所属明细分类账户本期发生额分析计算填列

利润表中有关项目分散在有关总账账户所属明细分类账户的记录中，则需要根据有关明细分类账户本期发生额分析计算填列。例如：❶“**研发费用**”**项目**，应根据“管理费用”科目下的“研究费用”和“无形资产摊销”明细科目发生额分析填列；

❷“**管理费用**”**项目**，应根据“管理费用”科目借方发生额与以上“研发费用”项目金额之差填列；❸“**利息费用**”“**利息收入**”**项目**，为“财务费用”项目的其中项并均以正数填列。

3.根据利润表中有关项目数字计算填列

❶“**营业利润**”“**利润总额**”“**净利润**”**项目**，属于多步式利润表分步计算税后利润的三个组成项目，应根据利润表中有关数字相加或相减后的结果填列；❷“**其他综合收益的税后净额**”**项目**，应根据“其他综合收益”账户以及所属明细账户的本期发生额分析填列；❸“**综合收益总额**”**项目**，应根据“其他综合收益的税后净额”和“净利润”项目数字计算填列。

（二）利润表“上期金额”栏的填列方法

（1）**在编报月度、季度和半年度利润表时**，“上期金额”是指“本年累计金额”，填列自年初起至本月月末止的累计发生数。

（2）**在编报年度利润表时**：❶应将利润表中的“本期金额”栏，改设为“上年金额”栏，并填列上年同期（或全年）的累计发生额；❷应将利润表中的“上期金额”栏，改设为“本年累计金额”栏，并填列自本年年初起至本年年末止（或全年）的累计发生额；❸如果上年度利润表与本年度利润表的项目名称和内容不相一致，应对上年度利润表项目的名称和数字按照本年度的规定进行调整，将调整后的数字填入利润表中的“上期金额”栏内。

（三）利润表编制举例

【业务9-5】编制东海市光明机械公司2×23年12月份的利润表。

（1）**资料**：❶月终，根据核对无误的总分类账户记录编制的“总分类账户发生额及余额试算平衡表”见表9-1，其中：“管理费用”账户所属“无形资产摊销”专栏借方发生额为1 600元；“财务费用”账户所属“利息费用”和“利息收入”专栏借方发生额分别为7 800元和4 940元。❷经过整理后的2×23年11月份利润表“本年累计金额”栏各项目金额见表9-4。

表9-4　利润表“本年累计金额”栏各项目金额表

2×23年11月

单位：元

项　目	金　额	项　目	金　额	项　目	金　额
营业收入	7 822 000	研发费用	46 200	营业外收入	81 100
营业成本	3 686 500	财务费用	18 100	营业外支出	300 814
税金及附加	26 622	其中：利息费用	29 930	利润总额	2 800 000
销售费用	404 350	利息收入	14 980	所得税费用	700 000
管理费用	620 514	营业利润	3 019 714	净利润	2 100 000

（2）**要求**：根据以上资料编制的“利润表（简表）”见表9-5。

表 9-5

利润表（简表）

会企 02 表

编制单位：东海市光明机械公司　　2×23 年 12 月　　单位：元

项　目	行　次	本期金额	本年累计金额
一、营业收入	（略）	1 880 000	9 702 000
减：营业成本		1 044 520	4 731 020
税金及附加		4 848	31 470
销售费用		144 000	548 350
管理费用		134 486	755 000
研发费用		3 100	49 300
财务费用		2 860	20 960
其中：利息费用		7 800	37 730
利息收入		4 940	19 920
资产减值损失			
信用减值损失		66 186	66 186
加：其他收益			
投资收益（损失以“–”号填列）			
其中：对联营企业和合营企业的投资收益			
净敞口套期收益（损失以“–”号填列）			
公允价值变动收益（损失以“–”号填列）			
资产处置收益（损失以“–”号填列）			
二、营业利润（亏损以“–”号填列）	（略）	480 000	3 499 714
加：营业外收入		6 000	87 100
减：营业外支出		86 000	386 814
三、利润总额（亏损总额以“–”号填列）		400 000	3 200 000
减：所得税费用		100 000	800 000
四、净利润（净亏损以“–”号填列）		300 000	2 400 000
（一）持续经营净利润（净亏损以“–”号填列）			
（二）终止经营净利润（净亏损以“–”号填列）			
五、其他综合收益的税后净额			
（一）不能重分类进损益的其他综合收益			
（二）将重分类进损益的其他综合收益			
六、综合收益总额		300 000	2 400 000
七、每股收益：			
（一）基本每股收益			
（二）稀释每股收益			

单位负责人：姚颖莉　　财务负责人：莫奎逐　　会计主管：甄仁珍

利润表的初步解读

三、利润表作用初步解读

利润是一个综合性财务指标，它不仅反映企业经营活动的结果，而且在一定程度上体现企业经营管理的水平，是企业生存和发展的关键，是投资人和债权人关注的焦点。因此，利润表的编制和披露对信息使用者至关重要。通过利润表：❶可以反映企业一定会计期间的收入实现情况和费用耗费情况；❷可以反映企业一定会计期间生产经营活动的成果，据以判断资本保值和增值情况。

（1）主营业务收入——市场成长能力与现金流量的预测。主营业务收入金额的大小及持续的增长或保持与否，代表了市场或消费者对企业产品的认可程度及成长能力。因为主营业务收入是企业获利的“火车头”，也是企业盈余的“总源头”。同时，主营业务收入的增加及持续稳定的增长，一般来说，就意味着有较多的和持续增长的现金流量，可以帮助财务报表使用者评估其投资及授信资金收回的金额、时间与风险。因为投资及授信资金的收回取决于企业的现金流量，没有现金流量，有关的盈余与资金收回将无从谈起。

（2）毛利及毛利率——企业竞争能力的体现。**毛利=销货收入-销货成本；毛利率=毛利÷销货收入**。毛利的多少与毛利率的大小取决于销货收入和销货成本两个因素。当毛利多或毛利率大时：❶要么是该商品能够获得消费者的青睐并愿意支付较高的价钱，从而获取高额利润，即所谓的品牌优势；❷要么是相同或类似的商品可以比其他人用更低的成本生产销售，通过扩大市场占有率达到获取更多利润的目的，即所谓的成本优势；❸或者是两者兼而有之。所以，毛利及毛利率是评价企业竞争能力的重要指标。

（3）营业利润及每股收益——管理水平的评价与经营绩效的衡量。**营业利润=销货毛利-营业费用；每股收益=本期净利润÷普通股股数**。❶营业利润的大小除取决于毛利及毛利率的大小之外，还与企业营业费用的多少有关，而营业费用可能因企业有效的管理制度而相对降低，最终产生了“创造利润”的综合效果。❷企业的获利能力与水平，可以从不同的角度去评价，而最核心的评价指标即为每股收益。每股收益代表企业为普通股股东每股创造的利润，是衡量企业绩效的重要指标之一，也是评价股票价值的重要工具。

四、财务报告的报送、汇总和审批

三张报表的亲疏关系与会计造假

经审核确认正确的会计报表才能进行汇编。汇总财务报表的编制方法基本上与前述各种财务报表的编制方法相同。大部分项目都可以按照所属单位的会计报表加计总数而得，而对于汇编单位内部各单位之间的债权、债务等，不能简单地加计总数的项目，则应在日常核算资料的基础上重新计算。

【会计论道与素质教育】

薪酬差别——会计工作要用心去做

两个同龄的年轻人同时受雇于一家果蔬店铺，并且拿着同样的薪水。可是一段时间之后，叫阿诺德的小伙子青云直上，而叫布鲁诺的小伙子却仍在原地踏步。布鲁诺很不满意老板对他的不公正待遇。终于有一天，他到老板那儿发牢骚了。老板一边耐心地听着他的抱怨，一边在心里盘算着如何向他解释清楚他和阿诺德之间的差距。“布鲁诺先生，”老板开口说话了，“您现在到集市上去一下，看看今天早上有什么卖的。”布鲁诺从集市上回来向老板汇报一个农民拉了一车土豆在卖。“有多少？”老板问。布鲁诺赶快又跑到集市上，然后回来告诉老板一共40袋土豆。“价格是多少？”老板再问。布鲁诺第三次跑到集市上问来了价格。“好吧，”老板对他说，“现在请您坐到这把椅子上一句话也不要说，看看别人怎么说。”

于是，老板把阿诺德叫来，同样让他到集市上看看早上有什么卖的。阿诺德很快就从集市上回来了，向老板汇报说道：目前只有一个农民在卖土豆，一共40袋，价格是多少多少；土豆质量很不错，并带回来一个让老板看看。阿诺德又说道：这个农民一个钟头以后还会弄几箱西红柿到集市上卖，而且今天的价格非常公道。昨天他们店铺的西红柿卖得很快，库存已经不多了。阿诺德想这么便宜的西红柿老板肯定要买一些的，所以他不仅带回了一个西红柿作为样品，而且把那个农民也带来了，他现在正在外面等回话呢。此时，老板转向了布鲁诺，对他说：“现在您肯定知道为什么阿诺德的薪水比您高了吧？”

资料来源　张健鹏，胡足青．心有灵犀（小中见大智慧文丛）[M]．北京：当代世界出版社，2005．

教授寄语：同样的小事情，有心人做出大学问，不动脑子的人只会来回跑腿而已。别人对待你的态度，就是你做事情结果的反应，像一面镜子准确无误，你如何做的，它就如何反射回来。

躲在$20m^2$房间疯狂造假5.8亿元

【重要概念】

会计报表；资产负债表；利润表；财务报告。

【复习思考题】

1. 简述会计报表的作用及各种分类。
2. 简述资产负债表的作用、结构及基本编制方法。
3. 简述利润表的作用、结构及基本编制方法。

练习题在线

练习9-1　单项选择题在线

单项选择题每小题给出的4个备选项中，只有1个符合题意。

要求：扫描“单项选择题”二维码进行在线回答，回答完毕并提交后可参看正确答案与答案解析。

单项选择题1~10　　单项选择题11~20

练习9-2　多项选择题在线

多项选择题每小题给出的5个备选项中，至少有2个符合题意。

要求：扫描“多项选择题”二维码进行在线回答，回答完毕并提交后可参看正确答案与答案解析。

多项选择题 1~9　　多项选择题 10~18

练习 9-3　判断题在线

请判断各判断题每小题的正误，正确的用“√”表示，错误的用“×”表示。

要求：扫描“判断题”二维码进行在线回答，回答完毕并提交后可参看正确答案与答案解析。

判断题 1~8　　判断题 9~16

练习 9-4　资产负债表有关项目的填列

1. 资料：

同顺机械公司 2×23 年 10 月 31 日“应收账款”“预收账款”“应付账款”“预付账款”账户及其所属明细账户的期末余额见练习表 9-1。

练习表 9-1

有关账户期末余额表

2×23 年 10 月 31 日

单位：千元

账户名称		期末余额		账户名称		期末余额	
总 账	明细账	借 方	贷 方	总 账	明细账	借 方	贷 方
应收账款		48		预收账款			44
	同利公司	26			A 公司	19	
	光华公司		11		B 公司		36
	恒和公司	33			C 公司		27
应付账款			75	预付账款		78	
	新华工厂		47		M 公司	35	
	光明工厂		43		N 公司	59	
	同兴工厂	15			H 公司		16

2. 要求：

(1) 扫描“练习 9-4 答题表”二维码并下载空白表 9-1 电子表格。(2) 根据所提供资料，在空白表 9-1 中计算该公司 2×23 年 10 月 31 日资产负债表中“应收账款”项目、“应付账款”项目、“预收款项”项目和“预付款项”项目的金额。(3) 根据“财济书院”网站注册的账号，提交完成的电子表格请授课教师批阅。

练习 9-4 答题表

练习 9-5　资产负债表的编制

1. 资料：

2×23 年 12 月 31 日，华盛机械公司有关总账及所属明细分类账户的期末余额见练习表 9-2。

练习表 9-2

有关总账及所属明细分类账户期末余额表

2×23 年 12 月 31 日　　单位：千元

总账账户	明细账户	借方金额	总账账户	明细账户	贷方金额
库存现金		4	短期借款		3 500
银行存款		7 440	应付票据		700
交易性金融资产			应付账款		520
应收票据		2 810		红星公司	350
应收账款		630		华旗公司	410
	碧水公司	570		长征公司	-240
	蓝天公司	-430	预收账款		130
	大地公司	490		黄河公司	-340
预付账款		110		海河公司	590
	天路公司	80		大海公司	-120
	空港公司	70	应付职工薪酬		1 434
	雄鹰公司	-40	应交税费		850
其他应收款		20	应付股利		5 290
在途物资		140	其他应付款		10
原材料		650	实收资本		20 000
生产成本		800	资本公积		1 030
库存商品		900	盈余公积		2 280
固定资产		24 640	利润分配		1 000
工程物资		30	累计折旧		5 580
在建工程		200	累计摊销		280
无形资产		720	坏账准备		20
长期股权投资		3 530			
合　计		42 624	合　计		42 624

注：表中“-”为该账户的反方向余额。

2. 要求：

(1) 扫描“练习 9-5 答题表”二维码并下载空白表 9-2（资产负债表）电子表格。(2) 根据所提供资料，在空白表 9-2 中编制华盛机械公司 2×23 年 12 月 31 日的资产负债表。(3) 根据“财济书院”网站注册的账号，提交完成的电子表格请授课教师批阅。

练习 9-5 答题表

练习 9-6　利润表的编制

1. 资料：

盛光机械公司 2×23 年度发生的费用及实现的收入情况如下：

（1）2×23 年 1—11 月有关损益类账户的累计发生额及余额见练习表 9-3。

练习表 9-3

1—11 月损益类账户累计发生额及余额表

单位：元

收入类账户	贷方发生额	费用类账户	借方发生额	费用类账户	借方发生额
主营业务收入	18 200 000	主营业务成本	7 550 000	管理费用	2 550 000
其他业务收入	3 100 000	其他业务成本	2 050 000	其中：研发费用	250 000
投资收益	100 000	税金及附加	1 200 000	财务费用	700 000
资产处置损益	−150 000	销售费用	2 000 000	其中：利息费用	850 000
营业外收入	600 000	营业外支出	800 000	利息收入	250 000
本年利润	3 750 000	—	—	所得税费用	1 250 000

（2）2×23 年 12 月有关损益类账户的累计发生额及余额见练习表 9-4。

练习表 9-4

12 月损益类账户累计发生额及余额表

（12 月份计算预缴所得税前）

单位：元

收入类账户	贷方发生额	费用类账户	借方发生额	费用类账户	借方发生额
主营业务收入	3 950 000	主营业务成本	2 200 000	财务费用	210 000
其他业务收入	300 000	其他业务成本	200 000	其中：利息费用	200 000
投资收益	600 000	税金及附加	200 000	利息收入	30 000
资产处置损益	50 000	销售费用	400 000	资产减值损失	180 000
营业外收入	100 000	管理费用	350 000	信用减值损失	70 000
—	—	其中：研发费用	90 000	营业外支出	110 000

2. 要求：

练习 9-6 答题表

（1）扫描“练习 9-6 答题表”二维码并下载空白表 9-3（利润表）电子表格。（2）根据所提供资料，在空白表 9-3 中编制盛光机械公司 2×23 年 12 月的利润表（包括填列“本年累计金额”栏各项目）。（3）根据“财济书院”网站注册的账号，提交完成的电子表格请授课教师批阅。

10

项目十 会计核算形式

【内容导读】

项目三至项目九中就会计核算的七种方法及其相关的理论基础分别进行了阐述，明确了各种会计核算方法的内容及其应用。各种会计核算方法在会计实务中的具体应用程序，对理解各种会计核算方法的内在联系具有十分重要的作用，也是本项目将要阐述的内容。其主要包括：❶理解会计循环及其会计信息的生产流程，明确账务处理程序的意义及种类；❷理解各种账务处理程序的特点，明确其凭证账簿组织体系；❸掌握各种账务处理程序的账务处理步骤，明确其优缺点与适用范围；❹在此基础上，理解合理组织账务处理程序的意义与作用。

任务一　理解会计循环，认知账务处理程序

一、会计循环与会计信息加工程序

会计核算形式，亦称会计核算组织程序，或称核算形式，是指在会计循环中，会计主体采用的会计凭证、会计账簿、会计报表的种类、格式与记账程序有机结合的方法和步骤。

会计达人生活工作学习的诗词对答

（一）会计循环及其内容

会计循环，是指企业将一定时期内发生的所有会计交易或事项，依据一定的步骤和方法，加以确认、计量、记录、分类、汇总直至编制会计报表的会计处理全过程。在连续的会计期间，这些工作周而复始地不断循环进行，其于会计期初开始，到会计期末终了，并循环往复，因而被称为会计循环。

一个完整的会计循环过程的内容可以概括为：❶根据原始凭证填制记账凭证，采用复式记账法为交易或事项编制会计分录；❷根据编制的记账凭证登记有关账户，包括日记账、明细分类账和总分类账；❸根据分类账户的记录，编制结账（调整）前试算表；❹按照权责发生制的要求，编制调整分录并予以过账；❺编制结账分录并登记入账，结清损益类账户（月末或年末）和利润类账户（年末）；❻根据全部账户的数据资料，编制结账后试算表；❼根据账户的数据资料，编制财务报表，包括资产负债表、利润表和现金流量表等。其中：前三个步骤为**日常会计处理工作；**后四个步骤为**期末会计处理工作。**一个典型的会计循环，如图10-1所示。

如何理解会计循环？

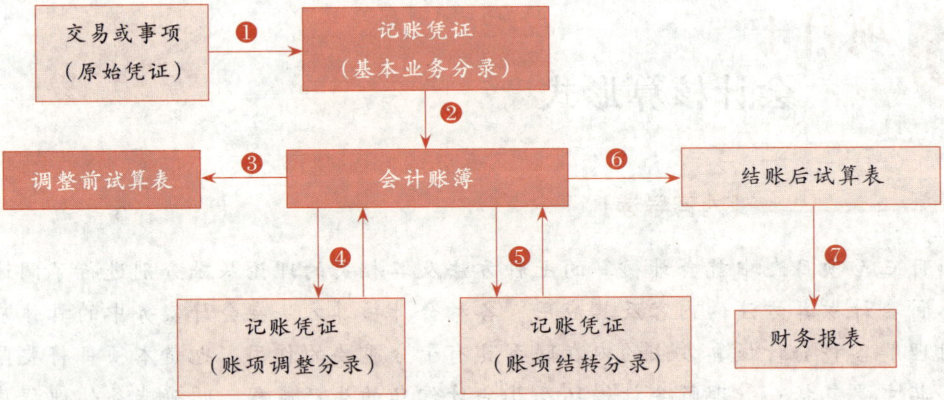

图10-1　会计循环示意图

（二）记账程序的各个环节

会计循环是以会计核算方法为纽带连接程序和内容的综合体，运用会计核算方法处理会计交易或事项是会计循环的实质，而会计核算形式仅为其表现形式。在会计核算的七种专门方法中：❶复式记账是处理会计交易或事项的基本方法；❷设置账户和填制与审核会计凭证是会计工作的开始；❸登记账簿是会计工作的中间过程；❹成本计算和财产清查是保证会计信息准确、正确的科学手段；❺在此基础上编制财务报表是一个会计期间工作的终结。而会计循环就是从收集有关会计交易或事项的数据开始，通过填制与审核原始凭证、编制会计分录为核心内容的记账凭证、登记账簿、成本计算、财产清查等程序，最终以编制会计报表的方式提供会计信息，完成一个会计循环。

综上所述，**会计循环是会计核算专门方法在一个会计期间的顺序使用及在各个会计期间的连续使用。**

二、合理组织会计核算形式的意义与要求

（一）合理组织会计核算形式的意义

会计核算形式是否科学合理，对整个会计核算工作会产生诸多方面的影响。确定科学合理的会计核算组织程序，对保证能够准确、及时地提供系统而完整的会计信息具有十分重要的意义。

（1）有利于规范会计核算组织工作，建立科学合理的会计核算形式，形成规范的会计核算工作秩序，会计机构和会计人员在进行会计核算过程中就能够做到有序可循，按照不同的责任分工，有条不紊地处理好各个环节上的会计核算工作内容，进而提高会计信息质量。

（2）有利于提高会计核算工作效率，按照既定的会计核算形式进行会计信息处理，将会大大提高会计核算工作效率，保证会计信息整理、加工和对外报告的顺利进行，满足会计信息质量的及时性要求。

（3）有利于降低会计核算工作成本，会计核算本身也要讲求经济效益，根据“效益大于成本”原则设计会计核算形式，选用种类适当、格式适用、数量适中的会计凭证、会计账簿和会计报表，在一定程度上也能够降低会计核算工作的成本，节约会计核算方面的支出。

（二）合理组织会计核算形式的要求

各个会计主体由于业务性质、规模大小各不相同，应当设置的会计凭证、账簿的种类、格式和登记方法，以及各种凭证之间、各种账簿之间，以及各种凭证与账簿之间的相互联系和登记程序也就不完全相同。虽然会计核算形式不能强求一致，但作为组织会计核算工作的程序，通常应符合以下几个方面的要求：

（1）**科学适用要求，**充分考虑会计主体经济活动的性质、经济管理的特点、规模的大小、交易或事项的繁简以及会计机构和会计人员的设置等相关因素，使会计核算形式与单位会计核算工作的需要相适应。

（2）**质量保证要求，**确定会计核算组织程序的目的是要保证能够准确、及时和完整地提供系统而完备的会计信息资料，以满足会计信息使用者了解会计信息并据以做出经济决策的需求。

（3）**便捷高效要求，**应当适用于在保证会计核算工作具备一定的会计信息的前提下，力求简化核算手续，节约核算工作的时间，降低会计核算的成本。

（4）**岗位责任制要求，**应有利于会计部门和会计人员的分工与合作，有利于明确各会计人员工作岗位的职责，并应有利于不同程序之间的相互牵制，使各个处理环节分工明确、责任清楚、约束力强。

三、会计核算形式的种类

以上记账程序的五个环节，全面地反映了一个会计主体在一定会计期间的会计处理方法和内容，其中，**会计凭证、会计账簿、会计报表**是会计处理方法的三个基本环节，且彼此之间以一定的形式结合，构成会计核算完整的工作体系。但在具体环节的衔接上，各个会计主体由于业务性质、规模大小各不相同，应当设置的会计凭证（特别是其中的记账凭证）、账簿的种类、格式和登记方法，以及各种凭证之间、各种账簿之间，以及各种凭证与账簿之间的相互联系和登记程序也就不完全相同，特别是如何在有关的总分类账户中进行登记。

在对凭证和账簿进行组织、确定记账程序和选择记账方法上，尤其是在**登记总分类账户的直接依据的选择上，**形成了不同的组合方式，同时也形成了不同的会计核算形式。其主要有：❶记账凭证会计核算形式；❷科目汇总表会计核算形式；❸汇总记账凭证会计核算形式。由于汇总记账凭证会计核算形式在会计实务中很少运用，因此，本书主要介绍前面两种会计核算形式。

任务二　认知记账凭证核算形式，掌握其处理步骤与适用范围

一、记账凭证核算形式的特点及凭证账簿组织

（一）记账凭证核算形式及其特点

记账凭证核算形式，是指根据交易或事项发生以后所填制的各种记账凭证，直接逐笔登记总分类账，并定期编制会计报表的一种核算形式。**其特点是：**根据记账凭证直接逐笔登记总分类账。记账凭证核算形式是最基本的核算形式，其他几种核算形式都是在此基础

上，根据经济管理的需要而发展起来的。

（二）记账凭证核算形式凭证账簿组织

在记账凭证核算形式下，采用的记账凭证、会计账簿和会计报表种类很多，其格式也各不相同。其中：❶记账凭证可以采用收款凭证、付款凭证和转账凭证等专用记账凭证，也可以采用通用记账凭证；❷会计账簿一般应设置借、贷、余（或收、付、余）三栏式库存现金日记账和银行存款日记账；❸总分类账均采用具有对方科目的借、贷、余三栏式；❹明细分类账可根据核算需要，采用借、贷、余三栏式（甲式），数量金额式（乙式）和多栏式。

二、记账凭证核算形式下账务处理的基本步骤

（1）根据原始凭证（或汇总原始凭证）填制记账凭证；

（2）根据收款凭证、付款凭证逐笔登记库存现金日记账和银行存款日记账；

（3）根据原始凭证、汇总原始凭证或记账凭证逐笔登记各种明细分类账；

（4）根据记账凭证直接逐笔登记总分类账；

（5）月末，将总分类账与库存现金日记账、银行存款日记账及各种明细分类账的发生额及期末余额合计数进行核对；

（6）月末，根据核对无误的总分类账与明细分类账编制会计报表。

记账凭证核算形式下账务处理的基本步骤，如图10-2所示。

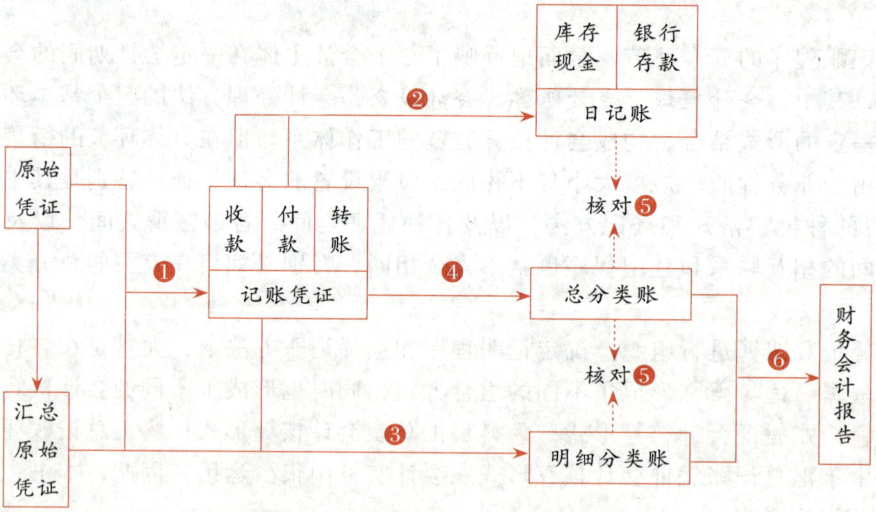

图10-2　记账凭证核算形式流程图

三、记账凭证核算形式的优缺点及适用范围

（一）记账凭证核算组织程序的优点

（1）在记账凭证核算形式下，不仅对各种日记账和明细分类账采取逐笔登记的方法，对于总分类账的登记方法也是如此。因而，在总分类账中能够详细清晰地反映所发生的交易或事项的情况及来龙去脉。

（2）总分类账登记方法简单，易于掌握。如上所述，根据记账凭证直接逐笔登记总分类账，是记账凭证核算组织程序的特点，总分类账的登记方法与明细分类账的登记方法是

一样的。因而，其也是一种最易于掌握的账户登记方法。

（二）记账凭证核算组织程序的缺点

（1）总分类账登记工作量过大。对发生的每一笔交易或事项都要根据记账凭证逐笔在总分类账中进行登记，实际上与日记账和明细分类账登记的内容一致，是一种简单的重复登记，势必要增大登记总分类账的工作量，特别是在交易或事项比较多的情况下更是如此。

（2）账页耗用多，预留账页多少难以把握。由于总分类账对发生的所有经济业务都要重复登记一遍，势必会耗用更多的账页，造成一定的账页浪费；特别是在一个账簿上设置多个账户时，由于登记交易或事项的多少很难预先确定，对每一个账户应预留多少账页很难把握，预留过多会造成浪费，预留过少又会影响账户登记的连续性；在预留账页比较多的情况下，由于在新的会计年度一般要更换新账簿，所有旧账簿中预留未用的账页也会被废弃，这在一定程度上形成了账页浪费。

（三）记账凭证核算形式的适用范围

记账凭证核算形式一般只适用于规模较小、交易或事项比较少、需要编制的记账凭证不多的会计主体。如果交易或事项过少，也可使用通用记账凭证，以避免因凭证种类的多样化而造成凭证购买上的过多支出。

任务三　认知科目汇总表核算形式，掌握其处理步骤与适用范围

一、科目汇总表核算形式的特点及凭证账簿组织

（一）科目汇总表核算形式及其特点

科目汇总表核算形式，是指根据各种记账凭证先定期（或月末一次）按会计科目汇总编制科目汇总表，然后根据科目汇总表登记总分类账，并定期编制会计报表的账务处理程序。其特点是：先定期根据记账凭证编制科目汇总表（即记账凭证汇总表），然后根据科目汇总表登记总分类账。科目汇总表核算形式是在记账凭证核算组织程序的基础上发展和演变而来的。

（二）科目汇总表核算形式凭证账簿组织

在科目汇总表核算形式下：❶记账凭证一般采用收款凭证、付款凭证和转账凭证三种格式；❷会计账簿一般设置并采用三栏式的库存现金日记账和银行存款日记账；❸明细分类账根据内容和管理上的要求，分别采用甲式、乙式和多栏式；❹总分类账由于登记依据"科目汇总表"中不能反映各个账户之间的对应关系，一般采用普通的三栏式。

二、科目汇总表核算形式下账务处理的基本步骤

（1）依据原始凭证或汇总原始凭证填制记账凭证；

（2）依据收款凭证、付款凭证逐笔登记库存现金日记账和银行存款日记账；

（3）依据原始凭证、汇总原始凭证或记账凭证逐笔登记各种明细分类账；

（4）定期依据记账凭证编制科目汇总表；

（5）依据科目汇总表汇总登记总分类账；

（6）月末，将总分类账与库存现金日记账、银行存款日记账及各种明细分类账的发生

额及期末余额合计数**进行核对；**

（7）月末，根据核对无误的总分类账与明细分类账**编制会计报表。**

科目汇总表核算形式下账务处理的基本步骤，如图10-3所示。

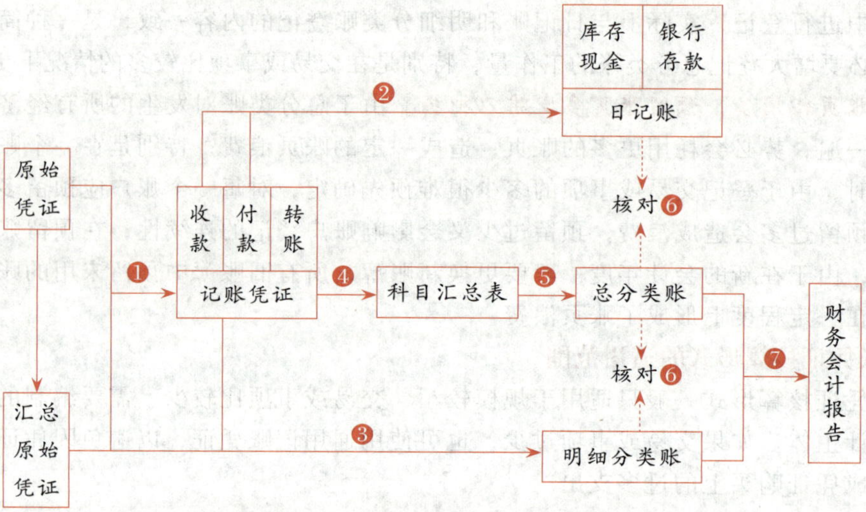

图10-3 科目汇总表核算形式流程图

有关科目汇总表的编制方法，参见项目四任务三【例4-24】。**编制科目汇总表的作用是可以对总分类账进行汇总登记。**❶根据科目汇总表登记总分类账时，只需要将科目汇总表中有关各账户的本期借方、贷方发生额合计数，分次或月末一次记入相应总分类账的借方或贷方即可。❷采用科目汇总表时，登记总分类账所依据凭证的编号方法有一定变化，应以“科汇字第×号”字样按月连续编号。下面以“应收账款”总账的登记为例，阐述根据科目汇总表（参见项目四任务三表4-28）登记总账的方法（见表10-1）。

表10-1 应收账款 总账 第 56 页

2×23年 月	日	凭证字号	摘 要	借方金额	贷方金额	借或贷	余 额
11	30		承前页	187 200	198 600	借	778 700
	30	科汇1103	21—30日发生额	78 200	69 500		
11	30		月 结	265 400	268 100	借	776 000
12	10	科汇1201	1—10日发生额	46 800	76 800		
	20	科汇1202	11—20日发生额	58 000	213 000		
	31	科汇1203	21—31日发生额	91 400	89 000		
12	31		月 结	196 200	378 800	借	593 400
			本年合计	2 138 200	1 985 600	借	593 400
			结转下年			借	593 400

注：科汇1202、科汇1203略去，11—20日发生额为科汇1202汇总结果、21—31日发生额为科汇1203汇总结果。

三、科目汇总表核算形式的优缺点及适用范围

（一）科目汇总表核算形式的优点

（1）以利用该表的汇总结果进行账户发生额的试算平衡。科目汇总表的汇总结果体现了一定会计期间的所有账户借方发生额和贷方发生额之间的相等关系，利用这种发生额的相等关系，可以进行全部账户记录的试算平衡，借以检验账户发生额的准确性。

（2）在试算平衡的基础上记账能够保证总分类账登记的正确性。在科目汇总表核算形式下，总分类账是根据科目汇总表中的汇总数字登记的。由于在登记总分类账之前，能够通过科目汇总表的汇总结果检验所填制的记账凭证是否正确，就等同于在记账之前进行了一次试算平衡，也容易发现汇总过程中可能存在的错误。在所有账户借方、贷方发生额相等的基础上再记账，这在一定程度上能够保证总分类账登记的正确性。

（3）可以大大减轻登记总分类账的工作量。在科目汇总表核算形式下，可以根据科目汇总表中的有关账户的汇总发生额，在月中定期或月末一次登记总分类账，可以使登记总分类账的工作量大为减轻。

（二）科目汇总表核算形式的缺点

（1）编制科目汇总表的工作量较大。在科目汇总表核算形式下，对发生的交易或事项首先也要填制各种专用记账凭证，在此基础上还需要定期对这些专用记账凭证进行汇总，编制作为登记总分类账依据的科目汇总表，增加了编制科目汇总表的工作量。

（2）科目汇总表不能够清晰地反映账户之间的对应关系。科目汇总表是按照各个会计科目归类汇总其发生额的，该表中不能够清楚地显示出各个账户之间的对应关系，不能够清晰地反映出交易或事项的来龙去脉。在这一点上，科目汇总表不及专用记账凭证和汇总记账凭证。

（三）科目汇总表核算形式的适用范围

因有编制科目汇总表的程序，如果小规模企业采用科目汇总表核算形式，反而增加了工作量。所以，其一般适用于经营规模较大、记账凭证数量较多以及会计人员分工较细的单位。

【会计论道与素质教育】

列宁理发排队：遵守公共秩序，建设会计文明生态

伟大的无产阶级革命家列宁虽然工作繁忙，但仍十分注意遵守公共秩序。有一次，列宁忙碌了一个上午，处理了很多日常事务，批阅了很多文件。休息的时候，他用手摸了一下头发，发现头发实在太长了，决定抽时间去克里姆林宫理发室理发。当时，这个理发室只有两位理发师，忙不过来，很多人都在坐着排队，等候理发。列宁问："哪位同志是最后一位？"他准备排队等候。排队理发的同志们都知道列宁日理万机，时间极其宝贵，于是争着请列宁先理发。可是，列宁却微笑着对大家说："谢谢同志们的好意。不过这样做是不对的，每个人都应该遵守公共秩序，按照先后次序理发。"他说完后，就排到最后一位同志的后面耐心等候。

资料来源　张健鹏，胡足青. 大器之才（小中见大智慧文丛）[M]. 北京：当代世界出版社，2005.

中联重科收购迷局
关联交易业绩诡异

教授寄语： 从现在做起、从自身做起、从点滴做起，形成人人愿为、人人可为、人人能为的文明社会生态。同样地，遵守会计准则，不做假账，建设会计文明生态是我们每个会计人的责任。

【重要概念】

会计循环；账务处理程序；科目汇总表；汇总记账凭证。

【复习思考题】

1. 简述汇总收款凭证的编制方法。
2. 简述科目汇总表的作用及编制方法。
3. 简述记账凭证账务处理程序的步骤、优缺点及适用范围。

练习题在线

练习 10-1　单项选择题在线

单项选择题每小题给出的 4 个备选项中，只有 1 个符合题意。

要求： 扫描“单项选择题”二维码进行在线回答，回答完毕并提交后可参看正确答案与答案解析。

单项选择题 1~7　　单项选择题 8~14

练习 10-2　多项选择题在线

多项选择题每小题给出的 5 个备选项中，至少有 2 个符合题意。

要求： 扫描“多项选择题”二维码进行在线回答，回答完毕并提交后可参看正确答案与答案解析。

多项选择题 1~6　　多项选择题 7~12

练习 10-3　判断题在线

请判断各判断题每小题的正误，正确的用“√”表示，错误的用“×”表示。

要求： 扫描“判断题”二维码进行在线回答，回答完毕并提交后可参看正确答案与答案解析。

判断题 1~5　　判断题 6~10

主要参考书目

［1］财政部．企业会计准则2023年版［M］．上海：立信会计出版社，2023.

［2］财政部．企业会计准则应用指南2023年版［M］．上海：立信会计出版社，2023.

［3］企业会计准则编审委员会．企业会计准则案例讲解2023年版［M］．上海：立信会计出版社，2023.

［4］李占国．基础会计学［M］．4版．北京：高等教育出版社，2020.

［5］陈国辉，迟旭升．基础会计［M］．7版．大连：东北财经大学出版社，2021.

［6］李占国．基础会计［M］．5版．北京：高等教育出版社，2021.

［7］李占国．基础会计学综合模拟实验［M］．5版．大连：东北财经大学出版社，2023.

富媒体智能型教材出版说明

“财经高等职业教育富媒体智能型教材开发系统工程”入选国家新闻出版广电总局新闻出版改革发展项目库，并获得文化产业专项资金支持，是“国家文化产业资金支持媒体融合重大项目”。项目以“融通”“融合”“共建”“共享”为特色，是东北财经大学出版社积极落实国家推动传统媒体与新媒体融合发展的重要举措之一。

“财济书院”智能教学互动平台是该工程项目建设成果之一。该平台通过系统、合理的架构设计，将教学资源与教学应用集成于一体，具有教学内容多元呈现、课堂教学实时交互、测试考评个性设置、用户学情高效分析等核心功能，是高校开展信息化教学的有力支撑和应用保障。

富媒体智能型教材是该工程项目建设成果之二。该类教材是我社供给侧改革探索性策划的创新型产品，是一种新形态立体化教材。富媒体智能型教材秉持严谨的教学设计思想和先进的教材设计理念，为财经职业教育教与学、课程与教材的融通奠定了基础，较好地避免了传统教学模式和单一纸质教材容易出现的“两层皮”现象，有助于教学质量的提高和教学效果的提升。

从教材资源的呈现形式来说，富媒体智能型教材实现了传统纸质教材与数字技术的融合，通过二维码建立链接，将VR、微课、视频、动画、音频、图文和试题库等富媒体资源丰富呈现给用户；从教材内容的选取整合来说，其实现了职业教育与产业发展的融合，不仅注重专业教学内容与职业能力培养的有效对接，而且很好地解决了部分专业课程学与训、训与评的难题；从教材的教学使用过程来说，其实现了线下自主与线上互动的融合，学生可以在有网络支持的任何地方自主完成预习、巩固、复习等，教师可以在教学中灵活使用随堂点名、作业布置及批改、自测及组卷考试、成绩统计分析等平台辅助教学工具。

富媒体智能型教材设计新颖，一书一码，使用便捷。使用富媒体智能型教材的师生首先下载“财济书院”APP或者进入“财济书院”（www.idufep.com）平台完成注册，然后登录“财济书院”输入教材封四学习卡中的激活码建立或找到班级和课程对应教材，就可以开启个性化教与学之旅。

“重塑教学空间，回归教学本源！”“财济书院”平台不仅仅是出版社提供教学资源和服务的平台，更是出版社为作者和广大院校创设的一个自主选择和自主探究的教与学的空间，作者和广大院校师生既是这个空间的使用者和消费者，也是这个空间的创造者和建设者，在这里，出版社、作者、院校共建资源，共享回报，共创未来。

最后，感谢各位作者为支持项目建设所付出的辛劳和智慧，也欢迎广大院校在教学中积极使用富媒体智能型教材和“财济书院”平台，东北财经大学出版社愿意也必将陪伴广大职业教育工作者走向更加光明而美好的职教发展新阶段。

东北财经大学出版社

财济书院教师端使用手册

财济书院学生端使用手册